1st Edition 개편된 시험제도 완벽대비!

2023

백광훈
경찰형사법

판례집 3권 형사소송법의 수사와 증거

백광훈 편저

경단기

박영사

본서는 경찰공무원(순경) 공개경쟁채용시험(순경공채), 경찰공무원 경력경쟁채용시험(전의경·경행·법학경채), 해양경찰공무원(순경) 공개경쟁채용시험, 경찰간부후보생 선발시험(경찰간부) 및 경찰공무원 정기 승진시험(경찰승진) 등을 준비하는 수험생들을 위한 경찰형사법 전문수험서이다.

2022년 7월, 필자는 서울 경단기학원에 출강하게 됨에 따라, 위에서 나열한 시험들을 준비하는 수험생들만을 위한 경찰형사법 전용 기본서, 판례집, 기출문제집, OX문제집 등의 강의교재 시리즈를 모두 새롭게 다시 만들게 되었다.

'백광훈 경찰형사법 교재 시리즈'는 필자의 기존 형법·형사소송법 교재들의 방대한 분량을 경찰형사법의 각 단계별 강의에 맞추어 확 줄인 것이다. 즉, ① 기본이론강의에 필요한 '기본서', ② 심화총정리강의에 필요한 '판례집', ③ 기출문제총정리강의에 필요한 '기출문제집'이 바로 그것이다. 본서는 이 중 제2단계의 교재인 판례집에 해당한다.

알다시피, 개편된 경찰형사법 과목에서는 형법총론 35%, 형법각론 35%, 형사소송법의 수사와 증거 30%의 비중으로 출제되고 있으며, 이 중 형사소송법의 수사에서는 15%, 증거에서는 15%가 출제되고 있다.

특히 개편된 형사법 시험의 형사소송법의 수사와 증거에서는 사례형 문제가 다수 출제되고 있으며, 이것이 형사법 시험의 변별력을 높이고 있다. 판례의 결론을 단답식으로 암기하는 기존의 공부방법으로는 해결되지 못하는 한계가 바로 여기에 있다. 결국 형사법 고득점을 위해서는, 해당 판례에서 문제가 되는 쟁점을 신속·정확하게 찾아내어 사례형 문제 해결과 연결시키는 판례 공부방법의 전환이 필요하게 된 것이다.

이를 위해 필자가 가장 역점을 둔 것은 '제1단계 교재인 기본서와의 일치된 내용구성'이다. 앞으로 독자들은 필자의 강의를 들으면서 형사소송법의 수사와 증거의 기본내용과 그와 관련된 해당 판례들을 쉽게 연결할 수 있을 것이다. 늘 강조하지만, '단순암기'보다 '이유 있는 암기'가 실전에서의 득점력을 훨씬 높여준다.

본서의 특징을 간단히 소개하자면 아래와 같다.

1 무질서한 판례의 나열로서는 수많은 판례들을 효과적으로 정리할 수 없다는 점에서, 형사소송법의 수사와 증거 기본서 목차의 흐름과 일치시켜서 판례를 질서 있게 배치하였다.

2 형사소송법의 수사와 증거의 각 논점별로 체계적으로 판례를 배치하고, 각 판례의 쟁점을 알기 쉽게 정리함으로써 실전의 사례형 문제에 대비한 효과적인 학습이 가능하도록 하였다. 더불어 판례와 학설의 입장이 대립하는 곳에서는, 이 또한 설명함으로써 난이도 높은 문제에도 대비할 수 있도록 하였다.

3 실전에서는 사례형 문제뿐만 아니라, 객관식 문제 특유의 결론 위주의 문제도 계속 출제된다. 이에 본서에서는 각 쟁점별로 긍정하는 판례와 부정하는 판례를 비교하는 방법으로 정리하여 시험장에서 바로 연상될 수 있는 판례의 결론 정리가 되도록 하였다.

4 2022년 2월 11일까지 판시된 최신판례들을 수록하였다. 이후의 최신판례들은 각 시험 전 최신판례 특강을 통해 업데이트 될 것임도 동시에 알려두고자 한다.

아무쪼록 본서가 독자들의 판례실력 향상에 이바지하기를 바라는 마음뿐이다. 끝으로 본서의 출간을 기꺼이 맡아주시고 집필과정에서 필자의 까다로운 여러 요청들을 전적으로 수용해주신 도서출판 박영사의 임직원들에 대한 깊은 감사의 마음을 전한다.

2022년 9월

백 광 훈

학습문의 | cafe.daum.net/jplpexam (백광훈형사법수험연구소)

구성과 특징

✔ 아웃라인

	목 차	난 도	출제율	대표지문
제1절 증거법 일반	01 증거의 의의	下	★	• 유죄의 심증은 반드시 직접증거에 의하여 형성되어야만 하는 것은
	02 증거의 종류	下	★	아니고 경험칙과 논리법칙에 위반되지 아니하는 한 간접증거에
	03 증거능력과 증명력	下	★	의하여 형성될 수 있다. (O)
제2절 증명의 기본원칙	01 증거재판주의	下	★★	• 친고죄에 있어서의 고소의 존부는 소송법적 사실로서 자유로운 증명으로 족하다. (O)
	02 거증책임	中	★	• 형법 제310조의 "형법 제307조 제1항의 행위가 진실한 사실로서 오로지 공공의 이익에 관한 때에는 벌하지 아니한다."는 규정과 관련하여 피고인이 주장하는 사실이 진실로서 오로지 공공의 이익에 해당하는지 여부의 입증은 자유로운 증명의 대상이면서 거증책임이 검사에게 있다. (O)
	03 자유심증주의	下	★	
제3절 자백배제법칙	01 자백의 의의와 효과	下	★	• 일정한 증거가 발견되면 피의자가 자백하겠다고 한 약속이 검사의 강요나 위계에 의하여 이루어졌다거나 불기소나 경한 죄의 소추 등의 이익과 교환조건으로 된 것으로 인정되지 않는다면 이와 같은 약속하에 된 자백이라 하여 곧 임의성 없는 자백이라고 단정할 수는 없다. (O)
	02 자백배제법칙	下	★★★	
제4절 위법수집증거 배제법칙	01 의 의	下	★	• 범행현장에서 지문채취 대상물에 대한 지문채취가 먼저 이루어지고, 수사기관이 그 이후에 지문채취 대상물을 적법한 절차에 의하지 아니한 채 압수하였다면 위와 같이 채취된 지문은 위법하게 압수한 지문채취 대상물로부터 획득한 2차적 증거에 해당하여 위법수집증거이다. (×)
	02 적용범위	下	★	
	03 관련문제	中	★★★	
제5절 전문법칙	01 전문증거와 전문법칙	上	★★★	• "甲이 乙을 살해하는 것을 목격했다."라는 丙의 말을 들은 丁이 丙의 전술내용을 증언하는 경우, 甲의 살인사건에 대하여는 전문증거이지만, 丙의 명예훼손사건에 대하여는 전문증거가 아니다. (O)
	02 형사소송법상 전문법칙의 예외	上	★★★	• 경찰과 검찰에서 甲은 범행을 부인하였고, 乙은 범행을 모두 자백하였는데, 사법경찰관 작성의 乙에 대한 피의자신문조서는 甲이 그 내용을 부인하면 甲에 대한 유죄의 증거로 사용할 수 없다. (O)
	03 진술의 임의성	下	★	
	04 관련문제	上	★★★	

1 아웃라인

각 편·장의 목차별 난도 및 출제율과 함께 반복출제된 주요 대표지문을 OX문제로 수록하였습니다.

✔ 출제경향

구 분	경찰채용						경찰간부						경찰승진					
	17	18	19	20	21	22	17	18	19	20	21	22	17	18	19	20	21	22
제1절 범죄론의 기초			2								1		1			1	1	
제2절 행위론																		
제3절 행위의 주체와 객체		1							1				1		1	1		1
출제빈도			3/220						2/240						7/240			

2 출제경향

경찰채용·간부·승진 외에도 형사소송법이 포함된 주요시험의 기출문제를 철저히 분석하였습니다.

판례연구 | 구속적부심의 보증금납입조건부 석방결정에 대한 불복 관련판례

대법원 1997.8.27, 97모21 [경찰채용 04·05·06·10·12·13·14 1차 / 경찰채용 13·14 2차 / 해경간부 12 / 경찰승진 09·10·13·22 / 교정9급특채 12 / 국가7급 15 / 법원9급 11 / 변호사시험 12]

체포적부심사절차에서 피의자를 보증금 납입을 조건으로 석방할 수 없음 & 보증금 납입을 조건으로 한 피의자 석방결정에 대하여 항고할 수 있음

① 형사소송법은 수사단계에서의 체포와 구속을 명백히 구별하고 있고 이에 따라 체포와 구속의 적부심사를 규정한 같은 법 제214조의2에서 체포와 구속을 서로 구별되는 개념으로 사용하고 있는바, 같은 조 제4항에 기소 전 보증금 납입을 조건으로 한 석방의 대상자가 '구속된 피의자'라고 명시되어 있고, 같은 법 제214조의3 제2항의 취지를 체포된 피의자에 대하여도 보증금 납입을 조건으로 한 석방이 허용되어야 한다는 근거로 보기는 어렵다 할 것이어서 현행법상 체포된 피의자에 대하여는 보증금 납입을 조건으로 한 석방이 허용되지 않는다. [경찰채용 04·05·06·10·12·13·14 1차 / 경찰채용 13·14 2차 / 해경간부 12 / 경찰승진 09·13 / 교정9급특채 12 / 법원9급 11 / 변호사시험 12] ② 형사소송법 제402조의 규정에 의하면,

3 기출표시

해당 판례가 기출제된 시험의 직렬과 기출연도를 최대한 빠짐없이 표기하였습니다.

제1절 체포와 구속

01 체포

I 영장에 의한 체포

> **판례연구** 체포영장 발부결정에 대해서는 불복할 수 없다는 사례

> **판례연구** 임의제출된 전자정보의 압수절차로서 위법하지 않다는 사례
>
> **1 대법원 2022.1.27. 2021도11170**
> 대법원 2021.11.18. 2016도348 전원합의체 판결에서 정보저장매체를 임의제출한 피압수자에 더하여 임의제출자 아닌 피의자에게도 참여권이 보장되어야 하는 경우로 설시한 '피의자의 소유·관리에 속하는 정보저장매체'의 구체적 의미와 판단기준
> 피해자 등 제3자가 피의자의 소유·관리에 속하는 정보저장매체를 영장에 의하지 않고 임의제출한 경우에는 실질적 피압수자인 피의자가 수사기관으로 하여금 그 전자정보 전부를 무제한 탐색하는 데 동의한 것으로 보기 어려울 뿐만 아니라 피의자 스스로 임의제출한 경우 피의자의 참여권 등이 보장되어야 하는 것과 견주어 보더라도 특별한 사정이 없는 한 형사소송법 제219조, 제121조, 제129조에 따라 피의자에게 참여권을 보장하고 압수한 전자정보 목록을 교부하는 등 피의자의 절차적 권리를 보장하기 위한 적절한 조치가 이루어져야 한다(대법원 2021.11.18. 2016도348 전원합의체 등 참조).

> **사례연구**
>
> 마약수사관 甲은 자신의 정보원으로 일했던 乙에게 "우리 정보원 A가 또 다른 정보원의 배신으로 구속되게 되었다. A의 공적(다른 마약범죄에 대한 정보를 제공하여 수사기관의 수사를 도운 공적)을 만들어 A를 빼내려 한다. 그렇게 하기 위해서는 수사에 사용할 필로폰이 필요하니 좀 구해달라. 구입하여 오면 수사기관에서 관련자의 안전을 보장한다."라고 하면서, 구입자금까지 교부하며 집요하게 부탁하였다. 이에 乙은 甲을 돕기로 마음먹고 丙에게 이러한 사정을 이야기하면서 필로폰의 매입을 의뢰하였고, 丙도 비로소 필로폰을 매입하여 乙에게 교부하기로 마음먹고 乙에게서 받은 대금으로 B로부터 필로폰을 매수하여 乙을 통하여 甲에게 교부하였다. [변호사시험 1.2]
>
> 문제 乙과 丙이 마약류관리에 관한 법률에 위반한 죄로 기소되었다면 乙과 丙에 대하여 법원은 결정으로 공소를 기각하여야 한다.
> → (×) 본래 범의를 가지지 아니한 자에 대하여 수사기관이 사술이나 계략 등을 써서 범죄를 유발케 하여 범죄인을 검거하는 함정수사는 위법함을 면할 수 없고, 이러한 공소제기의 절차가 법률의 규정에 위반하여 무효인 때에 해당한다는 이유로 판결로써 공소기각을 선고하여야 한다(2010도9330).

---

4 기본서와의 동기화

이론학습의 흐름을 유지할 수 있도록 기본서와 판례집의 각 항목을 동기화하였습니다.

5 판례연구

2022.2.11.까지 판시된 가장 최신의 판례와 더불어, 반드시 학습하여야 하는 필수판례만을 선별하여 담았습니다.

6 사례연구

보다 확실한 판례이해를 위하여 사례문제를 관련판례 사이사이에 배치하였습니다.

목 차

형사소송법의
수사와 증거

✔ 출제경향

구 분	경찰채용						경찰간부						경찰승진					
	17	18	19	20	21	22	17	18	19	20	21	22	17	18	19	20	21	22
제1절 수사의 의의와 구조	1		1	1		2	1	1					1				1	2
제2절 수사의 개시	2	2	1	3	4		1	1	2		3	2	2	2	2	2	5	3
제3절 임의수사	1	1	1	2	3		2	4	2	5	1	2	2	4	2	3	8	2
출제빈도	25/220						27/240						41/240					

수 사

국가9급						국가7급						법원9급						변호사시험					
17	18	19	20	21	22	16	17	18	19	20	21	17	18	19	20	21	22	17	18	19	20	21	22
1	1					1		1			1												
		2		1			1	1		1	1	1	1	1	1	1	1		1			2	1
1				1		1						1						1					
7/120						8/125						7/150						5/140					

제1절 수사의 의의와 구조

01 수사와 수사기관

02 수사의 구조

03 수사의 조건

판례연구 **수사의 필요성 : 소송조건과 수사**

대법원 1995.2.24, 94도252 [경찰채용 12·20 1차/경찰채용 12 2차/경찰간부 13/국가7급 10]
친고죄의 고소나 즉시고발사건의 고발은 소송조건에 불과하므로 고소·고발이 없어도 원칙적으로 수사는 가능하다는 사례
친고죄나 세무공무원 등의 고발이 있어야 논할 수 있는 죄에 있어서 고소 또는 고발은 이른바 소추조건에 불과하고 당해 범죄의 성립요건이나 수사의 조건은 아니므로, 위와 같은 범죄에 관하여 고소나 고발이 있기 전에 수사를 하였다고 하더라도 그 수사가 장차 고소나 고발이 있을 가능성이 없는 상태에서 행해졌다는 등의 특단의 사정이 없는 한 고소나 고발이 있기 전에 수사를 하였다는 이유만으로 그 수사가 위법하다고 볼 수는 없다.

판례연구 **수사의 상당성 : 수사의 신의칙과 함정수사 관련판례**

1 대법원 1982.6.8, 82도884
함정수사에 의하여 피고인의 범의가 비로소 야기되거나 범행이 이루어진 것이 아닌 경우에는 피고인의 행위가 함정수사에 의한 것이어서 처벌할 수 없다는 주장은 이유 없다.

2 대법원 2005.10.28, 2005도1247 [경찰채용 11·14 1차 / 경찰채용 09·10·11·22 2차 / 경찰승진 11·12·14 / 국가9급 10 / 법원9급 13·17]

범의유발형 함정수사에 의한 공소제기의 처리에 관하여 판례는 공소기각판결설[1]

범의를 가진 자에 대하여 단순히 범행의 기회를 제공하거나 범행을 용이하게 하는 것에 불과한 수사방법이 경우에 따라 허용될 수 있음은 별론으로 하고, 본래 범의를 가지지 아니한 자에 대하여 수사기관이 사술이나 계략 등을 써서 범의를 유발케 하여 범죄인을 검거하는 함정수사는 위법함을 면할 수 없고, 이러한 함정수사에 기한 공소제기는 그 절차가 법률의 규정에 위반하여 무효인 때에 해당한다고 볼 것이다.

3 대법원 2013.3.28, 2013도1473; 2007.7.12, 2006도2339; 2007.11.29, 2007도7680 [경찰채용 22 2차]

위법한 함정수사인 경우와 위법한 함정수사가 아닌 경우의 구분

본래 범의를 가지지 아니한 자에 대하여 수사기관이 사술이나 계략 등을 써서 범의를 유발하게 하여 범죄인을 검거하는 함정수사는 위법한바, 구체적인 사건에 있어서 위법한 함정수사에 해당하는지 여부는 해당 범죄의 종류와 성질, 유인자의 지위와 역할, 유인의 경위와 방법, 유인에 따른 피유인자의 반응, 피유인자의 처벌 전력 및 유인행위 자체의 위법성 등을 종합하여 판단하여야 한다. ① 수사기관과 직접 관련이 있는 유인자가 피유인자와의 개인적인 친밀관계를 이용하여 피유인자의 동정심이나 감정에 호소하거나, 금전적·심리적 압박이나 위협 등을 가하거나, 거절하기 힘든 유혹을 하거나, 또는 범행방법을 구체적으로 제시하고 범행에 사용될 금전까지 제공하는 등으로 과도하게 개입함으로써 피유인자로 하여금 범의를 일으키게 하는 것은 위법한 함정수사에 해당하여 허용되지 않지만, ② 유인자가 수사기관과 직접적인 관련을 맺지 아니한 상태에서 피유인자를 상대로 단순히 수차례 반복적으로 범행을 부탁하였을 뿐 수사기관이 사술이나 계략 등을 사용하였다고 볼 수 없는 경우는, 설령 그로 인하여 피유인자의 범의가 유발되었다 하더라도 위법한 함정수사에 해당하지 아니한다.

4 대법원 2021.7.29, 2017도16810

이미 이루어지고 있던 다른 범행을 적발한 것은 위법한 함정수사가 아니라는 사례

① 경찰관이 게임 결과물의 환전을 거절하는 피고인에게 적극적으로 환전을 요구하는 방식의 함정수사는 위법하다. (그러나) ② 경찰관이 (설사 함정수사과정이라 하더라도) 수사기관이 사술이나 계략 등을 써서 피고인의 범의를 유발한 것이 아니라 이미 이루어지고 있던 피고인의 다른 범행을 적발한 경우 이에 관한 공소제기는 법률의 규정에 위반하여 무효인 때에 해당하지 아니한다.

---

1 정리 : 범의유발형 함정수사에 의한 공소제기의 처리에 관한 학설을 정리하면 아래와 같다.
① 유죄판결설 : 신의칙에 반하는 수사의 소송법적 고려는 증거배제로 고려하면 충분하고, 함정수사에 의하여 범죄를 실행했다는 사실만으로 범죄의 성립을 조각한다고 할 수 없다(가벌설, 이영란, 이재상/조균석/이창온).
② 무죄판결설 : 범죄행위가 함정의 부당한 권유에 의한 경우에는 고의가 없거나 책임이 조각되고 범인에 대한 사회적 반감이 적고 오히려 동정할 수 있으므로 가벌적 위법성이 결여된다(불가벌설 중 무죄판결설, 손동권/신이철, 신동운, 이창현).
③ 공소기각판결설 : 함정수사에 의한 공소는 적법절차에 위반되는 수사에 의한 공소제기이므로 공소제기의 절차가 법률의 규정에 위반되어 무효인 때에 해당한다(불가벌설 중 공소기각판결설, 다수설·판례).

함정수사에 해당하는 경우	① 경찰관이 노래방의 도우미 알선영업 단속실적을 올리기 위하여 제보나 첩보가 없는데도 손님을 가장하고 들어가 도우미를 불러낸 경우(대법원 2008.10.23, 2008도7362) [경찰채용 11·15 2차 / 경찰승진 10 / 국가9급 12 / 법원9급 13] ② 검찰직원 등의 작업에 의하여 중국에서 필로폰을 수입한 경우(대법원 2005.10.28, 2005도1247) [경찰채용 14 1차 / 경찰채용 11·15 2차] ③ 게임결과물 환전을 거절함에도 적극적으로 환전을 요구한 경우(대법원 2021.7.29, 2017도16810)
함정수사에 해당하지 않는 경우	① 이미 범행을 저지른 범인을 검거하기 위하여 정보원을 이용하여 범인을 검거장소로 유인한 경우(대법원 2007.7.26, 2007도4532) [경찰채용 22 2차] ② 부축빼기 절도범 검거(대법원 2007.5.31, 2007도1903) [경찰채용 14 1차 / 경찰채용 10·15 2차 / 경찰승진 10·11·14 / 국가9급 10 / 국가7급 10 / 법원9급 08] ③ 범죄사실을 인지하고도 바로 체포하지 않고 추가범행을 지켜보고 있다가 범죄사실이 많이 늘어난 뒤에야 체포한 경우(대법원 2007.6.29, 2007도3164) [경찰채용 15 2차 / 경찰승진 10·11·14] ④ 유인자가 수사기관과 직접적인 관련을 맺지 않은 상태에서 피유인자를 상대로 단순히 수차례 반복적으로 범행을 교사한 경우(대법원 2008.3.13, 2007도10804) [경찰채용 14 1차 / 경찰채용 09·10·11·15 2차 / 경찰승진 10·11·14] ⑤ 유인자가 사적인 동기에 기하여 수사기관과 직접적인 관련 없이 독자적으로 피고인을 유인한 경우(대법원 2008.7.24, 2008도2794; 2013.3.28, 2013도1473) [경찰채용 11 2차 / 경찰승진 12 / 국가7급 14] ⑥ 함정수사과정에서 이미 이루어지고 있던 다른 범행을 적발한 경우(대법원 2021.7.29, 2017도16810)

사례연구

마약수사관 甲은 자신의 정보원으로 일했던 乙에게 "우리 정보원 A가 또 다른 정보원의 배신으로 구속되게 되었다. A의 공적(다른 마약범죄에 대한 정보를 제공하여 수사기관의 수사를 도운 공적)을 만들어 A를 빼내려 한다. 그렇게 하기 위해서는 수사에 사용할 필로폰이 필요하니 좀 구해 달라. 구입하여 오면 수사기관에서 관련자의 안전을 보장한다."라고 하면서, 구입자금까지 교부하며 집요하게 부탁하였다. 이에 乙은 甲을 돕기로 마음먹고 丙에게 이러한 사정을 이야기하면서 필로폰의 매입을 의뢰하였고, 丙도 비로소 필로폰을 매입하여 乙에게 교부하기로 마음먹고 乙에게서 받은 대금으로 B로부터 필로폰을 매수하여 乙을 통하여 甲에게 교부하였다. [변호사시험 12]

문제 乙과 丙이 마약류관리에 관한 법률에 위반한 죄로 기소되었다면 乙과 丙에 대하여 법원은 결정으로 공소를 기각하여야 한다.

➡ (×) 본래 범의를 가지지 아니한 자에 대하여 수사기관이 사술이나 계략 등을 써서 범의를 유발케 하여 범죄인을 검거하는 함정수사는 위법함을 면할 수 없고, 이러한 공소제기의 절차가 법률의 규정에 위반하여 무효인 때에 해당한다는 이유로 판결로써 공소기각을 선고하여야 한다(2010도9330).

01 수사의 단서

> **판례연구** **수사의 개시에 관한 실질설의 판례**
>
> 대법원 1989.6.20, 89도648; 2001.10.26, 2000도2968; 2010.6.24, 2008도12127
> 형식적 입건 전이라 하여도 실질적 수사개시행위가 있으면 수사는 개시되었다는 사례
> '피의자'라고 하기 위해서는 수사기관에 의하여 범죄의 인지 등으로 수사가 개시되어 있을 것을 필요로
> 하고, 그 이전의 단계에서는 장차 형사입건될 가능성이 크다고 하더라도 그러한 사정만으로 '피의자'에
> 해당한다고 볼 수는 없다. 사법경찰관이 범죄를 인지하는 경우에는 범죄인지보고서를 작성하는 절차
> 를 거치도록 되어 있으므로 특별한 사정이 없는 한 수사기관이 그와 같은 절차를 거친 때에 범죄
> 인지가 된 것으로 볼 수 있겠으나, 사법경찰관이 그와 같은 절차를 거치기 전에 범죄의 혐의가 있다고
> 보아 수사에 착수하는 행위를 한 때에는 이때에 범죄를 인지한 것으로 보아야 하고 그 뒤 범죄인지보고서
> 를 작성한 때에 비로소 범죄를 인지하였다고 볼 것은 아니다.

참고하기 수사협력규정 : 수사개시의 구체적 예

제16조(수사의 개시) ① 검사 또는 사법경찰관이 다음 각 호의 어느 하나에 해당하는 행위에 착수한 때에는
수사를 개시한 것으로 본다. 이 경우 검사 또는 사법경찰관은 해당 사건을 즉시 입건해야 한다.
 1. 피혐의자의 수사기관 출석조사(신설)
 2. 피의자신문조서의 작성
 3. 긴급체포
 4. 체포·구속영장의 청구 또는 신청
 5. 사람의 신체, 주거, 관리하는 건조물, 자동차, 선박, 항공기 또는 점유하는 방실에 대한 압수·수색 또는
 검증영장(부검을 위한 검증영장은 제외한다)의 청구 또는 신청
 (중략)
④ 검사 또는 사법경찰관은 제3항에 따른 조사 결과 입건하지 않는 결정을 한 때에는 피해자에 대한 보복범
죄나 2차 피해가 우려되는 경우 등을 제외하고는 피혐의자 및 사건관계인에게 통지해야 한다.

02 불심검문

> **판례연구** **적법한 불심검문에 해당한다는 사례**
>
> **1** 대법원 2014.2.27, 2011도13999; 2012.9.13, 2010도6203 [경찰간부 22]
> 경찰관이 불심검문 대상자에 대하여 정지를 위한 실력행사를 할 수 있는가에 관하여 제한적 허용설(다
> 수설)을 취한 판례
> 경찰관직무집행법(이하 '법')의 목적, 법 제1조 제1항, 제2항, 제3조 제1항, 제2항, 제3항, 제7항의
> 내용 및 체계 등을 종합하면, 경찰관이 법 제3조 제1항에 규정된 대상자(이하 '불심검문 대상자')
> 해당 여부를 판단할 때에는 불심검문 당시의 구체적 상황은 물론 사전에 얻은 정보나 전문적 지식

등에 기초하여 불심검문 대상자인지를 객관적·합리적인 기준에 따라 판단하여야 하나, 반드시 불심검문 대상자에게 형사소송법상 체포나 구속에 이를 정도의 혐의가 있을 것을 요한다고 할 수는 없다. 그리고 경찰관은 불심검문 대상자에게 질문을 하기 위하여 범행의 경중, 범행과의 관련성, 상황의 긴박성, 혐의의 정도, 질문의 필요성 등에 비추어 목적 달성에 필요한 최소한의 범위 내에서 사회통념상 용인될 수 있는 상당한 방법으로 대상자를 정지시킬 수 있고 질문에 수반하여 흉기의 소지 여부도 조사할 수 있다.

2 대법원 2012.9.13, 2010도6203

불심검문에 있어서 정지의 시간은 구속이라고 볼 수 있는 정도의 장시간이어서는 안 되지만, 구체적 사정에 따라 결정하여야 한다는 점에서 적법한 정지라는 사례

경찰관은 법 제3조 제1항에 규정된 대상자에게 질문을 하기 위하여 범행의 경중, 범행과의 관련성, 상황의 긴박성, 혐의의 정도, 질문의 필요성 등에 비추어 목적 달성에 필요한 최소한의 범위 내에서 사회통념상 용인될 수 있는 상당한 방법으로 대상자를 정지시킬 수 있고 질문에 수반하여 흉기의 소지 여부도 조사할 수 있다. 검문 중이던 경찰관들이, 자전거를 이용한 날치기 사건 범인과 흡사한 인상착의의 피고인이 자전거를 타고 다가오는 것을 발견하고 정지를 요구하였으나 멈추지 않아, 앞을 가로막고 소속과 성명을 고지한 후 검문에 협조해 달라는 취지로 말하였음에도 불응하고 그대로 전진하자, 따라가서 재차 앞을 막고 검문에 응하라고 요구하였는데, 이에 피고인이 경찰관들의 멱살을 잡아 밀치거나 욕설을 하는 등 항의하여 공무집행방해 등으로 기소된 경우, 범행의 경중, 범행과의 관련성, 상황의 긴박성, 혐의의 정도, 질문의 필요성 등에 비추어 경찰관들은 목적 달성에 필요한 최소한의 범위 내에서 사회통념상 용인될 수 있는 상당한 방법을 통하여 경찰관직무집행법 제3조 제1항에 규정된 자에 대해 의심되는 사항을 질문하기 위하여 정지시킨 것으로 보아야 하는데도, 이와 달리 경찰관들의 불심검문이 위법하다고 보아 피고인에게 무죄를 선고한 원심판결에는 불심검문의 내용과 한계에 관한 법리오해의 위법이 있다.

3 대법원 2014.12.11, 2014도7976 [경찰간부 22 / 국가9급 20]

객관적으로 경찰관의 직무질문임을 충분히 알 수 있는 경우에는 신분증 제시가 없어도 위법하지 않다는 사례

경찰관직무집행법 제3조 제4항은 경찰관이 불심검문을 하고자 할 때에는 자신의 신분을 표시하는 증표를 제시하여야 한다고 규정하고, 경찰관직무집행법 시행령 제5조는 위 법에서 규정한 신분을 표시하는 증표는 경찰관의 공무원증이라고 규정하고 있는데, 불심검문을 하게 된 경위, 불심검문 당시의 현장상황과 검문을 하는 경찰관들의 복장, 피고인이 공무원증 제시나 신분 확인을 요구하였는지 여부 등을 종합적으로 고려하여, 검문하는 사람이 경찰관이고 검문하는 이유가 범죄행위에 관한 것임을 피고인이 충분히 알고 있었다고 보이는 경우에는 신분증을 제시하지 않았다고 하여 그 불심검문이 위법한 공무집행이라고 할 수 없다.

> 유사 경찰관이 정복을 착용한 경우에는 상대방이 요구하지 않는 한 신분증을 제시하지 않아도 위법이라 할 수 없다(대법원 2004.10.18, 2004도4029).

> 비교 다만, 물론 경찰관이 경직법상 직무질문을 할 당시 경찰복을 입고 있었다 하더라도, 상대방이 요구할 때에는 신분을 표시하는 증표를 제시하면서 소속·성명을 밝힐 의무가 있다.[2] [해경간부 12 / 경찰승진 11]

---

2 **주민등록법 제26조(주민등록증의 제시요구)** 사법경찰관리는 범인의 체포 등 그 직무를 수행함에 있어서 주민의 신원 또는 거주관계를 확인할 필요가 있는 경우에는 17세 이상의 자에 대하여 주민등록증의 제시를 요구할 수 있다. 이 경우 사법경찰관리는 정복근무 중인 경우 외에는 미리 신원을 표시하는 증표를 지니고 이를 관계인에게 제시해야 한다.

03 변사자의 검시

> **판례연구   변사자의 개념**
>
> 대법원 2003.6.27, 2003도1331 [경찰채용 05·20 2차 / 해경간부 12]
> 범죄로 인하여 사망한 것이 명백한 자의 사체는 형법 제163조 소정의 변사체검시방해죄의 객체가
> 될 수 없다는 사례
> 형법 제163조의 변사자라 함은 부자연한 사망으로서 그 사인이 분명하지 않은 자를 의미하고 그 사인이
> 명백한 경우는 변사자라 할 수 없으므로(대법원 1970.2.24, 69도2272 참조), 범죄로 인하여 사망한
> 것이 명백한 자의 사체는 같은 법조 소정의 변사체검시방해죄의 객체가 될 수 없는 것이다.

04 고 소

> **판례연구   고소의 의의**
>
> 대법원 1984.3.27, 84도50; 1984.10.23, 84도1704; 1985.3.26, 84도1374; 1985.7.23, 85도1213;
> 1988.10.25, 87도1114; 1990.9.28, 90도603 [경찰채용 12 1차 / 경찰채용 05 2차 / 해경간부 12 / 경찰승진 11 / 국가7급
> 11·15]
> 고소는 고소인이 일정한 범죄사실을 수사기관에 신고하여 그 범인의 처벌을 구하는 의사표시이므로
> 고소한 범죄사실이 특정되어야 함은 말할 나위가 없다 하겠으나 그 특정의 정도는 고소인의 의사가
> 구체적으로 어떤 범죄사실을 지정하여 범인의 처벌을 구하고 있는 것인가를 확정할 수 있으면 되는
> 것이고 고소인 자신이 직접 범행일시, 장소와 방법 등까지 구체적으로 상세히 지적하고 그 범죄사실을
> 특정할 필요까지는 없다 할 것이며(대법원 1984.3.27, 84도50 참조), 한편 범행기간을 특정하고 있는
> 고소에 있어서는 그 기간 중의 어느 특정범죄에 대하여 범인의 처벌을 원치 않는 고소인의 의사가
> 있다고 볼만한 특단의 사정이 없는 이상 그 고소는 특정된 기간 중에 저지른 모든 범죄에 대하여 범인의
> 처벌을 구하는 의사표시라고 봄이 상당할 것이다.

> **판례연구   고소능력, 반의사불벌죄의 처벌불원의사의 표시능력**
>
> **1** 대법원 2011.6.24, 2011도4451,2011전도76 [경찰채용 20 1차 / 경찰채용 15 2차 / 국가9급 08 / 국가7급 15 / 법원9급 13]
> 고소에 필요한 고소능력의 정도(=사실상의 의사능력)
> 고소를 할 때는 소송행위능력, 즉 고소능력이 있어야 하나, 고소능력은 피해를 입은 사실을 이해하고
> 고소에 따른 사회생활상의 이해관계를 알아차릴 수 있는 사실상의 의사능력으로 충분하므로, 민법상
> 행위능력이 없는 사람이라도 위와 같은 능력을 갖추었다면 고소능력이 인정된다.
>
> **2** 대법원 2009.11.19, 2009도6058 전원합의체 [경찰채용 15 1차 / 경찰승진 11·12·22 / 국가7급 10·11·20 / 법원9급
> 12 / 변호사시험 13]
> 14세 10개월의 피해자의 처벌불원 의사표시에 법정대리인의 동의가 필요하지 않다는 사례
> 형사소송법상 소송능력이라 함은 소송당사자가 유효하게 소송행위를 할 수 있는 능력, 즉 피고인

또는 피의자가 자기의 소송상의 지위와 이해관계를 이해하고 이에 따라 방어행위를 할 수 있는 의사능력을 의미한다. 의사능력이 있으면 소송능력이 있다는 원칙은 피해자 등 제3자가 소송행위를 하는 경우에도 마찬가지라고 보아야 한다. 따라서 반의사불벌죄에 있어서 피해자의 피고인 또는 피의자에 대한 처벌을 희망하지 않는다는 의사표시 또는 처벌을 희망하는 의사표시의 철회는, 위와 같은 형사소송절차에 있어서의 소송능력에 관한 일반원칙에 따라, 의사능력이 있는 피해자가 단독으로 이를 할 수 있고, 거기에 법정대리인의 동의가 있어야 한다거나 법정대리인에 의해 대리되어야만 한다고 볼 것은 아니다.

판례연구 **고소권자**

1 대법원 1995.9.26, 94도2196
피해자의 지위를 승계받은 고소권자 사례
침해가 계속적인 때에는 권리이전에 따라 고소권도 이전되므로 상표권을 이전등록받은 승계인은 이전에 발생한 침해에 대해서도 피해자의 지위를 승계한다.

> **비교** 특허법 제225조 제1항 소정의 특허권침해죄는 피해자의 고소가 있어야 논할 수 있는 죄인바, 특허를 무효로 하는 심결이 확정된 때에는 원칙적으로 그 특허권은 처음부터 없었던 것으로 보게 되므로(특허법 제133조 제3항), 무효심결 확정 전의 고소라 하더라도 그러한 특허권에 기한 고소는 무효심결이 확정되면 고소권자에 의한 적법한 고소로 볼 수 없다 할 것이고, 이러한 고소를 기초로 한 공소는 형사소송법 제327조 제2호 소정의 공소제기의 절차가 법률의 규정에 위반되어 무효인 때에 해당한다고 할 수 있다(대법원 2008.4.10, 2007도6325).

2 대법원 1987.9.22, 87도1707 [경찰승진 09]
입적되어 있지 아니한 생모도 법정대리인인 친권자로서 고소할 수 있다는 사례
모자관계는 호적에 입적되어 있는 여부와는 관계없이 자의 출생으로 법률상 당연히 생기는 것이므로 고소당시 이혼한 생모라도 피해자인 그의 자의 친권자로서 독립하여 고소할 수 있다.

3 대법원 1999.12.24, 99도3784 [경찰승진 09 · 10 · 22 / 국가9급 08 · 14 / 법원승진 09]
법정대리인의 고소권의 성질에 관한 고유권설(다수설 · 판례)
형사소송법 제225조 제1항이 규정한 법정대리인의 고소권은 무능력자의 보호를 위하여 법정대리인에게 주어진 고유권이므로, 법정대리인은 피해자의 고소권 소멸 여부에 관계없이 고소할 수 있고, 이러한 고소권은 피해자의 명시한 의사에 반하여도 행사할 수 있다.

4 대법원 1955.6.28, 4288형상109
피해자 사망 시 배우자 · 직계친족 · 형제자매는 고소할 수 있으나, 피해자의 명시한 의사에 반하지 못한다는 사례
본건 범죄(혼인빙자간음죄, 구형법상 친고죄)에 대한 고소는 피해자 V의 부 F로부터 제기된 것임을 인정할 수 있는바 F의 고소는 형사소송법 제225조에 의하여 적법한 것임은 물론이나 동조에 의하면 피해자 이외 고소권자의 고소는 피해자의 명시한 의사에 위반할 수 없음이 명정되어 있는바, 검사의 증인 공소외 3에 대한 청취서기재에 의하면 피해자 V는 전기 공소외 3에 대하여 본건 범죄를 고소할 의사가 없음을 표시한 바 있음을 인정할 수 있으므로, 결국 전기 F의 고소는 피해자 V의 명시한 의사에 반한 부적법한 고소이므로 이러한 고소에 기인한 본건 공소는 기각을 면할 수 없다(피해자 사망 시 유족의 고소권의 성질에 관하여 독립대리권설에 가까운 판시).

5 유사 대법원 1969.4.29, 69도376

피해자가 생전에 고소하고 사망한 후 피해자의 배우자·직계친족·형제자매가 고소를 취소할 수 없다는 사례

피해자의 부친이 피해자 사망 후에 피해자를 대신하여 그 피해자가 이미 하였던 고소를 취소하더라도 이는 적법한 고소취소라 할 수 없다.

6 헌법재판소 1993.7.29, 92헌마234

피해자 고소 후 사망 시 상속인은 피해자 지위를 수계하여 검찰항고 등을 할 수 있다는 사례

형사소송법 제225조 제2항에서 피해자가 사망한 경우 그 배우자, 직계친족 또는 형제자매에게 고소권을 인정하고 있는 취지에 비추어 볼 때, 피해자인 고소인이 고소 후에 사망한 경우 피보호법익인 재산권의 상속인은 자신들이 따로 고소를 할 것 없이 피해자 지위를 수계(受繼)하여 피해자가 제기한 당해 고소사건에 관한 검사의 불기소처분에 대하여 항고·재항고도 할 수 있고 또한 헌법소원심판(현재는 ×)도 청구할 수 있다.

7 대법원 1986.11.11, 86도1982 [경찰승진 09]

법정대리인이 피의자인 경우 피해자의 친족은 독립하여 고소할 수 있다(제226조)는 사례

모자관계는 호적에 입적되어 있는 여부와는 관계없이 자의 출생으로 법률상 당연히 생기는 것이므로, 생모와 그 자의 자 사이에도 법률상 친족관계가 있다 할 것인바, 피고인의 생모가 피고인의 그 딸에 대한 강제추행(현재는 친고죄 ×) 등 범죄사실에 대하여 고소를 제기한 것은 법 제226조 소정의 피해자의 친족에 의한 피해자의 법정대리인에 대한 적법한 고소라 할 것이다.

8 대법원 2010.4.29, 2009도12446 [국가7급 15]

법정대리인이 피의자인 경우 피해자의 친족은 독립하여 고소할 수 있다는 사례

남편 甲이 식물인간 상태가 되어 금치산선고를 받아 그 후견인이 된 배우자 乙의 간통행위(현재는 폐지)에 대해 甲의 모(母) 丙이 제기한 고소는 간통죄의 공소제기 요건으로서 적법하다.

판례연구 **고소의 방법**

1 대법원 2011.6.24, 2011도4451,2011전도76; 1966.1.31, 65도1089; 1985.3.12, 85도190 [경찰채용 12·16 1차 / 경찰채용 12·14·15 2차 / 국가9급 10 / 국가7급 15·17 / 법원9급 14·22]

고소는 서면 또는 구술에 의할 수 있다는 사례

친고죄에 있어서의 고소는 서면뿐만 아니라 구술로도 할 수 있는 것이고, 다만 구술에 의한 고소를 받은 검사 또는 사법경찰관은 조서를 작성하여야 하지만 그 조서가 독립된 조서일 필요는 없으며 수사기관이 고소권자를 증인 또는 피해자로서 신문한 경우에 그 진술에 범인의 처벌을 요구하는 의사표시가 포함되어 있고 그 의사표시가 조서에 기재되면 고소는 적법하게 이루어진 것이다.

2 대법원 2002.6.14, 2000도4595 [경찰채용 05 2차 / 해경간부 12 / 경찰승진 11 / 국가7급 15 / 법원9급 08]

형사소송법 제236조 소정의 대리고소의 방식

형사소송법 제236조의 대리인에 의한 고소의 경우 대리권이 정당한 고소권자에 의하여 수여되었음이 실질적으로 증명되면 충분하고 그 방식에 특별한 제한은 없다고 할 것이며(피의자·피고인의 변호인 선임의 방식과 다름), 한편 친고죄에 있어서의 고소는 고소권 있는 자가 수사기관에 대하여 범죄사실을 신고하고 범인의 처벌을 구하는 의사표시로서 서면뿐만 아니라 구술로도 할 수 있는 것이므로, 피해자로부터 고소를 위임받은 대리인은 수사기관에 구술에 의한 방식으로 고소를 제기할 수도 있다.

친고죄의 고소기간

1 대법원 2001.10.9, 2001도3106 [경찰채용 12·16 1차/경찰채용 12 2차/경찰승진 22]

범인을 알게 된다 함은 통상인의 입장에서 보아 고소권자가 고소를 할 수 있을 정도로 범죄사실과 범인을 아는 것을 의미하고, 범죄사실을 안다는 것은 고소권자가 친고죄에 해당하는 범죄의 피해가 있었다는 사실관계에 관하여 확정적인 인식이 있음을 말한다(대법원 2010.7.15, 2010도4680)(범죄사실을 안 것만으로는 범인을 알게 되었다고는 할 수 없음). 고소인이 처와 상간자 간에 성관계가 있었다는 사실을 알게 되었으나 처가 상간자와의 성관계는 강간에 의한 것이라고 주장하며 상간자를 강간죄로 고소하였고 이에 대하여 검찰에서 무혐의결정이 나자 이들을 간통죄(현재는 폐지)로 고소한 경우, 고소인으로서는 그 강간 고소사건에 대한 검찰의 무혐의결정이 있은 때 비로소 처와 상간자 간의 간통사실을 알았다고 봄이 상당하므로, 그때로부터 고소기간을 기산하여야 한다.

2 대법원 1995.5.9, 95도696; 1987.9.22, 87도1707 [경찰채용 08·15 1차/경찰채용 10·22 2차/국가9급 08·10 / 국가7급 07]

고소기간은 고소능력이 생긴 때로부터 기산된다는 사례

강제추행의 피해자가 범인을 안 날로부터 6월이 경과된 후에 고소제기하였더라도 범행 당시 피해자가 11세의 소년에 불과하여 고소능력이 없었다가 고소 당시에 비로소 고소능력이 생겼다면, 그 고소기간은 고소능력이 생긴 때부터 기산되어야 하므로 고소기간이 경과된 것으로 볼 것이 아니다.

3 대법원 2001.9.4, 2001도3081 [경찰채용 12 3차/법원9급 11]

대리인에 의한 고소의 방식 및 그 경우 고소기간의 산정기준

형사소송법 제236조의 대리인에 의한 고소의 경우, 대리권이 정당한 고소권자에 의하여 수여되었음이 실질적으로 증명되면 충분하고, 그 방식에 특별한 제한은 없으므로, 고소를 할 때 반드시 위임장을 제출한다거나 '대리'라는 표시를 하여야 하는 것은 아니고, 또 고소기간은 대리고소인이 아니라 정당한 고소권자를 기준으로 고소권자가 범인을 알게 된 날부터 기산한다.

4 대법원 1985.9.10, 85도1273

법 제230조 제1항 단서 소정의 "고소할 수 없는 불가항력의 사유"에 해당하는지 여부

자기의 피용자인 부녀를 간음하면서 불응하는 경우 해고할 것을 위협하였다 하더라도 이는 업무상 위력에 의한 간음죄(현재는 친고죄가 아님)의 구성요건일 뿐 그 경우 해고될 것이 두려워 고소를 하지 않은 것이 고소할 수 없는 불가항력적 사유에 해당한다고 할 수 없다(친고죄의 고소기간 경과).

친고죄의 고소불가분의 원칙

1 대법원 2011.6.24, 2011도4451,2011전도76

친고죄에서 적법한 고소가 있었는지는 자유로운 증명의 대상, 일죄의 일부에 대한 고소의 효력이 미치는 범위

친고죄에서 적법한 고소가 있었는지는 자유로운 증명의 대상이 되고, 일죄의 관계에 있는 범죄사실 일부에 대한 고소의 효력은 일죄 전부에 대하여 미친다(객관적 불가분의 원칙).

2 대법원 2009.1.30, 2008도7462 [경찰채용 12 3차/여경 04 1차/경찰승진 13/국가9급 10·12]

절대적 친고죄의 고소의 주관적 불가분의 원칙

고소불가분의 원칙상 공범 중 일부에 대하여만 처벌을 구하고 나머지에 대하여는 처벌을 원하지 않는 내용의 고소는 적법한 고소라고 할 수 없고(처음부터 고소가 무효인 경우에 해당함, ∴ 공소제기 되었다면

공소기각판결), [경찰채용 11·13·15 1차 / 경찰채용 11 2차 / 국가7급 09 / 법원9급 10·15· 20 / 법원승진 14] 공범 중 1인에 대한 고소취소는 고소인의 의사와 상관없이 다른 공범에 대하여도 효력이 있다(대법원 1994.4.26, 93도1689 참조). [경찰간부 22] 따라서 이 경우 법원은 직권으로 이를 심리하여 공소기각의 판결을 선고하여야 한다 (형사소송법 제327조 제2호).

3 대법원 1996.3.12, 94도2423 [경찰채용 22 2차 / 국가7급 11 / 법원승진 09]
친고죄의 경우 양벌규정에 의하여 처벌받는 자에 대하여 별도의 고소를 요하지 아니한다는 사례
고소는 범죄의 피해자 또는 그와 일정한 관계가 있는 고소권자가 수사기관에 대하여 범죄사실을 신고하여 범인의 처벌을 구하는 의사표시이므로, 고소인은 범죄사실을 특정하여 신고하면 족하고 범인이 누구인지 나아가 범인 중 처벌을 구하는 자가 누구인지를 적시할 필요도 없는바, 저작권법 제103조의 양벌규정은 직접 위법행위를 한 자 이외에 아무런 조건이나 면책조항 없이 그 업무의 주체 등을 당연하게 처벌하도록 되어 있는 규정으로서 당해 위법행위와 별개의 범죄를 규정한 것이라고는 할 수 있으므로, 친고죄의 경우에 있어서도 행위자의 범죄에 대한 고소가 있으면 족하고, 나아가 양벌규정에 의하여 처벌받는 자에 대하여 별도의 고소를 요한다고 할 수는 없다.

4 대법원 2015.11.17, 2013도7987 [법원9급 11·15]
절대적 친고죄의 고소의 취소는 주관적 불가분의 원칙이 적용된다는 사례
법원은 검사가 공소를 제기한 범죄사실을 심판하는 것이지 고소권자가 고소한 내용을 심판하는 것이 아니므로, 고소권자가 비친고죄로 고소한 사건이더라도 검사가 사건을 친고죄로 구성하여 공소를 제기하였다면 공소장 변경절차를 거쳐 공소사실이 비친고죄로 변경되지 아니하는 한, 법원으로서는 친고죄에서 소송조건이 되는 고소가 유효하게 존재하는지를 직권으로 조사·심리하여야 한다. 그리고 이 경우 친고죄에서 고소와 고소취소의 불가분 원칙을 규정한 형사소송법 제233조는 당연히 적용되므로, 만일 공소사실에 대하여 피고인과 공범관계에 있는 사람에 대한 적법한 고소취소가 있다면 고소취소의 효력은 피고인에 대하여 미친다.

5 대법원 1985.11.12, 85도1940 [경찰채용 09 1차 / 경찰승진 10·12·13 / 국가9급 08 / 법원9급 11 / 법원승진 14]
친고죄의 공범자 중 1인에 대한 1심 판결선고 후 1심 판결선고 전의 다른 공범자에 대한 고소취소 불가
친고죄의 공범 중 그 일부에 대하여 제1심 판결이 선고된 후에는 제1심 판결선고 전의 다른 공범자에 대하여는 그 고소를 취소할 수 없고 그 고소의 취소가 있다 하더라도 그 효력을 발생할 수 없으며, 이러한 법리는 필요적 공범이나 임의적 공범이나 구별함이 없이 모두 적용된다(단, 반의사불벌죄는 고소취소 가능).

6 대법원 1994.4.26, 93도1689 [경찰채용 06 1차 / 경찰승진 10·11·14 / 국가9급 07·14 / 법원9급 10·15·19]
반의사불벌죄에 대해서는 주관적 불가분 원칙이 적용되지 않는다는 사례
형사소송법이 고소와 고소취소에 관한 규정을 하면서 제232조 제1항, 제2항에서 고소취소의 시한과 재고소의 금지를 규정하고 제3항에서는 반의사불벌죄에 제1항, 제2항의 규정을 준용하는 규정을 두면서도, 제233조에서 고소와 고소취소의 불가분에 관한 규정을 함에 있어서는 반의사불벌죄에 이를 준용하는 규정을 두지 아니한 것은 처벌을 희망하지 아니하는 의사표시나 처벌을 희망하는 의사표시의 철회에 관하여 친고죄와는 달리 공범자 간에 불가분의 원칙을 적용하지 아니하고자 함에 있다고 볼 것이지 입법의 불비로 볼 것은 아니다.

甲의 주도하에 甲, 乙, 丙은 절도를 공모하고 2010.7.8. 23 : 00경 乙은 A의 집에 들어가 A 소유의 다이아몬드 반지 1개를 가지고 나오고, 丙은 A의 집문 앞에서 망을 보았다는 공소사실로 기소되었다. 법원의 심리결과 공소사실은 모두 사실로 밝혀졌고, 다만 甲은 자신의 집에서 전화로 지시를 하였을 뿐 30km 떨어져 있는 A의 집에는 가지 않았음이 확인되었다. 甲의 누나로서, 결혼하여 따로 살고 있는 A는 경찰에 도난신고를 할 당시에는 범인이 누구인지를 알지 못하고 무조건 범인 모두를 처벌해 달라고 고소하였는데, 나중에 친동생 甲이 처벌되는 것을 원하지 않아 제1심 공판 중 甲에 대한 고소만을 취소하였다. [변호사시험 12]

문제 고소의 주관적 불가분원칙에 의하여 법원은 甲, 乙, 丙 모두에 대하여 공소기각의 판결을 하여야 한다.

➡ (✕) 상대적 친고죄의 경우에는 신분자에게만 고소 및 고소취소의 효력이 미치고 비신분자인 乙, 丙에게는 고소취소의 효력이 미치지 아니한다. 따라서 甲에 대해서만 공소기각의 판결을 해야 한다.

A회사 감사팀으로부터 횡령 의혹을 받고 있는 직원인 甲과 乙은 공모하여 '회사의 내부비리를 금융감독원 등 관계기관에 고발하겠다.'라는 취지의 서면을 A회사 대표이사의 처남이자 상무이사인 B에게 팩스로 송부하였다. 그 후 甲은 B에게 전화를 하여 "당신도 그 비리에 연루되어 있으니 우리의 횡령행위를 문제 삼지 말라."라고 요구하면서 위 서면의 내용과 같은 말을 하였다. 이에 B는 甲과 乙을 협박죄로 고소하여 검사는 甲과 乙을 협박죄의 공동정범으로 기소하였는데, 재판 도중 B는 乙과 합의하고 乙에 대한 고소를 취소하였다(특별법 위반의 점은 논외로 한다). [변호사시험 12]

문제 B가 乙과 합의하고 乙에 대한 고소를 취소하였으므로 고소불가분의 원칙상 甲을 협박죄로 처벌할 수 없다.

➡ (✕) 협박죄와 같은 반의사불벌죄에서는 고소의 주관적 불가분원칙이 적용되지 않기 때문에(93도1689) 乙에 대한 고소를 취소하였더라도 甲을 협박죄로 처벌하는 데에는 하등의 지장이 없다.

판례연구 **고소의 취소**

1 대법원 2010.5.27, 2010도2680

반의사불벌죄에서 피해자 사망 후 상속인이 그 의사표시를 대신할 수 있는지 여부(소극)

폭행죄는 피해자의 명시한 의사에 반하여 공소를 제기할 수 없는 반의사불벌죄로서 처벌불원의 의사표시는 의사능력이 있는 피해자가 단독으로 할 수 있는 것이고(대법원 2009.11.19, 2009도6058 전원합의체 참조), 피해자가 사망한 후 그 상속인이 피해자를 대신하여 처벌불원의 의사표시를 할 수는 없다고 보아야 한다.

정리 친고죄에서도 피해자가 고소를 취소하고 사망한 후에는 그 배우자·직계친족·형제자매라 하더라도 피해자의 생전에 명시한 의사에 반하여 고소할 수 없다(제225조 제2항 단서). 또한 피해자가 생전에 고소를 하고 사망한 경우에는 고소의 대리권자는 그 고소를 취소할 수 없다. 즉, 법정대리인을 제외한 고소의 대리권자는 피해자의 명시한 의사에 반하는 고소나 고소취소를 할 수 없다.

2 대법원 2001.12.14, 2001도4283; 2008.2.29, 2007도11339; 2017.9.7, 2017도8989

반의사불벌죄의 처벌불원 의사표시의 대리권을 피의자·피고인·변호인에게 수여하는 것도 가능하다는 사례

반의사불벌죄의 피해자는 피의자나 피고인 및 그들의 변호인에게 자신을 대리하여 수사기관이나 법원에 자신의 처벌불원의사를 표시할 수 있는 권한을 수여할 수 있다.

3 대법원 2012.2.23, 2011도17264 [국가9급 13 / 법원9급 14]

친고죄에서 고소를 취소하거나 반의사불벌죄에서 처벌을 희망하는 의사표시를 철회할 수 있는 시기(＝제1심판결 선고 전까지) 및 그 상대방

형사소송법 제232조 제1항, 제3항에 의하면 친고죄에서 고소의 취소 및 반의사불벌죄에서 처벌을 희망하는 의사표시의 철회는 제1심판결 선고 전까지만 할 수 있고, 따라서 제1심판결 선고 후에 고소가 취소되거나 처벌을 희망하는 의사표시가 철회된 경우에는 효력이 없으므로 형사소송법 제327조 제5호 내지 제6호의 공소기각 재판을 할 수 없다. 그리고 고소의 취소나 처벌을 희망하는 의사표시의 철회는 수사기관 또는 법원에 대한 법률행위적 소송행위이므로 공소제기 전에는 고소사건을 담당하는 수사기관에, [교정9급특채 10] 공소제기 후에는 고소사건의 수소법원에 대하여 이루어져야 한다. 피고인이 甲의 명예를 훼손하고 甲을 모욕하였다는 내용으로 기소된 경우, 공소제기 후에 피고인에 대한 다른 사건의 검찰 수사과정에서 피고인에 대한 이전의 모든 고소 등을 취소한다는 취지가 기재된 합의서가 작성되었으나 그것이 제1심판결 선고 전에 법원에 제출되었다고 볼 자료가 없고, [변호사시험 13] 오히려 甲이 제1심법정에서 증언하면서 위 합의건은 기소된 사건과 별개이고 피고인의 처벌을 원한다고 진술하여, 고소취소 및 처벌의사의 철회가 있었다고 할 수 없는데도, 이와 달리 적법한 고소취소 및 처벌의사의 철회가 있었다고 보아 공소를 기각한 원심판결에는 법리오해의 위법이 있다.

4 대법원 1981.11.10, 81도1171 [경찰채용 07 2차]

강간피해자 명의의 합의서 및 탄원서가 제1심 법원에 제출되었다면 고소취소에 해당한다는 사례

강간피해자 명의의 "당사자 간에 원만히 합의되어 민·형사상 문제를 일체 거론하지 않기로 화해되었으므로 합의서를 1심 재판장앞으로 제출한다"는 취지의 합의서 및 피고인들에게 중형을 내리기보다는 법의 온정을 베풀어 사회에 봉사할 수 있도록 관대한 처분을 바란다는 취지의 탄원서가 제1심 법원에 제출되었다면 이는 결국 고소취소가 있은 것으로 보아야 한다.

5 대법원 2002.3.15, 2002도158 [경찰채용 07 2차 / 경찰승진 11 / 국가7급 11·13]

처벌불원의 의사표시의 부존재는 직권조사사항이며, 시간적 한계는 제1심 판결선고 전이라는 사례

이른바 반의사불벌죄에 있어서 처벌불원의 의사표시의 부존재는 소극적 소송조건으로서 직권조사사항이라 할 것이므로 당사자가 항소이유로 주장하지 아니하였다고 하더라도 원심은 이를 직권으로 조사·판단하여야 한다. 한편 법 제232조 제3항, 제1항의 규정에 의하면, 반의사불벌죄에서 처벌을 희망하는 의사표시의 철회 또는 처벌을 희망하지 아니하는 의사표시는 제1심 판결선고시까지 할 수 있다(친고죄의 고소의 취소는 제1심 판결선고 전까지만 가능, 법 제232조 제1항, [국가9급 13 / 법원9급 11·15 / 변호사시험 13] 반의사불벌죄의 처벌희망 의사표시의 철회에 관해서는 고소의 취소에 관한 규정이 준용됨 [국가9급 13 / 국가7급 11]).

6 대법원 1999.4.15, 96도1922 전원합의체 [경찰채용 15·21 1차 / 해경간부 12 / 국가7급 08 / 법원9급 11·12·15·18 / 법원승진 09·10 / 변호사시험 13]

항소심에서 친고죄로 변경되어도 고소의 취소는 불가하다는 사례

원래 고소의 대상이 된 피고소인의 행위가 친고죄에 해당할 경우 소송요건인 그 친고죄의 고소를 취소할 수 있는 시기를 언제까지로 한정하는가는 형사소송절차운영에 관한 입법정책상의 문제이기에

형사소송법의 그 규정은 국가형벌권의 행사가 피해자의 의사에 의하여 좌우되는 현상을 장기간 방치하지 않으려는 목적에서 고소취소의 시한을 획일적으로 제1심 판결선고시까지로 한정한 것이고, 따라서 그 규정을 현실적 심판의 대상이 된 공소사실이 친고죄로 된 당해 심급의 판결선고시까지 고소인이 고소를 취소할 수 있다는 의미로 볼 수는 없다 할 것이어서, 항소심에서 공소장의 변경에 의하여 또는 공소장변경절차를 거치지 아니하고 법원 직권에 의하여 친고죄가 아닌 범죄를 친고죄로 인정하였더라도 항소심을 제1심이라 할 수는 없는 것이므로, 항소심에 이르러 비로소 고소인이 고소를 취소하였다면 이는 친고죄에 대한 고소취소로서의 효력은 없다(항소심에서 피해자가 고소를 취소하여도 법원은 공소기각판결이 아니라 실체재판을 해야 함 [경찰승진 10·12 / 국가9급 13]).

7 대법원 2016.11.25, 2016도9470 [법원9급 18]
피고인이 제1심 법원에 소촉법 제23조의2에 따른 재심을 청구하는 대신 항소권회복청구를 하여 항소심 재판을 받게 된 경우, 항소심 절차에서 처벌을 희망하는 의사표시를 철회할 수 없다는 사례
형사소송법 제232조 제1항 및 제3항은 반의사불벌죄에 있어 처벌을 희망하는 의사표시는 제1심 판결 선고 전까지 철회할 수 있다고 규정하고 있다. 반의사불벌죄에 있어 처벌을 희망하는 의사표시의 철회를 어느 시점까지로 제한할 것인지는 형사소송절차 운영에 관한 입법정책의 문제로, 위 규정은 국가형벌권의 행사가 피해자의 의사에 의하여 좌우되는 현상을 장기간 방치하지 않으려는 목적에서 그 철회 시한을 획일적으로 제1심 판결 선고 시까지로 제한한 것으로 볼 수 있다(대법원 1999.4.15, 96도1922 전원합의체 참조). ① 제1심 법원이 반의사불벌죄로 기소된 피고인에 대하여 소촉법 제23조에 따라 피고인의 진술 없이 유죄를 선고하여 판결이 확정된 경우, 만일 피고인이 책임을 질 수 없는 사유로 공판절차에 출석할 수 없었음을 이유로 소촉법 제23조의2에 따라 제1심 법원에 재심을 청구하여 재심개시결정이 내려졌다면 피해자는 재심의 제1심 판결선고 전까지 처벌을 희망하는 의사표시를 철회할 수 있다(대법원 2002.10.11, 2002도1228 참조). 그러나 ② 피고인이 제1심 법원에 소촉법 제23조의2에 따른 재심을 청구하는 대신 항소권회복청구를 함으로써 항소심 재판을 받게 되었다면 항소심을 제1심이라고 할 수 없는 이상 항소심 절차에서는 처벌을 희망하는 의사표시를 철회할 수 없다.

8 대법원 2011.8.25, 2009도9112 [경찰채용 12 2차 / 법원9급 12·13]
항소심에서 법률 위반을 이유로 제1심 공소기각판결을 파기하고 사건을 제1심법원에 환송하였는데 환송 후의 제1심판결 선고 전 친고죄의 고소가 취소된 경우, 법원이 취하여야 할 조치(= 공소기각판결)
형사소송법 제232조 제1항은 고소를 제1심판결 선고 전까지 취소할 수 있도록 규정하여 친고죄에서 고소취소의 시한을 한정하고 있다. 그런데 상소심에서 형사소송법 제366조 또는 제393조 등에 의하여 법률 위반을 이유로 제1심 공소기각판결을 파기하고 사건을 제1심법원에 환송함에 따라 다시 제1심 절차가 진행된 경우, 종전의 제1심판결은 이미 파기되어 효력을 상실하였으므로 환송 후의 제1심판결 선고 전에는 고소취소의 제한사유가 되는 제1심판결 선고가 없는 경우에 해당한다. (따라서) 항소심이 공소기각 부분이 위법하다는 이유로 사건을 파기·환송하였고, 고소취소가 항소심에서 종전 제1심 공소기각판결이 파기되고 사건이 제1심법원에 환송된 후 진행된 환송 후 제1심판결이 선고되기 전에 이루어진 것으로서 적법하므로, 형사소송법 제327조 제5호에 의하여 판결로써 공소를 기각하였어야 한다(cf. 공소취소는 이와 다름).

9 대법원 2007.9.6, 2007도3405 [경찰채용 21 1차 / 경찰채용 12 2차 / 경찰간부 13 / 경찰승진 11 / 법원9급 12]
친고죄의 고소취소 시 재고소 금지(법 제232조 제2항)는 반의사불벌죄의 처벌불원의사의 표시에 준용된다는 사례
반의사불벌죄에 있어서 피해자가 처벌을 희망하지 아니하는 의사표시나 처벌을 희망하는 의사표시의 철회를 하였다고 인정하기 위해서는 피해자의 진실한 의사가 명백하고 믿을 수 있는 방법으로 표현

되어야 하고(대법원 2001.6.15, 2001도1809 참조), 이러한 의사표시는 공소제기 이후에도 제1심 판결이 선고되기 전이라면 수사기관에도 할 수 있는 것이지만, 한번 명시적으로 표시된 이후에는 다시 처벌을 희망하지 아니하는 의사표시를 철회하거나 처벌을 희망하는 의사를 표시할 수 없다고 할 것이다.

> 보충 친고죄에서 고소를 취소한 후에는 고소권이 소멸하므로 재고소가 금지되는 것과 같다.

판례연구 고소권의 포기

1 대법원 1967.5.23, 67도471 [경찰승진 11 / 국가9급 10 / 변호사시험 13]
친고죄의 고소권 포기는 있을 수 없다는 사례
피해자의 고소권은 형사소송법상 부여된 권리로서 친고죄에 있어서는 고소의 존재는 공소의 제기를 유효하게 하는 것이며 공법상의 권리라고 할 것이므로 그 권리의 성질상 법이 특히 명문으로 인정하는 경우를 제외하고는 자유처분을 할 수 없다고 함이 상당하다 할 것이다. 그런데 형사소송법 제232조에 의하면 일단 한 고소는 취소할 수 있도록 규정하였으나 친고죄의 포기에 관하여는 아무런 규정이 없으므로 고소 전에 고소권을 포기할 수는 없다고 함이 상당하다 할 것이다.

2 유사 대법원 2008.11.27, 2007도4977 [경찰채용 21 1차 / 경찰채용 13 2차 / 해경간부 12 / 국가7급 17 / 법원9급 07]
고소는 범죄의 피해자 기타 고소권자가 수사기관에 대하여 범죄사실을 신고하여 범인의 소추를 구하는 의사표시를 말하는 것으로서, 단순한 피해사실의 신고는 소추·처벌을 구하는 의사표시가 아니므로 고소가 아니다. 또한, 피해자가 고소장을 제출하여 처벌을 희망하는 의사를 분명히 표시한 후 고소를 취소한 바 없다면 비록 고소 전에 피해자가 처벌을 원치 않았다 하더라도 그 후에 한 피해자의 고소는 유효하다.

---

05 고 발

판례연구 고발 관련판례

1 대법원 1994.5.13, 94도458 [경찰채용 10 1차 / 경찰채용 05 2차 / 해경간부 12]
고발인이 범법자를 잘못 알고 고발하여도 진범에 대하여 고발의 효력이 미친다는 사례
고발이란 범죄사실을 수사기관에 고하여 그 소추를 촉구하는 것으로서 범인을 지적할 필요가 없는 것이고 또한 고발에서 지정한 범인이 진범인이 아니더라도 고발의 효력에는 영향이 없는 것이므로, 고발인(관계공무원)이 농지전용행위를 한 사람을 甲으로 잘못 알고 甲을 피고발인으로 하여 고발하였다고 하더라도 乙이 농지전용행위를 한 이상 乙에 대하여도 고발의 효력이 미친다.

2 대법원 1996.5.31, 94도952; 2014.10.15, 2013도5650
즉시고발에 의하여 공소제기가 되면 법원은 즉시고발사유에 대하여 심사할 수는 없다는 사례
조세범 처벌절차법에 즉시고발을 할 때 고발사유를 고발서에 명기하도록 하는 규정이 없을 뿐만 아니라, 원래 즉시고발권을 세무공무원에게 부여한 것은 세무공무원으로 하여금 때에 따라 적절한 처분을 하도록 할 목적으로 특별사유의 유무에 대한 인정권까지 세무공무원에게 일임한 취지라고

볼 것이므로, 조세범칙사건에 대하여 관계 세무공무원의 즉시고발이 있으면 그로써 소추의 요건은 충족되는 것이고, 법원은 본안에 대하여 심판하면 되는 것이지 즉시고발 사유에 대하여 심사할 수 없다.

3 대법원 2014.10.15, 2013도5650

즉시고발에는 객관적 불가분의 원칙이 적용되지만, 수개의 범칙사실 중 일부만을 범칙사건으로 하는 고발의 효력범위는 불가분의 원칙이 적용되지 아니한다는 사례

조세범처벌절차법에 따라 범칙사건에 대한 고발이 있는 경우 고발의 효력은 범칙사건에 관련된 범칙사실의 전부에 미치고 한 개의 범칙사실의 일부에 대한 고발은 전부에 대하여 효력이 생긴다. 그러나 수개의 범칙사실 중 일부만을 범칙사건으로 하는 고발이 있는 경우 고발장에 기재된 범칙사실과 동일성이 인정되지 않는 다른 범칙사실에 대해서까지 고발의 효력이 미칠 수는 없다.

4 대법원 2004.9.24, 2004도4066 [경찰채용 08 1차/ 경찰승진 10·11·14/ 국가7급 12]

조세범처벌법에 의한 즉시고발에는 친고죄의 고소의 주관적 불가분의 원칙이 적용되지 아니한다는 사례

조세범처벌법 제6조는 조세에 관한 범칙행위에 대하여는 원칙적으로 국세청장 등의 고발을 기다려 논하도록 규정하고 있는바, 같은 법에 의하여 하는 고발에 있어서는 이른바 고소·고발 불가분의 원칙이 적용되지 아니하므로, 고발의 구비 여부는 양벌규정에 의하여 처벌받는 자연인인 행위자와 법인에 대하여 개별적으로 논하여야 한다(피고발인을 법인으로 명시한 다음, 이어서 법인의 등록번호와 대표자의 인적 사항을 기재한 고발장의 표시를 자연인인 개인까지를 피고발자로 표시한 것이라고 볼 수는 없다고 한 사례).

5 유사 대법원 2010.9.30, 2008도4762 [경찰채용 13·21 1차]

공정거래법 제71조 제1항이 명시한 공정거래위원회의 고발에는 법 제233조의 주관적 불가분원칙이 유추적용될 수 없다.

6 참고 대법원 2018.5.17, 2017도14749 전원합의체

국회 국정농단 특위 활동기간 종료 후 위증 고발은 위법하다는 사례

다수의견 국회에서의 증언·감정 등에 관한 법률(이하 '국회증언감정법')의 목적과 위증죄 관련 규정들의 내용에 비추어 보면, 국회증언감정법은 국정감사나 국정조사에 관한 국회 내부의 절차를 규정한 것으로서 국회에서의 위증죄에 관한 고발 여부를 국회의 자율권에 맡기고 있고, 위증을 자백한 경우에는 고발하지 않을 수 있게 하여 자백을 권장하고 있으므로 국회증언감정법 제14조 제1항 본문에서 정한 위증죄는 같은 법 제15조의 고발을 '소추요건'으로 한다고 봄이 타당하다. … 국회증언감정법 제15조 제1항 본문에 따른 고발은 증인을 조사한 본회의 또는 위원회의 의장 또는 위원장의 명의로 한다(동 제15조 제3항). 따라서 그 위원회가 고발에 관한 의결을 하여야 하므로 제15조 제1항 본문의 고발은 위원회가 존속하고 있을 것을 전제로 한다. 한편 국회증언감정법 제15조 제1항 단서는 위와 같은 본문에 이어서 "다만 청문회의 경우에는 재적위원 3분의 1 이상의 연서에 따라 그 위원의 이름으로 고발할 수 있다."라고 규정하고 있다. … 국회증언감정법 제15조 제1항 단서에 의한 고발도 위원회가 존속하는 동안에 이루어져야 한다고 해석하는 것이 타당하다. 특별위원회가 존속하지 않게 된 이후에도 과거 특별위원회가 존속할 당시 재적위원이었던 사람이 연서로 고발할 수 있다고 해석하는 것은 유추해석금지의 원칙에 위배된다. 국회증언감정법 제15조 제1항 단서의 문언 및 입법 취지, 다른 법률 규정과의 관계 등에 비추어 보면, 국회증언감정법 제15조 제1항 단서의 재적위원은 존속하고 있는 위원회에 적을 두고 있는 위원을 의미하고, 특별위원회가 존속하지 않게 된 경우 그 재적위원이었던 사람을 의미하는 것은 아니라고 해석하는 것이 타당하다. 이와 달리 특별위원회가 소멸하였음에도 과거 특별위원회가 존속할 당시 재적위원이었던 사람이 연서로 고발할 수 있다고 해석하는 것은 소추요건인 고발의 주체와 시기에 관하여 그 범위를 행위자에게 불리하게 확대하는 것이다. 이는 가능한 문언의 의미를 벗어나므로 유추해석금지의 원칙에 반한다.

제3절 임의수사

01 임의수사와 강제수사

판례연구 당사자의 자발적 협조가 필수적인 절차이므로 영장주의에 위반되지 않는다는 사례

1 헌법재판소 1997.3.27, 96헌가11 [경찰채용 15 2차]
도교법상 음주측정불응죄가 헌법 제12조 제3항의 영장주의에 위배되는지 여부(소극)
도로교통법 제41조 제2항에 규정된 음주측정은 성질상 강제될 수 있는 것이 아니며 궁극적으로 당사자의 자발적 협조가 필수적인 것이므로 이를 두고 법관의 영장을 필요로 하는 강제처분이라 할 수 없다. 따라서 이 사건 법률조항이 주취운전의 혐의자에게 영장 없는 음주측정에 응할 의무를 지우고 이에 불응한 사람을 처벌한다고 하더라도 헌법 제12조 제3항에 규정된 영장주의에 위배되지 아니한다.

2 헌법재판소 2004.9.23, 2002헌가17·18(병합) [경찰승진 11·14 / 법원9급 13]
범죄의 피의자로 입건된 사람들에게 경찰공무원이나 검사의 신문을 받으면서 자신의 신원을 밝히지 않고 지문채취에 불응하는 경우 형사처벌을 통하여 지문채취를 강제하는 구 경범죄처벌법 제1조 제42호와 영장주의
이 사건 법률조항은 수사기관이 직접 물리적 강제력을 행사하여 피의자에게 강제로 지문을 찍도록 하는 것을 허용하는 규정이 아니며 형벌에 의한 불이익을 부과함으로써 심리적·간접적으로 지문채취를 강요하고 있으므로 피의자가 본인의 판단에 따라 수용여부를 결정한다는 점에서 궁극적으로 당사자의 자발적 협조가 필수적임을 전제로 하므로 물리력을 동원하여 강제로 이루어지는 경우와는 질적으로 차이가 있다. 따라서 이 사건 법률조항에 의한 지문채취의 강요는 영장주의에 의하여야 할 강제처분이라 할 수 없다. 또한 수사상 필요에 의하여 수사기관이 직접강제에 의하여 지문을 채취하려 하는 경우에는 반드시 법관이 발부한 영장에 의하여야 하므로 영장주의원칙은 여전히 유지되고 있다고 할 수 있다.

3 헌법재판소 2006.7.27, 2005헌마277 [경찰승진 11·14 / 법원9급 13]
마약류사범에게 마약류반응검사를 위하여 소변을 받아 제출하게 한 것이 영장주의에 반하는지 여부(소극)
헌법 제12조 제3항의 영장주의는 법관이 발부한 영장에 의하지 아니하고는 수사에 필요한 강제처분을 하지 못한다는 원칙으로 소변을 받아 제출하도록 한 것은 교도소의 안전과 질서유지를 위한 것으로 수사에 필요한 처분이 아닐 뿐만 아니라 검사대상자들의 협력이 필수적이어서 강제처분이라고 할 수도 없어 영장주의의 원칙이 적용되지 않는다.

형집행법 제41조 제2항 제1호, 제3호 중 '미결수용자의 접견내용의 녹음·녹화'에 관한 부분(이 사건 녹음조항)이 영장주의 및 평등원칙에 위배되는지 여부(소극)

이 사건 녹음조항에 따라 접견내용을 녹음·녹화하는 것은 직접적으로 물리적 강제력을 수반하는 강제처분이 아니므로 영장주의가 적용되지 않아 영장주의에 위배된다고 할 수 없다. 또한 불구속 피의자·피고인과는 달리 미결수용자에 대하여 법원의 허가 없이 접견내용을 녹음·녹화하도록 하는 것도 충분히 합리적 이유가 있으므로 이 사건 녹음조항은 평등원칙에 위배되지 않는다.

02 임의수사의 구체적 한계

I 임의동행

판례연구 **임의동행 관련판례**

1 대법원 2020.5.14, 2020도398 [경찰채용 22 2차]

경직법상 임의동행과 형사소송법상 임의수사를 위한 임의동행

임의동행은 ① 경찰관 직무집행법 제3조 제2항에 따른 행정경찰 목적의 경찰활동으로 행하여지는 것 외에도 ② 형사소송법 제199조 제1항에 따라 범죄 수사를 위하여 수사관이 동행에 앞서 피의자에게 동행을 거부할 수 있음을 알려 주었거나 동행한 피의자가 언제든지 자유로이 동행과정에서 이탈 또는 동행장소로부터 퇴거할 수 있었음이 인정되는 등 오로지 피의자의 자발적인 의사에 의하여 이루어진 경우에도 가능하다(대법원 2006.7.6, 2005도6810 등 참조). 기록에 의하면, 경찰관은 당시 피고인의 정신 상태, 신체에 있는 주사바늘 자국, 알콜솜 휴대, 전과 등을 근거로 피고인의 마약류 투약 혐의가 상당하다고 판단하여 경찰서로 임의동행을 요구하였고, 동행장소인 경찰서에서 피고인에게 마약류 투약 혐의를 밝힐 수 있는 소변과 모발의 임의제출을 요구하였음을 알 수 있다. 그렇다면 이 사건 임의동행은 마약류 투약 혐의에 대한 수사를 위한 것이어서 형사소송법 제199조 제1항에 따른 임의동행에 해당한다.

보충 소변과 모발을 형사소송법 제218조에 따른 임의제출물로 압수함에 있어 그 제출의 임의성이 부정되므로 증거능력이 인정되지 않는다.

2 대법원 2006.7.6, 2005도6810[3]; 2011.6.30, 2009도6717; 2012.9.13, 2012도8890 [경찰채용 09·11·13·15·22 2차]

임의동행은 오로지 피의자의 자발적 의사에 의해야 한다는 사례

형사소송법 제199조 제1항은 임의수사 원칙을 명시하고 있다. 수사관이 수사과정에서 동의를 받는 형식으로 피의자를 수사관서 등에 동행하는 것은, 피의자의 신체의 자유가 제한되어 실질적으로 체포와 유사한데도 이를 억제할 방법이 없어서 이를 통해서는 제도적으로는 물론 현실적으로도 임의성을 보장할 수 없을 뿐만 아니라, 아직 정식 체포·구속단계 이전이라는 이유로 헌법 및 형사소송법이

---

3 판례 : 사법경찰관이 피고인을 수사관서까지 동행한 것이 사실상의 강제연행, 즉 불법체포에 해당하고, 불법체포로부터 6시간 상당이 경과한 후에 이루어진 긴급체포 또한 위법하므로 피고인이 불법체포된 자로서 형법 제145조 제1항에 정한 '법률에 의하여 체포 또는

체포·구속된 피의자에게 부여하는 각종 권리보장 장치가 제공되지 않는 등 형사소송법 원리에 반하는 결과를 초래할 가능성이 크다. 따라서 수사관이 동행에 앞서 피의자에게 동행을 거부할 수 있음을 알려 주었거나 동행한 피의자가 언제든지 자유로이 동행과정에서 이탈 또는 동행장소에서 퇴거할 수 있었음이 인정되는 등 오로지 피의자의 자발적인 의사에 의하여 수사관서 등에 동행이 이루어졌다는 것이 객관적인 사정에 의하여 명백하게 입증된 경우에 한하여, 동행의 적법성이 인정된다고 보는 것이 타당하다. 형사소송법 제200조 제1항에 의하여 검사 또는 사법경찰관이 피의자에 대하여 임의적 출석을 요구할 수 있는 있겠으나, 그 경우에도 수사관이 단순히 출석을 요구함에 그치지 않고 일정 장소로의 동행을 요구하여 실행한다면 위 법리가 적용되어야 할 것이고, 한편 행정경찰 목적의 경찰활동으로 행하여지는 경직법 제3조 제2항 소정의 질문을 위한 동행요구도 형사소송법의 규율을 받는 수사로 이어지는 경우에도 역시 위 법리가 적용되어야 할 것이다.

❸ 대법원 2016.9.28, 2015도2798
임의동행의 적법성을 인정한 사례

피고인이 술에 취한 상태에서 굴삭기를 운전하여 화물차에 적재하였다고 하여 도로교통법 위반(음주운전)으로 기소된 경우, 피고인이 음주측정을 위해 경찰서에 동행할 것을 요구받고 자발적인 의사로 경찰차에 탑승하였고, 경찰서로 이동 중 하차를 요구하였으나 그 직후 수사 과정에 관한 설명을 듣고 빨리 가자고 요구하였으므로, 피고인에 대한 임의동행은 적법하고, 그 후 이루어진 음주측정 결과는 증거능력이 있다.

Ⅱ 거짓말탐지기의 사용

> **판례연구** **거짓말탐지기의 사용 관련판례**
>
> 대법원 1984.2.14, 83도3146
> 거짓말탐지기의 검사결과의 증거능력과 증명력[4]
> 거짓말탐지기의 검사는 그 기구의 성능, 조작기술에 있어 신뢰도가 극히 높다고 인정되고 그 검사자가 적격자이며, 검사를 받는 사람이 검사를 받음에 동의하였으며 검사자 자신이 실시한 검사의 방법, 경과 및 그 결과를 충실하게 기재하였다는 여러가지 점이 증거에 의하여 확인되었을 경우에 형사소송법 제313조 제2항(현재는 동 제3항의 감정서 조항)에 의하여 이를 증거로 할 수 있다. (다만) 거짓말탐지기의 검사결과가 증거능력이 있는 경우에도 그 검사 즉 감정의 결과는 검사를 받는 사람의 진술의 신빙성을 가늠하는 정황증거로서의 기능을 다하는데 그치는 것이다.

Ⅲ 전기통신의 감청

> **판례연구** **전기통신의 감청의 객체 관련판례**
>
> ### ❶ 대법원 2003.11.13, 2001도6213 [경찰채용 14 1차 / 경찰승진 12·14]
> 전기통신과 대화의 구별
> 통신비밀보호법에서는 그 규율의 대상을 통신과 대화로 분류하고 그 중 통신을 다시 우편물과 전기통신으로 나눈 다음, 그 제2조 제3호로 "전기통신"이라 함은 유선·무선·광선 및 기타의 전자적 방

구금된 자가 아니어서 도주죄의 주체가 될 수 없다고 한 사례이다(2005도6810). [경찰채용 09 2차]
4 자세한 것은 증거 부분에서 상술한다.

식에 의하여 모든 종류의 음향·문언·부호 또는 영상을 송신하거나 수신하는 것을 말한다고 규정하고 있는바, 무전기와 같은 무선전화기를 이용한 통화가 위 법에서 규정하고 있는 전기통신에 해당함은 전화통화의 성질 및 위 규정 내용에 비추어 명백하므로, 이를 같은 법 제3조 제1항 소정의 '타인 간의 대화'에 포함된다고 할 수 없다.

2 대법원 2013.11.28, 2010도12244 [법원9급 20]

이미 수신이 완료된 전자우편을 수집하는 것은 전기통신감청에 해당하지 아니한다는 사례

X시 Y동장 직무대리의 지위에 있던 피고인 甲은 X시장 乙에게 X시청 전자문서시스템을 통하여 이 사건 전자우편을 보냈는데, 전자우편에는 Y동 1통장인 A등에게 X시장 乙을 도와 달라고 부탁하였다는 내용이 포함되어 있었다. 그런데 X시청 소속 공무원인 제3자가 권한 없이 전자우편에 대한 비밀 보호조치를 해제하는 방법을 통하여 이 사건 전자우편을 수집하여 경찰에 제출하였고, 이렇게 수집된 전자우편의 내용에 기초하여 경찰은 A 등을 참고인으로 소환하여 A 등에 대한 참고인 진술조서를 작성하였다. 그런데 '전기통신의 감청'은 '감청'의 개념 규정에 비추어 현재 이루어지고 있는 전기통신의 내용을 지득·채록하는 경우와 통신의 송·수신을 직접적으로 방해하는 경우를 의미하는 것이지 전자우편이 송신되어 수신인이 이를 확인하는 등으로 이미 수신이 완료된 전기통신에 관하여 남아 있는 기록이나 내용을 열어보는 등의 행위는 포함하지 않는다 할 것이다(대법원 2012.7.26, 2011도12407 참조). 위 제출된 전자우편은 이미 수신자인 X시장이 그 수신을 완료한 후에 수집된 것임을 알 수 있으므로, 이 사건 전자우편의 수집행위가 통비법이 금지하는 '전기통신의 감청'에 해당한다고 볼 수 없고, 따라서 이 사건 전자우편이 통비법 제4조에 의하여 증거능력이 배제되는 증거라고 할 수 없다.

3 헌법재판소 2018.8.30, 2016헌마263

인터넷회선 감청(소위 패킷감청) 규정에 대한 헌법불합치 결정례

통신비밀보호법(1993.12.27. 법률 제4650호로 제정된 것) 제5조 제2항은 "통신제한조치는 제1항의 요건에 해당하는 자가 발송·수취하거나 송·수신하는 특정한 우편물이나 전기통신 또는 그 해당자가 일정한 기간에 걸쳐 발송·수취하거나 송·수신하는 우편물이나 전기통신을 대상으로 허가될 수 있다."고 규정하고 있는데, 이 중 '인터넷회선을 통하여 송·수신하는 전기통신'에 관한 부분은 헌법에 합치되지 아니한다. 위 법률조항은 2020.3.31.을 시한으로 개정될 때까지 계속 적용한다(인터넷 감청의 특성상 다른 통신제한조치에 비하여 수사기관이 취득하는 자료가 매우 방대함에도 불구하고 수사기관이 감청집 행으로 취득한 자료에 대한 처리 등을 객관적으로 통제할 수 있는 절차가 마련되어 있지 않다는 점에서 헌법에 합치되지 아니함)(이에 2020.3.24. 개정 통비법에서 제12조의2를 신설함).

> **판례연구** **전기통신의 감청기간의 연장 관련판례**
>
> 헌법재판소 2010.12.28, 2009헌가30
> 통신제한조치기간의 총연장기간 또는 총연장횟수의 제한을 두지 아니한 것에 대한 헌법불합치 결정례
> 통신제한조치기간을 연장함에 있어 법운용자의 남용을 막을 수 있는 최소한의 한계를 설정하지 않은 이 사건 법률조항은 침해의 최소성원칙에 위반한다. 나아가 통신제한조치기간의 연장을 허가함에 있어 총연장기간 또는 총연장횟수의 제한이 없을 경우 수사와 전혀 관계없는 개인의 내밀한 사생활의 비밀이 침해당할 우려도 심히 크기 때문에 기본권 제한의 법익균형성 요건도 갖추지 못하였다. 따라서 이 사건 법률조항은 헌법에 위반된다. 이 사건 법률조항에 대하여 헌법불합치결정을 선고하되 입법자의 개선입법이 있을 때까지 잠정적으로 적용한다(이에 2019.12.31. 개정 통비법에서 제6조에 제8항을 신설하여 총 연장기간을 1년 이내로, 국가안보 관련범죄의 경우 3년 이내로 하였음).

1 대법원 1999.9.3, 99도2317 [경찰승진 10·12·14]

통신제한조치에 대한 기간연장결정이 원 허가의 대상과 범위를 초과할 수 없다는 사례 : 대화녹음 ×

통신제한조치에 대한 기간연장결정은 원 허가의 내용에 대하여 단지 기간을 연장하는 것일 뿐 원 허가의 대상과 범위를 초과할 수 없다 할 것이므로 통신제한조치허가서에 의하여 허가된 통신제한조치가 '전기통신 감청 및 우편물 검열'뿐인 경우 그 후 연장결정서에 당초 허가 내용에 없던 '대화녹음'이 기재되어 있다 하더라도 이는 대화녹음의 적법한 근거가 되지 못한다.

> 보충 전술하였듯이 전기통신과 대화는 통비법에서 서로 다른 개념으로 구별하고 있다.

2 대법원 2016.10.13, 2016도8137

수사기관으로부터 통신제한조치의 집행을 위탁받은 통신기관 등이 집행에 필요한 설비가 없을 때에는 수사기관에 설비의 제공을 요청하여야 하고, 그러한 요청 없이 통신제한조치허가서에 기재된 사항을 준수하지 아니한 채 통신제한조치를 집행하였다면, 그러한 집행으로 취득한 전기통신의 내용 등은 헌법과 통신비밀보호법이 국민의 기본권인 통신의 비밀을 보장하기 위해 마련한 적법한 절차를 따르지 아니하고 수집한 증거에 해당하므로(형사소송법 제308조의2) 이는 유죄 인정의 증거로 할 수 없다.

3 대법원 2017.1.25, 2016도13489 [경찰채용 22 1차]

통신사실확인자료 제공요청에 의하여 취득한 통화내역 등 통신사실확인자료의 사용의 제한

통비법은 통신제한조치의 집행으로 인하여 취득된 전기통신의 내용은 통신제한조치의 목적이 된 범죄나 이와 관련되는 범죄를 수사·소추하거나 그 범죄를 예방하기 위한 경우 등에 한정하여 사용할 수 있도록 규정하고(제12조 제1호), 통신사실확인자료의 사용제한에 관하여 이 규정을 준용하도록 하고 있다(제13조의5). 따라서 통신사실확인자료 제공요청에 의하여 취득한 통화내역 등 통신사실확인자료를 범죄의 수사·소추를 위하여 사용하는 경우 그 대상범죄는 통신사실확인자료 제공요청의 목적이 된 범죄 및 이와 관련된 범죄에 한정되어야 한다(대법원 2014.10.27, 2014도2121 참조). 여기서 통신사실확인자료제공 요청의 목적이 된 범죄와 관련된 범죄라 함은 통신사실확인자료제공 요청허가서에 기재한 혐의사실과 객관적 관련성이 있고 자료제공 요청대상자와 피의자 사이에 인적 관련성이 있는 범죄를 의미한다고 할 것이다. 그 중 ① 혐의사실과의 객관적 관련성은, 통신사실확인자료제공 요청허가서에 기재된 혐의사실 자체 또는 그와 기본적 사실관계가 동일한 범행과 직접 관련되어 있는 경우는 물론 범행 동기와 경위, 범행 수단 및 방법, 범행 시간과 장소 등을 증명하기 위한 간접증거나 정황증거 등으로 사용될 수 있는 경우에도 인정될 수 있다. 여기서 그 관련성은 통신사실확인자료제공 요청허가서에 기재된 혐의사실의 내용과 당해 수사의 대상 및 수사 경위 등을 종합하여 구체적·개별적 연관관계가 있는 경우에만 인정된다고 보아야 하고, 혐의사실과 단순히 동종 또는 유사 범행이라는 사유만으로 관련성이 있다고 할 것은 아니다. 그리고 ② 피의자와 사이의 인적 관련성은 통신사실 확인자료제공요청 허가서에 기재된 대상자의 공동정범이나 교사범 등 공범이나 간접정범은 물론 필요적 공범 등에 대한 피고사건에 대해서도 인정될 수 있다.

1 대법원 2016.5.12, 2013도15616

대화비밀침해행위도 통비법의 처벌대상이 된다는 사례

통비법의 내용 및 형식, 통비법이 공개되지 아니한 타인간의 대화에 관한 녹음 또는 청취에 대하여 제3조 제1항에서 일반적으로 이를 금지하고 있음에도 제14조 제1항에서 구체화하여 금지되는 행위를 제한하고 있는 입법 취지와 체계 등에 비추어 보면, 통비법 제14조 제1항의 금지를 위반하는 행위(공개되지 아니한 타인 간의 대화를 녹음·청취하는 행위)는, 통비법과 형사소송법 또는 군사법원법의 규정에 의한 것이라는 등의 특별한 사정이 없는 한, 같은 법 제3조 제1항 위반행위에 해당하여 같은 법 제16조 제1항 제1호의 처벌대상이 된다고 해석하여야 한다(대화비밀침해도 통신비밀침해와 똑같이 처벌됨).

2 대법원 2006.10.12, 2006도4981 [국가9급 15 / 국가7급 11]

대화당사자인 사인의 비밀녹음은 통비법위반이 아니라는 사례

통신비밀보호법 제3조 제1항이 "공개되지 아니한 타인 간의 대화를 녹음 또는 청취하지 못한다."라고 정한 것은, 대화에 원래부터 참여하지 않는 제3자가 그 대화를 하는 타인들 간의 발언을 녹음해서는 아니 된다는 취지이고, 3인 간의 대화에 있어서 그 중 한 사람이 그 대화를 녹음하는 경우에 다른 두 사람의 발언은 그 녹음자에 대한 관계에서 '타인 간의 대화'라고 할 수 없으므로, 이와 같은 녹음행위가 통신비밀보호법 제3조 제1항에 위배된다고 볼 수는 없다.

3 대법원 2002.10.8, 2002도123

일방당사자의 동의에 의한 감청은 통비법위반이라는 사례

① 전기통신에 해당하는 전화통화 당사자의 일방이 상대방 모르게 통화내용을 녹음(위 법에는 '채록'이라고 규정한다)하는 것은 여기의 감청에 해당하지 아니하지만(따라서 전화통화 당사자의 일방이 상대방 몰래 통화내용을 녹음하더라도, 대화 당사자 일방이 상대방 모르게 그 대화내용을 녹음한 경우와 마찬가지로 동법 제3조 제1항 위반이 되지 아니한다), ② 제3자의 경우는 설령 전화통화 당사자 일방의 동의를 받고 그 통화내용을 녹음하였다 하더라도 그 상대방의 동의가 없었던 이상, 사생활 및 통신의 불가침을 국민의 기본권의 하나로 선언하고 있는 헌법규정과 통신비밀의 보호와 통신의 자유신장을 목적으로 제정된 통신비밀보호법의 취지에 비추어 이는 동법 제3조 제1항 위반이 된다고 해석하여야 할 것이다(이 점은 제3자가 공개되지 아니한 타인 간의 대화를 녹음한 경우에도 마찬가지이다).

4 대법원 2009.12.24, 2009도11401; 2010.10.14, 2010도9016

불법감청자료는 증거능력이 없다는 사례

제3자의 경우는 설령 전화통화 당사자 일방의 동의를 받고 그 통화 내용을 녹음하였다 하더라도 그 상대방의 동의가 없었던 이상, 이는 여기의 감청에 해당하여 통신비밀보호법 제3조 제1항 위반이 되고(대법원 2002.10.8, 2002도123 참조), 법 제3조 제1항에 위반한 불법감청에 의하여 녹음된 전화통화의 내용은 법 제4조에 의하여 증거능력이 없다(대법원 2001.10.9, 2001도3106 등 참조). 사생활 및 통신의 불가침을 국민의 기본권의 하나로 선언하고 있는 헌법규정과 통신비밀의 보호와 통신의 자유신장을 목적으로 제정된 통신비밀보호법의 취지에 비추어 볼 때 피고인이나 변호인이 이를 증거로 함에 동의하였다고 하더라도 달리 볼 것은 아니다.

> 보충 수사기관이 甲으로부터 피고인의 마약류관리에 관한 법률 위반(향정) 범행에 대한 진술을 듣고 추가적인 증거를 확보할 목적으로, 구속수감되어 있던 甲에게 그의 압수된 휴대전화를 제공하여 피고인과 통화하고 위 범행에 관한 통화 내용을 녹음하게 하여 획득한 녹음을 근거로 작성된 녹취록 첨부 수사보고는 피고인의 증거동의가 있더라도 그 증거능력이 인정되지 아니한다는 사례이다.

IV 보호실유치

판례연구 경찰서 보호실유치 관련판례

대법원 1994.3.11, 93도958
피의자를 보호실에 유치하는 것은 위법하다는 사례
경찰서에 설치되어 있는 보호실은 영장대기자나 즉결대기자 등의 도주방지와 경찰업무의 편의 등을 위한 수용시설로서 사실상 설치, 운영되고 있으나 현행법상 그 설치근거나 운영 및 규제에 관한 법령의 규정이 없고, 이러한 보호실은 그 시설 및 구조에 있어 통상 철창으로 된 방으로 되어 있어 그 안에 대기하고 있는 사람들이나 그 가족들의 출입이 제한되는 등 일단 그 장소에 유치되는 사람은 그 의사에 기하지 아니하고 일정장소에 구금되는 결과가 되므로(대법원 1971.3.9, 70도2406; 1985.7.29, 85모16 등 참조), 경찰관직무집행법상 정신착란자, 주취자, 자살기도자 등 응급의 구호를 요하는 자를 24시간을 초과하지 아니하는 범위 내에서 경찰관서에 보호조치할 수 있는 시설로 제한적으로 운영되는 경우(경찰관직무집행법 제4조 제1항, 제7항)를 제외하고는 구속영장을 발부받음이 없이 피의자를 보호실에 유치함은 영장주의에 위배되는 위법한 구금으로서 적법한 공무수행이라고 볼 수 없다 할 것이다(보호실유치는 경직법상 예외를 제외하고는 승낙유치도 위법).

V 승낙수색과 승낙검증

판례연구 승낙수색·승낙검증에 의한 유류물 압수 사례

대법원 2008.10.23, 2008도7471
수사기관이 적법절차를 위반하여 지문채취 대상물을 압수한 경우, 그전에 이미 범행 현장에서 위 대상물에서 채취한 지문이 위법수집증거에 해당하지 아니한다는 사례
피해자 공소외 1의 신고를 받고 현장에 출동한 인천남동경찰서 과학수사팀 소속 경장 공소외 2는 피해자 공소외 1이 범인과 함께 술을 마신 테이블 위에 놓여 있던 맥주컵에서 지문 6점을, 물컵에서 지문 8점을, 맥주병에서 지문 2점을 각각 현장에서 직접 채취하였음을 알 수 있는바, 이와 같이 범행 현장에서 지문채취 대상물에 대한 지문채취가 먼저 이루어진 이상, 수사기관이 그 이후에 지문채취 대상물을 적법한 절차에 의하지 아니한 채 압수하였다고 하더라도, 위와 같이 채취된 지문은 위법하게 압수한 지문채취 대상물로부터 획득한 2차적 증거에 해당하지 아니함이 분명하여, 이를 가리켜 위법수집 증거라고 할 수 없다.

VI 마취분석

VII 사진촬영

판례연구 사진촬영은 적법하다는 판례

1 대법원 1999.9.3, 99도2317
영남위원회 사건 : 비디오테이프의 증거능력
누구든지 자기의 얼굴 기타 모습을 함부로 촬영당하지 않을 자유를 가지나 이러한 자유도 국가권력의 행사로부터 무제한으로 보호되는 것은 아니고 국가의 안전보장·질서유지·공공복리를 위하여 필요한

경우에는 상당한 제한이 따르는 것이고, 수사기관이 범죄를 수사함에 있어 현재 범행이 행하여지고 있거나 행하여진 직후이고, 증거보전의 필요성 및 긴급성이 있으며, 일반적으로 허용되는 상당한 방법에 의하여 촬영을 한 경우라면 위 촬영이 영장 없이 이루어졌다 하여 이를 위법하다고 단정할 수 없다.

2 대법원 1999.12.7, 98도3329
무인장비에 의하여 제한속도 위반차량의 차량번호 등을 촬영한 사진의 증거능력을 인정한 사례
무인장비에 의한 제한속도 위반차량 단속은 이러한 수사활동의 일환으로서 도로에서의 위험을 방지하고 교통의 안전과 원활한 소통을 확보하기 위하여 도로교통법령에 따라 정해진 제한속도를 위반하여 차량을 주행하는 범죄가 현재 행하여지고 있고, 그 범죄의 성질·태양으로 보아 긴급하게 증거보전을 할 필요가 있는 상태에서 일반적으로 허용되는 한도를 넘지 않는 상당한 방법에 의한 것이라고 판단되므로, 이를 통하여 운전 차량의 차량번호 등을 촬영한 사진을 두고 위법하게 수집된 증거로서 증거능력이 없다고 말할 수 없다.

3 대법원 2013.7.26, 2013도2511
왕재산 간첩단 사건 : 해외촬영 사진의 증거능력
(위 대법원 1999.9.3, 99도2317 판결의 법리에 의하여) 피고인들이 일본 또는 중국에서 북한 공작원들과 회합하는 모습을 동영상으로 촬영한 것은 위 피고인들이 회합한 증거를 보전할 필요가 있어서 이루어진 것이고, 피고인들이 반국가단체의 구성원과 회합 중이거나 회합하기 직전 또는 직후의 모습을 촬영한 것으로 그 촬영 장소도 차량이 통행하는 도로 또는 식당 앞길, 호텔 프런트 등 공개적인 장소인 점 등을 알 수 있으므로, 이러한 촬영이 일반적으로 허용되는 상당성을 벗어난 방법으로 이루어졌다거나, 영장 없는 강제처분에 해당하여 위법하다고 볼 수 없다.

VIII 계좌추적

판례연구 **금융실명법상 거래정보의 획득에는 영장이 필요하다는 사례**

대법원 2013.3.28, 2012도13607
수사기관이 법관의 영장에 의하지 아니하고 금융회사 등으로부터 신용카드 매출전표의 거래명의자에 관한 정보를 획득한 경우, 그와 같이 수집된 증거의 증거능력은 원칙적으로 인정되지 아니한다는 사례
수사기관이 범죄 수사를 목적으로 금융실명법 제4조 제1항에 정한 '거래정보 등'을 획득하기 위해서는 법관의 영장이 필요하고, 신용카드에 의하여 물품을 거래할 때 '금융회사 등'이 발행하는 매출전표의 거래명의자에 관한 정보 또한 금융실명법에서 정하는 '거래정보 등'에 해당하므로, 수사기관이 금융회사 등에 그와 같은 정보를 요구하는 경우에도 법관이 발부한 영장에 의하여야 한다. 그럼에도 수사기관이 영장에 의하지 아니하고 매출전표의 거래명의자에 관한 정보를 획득하였다면, 그와 같이 수집된 증거는 원칙적으로 형사소송법 제308조의2에서 정하는 '적법한 절차에 따르지 아니하고 수집한 증거'에 해당하여 유죄의 증거로 삼을 수 없다.

판례연구　　**피의자신문 전 진술거부권 불고지 관련판례**

대법원 1992.6.23, 92도682 [경찰간부 11·12 / 경찰승진 10·11 / 국가9급 09·13 / 고정9급특채 10 / 국가7급 07·08 / 법원9급 11·13·14]

피의자에게 진술거부권을 고지하지 아니하고 작성한 피의자신문조서는 위법수집증거라는 사례
형사소송법은 검사 또는 사법경찰관이 출석한 피의자의 진술을 들을 때에는 미리 피의자에 대하여
진술을 거부할 수 있음을 알려야 한다고 규정하고 있는바, 이러한 피의자의 진술거부권은 헌법이
보장하는 형사상 자기에 불리한 진술을 강요당하지 않는 자기부죄거부의 권리에 터잡은 것이므로
수사기관이 피의자를 신문함에 있어서 피의자에게 미리 진술거부권을 고지하지 않은 때에는 그 피의자
의 진술은 위법하게 수집된 증거로서 진술의 임의성이 인정되는 경우라도 증거능력이 부인되어야 한다.

> **보충**　진술거부권을 고지하지 않고 피의자신문에 의하여 자백을 받은 경우 가백의 증거능력이 부정됨은 당연하다.
> 다만 그 근거에 대해서는 아래와 같은 학설·판례의 대립이 있다.
> ① 자백배제법칙적용설 : 자백배제법칙(법 제309조)의 이론적 근거에 관하여 위법배제설을 취하면 자백배
> 　제법칙은 위법수집증거배제법칙의 특칙에 지나지 않으므로, 진술거부권 불고지, 변호인 조력권 침해에
> 　의한 자백은 법 제309조의 자백배제법칙의 '기타의 방법'에 해당되어 그 임의성이 의심되므로 자백배제법
> 　칙이 적용된다(다수설).
> ② 위법수집증거배제법칙적용설 : 진술거부권은 진술의 내용을 문제삼지 않는다는 점에서 허위배제를 근거
> 　로 하는 증거법칙인 자백배제법칙과는 구별되어야 하고(진술거부권과 자백배제법칙의 관계에 관한 구별
> 　설) 진술거부권을 고지하지 않은 것은 중대한 위법에 해당하므로 (진술의 임의성이 인정된다 하더라도)
> 　위법수집증거배제법칙이 적용된다(소수설·판례).

판례연구　　**변호인의 피의자신문참여권 관련판례**

1 대법원 2008.9.12, 2008모793 [경찰승진 22]

형사소송법 제243조의2 제1항에 정한 '정당한 사유'의 의미와 변호인의 피의자신문 참여권의 제한
변호인의 피의자신문 참여권을 규정한 형사소송법 제243조의2 제1항에서 '정당한 사유'란 변호인이
피의자신문을 방해하거나 수사기밀을 누설할 염려가 있음이 객관적으로 명백한 경우 등을 말하는 것이므
로, 수사기관이 피의자신문을 하면서 위와 같은 정당한 사유가 없는데도 변호인에 대하여 피의자로부
터 떨어진 곳으로 옮겨 앉으라고 지시를 한 다음 이러한 지시에 따르지 않았음을 이유로 변호인의 피의자
신문 참여권을 제한하는 것은 허용될 수 없다.

2 헌법재판소 2017.11.30, 2016헌마503

후방착석요구행위와 변호인 피의자신문참여권 침해
헌법 제12조 제4항 및 제12조 제5항 제1문은 형사절차에서 체포·구속된 사람이 가지는 변호인의
조력을 받을 권리를 헌법상 기본권으로 명시하고 있다. 나아가 헌법재판소는 체포·구속된 사람뿐만
아니라 불구속 피의자 및 피고인의 경우에도 헌법상 법치국가원리, 적법절차원칙에 의하여 변호인의
조력을 받을 권리가 당연히 인정된다고 판시하였다(헌법재판소 2004.9.23, 2000헌마138 참조). 피의자
및 피고인이 가지는 변호인의 조력을 받을 권리가 실질적으로 확보되기 위해서는, 피의자 및 피고인에
대한 변호인의 조력할 권리의 핵심적인 부분(이하 '변호인의 변호권')은 헌법상 기본권으로서 보호되어야
한다(헌법재판소 2003.3.27. 2000헌마474 참조). 헌법상 기본권으로 인정되는 피의자 및 피고인이
가지는 변호인의 조력을 받을 권리에서 '변호인의 조력'이란 변호인의 충분한 조력을 의미한다(헌법

재판소 1992.1.28. 91헌마111; 헌법재판소 1997.11.27, 94헌마60 참조). 피의자신문의 결과는 수사의 방향을 결정하고, 피의자의 기소 및 유죄 입증에 중요한 증거자료로 사용될 수 있으므로, 형사절차에서 매우 중요한 의미를 가진다. 변호인이 피의자신문에 자유롭게 참여할 수 없다면, 변호인은 피의자가 조언과 상담을 요청할 때 이를 시의적절하게 제공할 수 없고, 나아가 스스로의 판단에 따라 의견을 진술하거나 수사기관의 부당한 신문방법 등에 대하여 이의를 제기할 수 없게 된다. 그 결과 피의자는 형사절차에서 매우 중요한 의미를 가지는 피의자신문의 시기에 변호인으로부터 충분한 조력을 받을 수 없게 되어 피의자가 가지는 변호인의 조력을 받을 권리가 형해화될 수 있다. 따라서 변호인이 피의자신문에 자유롭게 참여할 수 있는 권리는 피의자가 가지는 변호인의 조력을 받을 권리를 실현하는 수단이라고 할 수 있으므로 헌법상 기본권인 변호인의 변호권으로서 보호되어야 한다. 피의자신문에 참여한 변호인이 피의자 옆에 앉는다고 하여 피의자 뒤에 앉는 경우보다 수사를 방해할 가능성이 높아진다거나 수사기밀을 유출할 가능성이 높아진다고 볼 수 없으므로, 이 사건 후방착석요구행위의 목적의 정당성과 수단의 적절성을 인정할 수 없다. 이 사건 후방착석요구행위로 인하여 위축된 피의자가 변호인에게 적극적으로 조언과 상담을 요청할 것을 기대하기 어렵고, 변호인이 피의자의 뒤에 앉게 되면 피의자의 상태를 즉각적으로 파악하거나 수사기관이 피의자에게 제시한 서류 등의 내용을 정확하게 파악하기 어려우므로, 이 사건 후방착석요구행위는 변호인인 청구인의 피의자신문참여권을 과도하게 제한한다. 그런데 이 사건에서 변호인의 수사방해나 수사기밀의 유출에 대한 우려가 없고, 조사실의 장소적 제약 등과 같이 이 사건 후방착석요구행위를 정당화할 그 외의 특별한 사정도 없으므로, 이 사건 후방착석요구행위는 침해의 최소성 요건을 충족하지 못한다. 이 사건 후방착석요구행위로 얻어질 공익보다는 변호인의 피의자신문참여권 제한에 따른 불이익의 정도가 크므로, 법익의 균형성 요건도 충족하지 못한다. 따라서 이 사건 후방착석요구행위는 변호인인 청구인의 변호권을 침해한다.

> **보충** 위 헌재결정의 의의 : 피의자 옆에 앉으려는 변호인에게 후방에 앉으라고 요구한 행위는 (위 2008모793 대법원판례와 달리, 퇴실명령에 이르지 않았더라도) 그 자체로 위헌이다.

3 대법원 2020.3.17, 2015모2357 [경찰채용 20 2차]
부당한 신문방법에 대한 이의제기를 이유로 변호인을 퇴거시킨 사례
형사소송법 제243조의2 제3항 단서는 피의자신문에 참여한 변호인은 신문 중이라도 부당한 신문방법에 대하여 이의를 제기할 수 있다고 규정하고 있으므로, 검사 또는 사법경찰관의 부당한 신문방법에 대한 이의제기는 고성, 폭언 등 그 방식이 부적절하거나 또는 합리적 근거 없이 반복적으로 이루어지는 등의 특별한 사정이 없는 한, 원칙적으로 변호인에게 인정된 권리의 행사에 해당하며, 신문을 방해하는 행위로는 볼 수 없다. 따라서 검사 또는 사법경찰관이 그러한 특별한 사정 없이, 단지 변호인이 피의자신문 중에 부당한 신문방법에 대한 이의제기를 하였다는 이유만으로 변호인을 조사실에서 퇴거시키는 조치는 정당한 사유 없이 변호인의 피의자신문 참여권을 제한하는 것으로서 허용될 수 없다.

MEMO

✔ 아웃라인

목 차		난 도	출제율	대표지문
제1절 체포와 구속	01 체포	中	★★★	• 현행범인은 누구든지 영장 없이 체포할 수 있는데, 현행범인으로 체포하기 위하여는 행위의 가벌성, 범죄의 현행성·시간적 접착성, 범인·범죄의 명백성 이외에 체포의 필요성 즉, 도망 또는 증거인멸의 염려가 있어야 하고, 이러한 요건을 갖추지 못한 현행범인 체포는 법적 근거에 의하지 아니한 영장 없는 체포로서 위법한 체포에 해당한다. (○) • 피고인 구속기간은 2개월로 하되, 특히 구속을 계속할 필요가 있는 경우에는 심급마다 2개월 단위로 2차에 한하여 갱신할 수 있다. 다만 제1심은 피고인 또는 변호인이 신청한 증거의 조사 등으로 추가 심리가 필요한 부득이한 경우에는 3차에 한하여 갱신할 수 있다. (×)
	02 구속	中	★★★	
	03 피의자·피고인의 접견 교통권	中	★★	
	04 체포·구속적부심사제도	中	★★	
	05 보석	中	★	
	06 구속의 집행정지	下	★	
	07 구속의 실효 – 구속취소 및 당연실효	下	★	
제2절 압수·수색· 검증·감정	01 압수·수색	上	★★★	• 범행 중 또는 범행 직후의 범죄장소에서 긴급을 요하여 법원판사의 영장을 받을 수 없는 때에는 영장 없이 압수, 수색 또는 검증을 할 수 있다. 이 경우에는 사후에 지체 없이 영장을 받아야 한다. (○)
	02 수사상의 검증	下	★	
	03 수사상의 감정	下	★	
제3절 수사상의 증거보전	01 증거보전	中	★★	• 증거보전의 청구는 공소제기의 전후를 가리지 아니하나 제1회 공판기일 전에 한하여 할 수 있다. (○)
	02 수사상 증인신문	下	★	

✔ 출제경향

구 분	경찰채용						경찰간부						경찰승진					
	17	18	19	20	21	22	17	18	19	20	21	22	17	18	19	20	21	22
제1절 체포와 구속	5	5	3	5	3	2	6	3	4	4	5	3	6	5	5	8	4	6
제2절 압수·수색·검증·감정	2	7	7	3	3	2	1	2	1	3	2	3	4	3	3	2	3	2
제3절 수사상의 증거보전	1										1		1	1	1	1		
출제빈도	48/220						38/240						55/240					

CHAPTER **02**

강제처분과 강제수사

국가9급						국가7급						법원9급						변호사시험					
17	18	19	20	21	22	16	17	18	19	20	21	17	18	19	20	21	22	17	18	19	20	21	22
	1	2	1	1		1	1	2	2	1	2	1	2	4	1	1	2	1	2	2	2	2	2
1			1	3	3	1	1			1	2	1		1		1	1	1		1	1	1	2
13/120						14/125						15/150						17/140					

강제처분과 강제수사

제1절 체포와 구속

01 체 포

I 영장에 의한 체포

> **판례연구** 체포영장 발부결정에 대해서는 불복할 수 없다는 사례
>
> **대법원 2006.12.18, 2006모646** [법원9급 19]
> 체포영장 또는 구속영장의 청구에 관한 재판 자체에 대하여 직접 항고나 준항고를 통한 불복을 허용하지 아니한 것이 헌법에 위반되지 아니한다는 사례
> 검사의 체포영장 또는 구속영장 청구에 대한 지방법원판사의 재판은 형사소송법 제402조의 규정에 의하여 항고의 대상이 되는 '법원의 결정'에 해당하지 아니하고, 제416조 제1항의 규정에 의하여 준항고의 대상이 되는 '재판장 또는 수명법관의 구금 등에 관한 재판'에도 해당하지 아니한다. … 체포영장 또는 구속영장에 관한 재판 그 자체에 대하여 직접 항고 또는 준항고를 하는 방법으로 불복하는 것은 이를 허용하지 아니하는 대신에, 체포영장 또는 구속영장이 발부된 경우에는 피의자에게 체포 또는 구속의 적부심사를 청구할 수 있도록 하고 그 영장청구가 기각된 경우에는 검사로 하여금 그 영장의 발부를 재청구할 수 있도록 허용함으로써, 간접적인 방법으로 불복할 수 있는 길을 열어 놓고 있는 데 그 취지가 있고, 이는 헌법이 법률에 유보한 바에 따라 입법자의 형성의 자유의 범위 내에서 이루어진 합리적인 정책적 선택의 결과일 뿐 헌법에 위반되는 것이라고는 할 수 없다.

> **판례연구** 체포영장 긴급집행 시 현행범인 체포를 한 사례
>
> **대법원 2021.6.24, 2021도4648**
> 체포영장에 의한 긴급집행 중 현행범체포 한 경우 체포영장의 사후제시는 요하지 아니한다는 사례
> 경찰관이 긴급을 요하여 체포영장을 제시하지 않은 채 체포영장에 기한 체포 절차에 착수하였으나, 이에 피고인이 저항하면서 경찰관을 폭행하는 등 행위를 하여 특수공무집행방해의 현행범으로 체포한 후 사후에 체포영장을 별도로 제시하지 않은 것은 적법하다.[5]

---

5 경찰관들이 체포영장을 근거로 체포절차에 착수하였으나 피고인이 흥분하며 타고 있던 승용차를 출발시켜 경찰관들에게 상해를 입히는 범죄를 추가로 저지르자, 경찰관들이 위 승용차를 멈춘 후 저항하는 피고인을 별도 범죄인 특수공무집행방해치상의 현행범으로 체포한 경우, 이 사건 당시 체포영장에 의한 체포절차가 착수된 단계에 불과하였고, 피고인에 대한 체포가 체포영장과 관련 없는 새로운 피의사실인 특수공무집행방해치상을 이유로 별도의 현행범 체포 절차에 따라 진행된 이상, 집행 완료에 이르지 못한 체포영장을 사후에 피고인에게 제시할 필요는 없는 점까지 더하여 보면, 피고인에 대한 체포절차는 적법하다(위 판례).

판례연구   **체포영장 집행 시 미란다고지의 시기 관련판례**

대법원 2017.9.21, 2017도10866 [경찰승진 10 / 국가9급 11 / 국가7급 13 · 17]

사법경찰관 등이 체포영장을 소지하고 피의자를 체포하는 경우, 체포영장의 제시나 고지 등을 하여야 하는 시기

사법경찰관 등이 체포영장을 소지하고 피의자를 체포하기 위해서는 체포영장을 피의자에게 제시하고 (형사소송법 제200조의6, 제85조 제1항), 피의사실의 요지, 체포의 이유와 변호인을 선임할 수 있음을 말하고 변명할 기회를 주어야 한다(형사소송법 제200조의5). 이와 같은 체포영장의 제시나 고지 등은 체포를 위한 실력행사에 들어가기 이전에 미리 하여야 하는 것이 원칙이다. 그러나 달아나는 피의자를 쫓아가 붙들거나 폭력으로 대항하는 피의자를 실력으로 제압하는 경우에는 붙들거나 제압하는 과정에서 하거나, 그것이 여의치 않은 경우에는 일단 붙들거나 제압한 후에 지체 없이 하여야 한다. … 피고인이 경찰관들과 마주하자마자 도망가려는 태도를 보이거나 먼저 폭력을 행사하며 대항한 바 없는 등 경찰관들이 체포를 위한 실력행사에 나아가기 전에 체포영장을 제시하고 미란다 원칙을 고지할 여유가 있었음에도 애초부터 미란다 원칙을 체포 후에 고지할 생각으로 먼저 체포행위에 나선 행위는 적법한 공무집행이라고 보기 어렵다(공소사실은 무죄).

Ⅱ 긴급체포

판례연구   **긴급체포가 적법하다는 사례**

대법원 2005.12.9, 2005도7569

피고인에 대한 고소사건을 담당하던 경찰관은 피고인의 소재 파악을 위해 피고인의 거주지와 피고인이 경영하던 공장 등을 찾아가 보았으나, 피고인이 공장 경영을 그만 둔 채 거주지에도 귀가하지 않는 등 소재를 감추자 법원의 압수 · 수색영장에 의한 휴대전화 위치추적 등의 방법으로 피고인의 소재를 파악하려고 하던 중, 2004.10.14. 23 : 00경 주거지로 귀가하던 피고인을 발견하고, 피고인이 계속 소재를 감추려는 의도가 다분하고 증거인멸 및 도망의 염려가 있다는 이유로 피고인을 사기 혐의로 긴급체포한 것은 위법한 체포에 해당한다고 보기는 어렵다.

판례연구   **긴급체포가 위법하다는 사례**

1 **대법원 2002.6.11, 2000도5701** [경찰채용 06 1차 / 경찰채용 05 3차 / 경찰간부 12 / 경찰승진 11 · 12 / 국가9급 05 · 10 · 11 / 국가7급 09]

긴급체포가 요건을 갖추지 못하여 위법한 체포에 해당하는 경우 및 위법한 체포에 의한 유치 중에 작성된 피의자신문조서의 증거능력 유무(소극)

수사검사는 피고인 1에게 뇌물을 주었다는 피고인 3 및 관련 참고인들의 진술을 먼저 확보한 다음, 현직 군수인 피고인 1을 소환 · 조사하기 위하여 검사의 명을 받은 검찰주사보가 경기도 광주군청 군수실에 도착하였으나 위 피고인이 군수실에 없어 도시행정계장에게 군수의 행방을 확인하였더니, 위 피고인이 검사가 자신을 소환하려 한다는 사실을 미리 알고 자택 옆에 있는 초야농장 농막에서 기다리고 있을 것이니 수사관이 오거든 그 곳으로 오라고 하였다고 하므로, 같은 날 17 : 30경 검찰주사보가 위 초야농장으로 가서 그곳에서 수사관을 기다리고 있던 위 피고인을 긴급체포한 것은 위법하다. … 피고인은 현직 군수직에 종사하고 있어 검사로서도 위 피고인의 소재를 쉽게 알 수 있었고, 1999. 11.29. 피고인 3의 위 진술 이후 시간적 여유도 있었으며, 위 피고인도 도망이나 증거인멸의 의도가 없었음은 물론, 언제든지 검사의 소환조사에 응할 태세를 갖추고 있었고, 그 사정을 위 검찰주사보도 충분히 알 수 있었다 할 것이어서, 위 긴급체포는 그 당시로 보아서도 형사소송법 제200조의3 제1항의 요건을 갖추지 못한 것으로 쉽게 보여 이를 실행한 검사 등의 판단이 현저히 합리성을 잃었다고 할 것이므로, 이러한 위법한 긴급체포에 의한 유치 중에 작성된 이 사건 각 피의자신문조서는 이를 유죄의 증거로 하지 못한다고 할 것이다.

2 유사 대법원 2003.3.27, 2002모81

도로교통법위반 피의사건에서 기소유예처분을 받은 재항고인이 그 후 혐의 없음을 주장함과 동시에 수사경찰관의 처벌을 요구하는 진정서를 검찰청에 제출함으로써 이루어진 진정사건을 담당한 검사가, 재항고인에 대한 위 피의사건을 재기한 후 담당검사인 자신의 교체를 요구하고자 부장검사 부속실에서 대기하고 있던 재항고인을 위 도로교통법위반죄로 긴급체포하여 감금한 경우, 그 긴급체포는 형사소송법이 규정하는 긴급체포의 요건을 갖추지 못한 것으로서 당시의 상황과 경험칙에 비추어 현저히 합리성을 잃은 위법한 체포에 해당한다.

3 대법원 2006.9.8, 2006도148 [경찰채용 11·13·20 2차]

검사가 참고인 조사를 받는 줄 알고 검찰청에 자진출석한 변호사사무실 사무장을 합리적 근거 없이 긴급체포하자 그 변호사가 이를 제지하는 과정에서 위 검사에게 상해를 가한 것은 정당방위에 해당한다는 사례

위증교사, 위조증거사용죄로 기소된 피고인 1에 대하여 무죄가 선고되었고, 당시 공판검사이던 공소외 1은 이에 불복하여 항소한 후 위 무죄가 선고된 공소사실에 대한 보완수사를 한다며 피고인 1의 변호사사무실 사무장이던 피고인 2에게 검사실로 출석하라고 요구하여 … 자진출석한 피고인 2에 대하여 참고인 조사를 하지 아니한 채 곧바로 위증 및 위증교사 혐의로 피의자신문조서를 받기 시작하였고, 이에 피고인 2는 인적사항만을 진술한 후 검사의 승낙하에 피고인 1에게 전화를 하여 "검사가 자신에 대하여 위증 및 위증교사 혐의로 피의자신문조서를 받고 있으니 여기서 데리고 나가 달라"고 하였으며, 더 이상의 조사가 이루어지지 아니하는 사이 피고인 1이 위 검사실로 찾아와서 검사에게 "참고인 조사만을 한다고 하여 임의수사에 응한 것인데 피고인 2를 피의자로 조사하는 데 대해서는 협조를 하지 않겠다"는 취지로 말하며 피고인 2에게 여기서 나가라고 지시한 사실, 피고인 2가 일어서서 검사실을 나가려 하자 검사는 피고인 2에게 "지금부터 긴급체포하겠다"고 말하면서 피고인 2의 퇴거를 제지하려 한 것은 … 적법한 공무집행이라고 할 수 없다.

4 대법원 2016.10.13, 2016도5814 [경찰채용 22 2차 / 국가9급개론 17]

피고인이 필로폰을 투약한다는 제보를 받은 경찰관이 제보의 정확성을 사전에 확인한 후에 제보자를 불러 조사하기 위하여 피고인의 주거지를 방문하였다가, 그곳에서 피고인을 발견하고 피고인의 전화번호로 전화를 하여 나오라고 하였으나 응하지 않자 피고인의 집 문을 강제로 열고 들어가 피고인을 긴급체포한 것은 위법하다는 사례

피고인이 필로폰을 투약한다는 제보를 받은 경찰관이 제보된 주거지에 피고인이 살고 있는지 등 제보의 정확성을 사전에 확인한 후에 제보자를 불러 조사하기 위하여 피고인의 주거지를 방문하였다가, 현관에서 담배를 피우고 있는 피고인을 발견하고 사진을 찍어 제보자에게 전송하여 사진에 있는 사람이 제보한 대상자가 맞다는 확인을 한 후, 가지고 있던 피고인의 전화번호로 전화를 하여 차량 접촉사고가 났으니 나오라고 하였으나 나오지 않고, 또한 경찰관임을 밝히고 만나자고 하는데도 현재 집에 있지 않다는 취지로 거짓말을 하자 피고인의 집 문을 강제로 열고 들어가 피고인을 긴급체포한 경우, 피고인이 마약에 관한 죄를 범하였다고 의심할 만한 상당한 이유가 있었더라도, 경찰관이 이미 피고인의 신원과 주거지 및 전화번호 등을 모두 파악하고 있었고, 당시 마약 투약의 범죄 증거가 급속하게 소멸될 상황도 아니었던 점 등의 사정을 감안하면, 긴급체포가 미리 체포영장을 받을 시간적 여유가 없었던 경우에 해당하지 않아 위법하다고 본 원심판단은 정당하다.

판례연구　긴급체포의 절차 관련판례

대법원 1965.1.19, 64도740

사법경찰리도 긴급체포권이 있다는 사례

사법경찰리의 직무를 행하는 산림보호서기가 사법경찰관 직무취급인 산림계장의 지시에 의하여 임산물 단속에 관한 법률위반으로 조사를 받는 피의자를 체포하여 긴급구속(현재는 폐지, 긴급체포로 이해할 것)하려다가 폭행을 당한 경우에는 공무집행방해죄가 성립한다 할 것이며 여러 사정에 의하여 여하한 이유로 긴급구속을 하려는가를 명백히 알 수 있다면 긴급구속하는 이유를 고지하지 아니하였다 하더라도 적법한 공무집행이 아니라고 볼 수 없다 할 것이다.

판례연구　사법경찰관의 긴급체포에 대한 검사의 승인 관련판례

대법원 2010.10.28, 2008도11999 [경찰채용 11·12 2차 / 국가7급 18 / 법원9급 14]

검사가 구속영장 청구 전 대면조사를 위하여 사법경찰관리에게 긴급체포된 피의자의 인치를 명하는 것이 적법할 수 있다는 사례

사법경찰관이 검사에게 긴급체포된 피의자에 대한 긴급체포 승인 건의(현 수사협력규정에서는 '요청')와 함께 구속영장을 신청한 경우, 검사는 긴급체포의 승인 및 구속영장의 청구가 피의자의 인권에 대한 부당한 침해를 초래하지 않도록 긴급체포의 적법성 여부를 심사하면서 수사서류뿐만 아니라 피의자를 검찰청으로 출석시켜 직접 대면조사할 수 있는 권한을 가진다. 다만, 검사의 구속영장 청구 전 피의자 대면조사는 강제수사는 아니므로 피의자는 검사의 출석 요구에 응할 의무가 없고, 피의자가 검사의 출석 요구에 동의한 때에 한하여 사법경찰관리는 피의자를 검찰청으로 호송하여야 한다. [경찰채용 20 1차 / 경찰채용 12·11 2차 / 국가9급개론 17 / 법원9급 14] … 긴급체포의 승인 및 구속영장의 청구가 피의자의 인권에 대한 부당한 침해를 초래하지 않도록 긴급체포의 적법성 여부를 심사하기 위하여 검사가 구속영장 청구 전에 피의자를 대면조사하기 위하여 사법경찰관리에게 피의자를 검찰청으로 인치할 것을 명하는 것은 적법하므로 사법경찰관리는 이를 준수할 의무를 부담한다. … 따라서 이러한 검사의 명령(형법 제139조의 인권옹호직무명령을 의미함)을 따르지 않은 사법경찰관리에게는 형법 제139조에 규정된 인권옹호직무명령불준수죄와 형법 제122조에 규정된 직무유기죄의 상상적 경합의 죄책이 인정된다.[6]

Ⅲ　현행범체포

판례연구　적법한 현행범인·준현행범인 체포에 해당한다는 사례

1 대법원 1993.8.13, 93도926 [경찰채용 09 1차 / 경찰채용 11 2차 / 경찰승진 11]

경찰관이 112 신고를 받고 출동하여 피고인을 체포하려고 할 때는, 피고인이 무학여고 앞길에서 피해자의 자동차를 발로 걷어차고 그와 싸우는 범행을 한 지 겨우 10분 후에 지나지 않고, 그 장소도 범행 현장에 인접한 위 학교의 운동장이며, 위 피해자의 친구가 112 신고를 하고 나서 피고인이 도주

6　참고 : 다만, 체포된 피의자의 구금장소가 임의적으로 변경되는 점, 법원에 의한 영장실질심사제도를 도입하고 있는 현행 형사소송법하에서 체포된 피의자의 신속한 법관 대면권 보장이 지연될 우려가 있는 점 등을 고려하면, 위와 같은 검사의 구속영장 청구 전 피의자 대면조사는 긴급체포의 적법성을 의심할 만한 사유가 기록 기타 객관적 자료에 나타나고 피의자의 대면조사를 통해 그 여부의 판단이 가능할 것으로 보이는 예외적인 경우에 한하여 허용될 뿐, 긴급체포의 합당성이나 구속영장 청구에 필요한 사유를 보강하기 위한 목적으로 실시되어서는 아니 된다. [경찰채용 11 2차] 나아가 검사의 구속영장 청구 전 피의자 대면조사는 강제수사가 아니므로 피의자는 검사의 출석요구에 응할 의무가 없고, 피의자가 검사의 출석요구에 동의한 때에 한하여 사법경찰관리는 피의자를 검찰청으로 호송하여야 한다.

하는지 여부를 계속 감시하고 있던 중 위 신고를 받고 출동한 위 경찰관들에게 피고인을 지적하여 체포하도록 하였다면, 피고인은 "범죄 실행의 즉후인 자"로서 현행범인에 해당한다.

2 대법원 2000.7.4, 99도4341 [경찰채용 09 1차 / 경찰채용11 2차 / 국가7급 13·14 / 법원9급 04]
순찰 중이던 경찰관이 교통사고를 낸 차량이 도주하였다는 무전연락을 받고 주변을 수색하다가 범퍼 등의 파손상태로 보아 사고차량으로 인정되는 차량에서 내리는 사람을 발견한 경우, 형사소송법 제211조 제2항 제2호 소정의 '장물이나 범죄에 사용되었다고 인정함에 충분한 흉기 기타의 물건을 소지하고 있는 때'에 해당하므로 준현행범으로서 영장 없이 체포할 수 있다.

3 대법원 2006.2.10, 2005도7158 [경찰채용 11 1차 / 경찰채용 10·13 2차 / 경찰승진 09·10·12·14]
형사소송법 제211조가 현행범인으로 규정한 '범죄의 실행의 즉후인 자'라고 함은 범죄의 실행행위를 종료한 직후의 범인이라는 것이 체포하는 자의 입장에서 볼 때 명백한 경우를 일컫는 것이고, [경찰채용 11 1차 / 경찰채용 13 2차 / 경찰승진 10·11·12·14] '범죄의 실행행위를 종료한 직후'라고 함은 범죄행위를 실행하여 끝마친 순간 또는 이에 아주 접착된 시간적 단계를 의미하는 것으로 해석되므로, 시간적으로나 장소적으로 보아 체포를 당하는 자가 방금 범죄를 실행한 범인이라는 점에 관한 죄증이 명백히 존재하는 것으로 인정된다면 현행범인으로 볼 수 있다(대법원 1995.5.9, 94도3016; 2002.5.10, 2001도300 등 참조). 술에 취한 피고인이 목욕탕 탈의실에서 피해자를 구타하고 약 1분여 동안 피해자의 목을 잡고 있다가 그 곳에 있던 다른 사람들이 말리자 잡고 있던 피해자의 목을 놓은 후 위 목욕탕 탈의실 의자에 앉아 있다가 옷을 입고 있었다면, 경찰관들이 바로 출동하여 옷을 입고 있는 피고인을 상해죄의 현행범인으로 체포한 것은 적법하다.

4 대법원 2011.12.22, 2011도12927
사인의 현행범 인도에 있어서 즉시의 의미 : 소말리아 해적 사건
현행범인은 누구든지 영장 없이 체포할 수 있고(제212조), 검사 또는 사법경찰관리 아닌 이가 현행범인을 체포한 때에는 즉시 검사 등에게 인도하여야 한다(제213조 제1항). 여기서 '즉시'라고 함은 반드시 체포시점과 시간적으로 밀착된 시점이어야 하는 것은 아니고, '정당한 이유 없이 인도를 지연하거나 체포를 계속하는 등으로 불필요한 지체를 함이 없이'라는 뜻으로 볼 것이다.

5 대법원 2016.2.18, 2015도13726 [국가9급 20 / 국가7급 17]
현행범인으로 체포하기 위하여는 행위의 가벌성, 범죄의 현행성·시간적 접착성, 범인·범죄의 명백성 외에 체포의 필요성, 즉 도망 또는 증거인멸의 염려가 있어야 하는데(필요성 적극설), [경찰채용 11·16 1차 / 경찰채용 13 2차 / 경찰채용 04 3차 / 경찰승진 10·11·14 / 국가7급 14 / 법원9급 14] 이러한 현행범인 체포의 요건을 갖추었는지는 체포 당시의 상황을 기초로 판단하여야 하고, 이에 관한 수사주체의 판단에는 상당한 재량의 여지가 있다고 할 것이다. 따라서 체포 당시의 상황에서 보아 그 요건에 관한 수사주체의 판단이 경험칙에 비추어 현저히 합리성이 없다고 인정되지 않는 한 수사주체의 현행범인 체포를 위법하다고 단정할 것은 아니다(대법원 2012.11.29, 2012도8184 등 참조). 피고인이 바지선에 승선하여 밀입국하면서 필로폰을 밀수입하는 범행을 실행 중이거나 실행한 직후에 검찰수사관이 바지선 내 피고인을 발견한 장소 근처에서 필로폰이 발견되자 곧바로 피고인을 체포하였으므로 이는 현행범 체포로서 적법하고, 체포 당시 상황에서 피고인이 밀입국하면서 필로폰을 밀수한 현행범인에 해당하지 않는다거나 그에 관한 검찰수사관의 판단이 경험칙에 비추어 현저히 합리성이 없다고 볼 수는 없다.

적법한 현행범인·준현행범인 체포에 해당하지 않는다는 사례(1~3 : 명백성 ×, 4 : 필요성 ×)

1 대법원 1989.12.12, 89도1934 [법원9급 04]
경찰관이 주민의 신고를 받고 현장에 도착했을 때에는 이미 싸움이 끝난 상태였다면 현행범에 해당하지 않으므로 경찰관이 임의동행을 거부하는 피고인을 체포하려는 행위는 적법한 공무집행이라 볼 수 없다.

2 대법원 1991.9.24, 91도1314 [경찰채용 09 1차 / 경찰채용 11 2차 / 법원9급 04]
교사가 교장실에 들어가 불과 약 5분 동안 식칼을 휘두르며 교장을 협박하는 등의 소란을 피운 후 40여분 정도가 지나 경찰관들이 출동하여 교장실이 아닌 서무실에서 그를 연행하려 하자 그가 구속영장의 제시를 요구하면서 동행을 거부하였다면, 체포 당시 서무실에 앉아 있던 위 교사가 방금 범죄를 실행한 범인이라는 죄증이 경찰관들에게 명백히 인식될 만한 상황이었다고 단정할 수 없다.

3 대법원 2007.4.13, 2007도1249 [경찰승진 14]
음주운전을 종료한 후 40분 이상이 경과한 시점에서 길가에 앉아 있던 운전자를 술냄새가 난다는 점만을 근거로 음주운전의 현행범으로 체포한 것은 적법한 공무집행으로 볼 수 없다.

4 대법원 2011.5.26, 2011도3682 [경찰채용 16 1차 / 경찰채용 13·15 2차 / 경찰승진 12·22 / 국가7급 14 / 법원9급 14]
현행범인 체포의 요건을 갖추었는지는 체포 당시 상황을 기초로 판단하여야 하고, 이에 관한 ① 검사나 사법경찰관 등 수사주체의 판단에는 상당한 재량 여지가 있으나, ② 체포 당시 상황으로 보아도 요건 충족 여부에 관한 검사나 사법경찰관 등의 판단이 경험칙에 비추어 현저히 합리성을 잃은 경우에는 그 체포는 위법하다고 보아야 한다. 따라서 피고인이 경찰관의 불심검문을 받아 운전면허증을 교부한 후 경찰관에게 큰 소리로 욕설을 하였는데, 경찰관이 모욕죄의 현행범으로 체포하겠다고 고지한 후 피고인의 오른쪽 어깨를 붙잡자 반항하면서 경찰관에게 상해를 가한 경우, 피고인은 경찰관의 불심검문에 응하여 이미 운전면허증을 교부한 상태이고, 경찰관뿐 아니라 인근 주민도 욕설을 직접 들었으므로, 피고인이 도망하거나 증거를 인멸할 염려가 있다고 보기는 어렵고, 피고인의 모욕 범행은 불심검문에 항의하는 과정에서 저지른 일시적, 우발적인 행위로서 사안 자체가 경미할 뿐 아니라, 피해자인 경찰관이 범행현장에서 즉시 범인을 체포할 급박한 사정이 있다고 보기도 어려우므로, 경찰관이 피고인을 체포한 행위는 적법한 공무집행이라고 볼 수 없고, 피고인이 체포를 면하려고 반항하는 과정에서 상해를 가한 것은 불법체포로 인한 신체에 대한 현재의 부당한 침해에서 벗어나기 위한 행위로서 정당방위에 해당한다.

02 구 속

구속영장의 유형 : 구속(구금)영장으로 구인이 가능하다는 사례

대법원 2013.7.1, 2013모160 [경찰채용 14·16·22 1차 / 경찰채용 15 3차 / 경찰승진 22 / 법원9급 15]
구속영장 발부에 의하여 적법하게 구금된 피의자에 대한 구인 및 신문 전 진술거부권 고지
수사기관이 관할 지방법원판사가 발부한 구속영장에 의하여 피의자를 구속하는 경우, 그 구속영장은

기본적으로 장차 공판정에의 출석이나 형의 집행을 담보하기 위한 것이지만, 이와 함께 구속기간의 범위 내에서 수사기관이 법 제200조, 제241조 내지 제244조의5에 규정된 피의자신문의 방식으로 구속된 피의자를 조사하는 등 적정한 방법으로 범죄를 수사하는 것도 예정하고 있다고 할 것이다. 따라서 구속영장 발부에 의하여 적법하게 구금된 피의자가 피의자신문을 위한 출석요구에 응하지 아니하면서 수사기관 조사실에 출석을 거부한다면 수사기관은 그 구속영장의 효력에 의하여 피의자를 조사실로 구인할 수 있다고 보아야 한다. 다만, 이러한 경우에도 그 피의자신문 절차는 어디까지나 법 제199조 제1항 본문, 제200조의 규정에 따른 임의수사의 한 방법으로 진행되어야 하므로, 피의자는 헌법 제12조 제2항과 법 제244조의3에 따라 일체의 진술을 하지 아니하거나 개개의 질문에 대하여 진술을 거부할 수 있고, 수사기관은 피의자를 신문하기 전에 그와 같은 권리를 알려주어야 한다.

판례연구   발부된 구속영장은 지체 없이 신속하게 집행되어야 한다는 사례

대법원 2021.4.29, 2020도16438
사법경찰리가 현행범인 체포된 피의자에 대하여 구속영장 발부일로부터 만 3일이 경과하여 구속영장 원본 제시에 의한 구속영장을 집행한 사건
헌법이 정한 적법절차와 영장주의 원칙, 형사소송법이 정한 체포된 피의자의 구금을 위한 구속영장의 청구, 발부, 집행절차에 관한 규정을 종합하면, 법관이 검사의 청구에 의하여 체포된 피의자의 구금을 위한 구속영장을 발부하면 검사와 사법경찰관리는 지체 없이 신속하게 구속영장을 집행하여야 한다. 피의자에 대한 구속영장의 제시와 집행이 그 발부 시로부터 정당한 사유 없이 시간이 지체되어 이루어졌다면, 구속영장이 그 유효기간 내에 집행되었다고 하더라도 위 기간 동안의 체포 내지 구금 상태는 위법하다.

판례연구   구금장소의 임의적 변경은 위법하다는 사례

대법원 1996.5.15, 95모94 [경찰채용 16 1차 / 경찰채용 12 2차 / 국가9급 20]
구금장소의 임의적 변경이 청구인의 방어권이나 접견교통권의 행사에 중대한 장애를 초래하는지 여부 (적극)
구속영장에는 청구인을 구금할 수 있는 장소로 특정 경찰서 유치장으로 기재되어 있었는데, 청구인에 대하여 위 구속영장에 의하여 1995.11.30. 07:50경 위 경찰서 유치장에 구속이 집행되었다가 같은 날 08:00에 그 신병이 조사차 국가안전기획부 직원에게 인도된 후 위 경찰서 유치장에 인도된 바 없이 계속하여 국가안전기획부 청사에 사실상 구금되어 있다면, 청구인에 대한 이러한 사실상의 구금 장소의 임의적 변경은 청구인의 방어권이나 접견교통권의 행사에 중대한 장애를 초래하는 것이므로 위법하다.

판례연구   법원의 피고인구속에는 검사의 영장청구가 필요 없다는 사례

대법원 1996.8.12, 96모46 [국가7급 20]
피고인구속은 법원의 직권에 의한다는 사례
헌법 제12조 제3항은 헌법 제12조 제1항과 함께 이른바 적법절차의 원칙을 규정한 것으로서 범죄수사를 위하여 구속 등의 강제처분을 함에 있어서는 법관이 발부한 영장이 필요하다는 것과 수사기관 중 검사만 법관에게 영장을 신청할 수 있다는 데에 그 의의가 있고, 형사재판을 주재하는 법원이 피고인에 대하여 구속영장을 발부하는 경우에도 검사의 신청이 있어야 한다는 것이 그 규정의 취지라고 볼 수는 없다.

판례연구 **법원의 피고인구속 전 사전청문절차 관련판례**

대법원 2016.6.14, 2015모1032
구속영장 발부결정에 대한 재항고 사건 : 피고인구속에 관한 사전청문절차의 흠결의 치유와 그 치유의 제한
① 형사소송법 제72조의 "피고인에 대하여 범죄사실의 요지, 구속의 이유와 변호인을 선임할 수 있음을 말하고 변명할 기회를 준 후가 아니면 구속할 수 없다." [국가9급 17 / 법원9급 15] 라는 규정은 피고인을 구속함에 있어서 법관에 의한 사전청문절차를 규정한 것으로서 구속영장을 집행함에 있어 집행기관이 취하여야 하는 절차가 아니라 구속영장 발부함에 있어 수소법원 등 법관이 취하여야 하는 절차라 할 것이므로, 법원이 사전에 위 규정에 따른 절차를 거치지 아니한 채 피고인에 대하여 구속영장을 발부하였다면 발부결정은 위법하다. ② 한편 위 규정은 피고인의 절차적 권리를 보장하기 위한 규정이므로 이미 변호인을 선정하여 공판절차에서 변명과 증거의 제출을 다하고 그의 변호 아래 판결을 선고받은 경우 등과 같이 위 규정에서 정한 절차적 권리가 실질적으로 보장되었다고 볼 수 있는 경우에는 이에 해당하는 절차의 전부 또는 일부를 거치지 아니한 채 구속영장을 발부하였더라도 이러한 점만으로 발부결정을 위법하다고 볼 것은 아니지만(하자의 치유, 대법원 2000.11.10, 2000모134; 2001.5.29, 2001도1154 [경찰채용 14 1차]), ③ 사전청문절차의 흠결에도 불구하고 구속영장 발부를 적법하다고 보는 이유는 공판절차에서 증거의 제출과 조사 및 변론 등을 거치면서 판결이 선고될 수 있을 정도로 범죄사실에 대한 충분한 소명과 공방이 이루어지고 그 과정에서 피고인에게 자신의 범죄사실 및 구속사유에 관하여 변명을 할 기회가 충분히 부여되기 때문이므로, 이와 동일시할 수 있을 정도의 사유가 아닌 이상 함부로 청문절차 흠결의 위법이 치유된다고 해석하여서는 아니 된다.

[보충] 서울중앙지방법원 2014고단6923 일반교통방해 등 사건(이하 '제1 사건')에서 피고인은 제1 사건의 범죄사실에 관하여 2014.9.19. 발부된 구속영장(이하 '제1차 구속영장')에 의하여 구속된 상태에서 2014.9.26. 기소되어 재판을 받았는데, 그 재판 진행 중 피고인에 대한 2014고단9364 일반교통방해 사건(이하 '제2 사건')이 2014.12.15. 추가 기소되자 제1심법원은 2014.12.22. 제2 사건을 제1 사건에 병합하여 심리한다는 결정을 한 사실, 병합된 사건의 2015.1.20. 제4회 공판기일에서 검사가 제2 사건의 공소장에 의하여 공소사실, 죄명, 적용법조를 낭독하고 이에 대하여 변호인의 변호 아래 피고인은 공소사실을 일부 부인하는 취지의 진술을 한 사실, 그 후 제2 사건에 관하여 어떠한 증거제출이나 증거조사 등 추가심리가 진행되지 않은 상태에서 제1심법원은 제1차 구속영장에 의한 구속기간이 곧 만료하게 되자 2015.3.24. 법정 외에서 별도의 사전청문절차 없이 피고인에 대하여 제2 사건의 범죄사실에 관하여 구속영장(이하 '제2차 구속영장')을 발부하였고 2015.3.26. 위 구속영장이 집행되었다. 위 사실관계를 앞서 본 법리에 비추어 살펴보면, 제1심법원은 제2차 구속영장을 발부하기 전에 형사소송법 제72조에 따른 절차를 따로 거치지 아니하였는데, 그 전 공판기일에서 검사가 모두진술에 의하여 공소사실 등을 낭독하고 피고인과 변호인이 모두진술에 의하여 공소사실의 인정 여부 및 이익이 되는 사실 등을 진술하였다는 점만으로는 위 규정에서 정한 절차적 권리가 실질적으로 보장되었다고 보기는 어렵다고 할 것이다. 그럼에도 원심이 판시와 같은 이유만으로 피고인에게 형사소송법 제72조에 따른 절차적 권리가 실질적으로 보장되었다고 보아 제2차 구속영장 발부결정이 적법하다고 판단한 것에는 형사소송법 제72조에 관한 법리를 오해하여 재판에 영향을 미친 위법이 있다. 그러므로 원심결정을 파기하고 사건을 다시 심리·판단하도록 원심법원에 환송한다.

판례연구 **법원의 피고인구속 후 사후청문절차 관련판례**

대법원 2000.11.10, 2000모134 [경찰채용 14 · 16 1차 / 교정9급특채 12 / 법원승진 14]
형사소송법 제88조의 규정을 위반한 경우, 구속영장의 효력이 상실되지 않는다는 사례
형사소송법 제88조는 "피고인을 구속한 때에는 즉시 공소사실의 요지와 변호인을 선임할 수 있음을

알려야 한다."고 규정하고 있는바, 이는 사후 청문절차에 관한 규정으로서 이를 위반하였다 하여 구속영장의 효력에 어떠한 영향을 미치는 것은 아니다.

피의자구속기간 연장 관련 위헌결정 사례

헌법재판소 1992.4.14, 90헌마82 [경찰채용 04 3차 / 법원행시 04]
국가보안법 제19조는 위헌이라는 사례
국가보안법 제7조(찬양·고무) 및 제10조(불고지)의 죄는 구성요건이 특별히 복잡한 것도 아니고 사건의 성질상 증거수집이 더욱 어려운 것도 아님에도 불구하고 국가보안법 제19조가 제7조 및 제10조의 범죄에 대하여서까지 형사소송법상의 수사기관에 의한 피의자구속기간 30일보다 20일이나 많은 50일을 인정한 것은 국가형벌권과 국민의 기본권과의 상충관계 형량을 잘못하여 불필요한 장기구속을 허용하는 것이어서 결국 헌법 제37조 제2항의 기본권 제한입법의 원리인 과잉금지의 원칙을 현저하게 위배하여 피의자의 신체의 자유, 무죄추정의 원칙 및 신속한 재판을 받을 권리를 침해한 것이다.

피의자구속기간 연장신청 기각결정 관련판례

대법원 1997.6.16, 97모1 [경찰채용 14 1차]
피의자구속기간 연장기각결정에 대한 불복은 허용되지 아니한다는 사례
형사소송법 제402조, 제403조에서 말하는 법원은 형사소송법상의 수소법원만을 가리키므로, 같은 법 제205조 제1항 소정의 구속기간의 연장을 허가하지 아니하는 지방법원 판사의 결정에 대하여는 같은 법 제402조, 제403조가 정하는 항고의 방법으로는 불복할 수 없고, 나아가 그 지방법원 판사는 수소법원으로서의 재판장 또는 수명법관도 아니므로 그가 한 재판은 같은 법 제416조가 정하는 준항고의 대상이 되지도 않는다.

법원의 피고인구속기간 관련판례

1 **대법원 2001.11.30, 2001도5225** [법원9급 13 / 법원승진 14]
파기환송 사건에 있어 구속기간 갱신 및 구속으로 인하여 신체의 자유가 제한되는 것이 무죄추정의 원칙에 위배되는 것은 아니라는 사례
대법원의 파기환송 판결에 의하여 사건을 환송받은 법원은 형사소송법 제92조 제1항에 따라 2월의 구속기간이 만료되면 특히 계속할 필요가 있는 경우에는 2차(대법원이 형사소송규칙 제57조 제2항에 의하여 구속기간을 갱신한 경우에는 1차)에 한하여 결정으로 구속기간을 갱신할 수 있는 것이고, 한편 무죄추정을 받는 피고인이라고 하더라도 그에게 구속의 사유가 있어 구속영장이 발부, 집행된 이상 신체의 자유가 제한되는 것은 당연한 것이므로, 이러한 조치가 무죄추정의 원칙에 위배되는 것이라고 할 수는 없다.

2 **헌법재판소 2001.6.28, 99헌가14**
구속기간을 제한하고 있는 법 제92조 제1항이 피고인의 공정한 재판을 받을 권리를 침해하는지 여부(소극)
'구속기간'은 '법원이 피고인을 구속한 상태에서 재판할 수 있는 기간'을 의미하는 것이지, '법원이 형사재판을 할 수 있는 기간' 내지 '법원이 구속사건을 심리할 수 있는 기간'을 의미한다고 볼 수

없다. … 그러므로 구속사건을 심리하는 법원으로서는 만약 심리를 더 계속할 필요가 있다고 판단하는 경우에는 피고인의 구속을 해제한 다음 구속기간의 제한에 구애됨이 없이 재판을 계속할 수 있음이 당연하다.

판례연구 **피의자구속의 재구속제한 위반 관련판례**

대법원 1966.11.22, 66도1288
피의자구속의 재구속제한 위반으로 공소제기가 무효가 되지 않는다는 사례
무혐의 불기소처분된 사건에 대하여 다시 기소할 수 있음은 법리상 명백하여 일사부재리의 원칙에 위반된 것이라고 할 수 없고 동일한 사건으로 재구속되었다 할지라도 그것만으로 공소제기 자체가 무효가 된다고 할 수는 없다.

판례연구 **법원의 피고인구속과 재구속제한 관련판례**

대법원 1969.5.29, 69도507 [경찰채용 04·06 1차 / 경찰채용 05 2차 / 교정9급특채 12 / 법원행시 04]
법원의 피고인구속에는 재구속제한은 없다는 사례
재구속의 제한은 법원이 피고인을 구속하는 경우에는 적용되지 않는다.

판례연구

판례연구 **구속영장의 효력범위 관련판례**

1 대법원 1996.8.12, 96모46 [경찰채용 14 1차 / 경찰채용 21 2차]
구속영장의 효력범위에 관한 사건단위설의 원칙
구속의 효력은 원칙적으로 구속영장에 기재된 범죄사실에만 미친다는 점(사건단위설), 재항고인과 함께 병합심리되고 있는 공동피고인이 상당수에 이를 뿐만 아니라 재항고인과 공동피고인들에 대한 공소사실이 방대하고 복잡하여 그 심리에 상당한 시일이 요구될 것으로 예상된다는 점 등에 비추어 보면, 구속기간이 만료될 무렵에 종전 구속영장에 기재된 범죄사실과는 다른 범죄사실로 재항고인을 구속하였다는 사정만으로는 재항고인에 대한 구속이 위법하다고 단정할 수는 없다.

2 대법원 1986.12.9, 86도1875
경합범에 대하여 2개의 형을 선고할 경우의 미결구금 일수 산입에 있어서는 인단위설도 채택한 판례
수개의 범죄사실로 공소제기된 피고인이 그 중 일부의 범죄사실만으로 구속영장이 발부되어 구금되어 있었고, 법원이 그 수개의 범죄사실을 병합심리한 끝에 피고인에게 구속영장이 발부된 일부 범죄사실에 관한 죄의 형과 나머지 범죄사실에 관한 죄의 형으로 나누어 2개의 형을 선고할 경우, 위와 같은 경우에는 일부 범죄사실에 의한 구금의 효과는 피고인의 신병에 관한 한 나머지 범죄사실에도 미친다고 보아 그 구금일수를 어느 죄에 관한 형에 산입할 것인가의 문제는 법원의 재량에 속하는 사항이라고 봄이 상당하고, 따라서 이를 구속영장이 발부되지 아니한 다른 범죄사실에 관한 죄의 형에 산입할 수도 있다.

판례연구 **변호인의 접견교통권은 헌법상 기본권이라는 사례**

헌법재판소 2019.2.28, 2015헌마1204 [경찰채용 21 1차]
변호인 되려는 자의 접견교통권 침해 사건
구속된 피의자 등의 변호인 조력을 받을 권리를 헌법상 기본권으로 인정하는 이유 및 그 필요성(헌재 1995.7.21, 92헌마144 참조)은 체포된 피의자 등의 경우에도 마찬가지이다. 헌법 제12조 제4항 본문은 체포 또는 구속을 당한 때에 "즉시" 변호인의 조력을 받을 권리를 가진다고 규정함으로써 변호인이 선임되기 이전에도 피의자 등에게 변호인의 조력을 받을 권리가 있음을 분명히 하고 있다. 이와 같이 아직 변호인을 선임하지 않은 피의자 등의 변호인 조력을 받을 권리는 변호인 선임을 통하여 구체화되는데, 피의자 등의 변호인선임권은 변호인의 조력을 받을 권리의 출발점이자 가장 기초적인 구성부분으로서 법률로써도 제한할 수 없는 권리이다(헌재 2004.9.23, 2000헌마138 참조). 따라서 변호인 선임을 위하여 피의자 등이 가지는 '변호인이 되려는 자'와의 접견교통권 역시 헌법상 기본권으로 보호되어야 한다. … '변호인이 되려는 자'의 접견교통권은 피의자 등을 조력하기 위한 핵심적인 부분으로서, 피의자 등이 가지는 헌법상의 기본권인 '변호인이 되려는 자'와의 접견교통권과 표리의 관계에 있다고 할 것이다. 결론적으로, '변호인이 되려는 자'의 접견교통권은 피의자 등을 조력하기 위한 핵심적인 권리로서, 피의자 등이 가지는 '변호인이 되려는 자'의 조력을 받을 권리가 실질적으로 확보되기 위하여 이 역시 헌법상 기본권으로서 보장되어야 한다.[7]

판례연구 **변호인과의 접견교통권 관련판례**

1 대법원 1991.3.28, 91모24 [경찰채용 10·16 1차 / 경찰채용 12 3차 / 경찰승진 11·12 / 국가7급 07·15]
변호인의 구속 피의자에 대한 접견이 접견신청일이 경과하도록 이루어지지 아니한 사례
변호인의 조력을 받을 권리를 규정하고 있는 헌법 제12조 제4항 전문, 절차상 또는 시기상의 아무런 제약 없이 변호인의 피고인 또는 피의자와의 접견교통권을 보장하고 있는 형사소송법 제34조, 구속 피고인 또는 피의자에 대한 변호인의 접견교통권을 규정한 같은 법 제89조, 제90조, 제91조 등의 규정에 의하면 변호인의 접견교통권은 신체구속을 당한 피고인이나 피의자의 인권보장과 방어준비를 위하여 필수불가결한 권리로서 법령에 의한 제한이 없는 한 수사기관의 처분은 물론 법원의 결정으로도 이를 제한할 수 없다 할 것인바, 위 관계법령의 규정취지에 비추어 볼 때 접견신청일이 경과하도록 접견이 이루어지지 아니한 것은 실질적으로 접견불허가처분이 있는 것과 동일시 된다고 할 것이다.

---

7 **보충** : 보충성원칙의 예외 인정 여부 헌법소원은 다른 법률에 구제절차가 있는 경우에는 그 절차를 모두 거친 후에 심판청구를 하여야 하는데(헌법재판소법 제68조 제1항 단서), 다만 청구인이 그의 불이익으로 돌릴 수 없는 정당한 이유가 있는 착오로 전심절차를 밟지 않은 경우 또는 전심절차로 권리가 구제될 가능성이 거의 없거나 권리구제절차가 허용되는지 여부가 객관적으로 불확실하여 전심절차 이행의 기대가능성이 없는 경우에는 보충성의 예외로서 적법한 청구로 인정된다(헌재 1989.9.4, 88헌마22; 2008.5.29, 2007헌마712 등 참조). … 대법원은 수사기관의 접견불허처분의 취소를 구하는 준항고에도 법률상 이익이 있어야 하고, 소송계속 중 준항고로써 달성하고자 하는 목적이 이미 이루어졌거나 시일의 경과 또는 그 밖의 사정으로 인하여 그 이익이 상실된 경우에는 준항고는 그 이익이 없어 부적법하게 된다고 보면서도(대법원 1999.6.14, 98모121; 2014.4.15, 2014모686 참조), 그에 관한 구체적 기준을 제시하지 않고 있다. 따라서 사건 당일 종료된 이 사건 검사의 접견불허행위에 대하여 청구인이 그 취소를 구하는 준항고를 제기할 경우 법원이 법률상 이익이 결여되었다고 볼 것인지 아니면 실체 판단에 나아갈 것인지가 객관적으로 불확실하여 청구인으로 하여금 전심절차를 이행할 것을 기대하기 어려운 경우에 해당한다. 결론적으로, 이 부분 심판청구는 보충성의 예외로서 적법한 청구로 인정되어야 한다(헌법재판소 2019.2.28, 2015헌마1204).

2 헌법재판소 1992.1.28, 91헌마111

변호인과의 접견교통권과 헌법 제37조 제2항과의 관계

변호인과의 자유로운 접견은 신체구속을 당한 사람에게 보장된 변호인의 조력을 받을 권리의 가장 중요한 내용이어서 국가안전보장, 질서유지, 공공복리 등 어떠한 '명분'으로도 제한될 수 있는 성질의 것이 아니다.

3 헌법재판소 1992.1.28, 91헌마111 [경찰간부 13 / 경찰승진 12 / 국가7급 07]

접견의 가시거리 내 법집행공무원 ○, 가청거리 내 ×

구속된 사람을 계호함에 있어서도 1988.12.9. 제43차 유엔총회에서 채택된 "모든 형태의 구금 또는 수감상태에 있는 모든 사람들을 보호하기 위한 원칙" 제18조 제4항이 "피구금자 또는 피수감자와 그의 변호인 사이의 대담은 법 집행 공무원의 가시거리 내에서 행하여 질 수는 있으나 가청거리 내에서 행하여져서는 아니 된다."라고 적절하게 표현하고 있듯이 관계공무원은 구속된 자와 변호인의 대담내용을 들을 수 있거나 녹음이 가능한 거리에 있어서는 아니 되며 계호나 그 밖의 구실 아래 대화장면의 사진을 찍는 등 불안한 분위기를 조성하여 자유로운 접견에 지장을 주어서도 아니 될 것이다(다만 보이는 거리에서 관찰하는 것은 가능함 [경찰채용 14 1차 / 국가7급 15]).

4 대법원 1996.6.3, 96모18 [경찰채용 12 3차 / 경찰승진 09 / 국가 7급 15 / 법원행시 02]

임의동행된 피의자와 피내사자에게 변호인의 접견교통권이 인정된다는 사례

변호인의 조력을 받을 권리를 실질적으로 보장하기 위하여는 변호인과의 접견교통권의 인정이 당연한 전제가 되므로, 임의동행의 형식으로 수사기관에 연행된 피의자에게도 변호인 또는 변호인이 되려는 자와의 접견교통권은 당연히 인정된다고 보아야 하고, 임의동행의 형식으로 연행된 피내사자의 경우에도 이는 마찬가지이다. (변호인 또는 변호인이 되려는 자와의) 접견교통권은 피고인 또는 피의자나 피내사자의 인권보장과 방어준비를 위하여 필수불가결한 권리이므로 법령에 의한 제한이 없는 한 수사기관의 처분은 물론 법원의 결정으로도 이를 제한할 수 없다.

5 대법원 1998.4.28, 96다48831 [법원9급 06]

형사소송법 제34조의 변호인의 접견교통권이 재심청구절차에 준용되지 않는다는 사례

형사소송법 제34조는 "변호인 또는 변호인이 되려는 자는 신체구속을 당한 피고인 또는 피의자와 접견하고 서류 또는 물건을 수수할 수 있으며 의사로 하여금 진료하게 할 수 있다."고 규정하고 있는바, 이 규정은 형이 확정되어 집행중에 있는 수형자에 대한 재심개시의 여부를 결정하는 재심청구절차에는 그대로 적용될 수 없다.[8]

6 대법원 2002.5.6, 2000모112 [경찰채용 16 1차 / 경찰채용 12 2차 / 경찰승진 10 · 12]

수사기관의 처분에 의하여 변호인의 접견교통권을 제한할 수 없음 & 피의자에 대한 변호인의 수진권행사에 의무관의 참여를 요구한 것은 위법은 아님

변호인의 구속된 피고인 또는 피의자와의 접견교통권은 … 신체구속을 당한 피고인 또는 피의자의 인권보장과 방어준비를 위하여 필수불가결한 권리이므로, 수사기관의 처분 등에 의하여 이를 제한할 수 없고, 다만 법령에 의하여서만 제한이 가능하다. (다만) 경찰서 유치장은 미결수용실에 준하는 것이어서(행형법 제68조) 그 곳에 수용된 피의자에 대하여는 행형법 및 그 시행령이 적용되고, 행형법시행령 제176조는 '형사소송법 제34조, 제89조, 제209조의 규정에 의하여 피고인 또는 피의자가 의사의 진찰을 받는 경우에는 교도관 및 의무관이 참여하고 그 경과를 신분장부에 기재하여야 한다.'고

---

8 보충 : 재심절차는 ① 재심청구 → ② 심리(재심사유 : 실체심리 ×, 국선청구 ×, 접견교통 ×) → ③ 결정(개시결정 or 기각결정) → ④ (재심개시결정에 의한) 재심(유·무죄판단, 국선청구 ○, 접견교통 ○) → ⑤ 판결의 순으로 진행된다. 이 중 위 96다48831 판례는 ②번 단계에 있는 수형자가 접견교통권의 주체인 피고인에 포함되지 않는다고 판시한 것이다.

규정하고 있는바, 이는 피고인 또는 피의자의 신병을 보호, 관리해야 하는 수용기관의 입장에서 수진과정에서 발생할지도 모르는 돌발상황이나 피고인 또는 피의자의 신체에 대한 위급상황을 예방하거나 대처하기 위한 것으로서 합리성이 있으므로, 행형법 제176조의 규정은 변호인의 수진권 행사에 대한 법령상의 제한에 해당한다고 보아야 할 것이고, 그렇다면 국가정보원 사법경찰관이 경찰서 유치장에 구금되어 있던 피의자에 대하여 의사의 진료를 받게 할 것을 신청한 변호인에게 국가정보원이 추천하는 의사의 참여를 요구한 것은 행형법시행령 제176조의 규정에 근거한 것으로서 적법하고, 이를 가리켜 변호인의 수진권을 침해하는 위법한 처분이라고 할 수는 없다.

7 대법원 2003.1.10, 2002다56628

승낙 없는 변호인 접견 사진촬영은 위법 & 변호인이 되려는 의사의 표시의 방법

변호인이 피의자를 접견할 때 국가정보원 직원이 승낙 없이 사진촬영을 한 것은 접견교통권 침해에 해당한다. (또한) 변호인이 되려는 변호사는 국가정보원에게 변호인이 되려는 의사를 표시함에 있어, 국가정보원이 그 의사를 인식하는 데 적당한 방법을 사용하면 되고, 반드시 문서로서 그 의사를 표시하여야 할 필요는 없다.

8 대법원 2004.12.9, 2003다50184

교도소장의 금치기간 중에 있는 피징벌자와 변호사와의 접견을 불허한 사례

금치(禁置, 독방에 감금하는 것, 형집행법 제108조 제14호)기간 중의 접견허가 여부가 교도소장의 재량행위에 속한다고 하더라도 피징벌자가 금치처분 자체를 다툴 목적으로 소제기 등을 대리할 권한이 있는 변호사와의 접견을 희망한다면 이는 행형법 시행령 제145조 제2항에 규정된 예외적인 접견허가사유인 '처우상 특히 필요하다고 인정하는 때'에 해당하고, 그 외 제반 사정에 비추어 교도소장이 금치기간 중에 있는 피징벌자와 변호사와의 접견을 불허한 조치는 피징벌자의 접견권과 재판청구권을 침해하여 위법하다.

9 대법원 2007.1.31, 2006모656 [경찰승진 14 / 국가7급 15·20]

피의자의 범죄행위에 변호인이 관련되었다면 그 변호인과의 접견교통을 금지할 수 있는지 여부(소극)

신체구속을 당한 피의자 또는 피고인이 범한 것으로 의심받고 있는 범죄행위에 해당 변호인이 관련되어 있다는 등의 사유에 기하여 그 변호인의 변호활동을 광범위하게 규제하는 변호인의 제척과 같은 제도를 두고 있지 아니한 우리 법제 아래에서는, 변호인의 접견교통의 상대방인 신체구속을 당한 사람이 그 변호인을 자신의 범죄행위에 공범으로 가담시키려고 하였다는 등의 사정만으로 그 변호인의 신체구속을 당한 사람과의 접견교통을 금지하는 것이 정당화될 수는 없다.

10 헌법재판소 2011.5.26, 2009헌마341

[1] 미결수용자의 변호인 접견권에 대한 제한가능성

헌법재판소가 91헌마111 결정에서 미결수용자와 변호인과의 접견에 대해 어떠한 명분으로도 제한할 수 없다고 한 것은 구속된 자와 변호인 간의 접견이 실제로 이루어지는 경우에 있어서의 '자유로운 접견', 즉 '대화내용에 대하여 비밀이 완전히 보장되고 어떠한 제한, 영향, 압력 또는 부당한 간섭 없이 자유롭게 대화할 수 있는 접견'을 제한할 수 없다는 것이지, 변호인과의 접견 자체에 대해 아무런 제한도 가할 수 없다는 것을 의미하는 것이 아니므로 미결수용자의 변호인 접견권 역시 국가안전보장·질서유지 또는 공공복리를 위해 필요한 경우에는 법률로써 제한될 수 있음은 당연하다. [경찰채용 14 1차 / 경찰채용 15 2차]

[2] 미결수용자 또는 변호인이 원하는 특정한 시점의 접견 불허는 변호인조력권 침해는 아님

변호인의 조력을 받을 권리를 보장하는 목적은 피의자 또는 피고인의 방어권 행사를 보장하기 위한 것이므로, 미결수용자 또는 변호인이 원하는 특정한 시점에 접견이 이루어지지 못하였다

하더라도 그것만으로 곧바로 변호인의 조력을 받을 권리가 침해되었다고 단정할 수는 없는 것이고, 변호인의 조력을 받을 권리가 침해되었다고 하기 위해서는 접견이 불허된 특정한 시점을 전후한 수사 또는 재판의 진행 경과에 비추어 보아, 그 시점에 접견이 불허됨으로써 피의자 또는 피고인의 방어권 행사에 어느 정도는 불이익이 초래되었다고 인정할 수 있어야만 한다. [경찰채용 15 2차 / 해경간부 12]

11 헌법재판소 2012.2.23, 2009헌마333

수용자가 밖으로 내보내는 모든 서신을 봉함하지 않은 상태로 교정시설에 제출시키는 행형법 시행령 ×

위 시행령 조항은 수용자가 보내려는 모든 서신에 대해 무봉함 상태의 제출을 강제함으로써 수용자의 발송 서신 모두를 사실상 검열 가능한 상태에 놓이도록 하는 것은 기본권 제한의 최소 침해성 요건을 위반하여 수용자인 청구인의 통신비밀의 자유를 침해하는 것이다.

12 헌법재판소 2011.5.26, 2009헌마341

구속장소의 일반적 질서유지를 위한 제한은 가능하다는 사례

'형의 집행 및 수용자의 처우에 관한 법률'(형집행법) 제41조 제4항에서 "접견의 횟수·시간·장소·방법 및 접견내용의 청취·기록·녹음·녹화 등에 관하여 필요한 사항은 대통령령으로 정한다."라고 대통령령에 위임하면서도 동 제84조 제2항에서 "미결수용자와 변호인 간의 접견은 시간과 횟수를 제한하지 아니한다."라고 규정하고 있는데, 행형법 제84조 제2항에 의해 금지되는 접견시간 제한의 의미는 접견에 관한 일체의 시간적 제한이 금지된다는 것으로 볼 수는 없고, 수용자와 변호인의 접견이 현실적으로 실시되는 경우, 그 접견이 미결수용자와 변호인의 접견인 때에는 미결수용자의 방어권 행사로서의 중요성을 감안하여 자유롭고 충분한 변호인의 조력을 보장하기 위해 접견 시간을 양적으로 제한하지 못한다는 의미로 이해하는 것이 타당하므로, 행형법 제41조 제4항의 위임에 따라 수용자의 접견이 이루어지는 일반적인 시간대를 대통령령으로 규정하는 것은 가능하다.

판례연구 변호인과의 접견교통권 침해에 의한 증거수집은 위법하다는 사례

대법원 1990.9.25, 90도1586 [경찰채용 12 3차 / 경찰승진 09·12·14 / 교정9급특채 11]
위법한 변호인접견불허기간 중에 작성된 검사 작성의 피의자신문조서는 위법수집증거라는 사례
헌법상 보장된 변호인과의 접견교통권이 위법하게 제한된 상태에서 얻어진 피의자의 자백은 그 증거능력을 부인하는 유죄의 증거에서 실질적이고 완전하게 배제하여야 하는 것인바, 피고인이 구속되어 국가안전기획부에서 조사를 받다가 변호인의 접견신청이 불허되어 이에 대한 준항고를 제기 중에 검찰로 송치되어 검사가 피고인을 신문하여 제1회 피의자신문조서를 작성한 후 준항고절차에서 위 접견불허처분이 취소되어 접견이 허용된 경우에는 검사의 피고인에 대한 위 제1회 피의자신문은 변호인의 접견교통을 금지한 위법상태가 계속된 상황에서 시행된 것으로 보아야 할 것이므로 그 피의자신문조서는 증거능력이 없다.

판례연구 변호인과의 접견교통권 침해가 아니므로 증거수집은 적법하다는 사례

1 대법원 1984.7.10, 84도846 [경찰채용 04·14 1차 / 경찰간부 12 / 경찰승진 10 / 국가9급 07 / 교정9급특채 10]

비변호인과의 접견금지상태에서 작성된 피의자신문조서의 임의성 유무
검사의 접견금지 결정으로 피고인들의 (비변호인들과의) 접견이 제한된 상황하에서 피의자 신문조서가 작성되었다는 사실만으로 바로 그 조서가 임의성이 없는 것이라고는 볼 수 없다.

2 대법원 1990.9.25, 90도1613 [경찰채용 01 1차]
변호인의 접견 전에 작성된 검사의 피고인에 대한 피의자신문조서의 증거능력 인정례
변호인접견 전에 작성된 검사의 피고인에 대한 피의자신문조서가 증거능력이 없다고 할 수 없다.

판례연구	접견교통권 침해와 상소이유

대법원 1990.6.8, 90도64 [경찰승진 10·14]
변호인 접견에 관한 처분이 위법한 것은 상대적 상소이유라는 사례
수사기관에서의 변호인의 접견 등에 관한 처분이 위법한 사실만으로는 그와 같은 위법이 판결에 영향을 미친 것이 아닌 한 독립한 상소이유가 될 수는 없다.[9]

판례연구	접견교통권 침해와 헌법소원

헌법재판소 1991.7.8, 89헌마181
보충성의 원리의 예외로서 헌법소원이 허용된다는 사례
[법원의 재판에 대해서는 헌법소원이 허용되지 않으며(헌재 제68조 제1항, 재판소원금지원칙), 구금된 피의자의 변호인과의 접견교통권이 침해되는 경우 법원에 대한 준항고가 허용되므로(법 제417조), [경찰채용 13 1차] 원칙적으로 헌법소원은 허용되지 아니한다. 따라서 이미 법원의 준항고절차 취소된 접견불허처분임에도 불구하고 헌법소원으로 거듭 그 취소를 구하는 청구의 경우는 권리보호의 이익이 없어 부적법한 것이 된다.] (다만) 피청구인(검사)의 접견거부처분에 대해 법원에 준항고절차까지 밟아 이를 취소하는 결정이 있었음에도 피청구인이 이를 무시한 채 재차 접견거부처분에 이르렀다면, 이제 준항고절차에 의거하여서는 권리구제의 기대가 능성이 없는 경우로 되었다 할 것이고, 이와 같은 경우에는 오히려 다른 법률에 의한 구제절차가 없는 경우로서 보충성의 원리의 예외에 해당되어 헌법소원 청구가 허용된다.

---

04 체포·구속적부심사제도

판례연구	체포·구속적부심사 청구권자 관련판례

1 대법원 1997.8.27, 97모21 [경찰채용 05·12 1차 / 경찰채용 05·15 3차 / 경찰승진 11·14 / 국가9급 11·13 / 법원9급 03·04]
긴급체포된 피의자에게 체포적부심사청구권이 있다는 사례
헌법 제12조 제6항은 누구든지 체포 또는 구속을 당한 때에는 적부의 심사를 법원에 청구할 권리를 가진다고 규정하고 있고, 형사소송법 제214조의2 제1항은 체포영장 또는 구속영장에 의하여 체포 또는 구속된 피의자 등이 체포 또는 구속의 적부심사를 청구할 수 있다고 규정하고 있는바, 형사소송법의 위 규정이 체포영장에 의하지 아니하고 체포된 피의자의 적부심사청구권을 제한한 취지라고 볼 것은 아니므로 긴급체포 등 체포영장에 의하지 아니하고 체포된 피의자의 경우에도 헌법과 형사소송법

---

9 **참고** : 객관적 사유만 있으면 항소이유가 되는 것이 절대적 항소이유이고(제361조의5 제2호~제13호, 제15호), 판결에 영향을 미친 경우에 항소이유가 되는 것이 상대적 항소이유이다(동조 제1호·제14호).

의 위 규정에 따라 그 적부심사를 청구할 권리를 가진다(이후 07년 개정법에서 영장 요건을 삭제함으로써 판례입장이 반영됨).

② 헌법재판소 2004.3.25, 2002헌바104 [경찰채용 12 1차 / 경찰채용 13 2차 / 국가7급 10]

구속된 피의자가 적부심사청구권을 행사한 다음 검사가 전격기소를 한 경우의 처리

우리 형사소송법상 구속적부심사의 청구인적격을 피의자 등으로 한정하고 있어서 청구인이 구속적부심사청구권을 행사한 다음 검사가 법원의 결정이 있기 전에 기소하는 경우(이른바 전격기소), 영장에 근거한 구속의 헌법적 정당성에 대하여 법원이 실질적인 판단을 하지 못하고 그 청구를 기각할 수밖에 없다. 그러나 구속된 피의자가 적부심사청구권을 행사한 경우 검사는 그 적부심사절차에서 피구속자와 대립하는 반대 당사자의 지위만을 가지게 됨에도 불구하고 헌법상 독립된 법관으로부터 심사를 받고자 하는 청구인의 '절차적 기회'가 반대 당사자의 '전격기소'라고 하는 일방적 행위에 의하여 제한되어야 할 합리적인 이유가 없고, 검사가 전격기소를 한 이후 청구인에게 '구속취소'라는 후속절차가 보장되어 있다고 하더라도 그에 따르는 적지 않은 시간적, 정신적, 경제적인 부담을 청구인에게 지워야 할 이유도 없으며, 기소이전단계에서 이미 행사된 적부심사청구권의 당부에 대하여 법원으로부터 실질적인 심사를 받을 수 있는 청구인의 절차적 기회를 완전히 박탈하여야 하는 합리적인 근거도 없기 때문에, 입법자는 그 한도 내에서 적부심사청구권의 본질적 내용을 제대로 구현하지 아니하였다고 보아야 한다(따라서 적부심 청구 후 피의자에 대한 검사의 전격기소가 있어도 피의자의 지위에서 발생한 적부심청구인의 지위는 계속 유지됨).

판례연구 체포·구속적부심사권의 실질적 보장을 위한 열람 등 관련판례

① 대법원 2012.9.13, 2010다24879 [경찰채용 06 2차]

피의자·변호인 등의 영장등본교부청구권

형사소송규칙 제101조는 "구속영장이 청구되거나 체포 또는 구속된 피의자, 그 변호인, 법정대리인, 배우자, 직계친족, 형제자매나 동거인 또는 고용주는 긴급체포서, 현행범인체포서, 체포영장, 구속영장 또는 그 청구서를 보관하고 있는 검사, 사법경찰관 또는 법원사무관 등에게 그 등본의 교부를 청구할 수 있다."라고 규정하고 있다. 따라서 변호인은 직원 등 사자(使者)를 통해 수사기관에 체포영장에 대한 등사를 신청할 수 있다.

> 보충 법무법인 소속 변호사 甲의 지시로 법무법인 직원 乙이 구금된 피의자 丙의 변호인선임서를 경찰서에 제시하며 체포영장에 대한 등사신청을 하였으나 담당 경찰관 丁이 '변호사가 직접 와서 신청하라'고 말하면서 등사를 거부하자 甲이 국가배상청구를 한 경우, 丁의 등사 거부행위는 변호인 甲의 체포영장에 대한 열람등사청구권을 침해하는 것으로 위법하므로 국가배상책임을 인정한 사례이다.

② 헌법재판소 2003.3.27, 2000헌마474 [경찰승진 09·11·14 / 국가7급 10]

적부심사건 피의자의 변호인에게 고소장과 피의자신문조서에 대한 열람·등사권을 인정한 사례

구속적부심사건 피의자의 변호인에게는 수사기록 중 고소장과 피의자신문조서의 내용을 알 권리 및 그 서류들을 열람·등사할 권리가 인정되므로, 그 열람 및 등사를 거부한 경찰서장의 정보비공개결정은 변호인의 피구속자를 조력할 권리 및 알 권리를 침해하여 헌법에 위반된다.

> 보충 다만, 형사소송규칙의 조문에서는 적부심 피의자의 변호인에게 지방법원판사에게 제출된 구속영장청구서 및 그에 첨부된 고소·고발장, 피의자의 진술을 기재한 서류와 피의자가 제출한 서류에 대한 열람권만 규정하고 있다 [경찰채용 16 1차 / 국가7급 15 / 법원9급 17] (규칙 제104조의2, 제96조의21 제1항·제2항)(실제 복사를 할 수 없다고 출제한 시험은 [법원9급 17]). 이에 학계에서는 위 열람권을 열람·복사권으로 보아야 한다는 주장도 제기된다.

체포 · 구속적부심문조서의 증거능력과 증명력

대법원 2004.1.16, 2003도5693
구속적부심문조서의 증거능력 있음 & 피의자의 자백이 기재된 구속적부심문조서의 증명력을 평가함에 있어 유의할 점 [경찰채용 14 1차 / 경찰승진 10 · 11 · 13 / 법원9급 11 · 12 / 법원승진 08]
① 구속적부심은 구속된 피의자 또는 그 변호인 등의 청구로 수사기관과는 별개 독립의 기관인 법원에 의하여 행하여지는 것으로서 구속된 피의자에 대하여 피의사실과 구속사유 등을 알려 그에 대한 자유로운 변명의 기회를 주어 구속의 적부를 심사함으로써 피의자의 권리보호에 이바지하는 제도인 바, 법원 또는 합의부원, 검사, 변호인, 청구인이 구속된 피의자를 심문하고 그에 대한 피의자의 진술 등을 기재한 구속적부심문조서는 형사소송법 제311조가 규정한 문서에는 해당하지 않는다 할 것이나, 특히 신용할 만한 정황에 의하여 작성된 문서라고 할 것이므로 특별한 사정이 없는 한, 피고인이 증거로 함에 부동의하더라도 형사소송법 제315조 제3호에 의하여 당연히 그 증거능력이 인정된다. [경찰채용 14 1차 / 경찰채용 22 2차] ② 구속적부심문조서의 증명력은 다른 증거와 마찬가지로 법관의 자유판단에 맡겨져 있으나, 피의자는 구속적부심에서의 자백의 의미나 자백이 수사절차나 공판절차에서 가지는 중요성을 제대로 헤아리지 못한 나머지 허위자백을 하고라도 자유를 얻으려는 유혹을 받을 수가 있으므로, 법관은 구속적부심문조서의 자백의 기재에 관한 증명력을 평가함에 있어 이러한 점에 각별히 유의를 하여야 한다.

구속적부심의 보증금납입조건부 석방결정에 대한 불복 관련판례

대법원 1997.8.27, 97모21 [경찰채용 04 · 05 · 06 · 10 · 12 · 13 · 14 1차 / 경찰채용 13 · 14 2차 / 해경간부 12 / 경찰승진 09 · 10 · 13 · 22 / 교정9급특채 12 / 국가7급 15 / 법원9급 11 / 변호사시험 12]
체포적부심사절차에서 피의자를 보증금 납입을 조건으로 석방할 수 없음 & 보증금 납입을 조건으로 한 피의자 석방결정에 대하여 항고할 수 있음
① 형사소송법은 수사단계에서의 체포와 구속을 명백히 구별하고 있고 이에 따라 체포와 구속의 적부심사를 규정한 같은 법 제214조의2에서 체포와 구속을 서로 구별되는 개념으로 사용하고 있는바, 같은 조 제4항에 기소 전 보증금 납입을 조건으로 한 석방의 대상자가 '구속된 피의자'라고 명시되어 있고, 같은 법 제214조의3 제2항의 취지를 체포된 피의자에 대하여도 보증금 납입을 조건으로 한 석방이 허용되어야 한다는 근거로 보기는 어렵다 할 것이어서 현행법상 체포된 피의자에 대하여는 보증금 납입을 조건으로 한 석방이 허용되지 않는다. [경찰채용 04 · 05 · 06 · 10 · 12 · 13 · 14 1차 / 경찰채용 13 · 14 2차 / 해경간부 12 / 경찰승진 09 · 13 / 교정9급특채 12 / 법원9급 11 / 변호사시험 12] ② 형사소송법 제402조의 규정에 의하면, 법원의 결정에 대하여 불복이 있으면 항고를 할 수 있으나 다만 같은 법에 특별한 규정이 있는 경우에는 예외로 하도록 되어 있는바, 체포 또는 구속적부심사절차에서의 법원의 결정에 대한 항고의 허용 여부에 관하여 같은 법 제214조의2 제7항은 제2항과 제3항의 기각결정 및 석방결정에 대하여 항고하지 못하는 것으로 규정하고 있을 뿐이고 제4항에 의한 석방결정에 대하여 항고하지 못한다는 규정은 없을 뿐만 아니라, 같은 법 제214조의2 제3항의 석방결정은 체포 또는 구속이 불법이거나 이를 계속할 사유가 없는 등 부적법한 경우에 피의자의 석방을 명하는 것임에 비하여, 같은 법 제214조의2 제4항의 석방결정은 구속의 적법을 전제로 하면서 그 단서에서 정한 제한사유가 없는 경우에 한하여 출석을 담보할 만한 보증금의 납입을 조건으로 하여 피의자의 석방을 명하는 것이어서 같은 법 제214조의2 제3항의 석방결정과 제4항의 석방결정은 원래 그 실질적인 취지와 내용을 달리 하는 것이고, 또한 기소 후 보석결정에 대하여 항고가 인정되는 점에 비추어 그 보석결정과 성질 및 내용이 유사한 기소 전 보증금 납입 조건부 석방결정에 대하여도 항고할 수 있도록 하는 것이 균형에 맞는 측면도 있다 할 것이므로, 같은 법 제214조의2 제4항의 석방결정에 대하여는 피의자나 검사가 그 취소의 실익이 있는 한 같은 법 제402조에 의하여 항고할 수 있다. [경찰채용 12 1차 / 경찰승진 10 · 13 / 교정9급특채 12 / 국가7급 15]

판례연구   **보석제외사유의 의미**

대법원 1990.4.18, 90모22 [전의경 09 / 여경기동 07 / 경찰승진 12 / 법원9급 09 · 10]
집행유예기간 중에 있는 피고인에 대한 보석은 가능하다는 사례
피고인이 집행유예의 기간 중에 있어 집행유예의 결격자라고 하여 보석을 허가할 수 없는 것은 아니고
법 제95조는 그 제1호 내지 제5호 이외의 경우에는 필요적으로 보석을 허가하여야 한다는 것이지
여기에 해당하는 경우에는 보석을 허가하지 아니할 것을 규정한 것이 아니므로 집행유예기간 중에
있는 피고인의 보석을 허가한 것이 누범과 상습범에 대하여는 보석을 허가하지 아니할 수 있다는 법
제95조 제2호의 취지에 위배되어 위법이라고 할 수 없다.

판례연구   **검사의 의견청취절차의 의미**

대법원 1997.11.27, 97모88 [경찰채용 14 2차 / 국가7급 12 · 21 / 법원9급 09 · 17]
검사의 의견은 법원에 대하여 구속력이 없음 : 검사의 의견청취절차를 거치지 아니한 보석허가결정의
효력
검사의 의견청취의 절차는 보석에 관한 결정의 본질적 부분이 되는 것은 아니므로, 설사 법원이 검사의
의견을 듣지 아니한 채 보석에 관한 결정을 하였다고 하더라도 그 결정이 적정한 이상, 절차상의 하자만을
들어 그 결정을 취소할 수는 없다.

판례연구   **보석취소결정과 보증금몰취결정 관련판례**

1 대법원 2001.5.29, 2000모22 전원합의체
보석보증금몰수결정은 반드시 보석취소와 동시에 하여야만 하는 것은 아니라는 사례
형사소송법 제102조 제2항은 "보석을 취소할 때에는 결정으로 보증금의 전부 또는 일부를 몰수할
수 있다."라고 규정하고 있는바, 이는 보석취소사유가 있어 보석취소결정을 할 경우에는 보석보증금의
전부 또는 일부를 몰수하는 것도 가능하다는 의미로 해석될 뿐, 문언상 보석보증금의 몰수는 반드시
보석취소와 동시에 결정하여야 한다는 취지라고 단정하기는 어려운 점, 같은 법 제103조에서 보석된
자가 유죄판결 확정 후의 집행을 위한 소환에 불응하거나 도망한 경우 보증금을 몰수하도록 규정하고
있어 보석보증금은 형벌의 집행 단계에서의 신체 확보까지 담보하고 있으므로, 보석보증금의 기능은
유죄의 판결이 확정될 때까지의 신체 확보도 담보하는 취지로 봄이 상당한 점, 보석취소결정은 그
성질상 신속을 요하는 경우가 대부분임에 반하여, 보증금몰수결정에 있어서는 그 몰수의 요부(보석조
건위반 등 귀책사유의 유무) 및 몰수 금액의 범위 등에 관하여 신중히 검토하여야 할 필요성도 있는
점 등을 아울러 고려하여 보면, 보석보증금을 몰수하려면 반드시 보석취소와 동시에 하여야만 가능한
것이 아니라 보석취소 후에 별도로 보증금몰수결정을 할 수도 있다. 그리고 형사소송법 제104조가 구속
또는 보석을 취소하거나 구속영장의 효력이 소멸된 때에는 몰수하지 아니한 보증금을 청구한 날로부
터 7일 이내에 환부하도록 규정되어 있다고 하여도, 이 규정의 해석상 보석취소 후에 보증금몰수를
하는 것이 불가능하게 되는 것도 아니다.

2 대법원 2002.5.17, 2001모53 [법원9급 19]

보석 보증금몰수사건의 토지관할과 사물관할

형사소송법 제103조는 "보석된 자가 형의 선고를 받고 그 판결이 확정된 후 집행하기 위한 소환을 받고 정당한 이유 없이 출석하지 아니하거나 도망한 때에는 직권 또는 검사의 청구에 의하여 결정으로 보증금의 전부 또는 일부를 몰수하여야 한다."라고 규정하고 있는바, 이 규정에 의한 보증금몰수사건은 그 성질상 당해 형사본안 사건의 기록이 존재하는 법원 또는 그 기록을 보관하는 검찰청에 대응하는 법원의 토지관할에 속하고, 그 법원이 지방법원인 경우에 있어서 사물관할은 법원조직법 제7조 제4항의 규정에 따라 지방법원 단독판사에게 속하는 것이지 소송절차 계속 중에 보석허가결정 또는 그 취소결정 등을 본안 관할법원인 제1심 합의부 또는 항소심인 합의부에서 한 바 있었다고 하여 그러한 법원이 사물관할을 갖게 되는 것은 아니다.

06   구속의 집행정지

07   구속의 실효 – 구속취소 및 당연실효

판례연구	구속취소사유(구속사유가 없거나 소멸된 때)가 있다는 사례

1 대법원 1983.8.18, 83모42 [경찰채용 04 3차]

잔여형기가 극히 적고 또한 주거가 일정한 경우 구속취소 신청은 이유 있다는 사례

피고인에 대한 형이 그대로 확정된다고 하더라도 잔여형기가 8일 이내이고 또한 피고인의 주거가 일정할 뿐 아니라 증거인멸이나 도망의 염려도 없어 보인다면 피고인을 구속할 사유는 소멸하였다 보아야 할 것이니 구속취소 신청은 이유있다.

2 대법원 1991.4.11, 91모25

미결구금일수만으로도 본형의 형기를 초과할 것이 명백한 사례

대법원의 파기환송취지대로 제1심판결을 파기하고 징역1년과 공소사실 중 일부무죄를 선고한 항소심 판결에 대하여 피고인과 검사가 다시 상고한 경우에는 검사의 상고가 받아들여지리라고 보기 어렵다고 할 것이고, 피고인의 상고가 기각되더라도 제1심과 항소심판결선고 전 구금일수만으로도 구속을 필요로 하는 본형 형기를 초과할 것이 명백하다면 피고인이 현재 집행유예기간 중에 있더라도 이것이 피고인의 구속을 계속하여야 할 사유가 된다고 할 수 없어 피고인을 구속할 사유는 소멸되었다고 할 것이므로 피고인에 대한 구속은 취소해야 한다.

판례연구   구속취소사유(구속사유가 없거나 소멸된 때)가 없다는 사례

1 대법원 1991.12.30, 91모76

체포, 구금 당시에 헌법 및 형사소송법에 규정된 사항(체포, 구금의 이유 및 변호인의 조력을 받을 권리) 등을 고지받지 못하였고, 그 후의 구금기간 중 면회거부 등의 처분을 받았다 하더라도 이와 같은 사유는 형사소송법 제93조 소정의 구속취소사유에는 해당하지 아니한다.

2 대법원 1999.9.7, 99초355,99도3454

구속영장이 이미 실효된 경우 구속취소는 불가하다는 사례

형사소송법 제93조에 의한 구속의 취소는 구속영장에 의하여 구속된 피고인에 대하여 구속의 사유가 없거나 소멸된 때에 법원이 직권 또는 피고인 등의 청구에 의하여 결정으로 구속을 취소하는 것으로서, 그 결정에 의하여 구속영장이 실효되므로, 구속영장의 효력이 존속하고 있음을 전제로 하는 것이고, 다른 사유로 이미 구속영장이 실효된 경우에는 피고인이 계속 구금되어 있더라도 위 규정에 의한 구속의 취소 결정을 할 수 없다.

판례연구   구속의 당연실효 관련판례

1 대법원 1964.11.17, 64도428 [경찰채용 05 1차 / 교정9급특채 12]

구속기간 경과만으로 구속이 실효되는 것은 아니라는 사례

구 군법회의법 제132조의 제한을 넘어 구속기간을 갱신한 경우에 있어서도 불법구속한 자에 대하여 형법상·민법상의 책임을 물을 수는 있어도 구속명령의 효력이 당연히 실효되는 것은 아니다(통설은 반대).

2 헌법재판소 1997.12.24, 95헌마247

무죄 등 판결선고 후 석방대상 피고인을 의사에 반하여 교도소로 연행할 수 없다는 사례

무죄 등 판결선고 후 석방대상 피고인이 교도소에서 지급한 각종 지급품의 회수, 수용시의 휴대금품 또는 수용 중 영치된 금품의 반환 내지 환급문제 때문에 임의로 교도관과 교도소에 동행하는 것은 무방하나 피고인의 동의를 얻지 않고 의사에 반하여 교도소로 연행하는 것은 헌법 제12조의 규정에 비추어 도저히 허용될 수 없다(무죄판결이 선고되면 구속은 당연실효).

제2절   압수 · 수색 · 검증 · 감정

01   압수 · 수색

판례연구   우편물통관검사와 압수 · 수색의 차이

1 대법원 2013.9.26, 2013도7718 [국가7급 17]

우편물 통관검사절차에서 이루어지는 우편물의 개봉, 시료채취, 성분분석 등의 검사와 같이 행정조사의 성격을 가지는 것은 수사기관의 강제처분인 압수·수색이라고 할 수 없다.

2 대법원 2017.7.18, 2014도8719

마약거래방지법에 따른 검사의 요청으로 세관장이 행하는 조치

수사기관에 의한 압수·수색의 경우 헌법과 형사소송법이 정한 적법절차와 영장주의 원칙은 법률에 따라 허용된 예외사유에 해당하지 않는 한 관철되어야 한다. 세관공무원이 수출입물품을 검사하는 과정에서 마약류가 감추어져 있다고 밝혀지거나 그러한 의심이 드는 경우, 검사는 마약류의 분산을 방지하기 위하여 충분한 감시체제를 확보하고 있어 수사를 위하여 이를 외국으로 반출하거나 대한민국으로 반입할 필요가 있다는 요청을 세관장에게 할 수 있고, 세관장은 그 요청에 응하기 위하여 필요한 조치를 할 수 있다(마약류 불법거래 방지에 관한 특례법 제4조 제1항). 그러나 이러한 조치가 수사기관에 의한 압수·수색에 해당하는 경우에는 영장주의 원칙이 적용된다. ① 물론 수출입물품 통관 검사절차에서 이루어지는 물품의 개봉, 시료채취, 성분분석 등의 검사는 수출입물품에 대한 적정한 통관 등을 목적으로 조사를 하는 것으로서 이를 수사기관의 강제처분이라고 할 수 없으므로, 세관공무원은 압수·수색영장 없이 이러한 검사를 진행할 수 있다. 세관공무원이 통관검사를 위하여 직무상 소지하거나 보관하는 물품을 수사기관에 임의로 제출한 경우에는 비록 소유자의 동의를 받지 않았더라도 수사기관이 강제로 점유를 취득하지 않은 이상 해당 물품을 압수하였다고 할 수 없다. ② 그러나 마약류 불법거래 방지에 관한 특례법 제4조 제1항에 따른 조치의 일환으로 특정한 수출입물품을 개봉하여 검사하고 그 내용물의 점유를 취득한 행위는 위에서 본 수출입물품에 대한 적정한 통관 등을 목적으로 조사를 하는 경우와는 달리, 범죄수사인 압수 또는 수색에 해당하여 사전 또는 사후에 영장을 받아야 한다.

판례연구 압수의 목적물 관련판례

1 대법원 1991.2.26, 91모1

출판물을 출판 직전에 그 내용을 문제삼아 압수하는 것은 실질적으로 출판의 사전검열과 같은 효과가 있을 수 있는 것이므로 범죄혐의와 강제수사의 요건을 보다 엄격히 해석하여 그 허용 여부를 결정하여야 한다.

2 대법원 2011.5.26, 2009모1190(전교조 본부 사무실 압수·수색 사건); 2015.7.16, 2011모1839 전원합의체(종근당 압수수색 사건) [경찰채용 15 1차 / 경찰승진 22 / 국가9급 12]

전자정보에 대한 압수·수색영장의 집행방법

① 원칙(제1단계): 전자정보에 대한 압수·수색영장을 집행할 때에는 원칙적으로 영장 발부의 사유인 혐의사실과 관련된 부분만을 문서 출력물로 수집하거나 수사기관이 휴대한 저장매체에 해당 파일을 복사하는 방식으로 이루어져야 한다.

② 예외(제2단계): 집행현장 사정상 위와 같은 방식에 의한 집행이 불가능하거나 현저히 곤란한 부득이한 사정이 존재하더라도 저장매체 자체를 직접 혹은 하드카피나 이미징 등 형태로 수사기관 사무실 등 외부로 반출하여 해당 파일을 압수·수색할 수 있도록 영장에 기재되어 있고 실제 그와 같은 사정이 발생한 때에 한하여 위 방법이 예외적으로 허용될 수 있을 뿐이다.

③ (제2단계) 저장매체를 옮긴 후 출력·복사방법: ㉠ 저장매체 자체를 수사기관 사무실 등으로 옮긴 후 영장에 기재된 범죄 혐의 관련 전자정보를 탐색하여 해당 전자정보를 문서로 출력하거나 파일을 복사하는 과정 역시 전체적으로 압수·수색영장 집행의 일환에 포함된다고 보아야 한다. 따라서 그러한 경우 문서출력 또는 파일복사 대상 역시 혐의사실과 관련된 부분으로 한정되어야 하는 것은 헌법 제12조 제1항, 제3항, 형사소송법 제114조, 제215조의 적법절차 및 영장주의 원칙상 당연하다. 그러므로 ㉡ 수사기관 사무실 등으로 옮긴 저장매체에서 범죄 혐의 관련성에 대한 구분 없이 저장된 전자정보 중 임의로 문서출력 혹은 파일복사를 하는 행위는 특별한 사정이 없는 한 영장주의 등

원칙에 반하는 위법한 집행이다.

④ 열람·복사시 적법한 집행절차 : 검사나 사법경찰관이 압수·수색영장을 집행할 때에는 자물쇠를 열거나 개봉 기타 필요한 처분을 할 수 있지만 그와 아울러 압수물의 상실 또는 파손 등의 방지를 위하여 상당한 조치를 하여야 하므로(형사소송법 제219조, 제120조, 제131조 등), 혐의사실과 관련된 정보는 물론 그와 무관한 다양하고 방대한 내용의 사생활 정보가 들어 있는 저장매체에 대한 압수·수색영장을 집행할 때 영장이 명시적으로 규정한 위 예외적인 사정이 인정되어 전자정보가 담긴 저장매체 자체를 수사기관 사무실 등으로 옮겨 이를 열람 혹은 복사하게 되는 경우에도, ㉠ 전체 과정을 통하여 피압수·수색 당사자나 변호인의 계속적인 참여권 보장, ㉡ 피압수·수색 당사자가 배제된 상태의 저장매체에 대한 열람·복사 금지, ㉢ 복사대상 전자정보 목록의 작성·교부 등 압수·수색 대상인 저장매체 내 전자정보의 왜곡이나 훼손과 오·남용 및 임의적인 복제나 복사 등을 막기 위한 적절한 조치가 이루어져야만 집행절차가 적법하게 된다.

⑤ 결론 : (이 사건의) 압수·수색 전 과정에 비추어 볼 때, 수사기관이 영장에 기재된 혐의사실 일시로부터 소급하여 일정 시점 이후의 파일들만 복사한 것은 나름대로 대상을 제한하려고 노력한 것으로 보이고, 당사자 측도 그 적합성에 대하여 묵시적으로 동의한 것으로 보는 것이 타당하므로, 위 영장 집행이 위법하다고 볼 수는 없다는 이유로, 같은 취지에서 준항고를 기각한 원심의 조치는 수긍이 된다.

판례연구　　**압수의 요건인 관련성의 의미**

대법원 2017.12.5, 2017도13458 [경찰채용 20 1차]
압수·수색영장의 범죄 혐의사실과 '관계있는 범죄'의 의미 및 범위

형사소송법 제215조 제1항은 "검사는 범죄수사에 필요한 때에는 피의자가 죄를 범하였다고 의심할 만한 정황이 있고 해당 사건과 관계가 있다고 인정할 수 있는 것에 한정하여 지방법원판사에게 청구하여 발부받은 영장에 의하여 압수, 수색 또는 검증을 할 수 있다."라고 정하고 있다. 따라서 영장발부의 사유로 된 범죄 혐의사실과 무관한 별개의 증거를 압수하였을 경우 이는 원칙적으로 유죄인정의 증거로 사용할 수 없다. 그러나 압수·수색의 목적이 된 범죄나 이와 관련된 범죄의 경우에는 그 압수·수색의 결과를 유죄의 증거로 사용할 수 있다. 압수·수색영장의 범죄 혐의사실과 관계있는 범죄라는 것은 압수·수색영장에 기재한 혐의사실과 객관적 관련성이 있고 압수·수색영장 대상자와 피의자 사이에 인적 관련성이 있는 범죄를 의미한다. 그중 혐의사실과의 객관적 관련성은 압수·수색영장에 기재된 혐의사실 자체 또는 그와 기본적 사실관계가 동일한 범행과 직접 관련되어 있는 경우는 물론 범행 동기와 경위, 범행 수단과 방법, 범행 시간과 장소 등을 증명하기 위한 간접증거나 정황증거 등으로 사용될 수 있는 경우에도 인정될 수 있다. 그 관련성은 압수·수색영장에 기재된 혐의사실의 내용과 수사의 대상, 수사 경위 등을 종합하여 구체적·개별적 연관관계가 있는 경우에만 인정되고, 혐의사실과 단순히 동종 또는 유사 범행이라는 사유만으로 관련성이 있다고 할 것은 아니다. 그리고 피의자와 사이의 인적 관련성은 압수·수색영장에 기재된 대상자의 공동정범이나 교사범 등 공범이나 간접정범은 물론 필요적 공범 등에 대한 피고사건에 대해서도 인정될 수 있다.

판례연구　　**압수의 요건인 관련성이 충족되지 않는다고 본 사례**

1 **대법원 2012.3.29, 2011도10508**
저장매체에서 범죄혐의와 관련성에 대한 구분 없이 임의로 문서를 출력하거나 파일을 복사하는 집행은 위법하고 이러한 압수물을 토대로 자백을 받은 것은 독수과실로서 증거능력이 부정된다는 사례
수사기관 사무실 등으로 옮긴 저장매체에서 범죄혐의와 관련성에 대한 구분 없이 저장된 전자정보

중 임의로 문서출력 또는 파일복사를 하는 행위는 특별한 사정이 없는 한 영장주의 등 원칙에 반하는 위법한 집행이고, … 피고인이 수사기관에서 한 자백 역시 절차에 따르지 않은 증거에 기초하여 획득된 경우, 이들 증거는 적법절차의 실질적 내용을 침해하는 것으로 절차 위반행위와 2차적 증거수집 사이에 인과관계가 희석되거나 단절된다고 볼 수 없어 유죄의 증거로 삼을 수 없다.

② 대법원 2014.1.16. 2013도7101 [경찰채용 15 3차 / 국가9급 15]
甲의 공직선거법 위반 범행을 영장 범죄사실로 하여 발부받은 압수·수색영장의 집행 과정에서 乙, 丙 사이의 대화가 녹음된 녹음파일을 압수한 경우, 위법수집증거로서 증거능력이 없다는 사례
수사기관이 피의자 甲의 공직선거법 위반 범행을 영장 범죄사실로 하여 발부받은 압수·수색영장의 집행 과정에서 乙, 丙 사이의 대화가 녹음된 녹음파일(이하 '녹음파일')을 압수하여 乙, 丙의 공직선거법 위반 혐의사실을 발견한 경우, 압수·수색영장에 기재된 '피의자'인 甲이 녹음파일에 의하여 의심되는 혐의사실과 무관한 이상, 수사기관이 별도의 압수·수색영장을 발부받지 아니한 채 압수한 녹음파일은 형사소송법 제219조에 의하여 수사기관의 압수에 준용되는 형사소송법 제106조 제1항이 규정하는 '피고사건' 내지 같은 법 제215조 제1항이 규정하는 '해당 사건'과 '관계가 있다고 인정할 수 있는 것'에 해당하지 않으며, 이와 같은 압수에는 헌법 제12조 제1항 후문, 제3항 본문이 규정하는 영장주의를 위반한 절차적 위법이 있으므로, 녹음파일은 형사소송법 제308조의2에서 정한 '적법한 절차에 따르지 아니하고 수집한 증거'로서 증거로 쓸 수 없고, 그 절차적 위법은 헌법상 영장주의 내지 적법절차의 실질적 내용을 침해하는 중대한 위법에 해당하여 예외적으로 증거능력을 인정할 수도 없다.

③ 대법원 2019.10.17. 2019도6775
필로폰 투약 혐의사실 압수·수색영장 발부 후 1달이 지나 소변·모발을 압수한 사례
이 사건 압수영장에 기재된 메트암페타민(이하 '필로폰') 투약 혐의사실은 피고인이 2018.5.23. 시간불상경 부산 이하 불상지에서 필로폰 불상량을 불상의 방법으로 투약하였다는 것이다. 이 사건 공소사실 중 필로폰 투약의 점은 피고인이 2018.6.21.경부터 같은 달 25일경까지 사이에 부산 이하 불상지에서 필로폰 불상량을 불상의 방법으로 투약하였다는 것이다. 마약류 투약 범죄는 그 범행일자가 다를 경우 별개의 범죄로 보아야 하고, 이 사건 압수영장 기재 혐의사실과 이 부분 공소사실은 그 범행 장소, 투약방법, 투약량도 모두 구체적으로 특정되어 있지 않아 어떠한 객관적인 관련성이 있는지 알 수 없다. 이 사건 압수영장 기재 혐의사실과 이 부분 공소사실이 동종 범죄라는 사정만으로 객관적 관련성이 있다고 할 수 없다. … 이 사건 압수영장 기재 혐의사실의 내용과 수사의 대상, 수사 경위 등을 종합하여 보면, 이 부분 공소사실과 같은 필로폰 투약의 점은 경찰이 이 사건 압수영장을 발부받을 당시 전혀 예견할 수 없었던 혐의사실이었던 것으로 보이므로, 이 사건 압수영장 기재 혐의사실과 이 부분 공소사실 사이에 연관성이 있다고 보기 어렵다(위법수집증거).

④ 대법원 2021.7.29. 2020도14654
피의자의 동생이 피의자로 기재된 압수·수색영장 집행의 적법성
(아동·청소년 이용 음란물 제작, 배포, 소지 등으로 기소된 피의자의 동생이 피의자로 기재된 압수·수색영장으로 피의자 소유의 정보저장매체를 압수한 영장집행이 적법한가의 문제) 헌법과 형사소송법이 구현하고자 하는 적법절차와 영장주의의 정신에 비추어 볼 때, 법관이 압수·수색영장을 발부하면서 '압수할 물건'을 특정하기 위하여 기재한 문언은 엄격하게 해석하여야 하고, 함부로 피압수자 등에게 불리한 내용으로 확장 또는 유추 해석하여서는 안 된다(대법원 2009.3.12. 2008도763 등 참조). 따라서 피고인이 아닌 사람을 피의자로 하여 발부된 이 사건 영장을 집행하면서 피고인 소유의 이 사건 휴대전화 등을 압수한 것은 위법하다.

보충 　경찰은 피해자가 연락을 주고받은 피고인의 페이스북 계정에 관한 압수·수색 결과를 바탕으로 범인이 피해자와 페이스북 메신저를 통해 대화한 계정의 접속 IP 가입자가 공소외 1(피고인의 모친)임을 확인하였다. 그리고 공소외 1의 주민등록표상 공소외 2(피고인의 부친)와 공소외 3(피고인의 남동생)이 함께 거주하고 있음을 확인하였다. 당시 피고인은 위 페이스북 접속지에서 거주하고 있었으나 주민등록상 거주지가 달라 공소외 1의 주민등록표에는 나타나지 않았다. 경찰은 공소외 3을 피의자로 특정한 뒤 압수·수색영장을 신청하였고, 지방법원판사는 경찰이 신청한 대로 이 사건 영장을 발부하였다. 이 사건 영장에는 범죄혐의 피의자로 피고인의 동생인 '공소외 3'이, 수색·검증할 장소, 신체, 물건으로 '가. 전라북도 전주시 (주소 생략), 나. 피의자 공소외 3의 신체 및 피의자가 소지·소유·보관하는 물건'이, 압수할 물건으로 '피의자 공소외 3이 소유·소지 또는 보관·관리·사용하고 있는 스마트폰 등 디지털기기 및 저장매체'가 각각 특정되어 기재되어 있다. 경찰이 이 사건 영장을 집행하기 위하여 피고인의 주거지에 도착하였을 때 피고인은 출근을 하여 부재중이었고, 경찰은 공소외 1과 공소외 3으로부터 이 사건 피의사실을 저지른 사람은 공소외 3이 아닌 피고인이라는 취지의 말을 들었다. 이에 경찰은 공소외 1에게 이 사건 영장을 제시하고 이 사건 영장에 의하여 위 주거지를 수색하여 피고인 소유의 이 사건 휴대전화 등을 압수하였다. 경찰은 그 자리에서 위 각 압수물에 대한 압수조서를 작성하였는데, 그 '압수경위'란에 "페이스북 접속 IP 설치장소에 거주하는 공소외 3을 피의자로 특정하였으나 현장 방문한바, 형 피고인이 세대 분리된 상태로 같이 거주하고 있었고 모친 및 공소외 3 진술을 청취한바 실제 피의자는 피고인으로 확인됨. 그러나 영장 집행 당시 출근하여 부재중이므로 모친 공소외 1 참여하에 이 사건 영장을 집행함."이라고 기재하였다. … 이 사건 영장의 문언상 압수·수색의 상대은 공소외 3이고, 압수할 물건은 공소외 3이 소유·소지·보관·관리·사용하는 물건에 한정된다. 비록 경찰이 압수·수색 현장에서 다른 사람으로부터 이 사건 범행의 진범이 피고인이라는 이야기를 들었다고 하더라도 이 사건 영장에 기재된 문언에 반하여 피고인 소유의 물건을 압수할 수는 없다. 대물적 강제처분은 대인적 강제처분과 비교하여 범죄사실 소명의 정도 등에서 그 차이를 인정할 수 있다고 하더라도, 일단 피의자와 피압수자를 특정하여 영장이 발부된 이상 다른 사람을 피압수자로 선해하여 영장을 집행하는 것이 적법·유효하다고 볼 수는 없기 때문이다[대법원 2021.7.29, 2020도14654, 아동·청소년의성보호에관한법률위반(음란물제작·배포등)·아동복지법위반(아동에대한음행강요·매개·성희롱등)·아동·청소년의성보호에관한법률위반(음란물소지)·공갈·협박]. → (위 압수 이후 경찰은 피고인의 직장으로 찾아가 피고인으로부터 휴대폰을 임의제출 받으면서 아이디와 비밀번호를 받아 클라우드에서 범죄의 증거를 수집하였음) (다른 유죄의 증거가 있어) 징역 3년, 성폭력 치료프로그램 이수 40시간, 아동·청소년 관련기관 등 및 장여앤복지시설에 5년간 취업제한 등.

5 대법원 2021.11.25, 2016도82

경찰이 지하철 내에서 여성을 촬영한 혐의로 임의제출받은 휴대전화를 복원하여 주택에서 몰래 당시 교제 중이던 여성의 나체와 음부를 촬영한 동영상을 발견하고 이를 함께 기소한 사건

공중밀집장소인 지하철 내에서 여성을 촬영한 **행위와** 다세대 주택에서 몰래 당시 교제 중이던 여성의 나체와 음부를 촬영한 행위는 범행 시간과 장소뿐만 아니라 범행 동기와 경위, 범행 수단과 방법 등을 달리하므로, 간접증거와 정황증거를 포함하는 구체적·개별적 연관관계 있는 관련 증거의 법리에 의하더라도, 여성의 나체와 음부가 촬영된 사진은 임의제출에 따른 압수의 동기가 된 범죄혐의사실과 구체적·개별적 연관관계 있는 전자정보로 보기 어렵고, 위 사진 및 이 사건 휴대전화에서 삭제된 전자정보를 복원하여 이를 복제한 시디는 경찰이 피압수자인 피고인에게 참여의 기회를 부여하지 않은 상태에서 임의로 탐색·복제·출력한 전자정보로서, 피고인에게 압수한 전자정보 목록을 교부하거나 피고인이 그 과정에 참여하지 아니할 의사를 가지고 있는지 여부를 확인한 바가 없으므로, 수사기관이 영장 없이 이를 취득한 이상 증거능력이 없다.

6 대법원 2022.1.14, 2021모1586 [경찰채용 22 2차]

'특정 혐의사실과 관련성 있는 정보만을 압수·수색하고, 관련성 없는 정보는 삭제 등을 할 것' 등으로 압수수색의 대상과 방법을 제한한 압수수색영장 사건

① (법원이 압수·수색영장을 발부하면서 범죄 혐의사실과 관련 있는 전자정보의 탐색·복제·출력이 완료된 때 지체 없이 영장 기재 범죄 혐의사실과 관련이 없는 나머지 전자정보에 대해 삭제·폐기 또는 피압수자 등에게

반환할 것을 정하였음에도 수사기관이 이에 따르지 아니한 채 나머지 전자정보를 보유한 경우 그 압수는 적법하지 않다는 사례) 법원은 압수·수색영장의 집행에 관하여 범죄 혐의사실과 관련 있는 전자정보의 탐색·복제·출력이 완료된 때에는 지체 없이 영장 기재 범죄 혐의사실과 관련이 없는 나머지 전자정보에 대해 삭제·폐기 또는 피압수자 등에게 반환할 것을 정할 수 있다. 수사기관이 범죄 혐의사실과 관련 있는 정보를 선별하여 압수한 후에도 그와 관련이 없는 나머지 정보를 삭제·폐기·반환하지 아니한 채 그대로 보관하고 있다면 범죄 혐의사실과 관련이 없는 부분에 대하여는 압수의 대상이 되는 전자정보의 범위를 넘어서는 전자정보를 영장 없이 압수·수색하여 취득한 것이어서 위법하고, 사후에 법원으로부터 압수·수색영장이 발부되었다거나 피고인이나 변호인이 이를 증거로 함에 동의하였다고 하여 그 위법성이 치유된다고 볼 수 없다. ② (범죄 혐의사실과의 관련성에 대한 구분 없이 임의로 전체의 전자정보를 복제·출력하여 이를 하나의 압축파일로 보관하여 두고, 그와 같이 선별되지 않은 전자정보에 대해 구체적인 개별 파일 명세를 특정하여 상세목록을 작성하지 않고 그 압축파일 이름만을 기재하여 이를 상세목록이라고 하면서 피압수자에게 교부한 경우 그 압축파일 전체에 대한 압수는 적법하지 않다는 사례) 수사기관이 압수·수색영장에 기재된 범죄 혐의사실과의 관련성에 대한 구분 없이 임의로 전체의 전자정보를 복제·출력하여 이를 보관하여 두고, 그와 같이 선별되지 않은 전자정보에 대해 구체적인 개별 파일 명세를 특정하여 상세목록을 작성하지 않고 '….zip'과 같이 그 내용을 파악할 수 없도록 되어 있는 포괄적인 압축파일만을 기재한 후 이를 전자정보 상세목록이라고 하면서 피압수자 등에게 교부함으로써 범죄 혐의사실과 관련성 없는 정보에 대한 삭제·폐기·반환 등의 조치도 취하지 아니하였다면, 이는 결국 수사기관이 압수·수색영장에 기재된 범죄혐의 사실과 관련된 정보 외에 범죄혐의 사실과 관련이 없어 압수의 대상이 아닌 정보까지 영장 없이 취득하는 것일 뿐만 아니라, 범죄혐의와 관련 있는 압수 정보에 대한 상세목록 작성·교부 의무와 범죄혐의와 관련 없는 정보에 대한 삭제·폐기·반환 의무를 사실상 형해화하는 결과가 되는 것이어서 영장주의와 적법절차의 원칙을 중대하게 위반한 것으로 봄이 상당하다(만약 수사기관이 혐의사실과 관련 있는 정보만을 선별하였으나 기술적인 문제로 정보 전체를 1개의 파일 등으로 복제하여 저장할 수밖에 없다고 하더라도 적어도 압수목록이나 전자정보 상세목록에 압수의 대상이 되는 전자정보 부분을 구체적으로 특정하고, 위와 같이 파일 전체를 보관할 수밖에 없는 사정을 부기하는 등의 방법을 취할 수 있을 것으로 보인다). 따라서 이와 같은 경우에는 영장 기재 범죄혐의 사실과의 관련성 유무와 상관없이 수사기관이 임의로 전자정보를 복제·출력하여 취득한 정보 전체에 대해 그 압수는 위법한 것으로 취소되어야 한다고 봄이 상당하고, 사후에 법원으로부터 그와 같이 수사기관이 취득하여 보관하고 있는 전자정보 자체에 대해 다시 압수·수색영장이 발부되었다고 하여 달리 볼 수 없다.[10]

---

10 보충 : 'A의 특정 혐의사실과 관련성 있는 정보만을 압수·수색하고, 관련성 없는 정보는 삭제 등을 할 것' 등으로 압수수색의 대상과 방법을 제한한 압수수색영장(1영장)에 기하여, 수사기관이 甲의 휴대전화를 압수·수색하면서 휴대전화에 저장된 정보를 하나의 압축파일로 수사기관의 저장매체에 보관하여 두고, 그 압축파일명을 그대로 기재한 상세목록을 작성하여 甲에게 교부하였는데, 이후 A의 특정 혐의사실과는 관련이 없는 甲의 별개 혐의사실에 대한 수사가 개시되자, 수사기관이 위 저장매체에 보관하여 둔 압축파일(甲의 휴대전화 전자정보)에 대해 다시 압수수색영장(2영장, 3영장)을 발부받아 이를 집행하자, 이에 대한 압수의 취소를 구하는 사안으로서, 대법원은 1영장에 기한 압수수색은 결국 혐의사실과 관련성 있는 부분만을 선별하려는 조치를 취하지도 않았고, 이후 관련 없는 부분에 대해 삭제 등의 조치를 취하지도 않았으며 유관·무관정보를 가리지 않은 채 1개의 파일로 압축하여 이를 보관하여 두고 그 파일 이름을 적은 서면을 상세목록이라고 하여 교부한 이상, 1영장에 기한 압수 전부가 위법하고, 이후 2영장, 3영장이 발부되었다고 하더라도 그 위법성이 치유되지 않는다고 보아, 이와 달리 판단한 원심결정을 파기환송한 사례이다.

1 대법원 2020.2.13, 2019도14341,2019전도130 [법원9급 22]

압수된 증거물을 영장 발부의 사유가 된 범죄 혐의사실 이외의 다른 범죄사실을 뒷받침하는 증거로 쓰기 위한 요건 중 '객관적 관련성'이 충족되었는지가 문제된 사건

피고인이 2018.5.6.경 피해자 甲(여, 10세)에 대하여 저지른 간음유인미수 및 성폭력범죄의 처벌 등에 관한 특례법(이하 '성폭력처벌법') 위반(통신매체이용음란) 범행과 관련하여 수사기관이 피고인 소유의 휴대전화를 압수하였는데, 위 휴대전화에 대한 디지털정보분석 결과 피고인이 2017.12.경부터 2018.4.경까지 사이에 저지른 피해자 乙(여, 12세), 丙(여, 10세), 丁(여, 9세)에 대한 간음유인 및 간음유인미수, 미성년자의제강간, 성폭력처벌법 위반(13세미만미성년자강간), 성폭력처벌법 위반(통신매체이용음란) 등 범행에 관한 추가 자료들이 획득되어 그 증거능력이 문제된 경우, 위 휴대전화는 피고인이 긴급체포되는 현장에서 적법하게 압수되었고, 형사소송법 제217조 제2항에 의해 발부된 법원의 사후 압수·수색·검증영장(이하 '압수·수색영장')에 기하여 압수 상태가 계속 유지되었으며, 압수·수색영장에는 범죄사실란에 甲에 대한 간음유인미수 및 통신매체이용음란의 점만이 명시되었으나, 법원은 계속 압수·수색·검증이 필요한 사유로서 영장 범죄사실에 관한 혐의의 상당성 외에도 추가 여죄수사의 필요성을 포함시킨 점, 압수·수색영장에 기재된 혐의사실은 미성년자인 甲에 대하여 간음행위를 하기 위한 중간 과정 내지 그 수단으로 평가되는 행위에 관한 것이고 나아가 피고인은 형법 제305조의2 등에 따라 상습범으로 처벌될 가능성이 완전히 배제되지 아니한 상태였으므로, 추가 자료들로 밝혀지게 된 乙, 丙, 丁에 대한 범행은 압수·수색영장에 기재된 혐의사실과 '기본적 사실관계가 동일한 범행에 직접 관련되어 있는 경우'라고 볼 수 있으며, 실제로 2017.12.경부터 2018.4.경까지 사이에 저질러진 추가 범행들은, 압수·수색영장에 기재된 혐의사실의 일시인 2018.5.7.과 시간적으로 근접할 뿐만 아니라, 피고인이 자신의 성적 욕망을 해소하기 위하여 미성년자인 피해자들을 대상으로 저지른 일련의 성범죄로서 범행 동기, 범행 대상, 범행의 수단과 방법이 공통되는 점, 추가 자료들은 압수·수색영장의 범죄사실 중 간음유인죄의 '간음할 목적'이나 성폭력처벌법 위반(통신매체이용음란)죄의 '자기 또는 다른 사람의 성적 욕망을 유발하거나 만족시킬 목적'을 뒷받침하는 간접증거로 사용될 수 있었고, 피고인이 영장 범죄사실과 같은 범행을 저지른 수법 및 준비과정, 계획 등에 관한 정황증거에 해당할 뿐 아니라, 영장 범죄사실 자체에 대한 피고인 진술의 신빙성을 판단할 수 있는 자료로도 사용될 수 있었던 점 등을 종합하면, 추가 자료들로 인하여 밝혀진 피고인의 乙, 丙, 丁에 대한 범행은 압수·수색영장의 범죄사실과 단순히 동종 또는 유사 범행인 것을 넘어서서 이와 구체적·개별적 연관관계가 있는 경우로서 객관적·인적 관련성을 모두 갖추었다는 이유로, 같은 취지에서 추가 자료들은 위법하게 수집된 증거에 해당하지 않으므로 압수·수색영장의 범죄사실뿐 아니라 추가 범행들에 관한 증거로 사용할 수 있다고 본 원심판단은 정당하다.

2 대법원 2021.7.29, 2021도3756

필로폰 교부 혐의사실 압수·수색영장에 따라 압수한 소변·모발이 필로폰 투약죄의 증거가 된 사례

필로폰 교부의 혐의사실로 발부된 압수·수색영장에 따라 피의자의 소변, 모발을 압수하였고 그에 대한 감정 결과 필로폰 투약 사실이 밝혀져 필로폰 투약에 대한 공소가 제기된 경우, ① 법원이 압수할 물건으로 피고인의 소변뿐만 아니라 모발을 함께 기재하여 압수영장을 발부한 것은 영장 집행일 무렵의 필로폰 투약 범행뿐만 아니라 그 이전의 투약 여부까지 확인하기 위한 것으로 볼 수 있고, 피고인이 혐의사실인 필로폰 교부 일시 무렵 내지 그 이후 반복적으로 필로폰을 투약한 사실이 증명되면 필로폰 교부 당시에도 필로폰을 소지하고 있었거나 적어도 필로폰을 구할 수 있었다는 사실의 증명에 도움이 된다고 볼 수 있으므로, 압수한 피고인의 소변 및 모발은 압수영장의 혐의사실 증명을 위한 간접증거 내지 정황증거로 사용될 수 있는 경우에 해당하고, ② 법원이 영장의 '압수·수색·검증을 필요로 하는 사유'로 "필로폰 사범의 특성상 피고인이 이전 소지하고 있던 필로폰을 투약하였을 가능성 또한 배제할

수 없어 필로폰 투약 여부를 확인 가능한 소변과 모발을 확보하고자 한다."라고 기재하고 있는 점 등에 비추어 볼 때 이 부분 공소사실이 이 사건 압수영장 발부 이후의 범행이라고 하더라도 영장 발부 당시 전혀 예상할 수 없었던 범행이라고 볼 수도 없으므로, 압수·수색영장에 의하여 압수한 피고인의 소변 및 모발과 그에 대한 감정 결과 등은 위 압수·수색영장의 혐의사실과 객관적·인적 관련성을 모두 갖추어 투약의 공소사실의 증거로 사용할 수 있다.

3 대법원 2021.8.26, 2021도2205
필로폰 투약 혐의사실 압수·수색영장에 따라 압수한 소변·모발이 혐의사실과 수개월의 기간이 경과한 후의 다른 필로폰 투약 사실에 대한 증거가 된 사례
필로폰 투약의 혐의사실로 발부된 압수·수색영장에 따라 피고인의 소변, 모발을 압수하였고, 그에 대한 감정 결과 혐의사실과 다른 필로폰 투약 사실이 밝혀져 압수물에 의하여 밝혀진 필로폰 투약 사실로 공소가 제기된 경우, 법원이 압수·수색영장을 발부하면서 '압수·수색을 필요로 하는 사유'로 "필로폰 사범의 특성상 피고인이 이전 소지하고 있던 필로폰을 투약하였을 가능성 또한 배제할 수 없어 피고인의 필로폰 투약 여부를 확인 가능한 소변과 모발을 확보하고자 한다."라고 기재하고, '압수할 물건'으로 피고인의 소변뿐만 아니라 모발을 함께 기재한 것은 영장 집행일 무렵의 필로폰 투약 범행뿐만 아니라 그 이전의 투약 여부까지 확인하기 위한 것으로 볼 수 있는 점 등을 고려하면, (비록 소변에서 각 압수·수색영장 기재 필로폰 투약과 관련된 필로폰이 검출될 수 있는 기간이 경과된 이후에 영장이 집행되어 압수된 소변으로 혐의사실을 직접 증명할 수는 없다고 하더라도) 유효기간 내에 집행된 위 압수·수색영장에 의하여 압수한 피고인의 소변 및 모발과 그에 대한 감정 결과 등은 압수·수색영장 기재 혐의사실의 정황증거 내지 간접증거로 사용될 수 있는 경우에 해당하여 객관적 관련성이 인정된다 (원심이 원용하고 있는 대법원 2019.10.17, 2019도6775 판결은 압수·수색영장의 '압수·수색을 필요로 하는 사유'의 기재 내용, 압수·수색영장의 집행 결과 등 수사의 경위에서 이 사건과 사실관계를 달리하므로 이 사건에 그대로 적용하기에는 적절하지 않다).

4 대법원 2021.11.25, 2021도10034
스마트폰을 이용한 불법촬영범죄의 경우 스마트폰 안에 저장되어 있는 같은 유형의 전자정보에 대한 압수의 요건인 관련성의 판단
전자정보 또는 전자정보저장매체에 대한 압수수색에서 혐의사실과 관련된 전자정보인지 여부를 판단할 때는 혐의사실의 내용과 성격, 압수수색의 과정 등을 토대로 구체적·개별적 연관관계를 살펴볼 필요가 있다. 특히 카메라의 기능과 전자정보저장매체의 기능을 함께 갖춘 휴대전화인 스마트폰을 이용한 불법촬영 등 범죄와 같이 범죄의 속성상 해당 범행의 상습성이 의심되거나 성적 기호 내지 경향성의 발현에 따른 일련의 범행의 일환으로 이루어진 것으로 의심되고, 범행의 직접 증거가 스마트폰 안에 이미지 파일이나 동영상 파일의 형태로 남아 있을 개연성이 있는 경우에는 그 안에 저장되어 있는 같은 유형의 전자정보에서 그와 관련한 유력한 간접증거나 정황증거가 발견될 가능성이 높다는 점에서 이러한 간접증거나 정황증거는 혐의사실과 구체적·개별적 연관관계를 인정할 수 있다. 이처럼 범죄의 대상이 된 피해자의 인격권을 현저히 침해하는 성격의 전자정보를 담고 있는 촬영물은 범죄행위로 인해 생성된 것으로서 몰수의 대상이기도 하므로, 휴대전화에서 해당 전자정보를 신속히 압수수색하여 촬영물의 유통가능성을 적시에 차단함으로써 피해자를 보호할 필요성이 크다. 나아가 이와 같은 경우에는 간접증거나 정황증거이면서 몰수의 대상이자 압수수색의 대상인 전자정보의 유형이 이미지 파일 내지 동영상 파일 등으로 비교적 명확하게 특정되어 그와 무관한 사적 전자정보 전반의 압수수색으로 이어질 가능성이 적어 상대적으로 폭넓게 관련성을 인정할 여지가 많다는 점에서도 그렇다(대법원 2021.11.18, 2016도348 전원합의체). … 수사기관은 남자 아동·청소년인 피해자 A에 대한 강제추행과 카메라 이용 촬영을 범죄사실로 하여 피고인의 휴대전화 등에 대한 압수수색영장을 발부받았고,

그 집행과정에서 피해자 A에 대한 범죄사실 외에도 다른 피해자들에 대한 범죄사실과 관련한 전자정보를 압수하여, 피고인은 피해자 A에 대한 음란물 제작과 성적 학대행위를 포함하여 다른 피해자들에 대한 여러 범죄사실로 공소제기되었는데, 위 압수수색영장은 피해자 A에 대한 범죄사실과 관련한 직접증거뿐 아니라 그 증명에 도움이 되는 간접증거 또는 정황증거를 확보하기 위한 것이라고 볼 수 있고, 그 압수수색영장에 따라 압수된 전자정보 및 그 분석결과 등은 혐의사실의 간접증거 또는 정황증거로 사용될 수 있는 경우에 해당하여 압수수색영장 기재 혐의사실과의 객관적 관련성이 인정된다.

판례연구   압수의 요건인 필요성과 비례성

대법원 2004.3.23, 2003모126 [경찰채용 08 1차]
압수의 요건인 비례성이 충족되지 않는다고 본 사례
압수·수색은 증거수집과 범죄수사를 위하여 필요한 때에만 할 수 있다(제106조, 제109조, 제219조, 제215조 제1항·제2항). [경찰승진 11] 여기서 필요성이란 단지 수사를 위해 필요할 뿐만 아니라 강제처분으로서 압수를 행하지 않으면 수사의 목적을 달성할 수 없어야 함을 말한다. 압수의 필요성이 인정되는 경우에도 압수가 무제한적으로 허용되는 것은 아니므로, 범죄의 형태와 경중, 대상물의 증거가치 및 중요성 및 멸실의 우려, 처분을 받는 자의 불이익 정도 등 제반사정을 종합적으로 고려하여 판단하여야 한다. [경찰채용 15 3차] 검사가 이 사건 준항고인들의 폐수무단방류 혐의가 인정된다는 이유로 준항고인들의 공장부지, 건물, 기계류 일체 및 폐수운반차량 7대에 대하여 한 압수처분은 수사상의 필요와 그로 인한 개인의 재산권 침해의 정도를 비교형량해 보면 비례성의 원칙에 위배되어 위법하다.

판례연구   압수·수색절차에 있어서 영장 기재 문언은 엄격하게 해석해야 한다는 사례

대법원 2009.3.12, 2008도763 : 제주도지사실 압수·수색 사건 [경찰채용 11·16 1차 / 법원9급 12]
압수장소에 '보관 중인 물건' ≠ '현존하는 물건'
헌법과 형사소송법이 구현하고자 하는 적법절차와 영장주의의 정신에 비추어 볼 때, 법관이 압수·수색영장을 발부하면서 '압수할 물건'을 특정하기 위하여 기재한 문언은 엄격하게 해석하여야 하고, 함부로 피압수자 등에게 불리한 내용으로 확장 또는 유추 해석하여서는 안 된다. 따라서 압수·수색영장에서 압수할 물건을 '압수장소에 보관 중인 물건(압수·수색 집행 이전부터 당해 장소에 계속적으로 있어 온 것 - 필자 주)'이라고 기재하고 있는 것을 '압수장소에 현존하는 물건'으로 해석할 수는 없다.

판례연구   압수·수색절차상 영장집행은 신중을 기해야 한다는 사례

대법원 1999.12.1, 99모161 [경찰채용 12·13 1차 / 경찰채용 05·11·12·13 2차 / 경찰채용 08 3차 / 경찰간부 12·13 / 경찰승진 11·13 / 교정9급특채 06·10 / 국가7급 17 / 법원9급 13]
압수·수색영장 집행 종료 후 동일영장에 의한 재집행은 금지된다는 사례
형사소송법 제215조에 의한 압수·수색영장은 수사기관의 압수·수색에 대한 허가장으로서 거기에 기재되는 유효기간(영장이 효력을 가지고 있는 기간 - 필자 주)은 집행에 착수할 수 있는 종기를 의미하는 것일 뿐이므로, 수사기관이 압수·수색영장을 제시하고 집행에 착수하여 압수·수색을 실시하고 그 집행을 종료하였다면 이미 그 영장은 목적을 달성하여 효력이 상실되는 것이고, 동일한 장소 또는 목적물에 대하여 다시 압수·수색할 필요가 있는 경우라면 그 필요성을 소명하여 법원으로부터 새로운 압수·수색영장을 발부받아야 하는 것이지, [법원9급 13] 앞서 발부받은 압수·수색영장의 유효기간이 남아 있다고 하여 이를 제시하고 다시 압수·수색을 할 수는 없다.

대법원 1997.1.9, 96모34
압수물에 대한 몰수의 선고가 없어 압수가 해제된 것으로 간주된 상태에서 공범자에 대한 범죄수사를 위하여 그 압수해제된 물품을 재압수할 수 있다는 사례
형사소송법 제215조, 제219조, 제106조 제1항의 규정을 종합하여 보면, 검사는 범죄수사에 필요한 때에는 증거물 또는 몰수할 것으로 사료하는 물건을 법원으로부터 영장을 발부받아서 압수할 수 있는 것이고, 합리적인 의심의 여지가 없을 정도로 범죄사실이 인정되는 경우에만 압수할 수 있는 것은 아니라 할 것이며, 한편 범인으로부터 압수한 물품에 대하여 몰수의 선고가 없어 그 압수가 해제된 것으로 간주된다고 하더라도 공범자에 대한 범죄수사를 위하여 여전히 그 물품의 압수가 필요하다거나 공범자에 대한 재판에서 그 물품이 몰수될 가능성이 있다면 검사는 그 압수해제된 물품을 다시 압수할 수도 있다.

1 대법원 2009.3.12, 2008도763 [경찰채용 11·16 1차 / 경찰채용 13·15 2차 / 경찰채용 15 3차 / 국가9급 12·14·17 / 국가7급 11·12 / 법원9급 12·13 / 변호사시험 21]
압수·수색영장의 제시방법(= 개별적 제시)
압수·수색영장은 처분을 받는 자에게 반드시 제시하여야 하는바(제219조, 제118조), 현장에서 압수·수색을 당하는 사람이 여러 명일 경우에는 그 사람들 모두에게 개별적으로 영장을 제시해야 하는 것이 원칙이고, 수사기관이 압수·수색에 착수하면서 그 장소의 관리책임자에게 영장을 제시하였다고 하더라도, 물건을 소지하고 있는 다른 사람으로부터 이를 압수하고자 하는 때에는 그 사람에게 따로 영장을 제시하여야 한다.

2 대법원 2015.1.22, 2014도10978 전원합의체 : 내란음모 사건 [경찰채용 15 2차 / 국가9급 17]
영장제시 현실적 불가능 시에는 영장 제시 없이 압수·수색을 하는 것은 위법하지 않다는 사례
형사소송법 제219조가 준용하는 제118조는 "압수·수색영장은 처분을 받는 자에게 반드시 제시하여야 한다."라고 규정하고 있으나, 이는 영장제시가 현실적으로 가능한 상황을 전제로 한 규정으로 보아야 하고, 피처분자가 현장에 없거나 현장에서 그를 발견할 수 없는 경우 등 영장제시가 현실적으로 불가능한 경우에는 영장을 제시하지 아니한 채 압수·수색을 하더라도 위법하다고 볼 수 없다.

> **보충** 압수·수색영장은 처분을 받는 자에게 반드시 제시하여야 하고, 처분을 받는 자가 피고인(피의자)인 경우에는 그 사본을 교부하여야 한다(2022.2.3. 개정 제118조 본문, 제219조). [경찰채용 10 1차 / 법원행시 04] 영장의 제시란 영장의 구체적 내용을 피압수자가 확인할 수 있도록 해주는 것을 말한다.[11] 반드시 사전제시(정본제시·개별제시)일 것을 요하고 구속과 달리 사후제시의 방법에 의한 긴급집행(제85조 제3항·제4항, 제219조)은 인정되지 않는다. [경찰채용 11·13·14 1차 / 경찰채용 10·11·13 2차 / 경찰간부 13 / 경찰승진 10·11·14 / 국가9급 12·13 / 교정9급특채 12 / 법원9급 12·13] 다만, 위 판례에서 나타난 것처럼 영장제시가 현실적으로 불가능한 경우에는 영장을 제시하지 아니한 채 압수·수색을 할 수 있다(대법원 2015.1.22, 2014도10978 전원합의체). 이에 2022.2.3. 개정법에서는 "처분을 받는 자가 현장에 없는 등 영장의 제시나 그 사본의 교부가 현실적으로 불가능한 경우 또는 처분을 받는 자가 영장의 제시나 사본의 교부를 거부한 때에는 예외(영장제시·사본교부를 생략할 수 있음)로 한다."는 점을 명시하고 있다(2022.2.3. 개정 제118조 단서, 제219조).

---

11 **수사협력규정 제38조(압수·수색 또는 검증영장의 제시)** ① 검사 또는 사법경찰관은 법 제219조에서 준용하는 법 제118조에 따라 영장을 제시할 때에는 피압수자에게 법관이 발부한 영장에 따른 압수·수색 또는 검증이라는 사실과 영장에 기재된 범죄사실 및 수색 또는 검증할 장소·신체·물건, 압수할 물건 등을 명확히 알리고, 피압수자가 해당 영장을 열람할 수 있도록 해야 한다. ② 압수·수색 또는 검증의 처분을 받는 자가 여럿인 경우에는 모두에게 개별적으로 영장을 제시해야 한다.

3 대법원 2017.9.7, 2015도10648 [경찰채용 22 1차]

영장 원본의 제시 없는 압수는 위법하다는 사례

수사기관이 甲 주식회사에서 압수수색영장을 집행하면서 甲 회사에 팩스로 영장 사본을 송신하기만 하고 영장 원본을 제시하거나 압수조서와 압수물 목록을 작성하여 피압수·수색 당사자에게 교부하지도 않은 채 피고인의 이메일을 압수한 후 이를 증거로 제출한 경우, 위와 같은 방법으로 압수된 이메일은 증거능력이 없다.

> 비교 아래 5번 판례(대법원 2022.1.27, 2021도11170)와 비교할 수 있어야 한다.

4 대법원 2020.4.16, 2019모3526

압수·수색영장의 제시는 구체적 확인을 요한다는 사례

수사기관이 재항고인의 휴대전화 등을 압수할 당시 재항고인에게 압수·수색영장을 제시하였는데 재항고인이 영장의 구체적인 확인을 요구하였으나 수사기관이 영장의 범죄사실 기재 부분을 보여주지 않았고, 그 후 재항고인의 변호인이 재항고인에 대한 조사에 참여하면서 영장을 확인한 경우, 이는 형사소송법 제219조, 제118조에 따른 적법한 압수·수색영장의 제시라고 인정하기 어렵다.

5 대법원 2022.1.27, 2021도11170

금융계좌추적용 압수·수색영장의 집행에 있어서 모사전송 내지 전자적 송수신 방식으로 금융거래정보 제공요구 및 자료 회신이 이루어진 후 그 중 범죄혐의사실과 관련된 금융거래로 선별된 자료에 대하여 영장 원본 제시 등의 압수절차가 집행된 경우 영장의 적법한 집행 방법으로 인정하기 위한 요건

① (원칙) 수사기관의 압수·수색은 법관이 발부한 압수·수색영장에 의하여야 하는 것이 원칙이고, 영장의 원본은 처분을 받는 자에게 반드시 제시되어야 하므로(대법원 2017.9.7, 2015도10648; 2019. 3.14, 2018도2841 등 참조), 금융계좌추적용 압수·수색영장의 집행에 있어서도 수사기관이 금융기관으로부터 금융거래자료를 수신하기에 앞서 금융기관에 영장 원본을 사전에 제시하지 않았다면 원칙적으로 적법한 집행 방법이라고 볼 수는 없다(원칙적 위법). ② (예외) 다만, 수사기관이 금융기관에 「금융실명거래 및 비밀보장에 관한 법률」(이하 '금융실명법') 제4조 제2항에 따라서 금융거래정보에 대하여 영장 사본을 첨부하여 그 제공을 요구한 결과 금융기관으로부터 회신받은 금융거래자료가 해당 영장의 집행 대상과 범위에 포함되어 있고, 이러한 모사전송 내지 전자적 송수신 방식의 금융거래정보 제공요구 및 자료 회신의 전 과정이 해당 금융기관의 자발적 협조의사에 따른 것이며, 그 자료 중 범죄혐의사실과 관련된 금융거래를 선별하는 절차를 거친 후 최종적으로 영장 원본을 제시하고 위와 같이 선별된 금융거래자료에 대한 압수절차가 집행된 경우로서, 그 과정이 금융실명법에서 정한 방식에 따라 이루어지고 달리 적법절차와 영장주의 원칙을 잠탈하기 위한 의도에서 이루어진 것이라고 볼 만한 사정이 없어, 이러한 일련의 과정을 전체적으로 '하나의 영장에 기하여 적시에 원본을 제시하고 이를 토대로 압수·수색하는 것'으로 평가할 수 있는 경우에 한하여, 예외적으로 영장의 적법한 집행 방법에 해당한다고 볼 수 있다(예외적 적법).

판례연구 **압수·수색영장의 집행에 필요한 처분에 해당한다는 사례**

대법원 2017.11.29, 2017도9747 [경찰채용 22 2차 / 법원9급 19]

외국계 이메일에 대한 원격지 저장매체 접속 압수·수색 사건

수사기관이 인터넷서비스이용자인 피의자를 상대로 피의자의 컴퓨터 등 정보처리장치 내에 저장되어 있는 이메일 등 전자정보를 압수·수색하는 것은 전자정보의 소유자 내지 소지자를 상대로 해당 전자정보를 압수·수색하는 대물적 강제처분으로 형사소송법의 해석상 허용된다. 나아가 압수·수색할 전자

정보가 압수·수색영장에 기재된 수색장소에 있는 컴퓨터 등 정보처리장치 내에 있지 아니하고 그 정보처리장치와 정보통신망으로 연결되어 제3자가 관리하는 원격지의 서버 등 저장매체에 저장되어 있는 경우에도, 수사기관이 피의자의 이메일 계정에 대한 접근권한에 갈음하여 발부받은 영장에 따라 영장 기재 수색장소에 있는 컴퓨터 등 정보처리장치를 이용하여 적법하게 취득한 피의자의 이메일 계정 아이디와 비밀번호를 입력하는 등 피의자가 접근하는 통상적인 방법에 따라 원격지의 저장매체에 접속하고 그곳에 저장되어 있는 피의자의 이메일 관련 전자정보를 수색장소의 정보처리장치로 내려받거나 그 화면에 현출시키는 것 역시 피의자의 소유에 속하거나 소지하는 전자정보를 대상으로 이루어지는 것이므로 그 전자정보에 대한 압수·수색을 위와 달리 볼 필요가 없다. 비록 수사기관이 위와 같이 원격지의 저장매체에 접속하여 그 저장된 전자정보를 수색장소의 정보처리장치로 내려받거나 그 화면에 현출시킨다 하더라도, 이는 인터넷서비스제공자가 허용한 피의자의 전자정보에 대한 접근 및 처분권한과 일반적 접속 절차에 기초한 것으로서, 특별한 사정이 없는 한 인터넷서비스제공자의 의사에 반하는 것이라고 단정할 수 없다. 또한 형사소송법 제109조 제1항, 제114조 제1항에서 영장에 수색할 장소를 특정하도록 한 취지와 정보통신망으로 연결되어 있는 한 정보처리장치 또는 저장매체 간 이전, 복제가 용이한 전자정보의 특성 등에 비추어 보면, 수색장소에 있는 정보처리장치를 이용하여 정보통신망으로 연결된 원격지의 저장매체에 접속하는 것이 위와 같은 형사소송법의 규정에 위반하여 압수·수색영장에서 허용한 집행의 장소적 범위를 확대하는 것이라고 볼 수 없다. 수색행위는 정보통신망을 통해 원격지의 저장매체에서 수색장소에 있는 정보처리장치로 내려받거나 현출된 전자정보에 대하여 위 정보처리장치를 이용하여 이루어지고, 압수행위는 위 정보처리장치에 존재하는 전자정보를 대상으로 그 범위를 정하여 이를 출력 또는 복제하는 방법으로 이루어지므로, 수색에서 압수에 이르는 일련의 과정이 모두 압수·수색영장에 기재된 장소에서 행해지기 때문이다. 위와 같은 사정들을 종합하여 보면, 피의자의 이메일 계정에 대한 접근권한에 갈음하여 발부받은 압수·수색영장에 따라 원격지의 저장매체에 적법하게 접속하여 내려받거나 현출된 전자정보를 대상으로 하여 범죄 혐의사실과 관련된 부분에 대하여 압수·수색하는 것은, 압수·수색영장의 집행을 원활하고 적정하게 행하기 위하여 필요한 최소한도의 범위 내에서 이루어지며 그 수단과 목적에 비추어 사회통념상 타당하다고 인정되는 대물적 강제처분 행위로서 허용되며, 형사소송법 제120조 제1항에서 정한 압수·수색영장의 집행에 필요한 처분에 해당한다. 그리고 이러한 법리는 원격지의 저장매체가 국외에 있는 경우라 하더라도 그 사정만으로 달리 볼 것은 아니다.

판례연구 **압수·수색영장 집행 시 참여권자의 의미**

대법원 2020.11.26, 2020도10729
변호인의 압수·수색영장 집행 참여권은 고유권이라는 사례
형사소송법 제219조, 제121조가 규정한 변호인의 참여권은 피압수자의 보호를 위하여 변호인에게 주어진 고유권이다. 따라서 설령 피압수자가 수사기관에 압수·수색영장의 집행에 참여하지 않는다는 의사를 명시하였다고 하더라도, 특별한 사정이 없는 한 그 변호인에게는 형사소송법 제219조, 제122조에 따라 미리 집행의 일시와 장소를 통지하는 등으로 압수·수색영장의 집행에 참여할 기회를 별도로 보장하여야 한다.

보충   검사, 피의자·피고인 또는 변호인(고유권)은 압수·수색영장의 집행에 참여할 수 있다(제121조, 제219조). [경찰채용 08 1차] 이를 위해 압수·수색영장을 집행함에는 미리 집행의 일시와 장소를 참여권자(검/피/변)에게 통지하여야 한다. [경찰채용 13 1차 / 교정9급특채 10 / 법원9급 12 / 법원행시 02] 단, 참여권자가 참여하지 아니한다는 의사를 명시한 때 또는 급속을 요하는 때에는 예외로 한다(제122조, 제219조). [경찰채용 11 2차 / 법원9급 12] '급속을 요하는 때'라 함은 압수·수색영장 집행사실을 미리 알려주면 증거물을 은닉할 염려 등이 있어 압수·수색의 실효를 거두기 어려운 경우를 말한다(대법원 2012.10.11, 2012도7455). [국가7급 17]

1 **대법원 2015.7.16, 2011모1839 전원합의체 : 종근당 압수·수색 사건**

사안   검사가 압수·수색영장('제1 영장')을 발부받아 甲 주식회사 빌딩 내 乙의 사무실을 압수·수색하였는데, 저장매체에 범죄혐의와 관련된 정보('유관정보')와 범죄혐의와 무관한 정보('무관정보')가 혼재된 것으로 판단하여 甲 회사의 동의를 받아 저장매체를 수사기관 사무실로 반출한 다음 乙 측의 참여하에 저장매체에 저장된 전자정보파일 전부를 '이미징'의 방법으로 다른 저장매체로 복제하고, 乙 측의 참여 없이 이미징한 복제본을 외장 하드디스크에 재복제하였으며, 乙 측의 참여 없이 하드디스크에서 유관정보를 탐색하던 중 우연히 乙 등의 별건 범죄혐의와 관련된 전자정보('별건 정보')를 발견하고 문서로 출력하였고, 그 후 乙 측에 참여권 등을 보장하지 않은 채 다른 검사가 별건 정보를 소명자료로 제출하면서 압수·수색영장('제2 영장')을 발부받아 외장 하드디스크에서 별건 정보를 탐색·출력하였다.

결론   제2 영장 청구 당시 압수할 물건으로 삼은 정보는 제1 영장의 피압수·수색 당사자에게 참여의 기회를 부여하지 않은 채 임의로 재복제한 외장 하드디스크에 저장된 정보로서 그 자체가 위법한 압수물이어서 별건 정보에 대한 영장청구 요건을 충족하지 못하였고, 나아가 제2 영장에 기한 압수·수색 당시 乙 측에 압수·수색 과정에 참여할 기회를 보장하지 않았으므로, 제2 영장에 기한 압수·수색은 전체적으로 위법하다.

[1] 전자정보가 담긴 저장매체 또는 복제본을 수사기관 사무실 등으로 옮겨 복제·탐색·출력하는 일련의 과정에서의 피압수·수색 당사자나 변호인의 참여권

저장매체에 대한 압수·수색 과정에서 범위를 정하여 출력 또는 복제하는 방법이 불가능하거나 압수의 목적을 달성하기에 현저히 곤란한 예외적인 사정이 인정되어 전자정보가 담긴 저장매체 또는 하드카피나 이미징 등 형태(이하 '복제본')를 수사기관 사무실 등으로 옮겨 복제·탐색·출력하는 경우에도, 그와 같은 일련의 과정에서 형사소송법 제219조, 제121조에서 규정하는 피압수·수색 당사자(이하 '피압수자')나 변호인에게 참여의 기회를 보장하고 혐의사실과 무관한 전자정보의 임의적인 복제 등을 막기 위한 적절한 조치를 취하는 등 영장주의 원칙과 적법절차를 준수하여야 한다. 만약 그러한 조치가 취해지지 않았다면 피압수자 측이 참여하지 아니한다는 의사를 명시적으로 표시하였거나 절차 위반행위가 이루어진 과정의 성질과 내용 등에 비추어 피압수자 측에 절차 참여를 보장한 취지가 실질적으로 침해되었다고 볼 수 없을 정도에 해당한다는 등의 특별한 사정이 없는 이상 압수·수색이 적법하다고 평가할 수 없고, 비록 수사기관이 저장매체 또는 복제본에서 혐의사실과 관련된 전자정보만을 복제·출력하였다 하더라도 달리 볼 것은 아니다.

[2] 전체 압수·수색 과정을 단계적·개별적으로 구분하여 각 단계의 개별 처분의 취소를 구하는 준항고가 있는 경우, 위법의 중대성에 따라 전체적으로 압수·수색 처분을 취소할 것인지를 가릴 것

다수의견   전자정보에 대한 압수·수색 과정에서 이루어진 현장에서의 저장매체 압수·이미징·탐색·복제 및 출력행위 등 수사기관의 처분은 하나의 영장에 의한 압수·수색 과정에서 이루어진다. 그러한 일련의 행위가 모두 진행되어 압수·수색이 종료된 이후에는 특정단계의 처분만을 취소하더라도 그 이후의 압수·수색을 저지한다는 것을 상정할 수 없고 수사기관에게 압수·수색의 결과물을 보유하도록 할 것인지가 문제될 뿐이다. 그러므로 이 경우에는 준항고인이 전체 압수·수색 과정을 단계적·개별적으로 구분하여 각 단계의 개별 처분의 취소를 구하더라도 준항고법원은 특별한 사정이 없는 한 구분된 개별 처분의 위법이나 취소 여부를 판단할 것이 아니라 당해 압수·수색 과정 전체를 하나의 절차로 파악하여 그 과정에서 나타난 위법이 압수·수색 절차 전체를 위법하게 할 정도로 중대한지 여부에 따라 전체적으로 압수·수색 처분을 취소할 것인지를 가려야 한다. 여기서 위법의 중대성은 위반한 절차조항의 취지, 전체과정 중에서 위반행위가 발생한 과정의 중요도, 위반사항에 의한 법익침해 가능성의 경중 등을 종합하여 판단하여야 한다(=대법원 2015.10.15, 2013모1969).

[3] 제1처분, 제2처분, 제3처분 중 제2·3처분의 위법성의 중대성에 비추어 전체가 취소되어야 한다는 사례

> **다수의견** 검사가 압수·수색영장을 발부받아 甲 주식회사 빌딩 내 乙의 사무실을 압수·수색하였는데, 저장매체에 범죄혐의와 관련된 정보(이하 '유관정보')와 범죄혐의와 무관한 정보(이하 '무관정보')가 혼재된 것으로 판단하여 甲 회사의 동의를 받아 저장매체를 수사기관 사무실로 반출한 다음 乙 측의 참여하에 저장매체에 저장된 전자정보파일 전부를 '이미징'의 방법으로 다른 저장매체로 복제('제1 처분')하고, 乙 측의 참여 없이 이미징한 복제본을 외장 하드디스크에 재복제('제2 처분')하였으며, 乙 측의 참여 없이 하드디스크에서 유관정보를 탐색하는 과정에서 甲 회사의 별건 범죄혐의와 관련된 전자정보 등 무관정보도 함께 출력('제3 처분')한 경우, 제1 처분은 위법하다고 볼 수 없으나, 제2·3 처분은 제1 처분 후 피압수·수색 당사자에게 계속적인 참여권을 보장하는 등의 조치가 이루어지지 아니한 채 유관정보는 물론 무관정보까지 재복제·출력한 것으로서 영장이 허용한 범위를 벗어나고 적법절차를 위반한 위법한 처분이며, 제2·3 처분에 해당하는 전자정보의 복제·출력 과정은 증거물을 획득하는 행위로서 압수·수색의 목적에 해당하는 중요한 과정인 점 등 위법의 중대성에 비추어 위 영장에 기한 압수·수색이 전체적으로 취소되어야 한다.

[4] 범죄혐의 관련 전자정보를 적법하게 탐색하는 과정에서 별도의 범죄혐의와 관련된 전자정보를 우연히 발견한 경우, 수사기관이 적법하게 압수·수색하기 위한 요건

전자정보에 대한 압수·수색에 있어 저장매체 자체를 외부로 반출하거나 하드카피·이미징 등의 형태로 복제본을 만들어 외부에서 저장매체나 복제본에 대하여 압수·수색이 허용되는 예외적인 경우에도 혐의사실과 관련된 전자정보 이외에 이와 무관한 전자정보를 탐색·복제·출력하는 것은 원칙적으로 위법한 압수·수색에 해당하므로 허용될 수 없다. 그러나 전자정보에 대한 압수·수색이 종료되기 전에 혐의사실과 관련된 전자정보를 적법하게 탐색하는 과정에서 별도의 범죄혐의와 관련된 전자정보를 우연히 발견한 경우라면, 수사기관은 더 이상의 추가 탐색을 중단하고 법원에서 별도의 범죄혐의에 대한 압수·수색영장을 발부받은 경우에 한하여 그러한 정보에 대하여도 적법하게 압수·수색을 할 수 있다. 나아가 이러한 경우에도 별도의 압수·수색 절차는 최초의 압수·수색 절차와 구별되는 별개의 절차이고, 별도 범죄혐의와 관련된 전자정보는 최초의 압수·수색영장에 의한 압수·수색의 대상이 아니어서 저장매체의 원래 소재지에서 별도의 압수·수색영장에 기해 압수·수색을 진행하는 경우와 마찬가지로 피압수·수색 당사자(이하 '피압수자')는 최초의 압수·수색 이전부터 해당 전자정보를 관리하고 있던 자라 할 것이므로, 특별한 사정이 없는 한 피압수자에게 형사소송법 제219조, 제121조, 제129조에 따라 참여권을 보장하고 압수한 전자정보 목록을 교부하는 등 피압수자의 이익을 보호하기 위한 적절한 조치가 이루어져야 한다.

2 대법원 2017.9.21, 2015도12400

전자정보 저장매체 수사기관 반출 후 임의적 복제를 막기 위한 적절한 조치를 취하지 않은 사례

형사소송법 제219조, 제121조는 '수사기관이 압수·수색영장을 집행할 때에는 피압수자 또는 변호인은 그 집행에 참여할 수 있다'는 취지로 규정하고 있다. 저장매체에 대한 압수·수색 과정에서 범위를 정하여 출력 또는 복제하는 방법이 불가능하거나 압수의 목적을 달성하기에 현저히 곤란한 예외적인 사정이 인정되어 전자정보가 담긴 저장매체 또는 하드카피나 이미징 등 형태를 수사기관 사무실 등으로 옮겨 복제·탐색·출력하는 경우에도, 그와 같은 일련의 과정에서 피압수자나 변호인에게 참여의 기회를 보장하고 혐의사실과 무관한 전자정보의 임의적인 복제 등을 막기 위한 적절한 조치를 취하는 등 영장주의 원칙과 적법절차를 준수하여야 한다. 만약 그러한 조치를 취하지 않았다면 피압수자 측이 참여하지 아니한다는 의사를 명시적으로 표시하였거나 절차 위반행위가 이루어진 과정의 성질과 내용 등에 비추어 피압수자 측에 절차 참여를 보장한 취지가 실질적으로 침해되었다고 볼 수 없을 정도에 해당한다는 등의 특별한 사정이 없는 이상 압수·수색이 적법하다고 평가할 수 없고, 비록 수사기관이 저장매체 또는 복제본에서 혐의사실과 관련된 전자정보만을 복제·출력하였다고 하더라도 달리 볼 것은 아니다(관련성과 참여권은 모두 지켜져야 하는 요건이므로, 관련성을 준수하여도 참여권이 보장되지 않으면 위법임).

판례연구 **전자정보 압수 · 수색 시 참여권 보장 위반이 아니라는 사례**

1 대법원 2018.2.8, 2017도13263 [경찰채용 20 1차 / 법원9급 22]
범죄 혐의사실과 관련 있는 정보를 선별 · 제출받아 압수한 후의 참여권 보장 여부
형사소송법 제219조, 제121조에 의하면, 수사기관이 압수 · 수색영장을 집행할 때 피의자 또는 변호인
은 그 집행에 참여할 수 있다. 압수의 목적물이 컴퓨터용디스크 그 밖에 이와 비슷한 정보저장매체인
경우에는 영장 발부의 사유로 된 범죄 혐의사실과 관련 있는 정보의 범위를 정하여 출력하거나 복제하여
이를 제출받아야 하고, 피의자나 변호인에게 참여의 기회를 보장하여야 한다. 만약 그러한 조치를 취하지
않았다면 이는 형사소송법에 정한 영장주의 원칙과 적법절차를 준수하지 않은 것이다. … 수사기관이
정보저장매체에 기억된 정보 중에서 키워드 또는 확장자 검색 등을 통해 범죄 혐의사실과 관련 있는
정보를 선별한 다음 정보저장매체와 동일하게 비트열 방식으로 복제하여 생성한 파일(이하 '이미지 파일')
을 제출받아 압수하였다면 이로써 압수의 목적물에 대한 압수 · 수색 절차는 종료된 것이므로, 수사기관이
수사기관 사무실에서 위와 같이 압수된 이미지 파일을 탐색 · 복제 · 출력하는 과정에서도 피의자 등에게
참여의 기회를 보장하여야 하는 것은 아니다.

2 대법원 2019.7.11, 2018도20504
전자정보 저장매체를 수사기관 사무실 등으로 옮겨 복제 · 탐색 · 출력하는 절차에 피압수자 측이 참여
하지 않는다는 의사를 명시적으로 표시한 경우 등
형사소송법 제219조, 제121조는 '수사기관이 압수 · 수색영장을 집행할 때에는 피압수자 또는 변호인
은 그 집행에 참여할 수 있다.'고 정하고 있다. 저장매체에 대한 압수 · 수색 과정에서 범위를 정하여
출력 · 복제하는 방법이 불가능하거나 압수의 목적을 달성하기에 현저히 곤란한 예외적인 사정이 인정
되어 전자정보가 담긴 저장매체, 하드카피나 이미징(imaging) 등 형태(이하 '복제본')를 수사기관 사무
실 등으로 옮겨 복제 · 탐색 · 출력하는 경우에도, 피압수자나 변호인에게 참여 기회를 보장하고 혐의사
실과 무관한 전자정보의 임의적인 복제 등을 막기 위한 적절한 조치를 취하는 등 영장주의 원칙과
적법절차를 준수하여야 한다. 만일 그러한 조치를 취하지 않았다면 압수 · 수색이 적법하다고 평가할
수 없다. 다만 피압수자 측이 위와 같은 절차나 과정에 참여하지 않는다는 의사를 명시적으로 표시하였거
나 절차 위반행위가 이루어진 과정의 성질과 내용 등에 비추어 피압수자에게 절차 참여를 보장한 취지가
실질적으로 침해되었다고 볼 수 없는 경우에는 압수 · 수색의 적법성을 부정할 수 없다.

판례연구 **압수 · 수색영장 집행 후 절차 – 압수목록 작성 · 교부 관련판례**

1 대법원 2009.3.12, 2008도763 [경찰채용 11 1차 / 경찰승진 10]
형사소송법상 압수목록의 작성 · 교부시기(= 압수 직후)
압수물목록은 작성연월일을 기재하고 사실과 부합하게 작성하여 압수 직후 현장에서 바로 작성하여
교부해야 하는 것이 원칙이다. 따라서 작성월일을 누락한 채 일부 사실에 부합하지 않는 내용으로 작성하
여 압수 · 수색이 종료된 지 5개월이나 지난 뒤에 이 사건 압수물목록을 교부한 행위는 형사소송법이
정한 바에 따른 압수물목록 작성 · 교부에 해당하지 않는다.

2 대법원 2018.2.8, 2017도13263
압수된 정보의 상세목록의 특정
형사소송법 제219조, 제129조에 의하면, 압수한 경우에는 목록을 작성하여 소유자, 소지자, 보관자
기타 이에 준할 자에게 교부하여야 한다. 그리고 법원은 압수 · 수색영장의 집행에 관하여 범죄 혐의사실
과 관련 있는 정보의 탐색 · 복제 · 출력이 완료된 때에는 지체 없이 압수된 정보의 상세목록을 피의자
등에게 교부할 것을 정할 수 있다. 압수물 목록은 피압수자 등이 압수처분에 대한 준항고를 하는

등 권리행사절차를 밟는 가장 기초적인 자료가 되므로, 수사기관은 이러한 권리행사에 지장이 없도록 압수 직후 현장에서 압수물 목록을 바로 작성하여 교부해야 하는 것이 원칙이다. 이러한 압수물 목록 교부 취지에 비추어 볼 때, 압수된 정보의 상세목록에는 정보의 파일 명세가 특정되어 있어야 하고, 수사기관은 이를 출력한 서면을 교부하거나 전자파일 형태로 복사해 주거나 이메일을 전송하는 등의 방식으로도 할 수 있다.

참고하기 압수 · 수색 · 검증과 영장주의의 예외

사전영장이 필요하지 않은 대물적 강제처분					
체포 · 구속	전 (목적)	체포 · 구속목적의 피의자수색(제216조 제1항 제1호)	요급처분 ○	사후영장 ×	
	중 (현장)	① 체포 · 구속현장에서의 압수 · 수색 · 검증(제216조 제1항 제2호) ② 피고인 구속현장에서의 압수 · 수색 · 검증(제216조 제2항)	요급처분 ○	사후영장 ○ 지체 없이 (48h) 청구	
	후 (현장 ×)	긴급체포된 자가 소지 · 소유 · 보관하는 물건에 대한 압수 · 수색 · 검증(제217조 제1항) 24h	요급처분 ×		
범죄 장소		(범행 중 · 직후) 범죄장소에서의 압수 · 수색 · 검증(제216조 제3항)	요급처분 ○	사후영장 ○ 지체 없이 받을 것	
임의 제출물		임의제출물의 압수(제108조, 제218조)	요급처분 ×	사후영장 ×	
법원 내		법원의 공판정에서의 압수 · 수색(제113조) cf. 공판정 외 : 영장 要			
검 증		① 법원의 검증(제139조) : 공판정 내 · 외 불문 ② 변사자 긴급검증(제222조)			

비교 대인적 강제처분의 영장주의의 예외 : 긴급체포(제200조의3)와 현행범체포(제212조)

판례연구 형사소송법 제216조 제1항 제1호 관련판례

1 헌법재판소 2018.4.26, 2015헌바370,2016헌가7(병합)
구 형사소송법 제216조 제1항 제1호에 대한 헌법불합치결정
헌법 제12조 제3항과는 달리 헌법 제16조 후문은 "주거에 대한 압수나 수색을 할 때에는 검사의 신청에 의하여 법관이 발부한 영장을 제시하여야 한다."라고 규정하고 있을 뿐 영장주의에 대한 예외를 명문화하고 있지 않다. 그러나 헌법 제12조 제3항과 헌법 제16조의 관계, 주거 공간에 대한 긴급한 압수 · 수색의 필요성, 주거의 자유와 관련하여 영장주의를 선언하고 있는 헌법 제16조의 취지 등을 종합하면, 헌법 제16조의 영장주의에 대해서도 그 예외를 인정하되, 이는 ① 그 장소에 범죄혐의 등을 입증할 자료나 피의자가 존재할 개연성이 소명되고, ② 사전에 영장을 발부받기 어려운 긴급한 사정이 있는 경우에만 제한적으로 허용될 수 있다고 보는 것이 타당하다. 형사소송법 제216조 제1호의 조항(이하 '심판대상조항')은 체포영장을 발부받아 피의자를 체포하는 경우에 필요한 때에는 영장 없이 타인의 주거 등 내에서 피의자 수사를 할 수 있다고 규정함으로써, 앞서 본 바와 같이 별도로 영장을 발부받기 어려운 긴급한 사정이 있는지 여부를 구별하지 아니하고 피의자가 소재할 개연성만 소명되면 영장 없이 타인의 주거 등을 수색할 수 있도록 허용하고 있다. 이는 체포영장이 발부된 피의자가 타인의 주거 등에 소재할 개연성은 소명되나, 수색에 앞서 영장을 발부받기 어려운 긴급한 사정이 인정되지 않는 경우에도 영장 없이 피의자 수색을 할 수 있다는 것이므로, 헌법 제16조의 영장주의 예외 요건을 벗어나는 것으로서 영장주의에 위반된다.

2 대법원 2021.5.27, 2018도13458

개정 형사소송법 제216조 제1항 제1호 소급적용 사례

① 헌법재판소는 2018.4.26, 2015헌바370,2016헌가7(병합) 결정에서, 위 제216조 제1항 제1호 중 제200조의2에 관한 부분(이하 '구법 조항')은 체포영장이 발부된 피의자가 타인의 주거 등에 소재할 개연성은 소명되나, 수색에 앞서 영장을 발부받기 어려운 긴급한 사정이 인정되지 않는 경우에도 영장 없이 피의자 수색을 할 수 있다는 것이므로, 헌법 제16조의 영장주의 예외 요건을 벗어나는 것으로서 영장주의에 위반된다고 판단하였다. 나아가 구법 조항에 대하여 단순위헌결정을 하여 그 효력을 즉시 상실시킨다면, 수색영장 없이 타인의 주거 등을 수색하여 피의자를 체포할 긴급한 필요가 있는 경우에도 이를 허용할 법률적 근거가 사라지게 되는 법적 공백상태가 발생하게 된다는 이유로 헌법불합치를 선언하면서, 구법 조항은 2020.3.31.을 시한으로 입법자가 개정할 때까지 계속 적용된다고 결정하였다(이하 '이 사건 헌법불합치결정'). 이 사건 헌법불합치결정에 나타나는 구법 조항의 위헌성, 구법 조항에 대한 헌법불합치결정의 잠정적용의 이유 등에 의하면, 헌법재판소가 구법 조항의 위헌성을 확인하였음에도 불구하고 일정 시한까지 계속 적용을 명한 것은 구법 조항에 근거하여 수색영장 없이 타인의 주거 등을 수색하여 피의자를 체포할 긴급한 필요가 있는 경우에는 이를 허용할 필요성이 있었기 때문이다. 따라서 구법 조항 가운데 그 해석상 '수색영장 없이 타인의 주거 등을 수색하여 피의자를 체포할 긴급한 필요 없는 경우' 부분은 영장주의에 위반되는 것으로서 개선입법 시행 전까지 적용중지 상태에 있었다고 보아야 한다. … ② 이 사건 헌법불합치결정에 따라 개정된 형사소송법은 제216조 제1항 제1호 중 '피의자 수사'를 '피의자 수색'으로 개정하면서 단서에 "제200조의2 또는 제201조에 따라 피의자를 체포 또는 구속하는 경우의 피의자 수색은 미리 수색영장을 발부받기 어려운 긴급한 사정이 있는 때에 한정한다."라는 부분을 추가하였으나, 부칙은 소급적용에 관하여 아무런 규정을 두고 있지 않다. 어떤 법률조항에 대하여 헌법재판소가 헌법불합치결정을 하여 입법자에게 그 법률조항을 합헌적으로 개정 또는 폐지하는 임무를 입법자의 형성 재량에 맡긴 이상, 개선입법의 소급적용 여부와 소급적용 범위는 원칙적으로 입법자의 재량에 달린 것이다. 그러나 구법 조항에 대한 이 사건 헌법불합치결정의 취지나 위헌심판의 구체적 규범통제 실효성 보장이라는 측면을 고려할 때, 적어도 이 사건 헌법불합치결정을 하게 된 당해 사건 및 이 사건 헌법불합치결정 당시에 구법 조항의 위헌 여부가 쟁점이 되어 법원에 계속 중인 사건에 대하여는 이 사건 헌법불합치결정의 소급효가 미친다고 해야 하므로, 비록 현행 형사소송법 부칙에 소급적용에 관한 경과조치를 두고 있지 않더라도 이들 사건에 대하여는 구법 조항을 그대로 적용할 수는 없고, 위헌성이 제거된 현행 형사소송법의 규정을 적용하여야 한다. … 구법 조항이 헌법재판소법 제47조의 소급효가 인정되는 형벌조항은 아니지만, 기존의 법리에 따라, 이 사건 헌법불합치결정을 하게 된 당해 사건인 이 사건 및 이 사건 헌법불합치결정 당시 구법 조항의 위헌 여부가 쟁점이 되어 법원에 계속 중인 사건에 대하여는 위헌성이 제거된 현행 형사소송법의 규정이 적용되어야 하므로, 이 사건 건조물을 수색하기에 앞서 수색영장을 발부받기 어려운 긴급한 사정이 있었다고 볼 수 없음에도 수색영장 없이 경찰이 이 사건 건조물을 수색한 행위는 적법한 공무집행에 해당하지 아니한다.[12]

---

12 연습 : 헌법재판소가 구 형사소송법 제216조 제1항 제1호 중 제200조의2에 관한 부분에 대해 헌법불합치결정을 하면서 계속 적용을 명한 부분의 효력은 '수색영장 없이 타인의 주거 등을 수색하여 피의자를 체포할 긴급한 필요가 없는 경우'까지 미치지 않는다. (○)
연습 : 입법자가 구 형사소송법 제216조 제1항 제1호 중 제200조의2에 관한 부분에 대한 헌법불합치결정에 따라 위 법률조항을 개정하면서 부칙에 위헌성이 제거된 개정 조항이 소급 적용에 관한 경과규정을 두지 않은 경우, 개정 조항이 소급적용될 수 없다. (×)

판례연구 **형사소송법 제216조 제1항 제2호 관련판례**

1 대법원 2014.9.4, 2014도3263

압수·수색영장의 제시에 관한 형사소송법 제118조가 사후에 영장을 받아야 하는 경우에 관한 형사소송법 제216조 등에 대해서는 적용되지 아니한다는 사례

압수·수색영장의 제시에 관한 형사소송법 제118조("압수·수색영장은 처분을 받는 자에게 반드시 제시하여야 하고, 처분을 받는 자가 피고인인 경우에는 그 사본을 교부하여야 한다. 다만, 처분을 받는 자가 현장에 없는 등 영장의 제시나 그 사본의 교부가 현실적으로 불가능한 경우 또는 처분을 받는 자가 영장의 제시나 사본의 교부를 거부한 때에는 예외로 한다." 이는 형사소송법 제219조에 의하여 검사 또는 사법경찰관의 본장의 규정에 의한 압수, 수색 또는 검증에 준용한다)가 사후에 영장을 받아야 하는 경우에 관한 형사소송법 제216조 등에 대하여도 적용됨을 전제로 하는 주장 역시 독자적인 견해에 불과하여 받아들일 수 없다.

2 대법원 2010.7.22, 2009도14376 [국가7급 11]

체포현장에서의 압수로 볼 수 없다는 사례

경찰이 피고인의 집에서 20m 떨어진 곳에서 피고인을 체포하여 수갑을 채운 후 피고인의 집으로 가서 집안을 수색하여 칼과 합의서를 압수하였을 뿐만 아니라 적법한 시간 내에 압수·수색영장을 청구하여 발부받지도 않았다면, 위 칼과 합의서는 임의제출물이 아니라 영장 없이 위법하게 압수된 것으로서 증거능력이 없고, 이를 기초로 한 2차 증거인 임의제출동의서, 압수조서 및 목록, 압수물 사진 역시 증거능력이 없다.

3 대법원 2009.5.14, 2008도10914 [경찰채용 13·14 1차 / 교정9급특채 12 / 국가7급 11 / 법원9급 12]

체포현장 압수물에 대한 사후영장 청구·발부가 없었다면 영장주의 위반으로 위법수집증거라는 사례 (소위 스와핑 카페 사건)

음란물 유포의 범죄혐의를 이유로 압수·수색영장을 발부받은 사법경찰관이 피고인의 주거지를 수색하는 과정에서 대마를 발견하자, 피고인을 마약류관리에 관한 법률 위반죄의 현행범인으로 체포하면서 대마를 압수하였으나 그 다음 날 피고인을 석방하고도 사후 압수·수색영장을 발부받지 않았다면, 위 압수물과 압수조서는 형사소송법상 영장주의를 위반하여 수집한 증거로서 증거능력이 부정된다.

4 대법원 2009.12.24, 2009도11401 [경찰채용 13 2차]

체포현장 압수물에 관하여 사후영장을 청구·발부받지 않은 경우 증거동의가 있어도 위법수집증거라는 사례

법 제217조 제2항, 제3항에 위반하여 압수·수색영장을 청구하여 이를 발부받지 아니하고도 즉시 반환하지 아니한 압수물은 이를 유죄 인정의 증거로 사용할 수 없는 것이고, 헌법과 형사소송법이 선언한 영장주의의 중요성에 비추어 볼 때 피고인이나 변호인이 이를 증거로 함에 동의하였다고 하더라도 달리 볼 것은 아니다.

판례연구 **형사소송법 제216조 제3항 관련판례**

1 대법원 2012.2.9, 2009도14884; 2017.11.29, 2014도16080 [경찰채용 21 1차]

범죄장소에서의 긴급압수·수색의 요건을 갖추지 못한 경우와 사후영장

범행 중 또는 범행 직후의 범죄 장소에서 긴급을 요하여 법원 판사의 영장을 받을 수 없는 때에는 영장 없이 압수·수색 또는 검증을 할 수 있으나, 사후에 지체없이 영장을 받아야 한다(형사소송법 제216조 제3항). 형사소송법 제216조 제3항의 요건 중 어느 하나라도 갖추지 못한 경우에 그러한 압

수·수색 또는 검증은 위법하며, 이에 대하여 사후에 법원으로부터 영장을 발부받았다고 하여 그 위법성이 치유되지 아니한다.

보충 형사소송법 제216조 제3항이 정한 '긴급을 요하여 법원 판사의 영장을 받을 수 없는 때'의 요건을 갖추지 못하였다면 적법한 직무집행으로 볼 수 없다고 한 사례이다.

2 대법원 2012.2.9, 2009도14884
불법 게임기의 상당한 부피와 무게 때문에 긴급성을 인정하지 않은 사례
경찰관들은 단속리스트에 기재된 게임장들 주위를 순찰하던 도중 이 사건 게임장에 남자들이 들어가는 것을 우연히 목격한 후 따라 들어가 그 내부를 수색한 점, 불법 게임장 영업은 그 성질상 상당한 기간 동안 계속적으로 이루어지고 불법 게임기는 상당한 부피 및 무게가 나가는 것들로서 은폐나 은닉이 쉽지 아니한 점 등에 비추어 보면, 위 경찰관들의 압수수색은 형사소송법 제216조 제3항 소정의 '긴급성' 요건을 충족시키지 못한 것으로 위법하다고 판단된다.

3 대법원 1998.5.8, 97다54482 [경찰승진 11 / 국가9급 15]
주취운전을 적발한 경찰관이 주취운전의 계속을 막기 위하여 취할 수 있는 조치
주취 상태에서의 운전은 도로교통법 제41조의 규정에 의하여 금지되어 있는 범죄행위임이 명백하고 그로 인하여 자기 또는 타인의 생명이나 신체에 위해를 미칠 위험이 큰 점을 감안하면, 주취운전을 적발한 경찰관이 주취운전의 계속을 막기 위하여 취할 수 있는 조치로는, 단순히 주취운전의 계속을 금지하는 명령 이외에 다른 사람으로 하여금 대신하여 운전하게 하거나 당해 주취운전자가 임의로 제출한 차량열쇠를 일시 보관하면서 가족에게 연락하여 주취운전자와 자동차를 인수하게 하거나 또는 주취 상태에서 벗어난 후 다시 운전하게 하며 그 주취 정도가 심한 경우에 경찰관서에 일시 보호하는 것 등을 들 수 있고, 한편 주취운전이라는 범죄행위로 당해 음주운전자를 구속·체포하지 아니한 경우에도 필요하다면 그 차량열쇠는 범행 중 또는 범행 직후의 범죄장소에서의 압수로서 형사소송법 제216조 제3항에 의하여 영장 없이 이를 압수할 수 있다.

4 대법원 2012.11.15, 2011도15258; 2011.4.28, 2009도2109 [경찰채용 13 1차 / 국가7급 17]
[1] 영장·감정처분허가장 없이 채취한 혈액을 이용한 혈중알코올농도 감정 결과의 증거능력 : 원칙 ×
수사기관이 법원으로부터 영장 또는 감정처분허가장을 발부받지 아니한 채 피의자의 동의 없이 피의자의 신체로부터 혈액을 채취하고 사후에도 지체 없이 영장을 발부받지 아니한 채 혈액 중 알코올농도에 관한 감정을 의뢰하였다면, 이러한 과정을 거쳐 얻은 감정의뢰회보 등은 형사소송법상 영장주의 원칙을 위반하여 수집하거나 그에 기초하여 획득한 증거로서, 원칙적으로 절차위반행위가 적법절차의 실질적인 내용을 침해하여 피고인이나 변호인의 동의가 있더라도 유죄의 증거로 사용할 수 없다.
[2] 음주운전 중 교통사고를 내고 의식불명 상태에 빠져 병원으로 후송된 운전자에 대하여 수사기관이 영장 없이 강제채혈을 할 수 있는지 여부(한정적극) 및 이 경우 사후 압수영장을 받아야 하는지 여부(적극)
음주운전 중 교통사고를 야기한 후 피의자가 의식불명 상태에 빠져 있는 등으로 도로교통법이 음주운전의 제1차적 수사방법으로 규정한 호흡조사에 의한 음주측정이 불가능하고 혈액 채취에 대한 동의를 받을 수도 없을 뿐만 아니라 법원으로부터 혈액 채취에 대한 감정처분허가장이나 사전 압수영장을 발부받을 시간적 여유도 없는 긴급한 상황이 생길 수 있다. 이러한 경우 피의자의 신체 내지 의복류에 주취로 인한 냄새가 강하게 나는 등 형사소송법 제211조 제2항 제3호가 정하는 범죄의 증적이 현저한 준현행범인의 요건이 갖추어져 있고 교통사고 발생 시각으로부터 사회통념상

범행 직후라고 볼 수 있는 시간 내라면, 피의자의 생명·신체를 구조하기 위하여 사고현장으로부터 곧바로 후송된 병원 응급실 등의 장소는 형사소송법 제216조 제3항의 범죄 장소에 준한다 할 것이므로, 검사 또는 사법경찰관은 피의자의 혈중알코올농도 등 증거의 수집을 위하여 의료법상 의료인의 자격이 있는 자로 하여금 의료용 기구로 의학적인 방법에 따라 필요최소한의 한도 내에서 피의자의 혈액을 채취하게 한 후 그 혈액을 영장 없이 압수할 수 있다. 다만, 이 경우에도 형사소송법 제216조 제3항 단서, 형사소송규칙 제58조, 제107조 제1항 제3호에 따라 사후에 지체 없이 강제채혈에 의한 압수의 사유 등을 기재한 영장청구서에 의하여 법원으로부터 압수영장을 받아야 한다.

5 대법원 1990.9.14, 90도1263
위급처분으로서 압수수색영장 없이 검증을 하고 사후영장을 발부받지 아니한 사례
사법경찰관 작성의 검증조서의 작성이 범죄현장에서 급속을 요한다는 이유로 압수수색 영장 없이 행하여졌는데 그 후 법원의 사후 영장을 받은 흔적이 없다면 유죄의 증거로 쓸 수 없다.

판례연구　　**형사소송법 제217조 제1항 관련판례**

1 대법원 2008.7.10, 2008도2245 [경찰채용 12·13 1차 / 경찰채용 15 3차]
구 형사소송법 제217조 제1항에 따른 긴급체포시 적법하게 압수할 수 있는 대상물인지 여부의 판단 기준
어떤 물건이 긴급체포의 사유가 된 범죄사실 수사에 필요한 최소한의 범위 내의 것으로서 압수의 대상이 되는 것인지는 당해 범죄사실의 구체적인 내용과 성질, 압수하고자 하는 물건의 형상·성질, 당해 범죄사실과의 관련 정도와 증거가치, 인멸의 우려는 물론 압수로 인하여 발생하는 불이익의 정도 등 압수 당시의 여러 사정을 종합적으로 고려하여 객관적으로 판단하여야 한다. … 경찰관이 이른바 전화사기죄 범행의 혐의자를 긴급체포하면서 그가 보관하고 있던 다른 사람의 주민등록증, 운전면허증 등을 압수한 것은, 구 형사소송법(2007.6.1. 법률 제8496호로 개정되기 전의 것) 제217조 제1항에서 규정한 해당 범죄사실의 수사에 필요한 범위 내의 압수로서 적법하므로, 이를 위 혐의자의 점유이탈물횡령죄 범행에 대한 증거로 인정할 수 있다.

2 대법원 2017.9.12, 2017도10309
체포현장이 아닌 장소에서도 긴급체포된 자가 소유·소지 또는 보관하는 물건에 대한 압수, 수색이 가능한지 문제된 사건
범죄수사를 위하여 압수, 수색 또는 검증을 하려면 미리 영장을 발부받아야 한다는 이른바 사전영장주의(형사소송법 제215조 제2항)가 원칙이지만, 법 제217조는 그 예외를 인정한다. 즉, 검사 또는 사법경찰관은 긴급체포된 자가 소유·소지 또는 보관하는 물건에 대하여는 긴급히 압수할 필요가 있는 경우에는 체포한 때부터 24시간 이내에 한하여 영장 없이 압수·수색 또는 검증을 할 수 있고(형사소송법 제217조 제1항), 압수한 물건을 계속 압수할 필요가 있는 경우에는 지체 없이 압수수색영장을 청구하여야 한다. 이 경우 압수수색영장의 청구는 체포한 때부터 48시간 이내에 하여야 한다(같은 조 제2항). … 이 규정에 따른 압수·수색 또는 검증은 체포현장에서의 압수·수색 또는 검증을 규정하고 있는 형사소송법 제216조 제1항 제2호와 달리, 체포현장이 아닌 장소에서도 긴급체포된 자가 소유·소지 또는 보관하는 물건을 대상으로 할 수 있다.

판례연구   **형사소송법 제218조 관련판례**

1 대법원 2008.10.23, 2008도7471
지문채취 대상물 압수 이전에 현장에서 먼저 채취된 지문
범행 현장에서 지문채취 대상물에 대한 지문채취가 먼저 이루어진 이상, 수사기관이 그 이후에 지문채취 대상물을 적법한 절차에 의하지 아니한 채 압수하였다고 하더라도(지문채취 대상물인 맥주컵, 물컵, 맥주병 등은 피해자 A가 운영하는 주점 내에 있던 A의 소유로서 이를 수거한 행위가 A의 의사에 반한 것이라고 볼 수 없으므로, 이를 가리켜 위법한 압수라고 보기도 어렵다), 위와 같이 채취된 지문은 위법하게 압수한 지문채취 대상물로부터 획득한 2차적 증거에 해당하지 아니함이 분명하여, 이를 가리켜 위법수집증거라고 할 수 없다.

2 대법원 2011.5.26, 2011도1902
교통사고 가장 처 살인 무죄사건에서의 방호벽에 있었던 강판조각
사건 사고일인 2008.11.11.부터 3개월 가까이 경과한 2009.2.2. 이 사건 사고가 발생한 대전차 방호벽의 안쪽 벽면에 부착된 철제구조물에서 발견된 강판조각은 제218조의 유류물에 해당되고, 국과수 소속 감정인의 감정 과정에서 이 사건 사고 차량인 그랜저TG 승용차 우측 앞 펜더에서 탈거된 보강용 강판과 페인트는 위 차량의 보관자가 감정을 위하여 임의로 제출한 물건에 해당되므로, 이 사건 강판조각과 보강용 강판 및 차량에서 채취된 페인트는 형사소송법 제218조에 의하여 영장 없이 압수할 수 있다.[13]

판례연구   **임의제출물 압수로 보아 적법하다는 사례**

1 대법원 1999.9.3, 98도968 [경찰채용 08 3차 / 경찰승진 11 / 국가9급 15]
경찰관이 간호사로부터 진료 목적으로 채혈된 피고인의 혈액을 감정 목적으로 제출받아 압수한 사례
형사소송법 및 기타 법령상 의료인이 진료 목적으로 채혈한 혈액을 수사기관이 수사 목적으로 압수하는 절차에 관하여 특별한 절차적 제한을 두고 있지 않으므로(제219조·제112조의 의사·간호사 등은 압수거부권자에 불과하고 제출금지의무가 부과된 것은 아님 – 필자 주), 의료인이 진료 목적으로 채혈한 환자의 혈액을 수사기관에 임의로 제출하였다면 그 혈액의 증거사용에 대하여도 환자의 사생활의 비밀 기타 인격적 법익이 침해되는 등의 특별한 사정이 없는 한 반드시 그 환자의 동의를 받아야 하는 것이 아니고, 따라서 경찰관이 간호사로부터 진료 목적으로 이미 채혈되어 있던 피고인의 혈액 중 일부를 주취운전 여부에 대한 감정을 목적으로 임의로 제출받아 이를 압수한 경우, 당시 간호사가 위 혈액의 소지자 겸 보관자인 병원 또는 담당의사를 대리하여 혈액을 경찰관에게 임의로 제출할 수 있는 권한이 없었다고 볼 특별한 사정이 없는 이상, 그 압수절차가 피고인 또는 피고인의 가족의 동의 및 영장 없이 행하여졌다고 하더라도 이에 적법절차를 위반한 위법이 있다고 할 수 없다.

2 대법원 2008.5.15, 2008도1097 [경찰간부 22 / 경찰승진 12 / 국가7급 11·18]
검사가 교도관으로부터 보관 중이던 재소자의 비망록을 증거자료로 임의로 제출받아 이를 압수한 사례
형사소송법 및 기타 법령상 교도관이 그 직무상 위탁을 받아 소지 또는 보관하는 물건으로서 재소자가

---

13 **보충** : 자신의 처를 승용차 조수석에 태우고 운전하던 중 교통사고를 가장하여 살해하기로 마음먹고, 도로 옆에 설치된 대전차 방호벽의 안쪽 벽면을 차량의 우측 부분으로 들이받은 후, 재차 차량 앞범퍼 부분으로 위 방호벽 중 돌출된 부분의 모서리를 들이받아 그를 살해하였다는 내용으로 기소되었는데, 피고인이 범행을 강력히 부인하고 있고 달리 그에 관한 직접증거가 없는 경우, 피고인에게 살인죄를 인정한 원심판결에 증거의 증명력에 관한 법리오해 또는 논리와 경험법칙을 위반한 위법이 있다고 한 사례이다.

작성한 비망록을 수사기관이 수사 목적으로 압수하는 절차에 관하여 특별한 절차적 제한을 두고 있지 않으므로, 교도관이 재소자가 맡긴 비망록을 수사기관에 임의로 제출하였다면 그 비망록의 증거사용에 대하여도 재소자의 사생활의 비밀 기타 인격적 법익이 침해되는 등의 특별한 사정이 없는 한 반드시 그 재소자의 동의를 받아야 하는 것은 아니다. 따라서 검사가 교도관으로부터 그가 보관하고 있던 피고인의 비망록을 뇌물수수 등의 증거자료로 임의로 제출받아 이를 압수한 경우, 그 압수절차가 피고인의 승낙 및 영장 없이 행하여졌다고 하더라도 이에 적법절차를 위반한 위법이 있다고 할 수 없다.

3 대법원 2013.9.26, 2013도7718
세관공무원이 통관검사를 위하여 직무상 소지 또는 보관하는 우편물을 수사기관에 임의로 제출한 경우에는 비록 소유자의 동의를 받지 않았다 하더라도 수사기관이 강제로 점유를 취득하지 않은 이상 해당 우편물을 압수하였다고 할 수 없다.

4 대법원 2016.2.18, 2015도13726; 2020.4.9, 2019도17142 [경찰간부 22 / 국가9급개론 17]
현행범 체포현장이나 범죄장소에서 소지자 등이 임의로 제출하는 물건을 제218조에 따라 영장 없이 압수할 수 있는지 여부(적극) 및 이 경우 검사나 사법경찰관이 사후에 영장을 받아야 하는지 여부(소극)
검사 또는 사법경찰관은 법 제212조의 규정에 의하여 피의자를 현행범 체포하는 경우에 필요한 때에는 체포현장에서 영장 없이 압수·수색·검증을 할 수 있으나, 이와 같이 압수한 물건을 계속 압수할 필요가 있는 경우에는 체포한 때부터 48시간 이내에 지체 없이 압수영장을 청구하여야 한다(제216조 제1항 제2호, 제217조 제2항). 그리고 검사 또는 사법경찰관이 범행 중 또는 범행 직후의 범죄장소에서 긴급을 요하여 판사의 영장을 받을 수 없는 때에는 영장 없이 압수·수색 또는 검증을 할 수 있으나, 이 경우에는 사후에 지체 없이 영장을 받아야 한다(제216조 제3항). 다만, 제218조에 의하면 검사 또는 사법경찰관은 피의자 등이 유류한 물건이나 소유자·소지자 또는 보관자가 임의로 제출한 물건은 영장 없이 압수할 수 있으므로, 현행범 체포현장이나 범죄장소에서도 소지자 등이 임의로 제출하는 물건은 위 조항에 의하여 영장 없이 압수할 수 있고, 이 경우에는 검사나 사법경찰관이 사후에 영장을 받을 필요가 없다.

> **보충** 피고인이 바지선에 승선하여 밀입국하면서 필로폰을 밀수입하는 범행을 실행 중이거나 실행한 직후에 검찰수사관이 바지선 내 피고인을 발견한 장소 근처에서 필로폰이 발견되자 곧바로 피고인을 체포하였으므로 이는 현행범체포로서 적법하고, 검찰수사관이 필로폰(6.1kg)을 압수하기 전에 피고인에게 임의제출의 의미, 효과 등에 관하여 고지하였던 점, 피고인도 필로폰 매매 등 동종 범행으로 여러 차례 형사처벌을 받은 전력이 있어 피압수물인 필로폰을 임의제출할 경우 압수되어 돌려받지 못한다는 사정 등을 충분히 알았을 것으로 보이는 점, 피고인이 체포될 당시 필로폰 관련 범행을 부인하였다고 볼 자료가 없고, 검찰수사관이 필로폰을 임의로 제출받기 위하여 피고인을 기망하거나 협박하였다고 볼 아무런 사정이 없는 점 등에 비추어 보면, 피고인은 필로폰의 소지인으로서 이를 임의로 제출하였다고 할 것이므로 그 필로폰의 압수도 적법하다(판결이유) (대법원 2016.2.18, 2015도13726).

5 대법원 2021.7.29, 2020도14654
피의자가 휴대전화를 임의제출하면서 휴대전화에 저장된 전자정보가 아닌 클라우드 등 제3자가 관리하는 원격지에 저장되어 있는 전자정보를 수사기관에 제출한다는 의사로 수사기관에게 클라우드 등에 접속하기 위한 아이디와 비밀번호를 임의로 제공하였다면 위 클라우드 등에 저장된 전자정보를 임의제출하는 것으로 볼 수 있다.

판례연구　　임의제출물 압수에 해당하지 않아 위법하다는 사례

1 대법원 2010.1.28, 2009도10092 [경찰채용 13 1차 / 경찰간부 22 / 경찰승진 22]

소유자, 소지자 또는 보관자가 아닌 자로부터 제출받은 물건을 영장 없이 압수한 쇠파이프 및 그 사진

법 제218조를 위반하여 소유자, 소지자 또는 보관자가 아닌 자로부터 제출받은 물건을 영장 없이 압수한 경우 그 '압수물' 및 '압수물을 찍은 사진'은 이를 유죄 인정의 증거로 사용할 수 없는 것이고, 영장주의 의 중요성에 비추어 볼 때 피고인이나 변호인이 이를 증거로 함에 동의하였다고 하더라도 달리 볼 것은 아니다.[14]

2 대법원 2011.4.28, 2009도2109

병원 응급실에서 경찰관이 영장 없이 의사로 하여금 채혈을 하도록 한 사례

수사기관이 법원으로부터 (검증)영장 또는 감정처분허가장을 발부받지 아니한 채 피의자의 동의 없이 피의자의 신체로부터 혈액을 채취하고 사후적으로도 지체 없이 이에 대한 영장을 발부받지도 아니한 채 강제채혈한 피의자의 혈액 중 알코올농도에 관한 감정이 이루어졌다면, 이러한 감정결과보고서(2차 적 증거) 등은 영장주의 원칙을 위반하여 수집되거나 그에 기초한 증거로서 그 절차 위반행위가 적법절차 의 실질적인 내용을 침해하는 정도에 해당하고, 이러한 증거는 피고인이나 변호인의 증거동의가 있다고 하더라도 유죄의 증거로 사용할 수 없다.[15]

3 대법원 2013.3.28, 2012도13607

영장에 의하지 아니하고 금융회사 등으로부터 신용카드 매출전표의 거래명의자에 관한 정보를 획득한 사례

수사기관이 범죄 수사를 목적으로 금융실명법에 정한 '거래정보 등'을 획득하기 위해서는 법관의 영장 이 필요하고, 신용카드에 의하여 물품을 거래할 때 '금융회사 등'이 발행하는 매출전표의 거래명의자에 관한 정보 또한 금융실명법에서 정하는 '거래정보 등'에 해당하므로, 수사기관이 금융회사 등에 그와 같은 정보를 요구하는 경우에도 법관이 발부한 영장에 의하여야 한다. 그럼에도 수사기관이 영장에 의하지 아니하고 매출전표의 거래명의자에 관한 정보를 획득하였다면, 그와 같이 수집된 증거는 원칙적 으로 법 제308조의2에서 정하는 '적법한 절차에 따르지 아니하고 수집한 증거'에 해당하여 유죄의 증거로 삼을 수 없다.

---

14 판결이유 : 충남 금산경찰서 소속 경사 공소외 1은 피고인 소유의 쇠파이프를 피고인의 주거지 앞 마당에서 발견하였으면서도 그 소유자, 소지자 또는 보관자가 아닌 피해자 공소외 2로부터 임의로 제출받는 형식으로 위 쇠파이프를 압수하였고 그 후 압수물의 사진을 찍었으며, 피고인이 위 사진을 증거로 하는 데 동의하였으나, 이 사건 압수물과 그 사진은 형사소송법상 영장주의 원칙을 위반하여 수집하거나 그에 기초한 증거로서 그 절차 위반행위가 적법절차의 실질적인 내용을 침해하는 정도에 해당한다고 할 것이므로, 피고인의 증거동의에도 불구하고 위 사진은 이 사건 범죄사실을 유죄로 인정하는 증거로 사용할 수 없다고 할 것이다(위 판례).

15 판결이유 : 피고인의 동서로부터 채혈동의를 받고 의사로 하여금 채혈을 하도록 한 위 사안에서, … 음주운전자에 대한 채혈에 관하여 영장주의를 요구할 경우 증거가치가 없게 될 위험성이 있다거나 음주운전 중 교통사고를 야기하고 의식불명 상태에 빠져 병원에 후송된 자에 대해 수사기관이 수사의 목적으로 의료진에게 요청하여 혈액을 채취한 사정이 있다고 하더라도 이러한 증거의 증거능력을 배제하는 것이 형사사법 정의를 실현하려고 한 취지에 반하는 결과를 초래하는 예외적인 경우에 해당한다고 볼 수 없다. … 음주운전죄 의 공소사실은 무죄이다(위 판례).

판례연구 **임의제출된 전자정보의 압수절차로서 위법하다는 사례**

대법원 2021.11.18, 2016도348 전원합의체 [경찰채용 22 1차 / 경찰채용 22 2차]

경찰이 성폭법위반(카메라등이용촬영)죄의 피해자가 임의제출한 피고인 소유·관리의 휴대전화 2대의 전자정보를 탐색하다가 피해자를 촬영한 휴대전화가 아닌 다른 휴대전화에서 다른 피해자 2명에 대한 동종 범행 등에 관한 1년 전 사진·동영상을 발견하고 영장 없이 이를 복제한 CD를 증거로 제출한 사건

[1] 임의제출에 따른 전자정보 압수의 방법

① 수사기관의 전자정보에 대한 압수·수색은 원칙적으로 영장 발부의 사유로 된 범죄혐의사실과 관련된 부분만을 문서 출력물로 수집하거나 수사기관이 휴대한 정보저장매체에 해당 파일을 복제하는 방식으로 이루어져야 하고, 정보저장매체 자체를 직접 반출하거나 저장매체에 들어 있는 전자파일 전부를 하드카피나 이미징 등 형태(이하 '복제본')로 수사기관 사무실 등 외부로 반출하는 방식으로 압수·수색하는 것은 현장의 사정이나 전자정보의 대량성으로 인하여 관련 정보 획득에 긴 시간이 소요되거나 전문 인력에 의한 기술적 조치가 필요한 경우 등 범위를 정하여 출력 또는 복제하는 방법이 불가능하거나 압수의 목적을 달성하기에 현저히 곤란하다고 인정되는 때에 한하여 예외적으로 허용될 수 있을 뿐이다(대법원 2015.7.16, 2011모1839 전원합의체 등 참조).

② 위와 같은 법리는 정보저장매체에 해당하는 임의제출물의 압수(법 제218조)에도 마찬가지로 적용된다. 임의제출물의 압수는 압수물에 대한 수사기관의 점유 취득이 제출자의 의사에 따라 이루어진다는 점에서 차이가 있을 뿐 범죄혐의를 전제로 한 수사 목적이나 압수의 효력은 영장에 의한 경우와 동일하기 때문이다. 따라서 수사기관은 특정 범죄혐의와 관련하여 전자정보가 수록된 정보저장매체를 임의제출받아 그 안에 저장된 전자정보를 압수하는 경우 그 동기가 된 범죄혐의사실과 관련된 전자정보의 출력물 등을 임의제출받아 압수하는 것이 원칙이다. 다만 현장의 사정이나 전자정보의 대량성과 탐색의 어려움 등의 이유로 범위를 정하여 출력 또는 복제하는 방법이 불가능하거나 압수의 목적을 달성하기에 현저히 곤란하다고 인정되는 때에 한하여 예외적으로 정보저장매체 자체나 복제본을 임의제출받아 압수할 수 있다.

[2] 임의제출에 따른 전자정보 압수의 대상과 범위

① 임의제출자의 의사 : 임의제출된 전자정보의 압수가 적법한 것은 어디까지나 제출자의 자유로운 제출 의사에 근거한 것인 이상, 범죄혐의사실과 관련된 전자정보와 그렇지 않은 전자정보가 혼재되어 있는 정보저장매체나 복제본을 수사기관에 임의제출하는 경우 제출자는 제출 및 압수의 대상이 되는 전자정보를 개별적으로 지정하거나 그 범위를 한정할 수 있다. 이처럼 정보저장매체 내 전자정보의 임의제출 범위는 제출자의 의사에 따라 달라질 수 있는 만큼 이러한 정보저장매체를 임의제출받는 수사기관은 제출자로부터 임의제출의 대상이 되는 전자정보의 범위를 확인함으로써 압수의 범위를 명확히 특정하여야 한다. 나아가 헌법과 형사소송법이 구현하고자 하는 적법절차, 영장주의, 비례의 원칙은 물론, 사생활의 비밀과 자유, 정보에 대한 자기결정권 및 재산권의 보호라는 관점에서 정보저장매체 내 전자정보가 가지는 중요성에 비추어 볼 때, 정보저장매체를 임의제출하는 사람이 거기에 담긴 전자정보를 지정하거나 제출 범위를 한정하는 취지로 한 의사표시는 엄격하게 해석하여야 하고, 확인되지 않은 제출자의 의사를 수사기관이 함부로 추단하는 것은 허용될 수 없다. 따라서 수사기관이 제출자의 의사를 쉽게 확인할 수 있음에도 이를 확인하지 않은 채 특정 범죄혐의사실과 관련된 전자정보와 그렇지 않은 전자정보가 혼재된 정보저장매체를 임의제출받은 경우, 그 정보저장매체에 저장된 전자정보 전부가 임의제출되어 압수된 것으로 취급할 수는 없다. 이 경우 제출자의 임의제출 의사에 따라 압수의 대상이 되는 전자정보의 범위를 어떻게 특정할 것인지가 문제 된다.

② 임의제출에 따른 압수의 동기가 된 범죄혐의사실과 관련된 전자정보 : 수사기관은 피의사실과

관계가 있다고 인정할 수 있는 것에 한정하여 증거물 또는 몰수할 것으로 사료하는 물건을 압수할 수 있다(법 제219조, 제106조). 따라서 전자정보를 압수하고자 하는 수사기관이 정보저장매체와 거기에 저장된 전자정보를 임의제출의 방식으로 압수할 때, 제출자의 구체적인 제출 범위에 관한 의사를 제대로 확인하지 않는 등의 사유로 인해 임의제출자의 의사에 따른 전자정보 압수의 대상과 범위가 명확하지 않거나 이를 알 수 없는 경우에는 임의제출에 따른 압수의 동기가 된 범죄혐의사실과 관련되고 이를 증명할 수 있는 최소한의 가치가 있는 전자정보에 한하여 압수의 대상이 된다. 이때 범죄혐의사실과 관련된 전자정보에는 범죄혐의사실 그 자체 또는 그와 기본적 사실관계가 동일한 범행과 직접 관련되어 있는 것은 물론 범행 동기와 경위, 범행 수단과 방법, 범행 시간과 장소 등을 증명하기 위한 간접증거나 정황증거 등으로 사용될 수 있는 것도 포함될 수 있다. 다만 그 관련성은 임의제출에 따른 압수의 동기가 된 범죄혐의사실의 내용과 수사의 대상, 수사의 경위, 임의제출의 과정 등을 종합하여 구체적·개별적 연관관계가 있는 경우에만 인정되고, 범죄혐의사실과 단순히 동종 또는 유사 범행이라는 사유만으로 관련성이 있다고 할 것은 아니다(대법원 2021.8.26, 2021도2205 등 참조).

③ 피의자 아닌 사람이 피의자가 소유·관리하는 정보저장매체를 임의제출한 경우 전자정보 압수의 범위 : 임의제출 및 그에 따른 수사기관의 압수가 적법하더라도 임의제출의 동기가 된 범죄혐의사실과 구체적·개별적 연관관계가 있는 전자정보에 한하여 압수의 대상이 되는 것으로 더욱 제한적으로 해석하여야 한다. 임의제출의 주체가 소유자 아닌 소지자·보관자이고 그 제출행위로 소유자의 사생활의 비밀 기타 인격적 법익이 현저히 침해될 우려가 있는 경우에는 임의제출에 따른 압수·수색의 필요성과 함께 임의제출에 동의하지 않은 소유자의 법익에 대한 특별한 배려도 필요한바(대법원 1999.9.3, 98도968; 2008.5.15, 2008도1097; 2013.9.26, 2013도7718 등 참조), 피의자 개인이 소유·관리하는 정보저장매체에는 그의 사생활의 비밀과 자유, 정보에 대한 자기결정권 등 인격적 법익에 관한 모든 것이 저장되어 있어 제한 없이 압수·수색이 허용될 경우 피의자의 인격적 법익이 현저히 침해될 우려가 있기 때문이다. 그러므로 임의제출자인 제3자가 제출의 동기가 된 범죄혐의사실과 구체적·개별적 연관관계가 인정되는 범위를 넘는 전자정보까지 일괄하여 임의제출한다는 의사를 밝혔더라도, 그 정보저장매체 내 전자정보 전반에 관한 처분권이 그 제3자에게 있거나 그에 관한 피의자의 동의 의사를 추단할 수 있는 등의 특별한 사정이 없는 한, 그 임의제출을 통해 수사기관이 영장 없이 적법하게 압수할 수 있는 전자정보의 범위는 범죄혐의사실과 관련된 전자정보에 한정된다고 보아야 한다.

[3] 전자정보 탐색·복제·출력 시 피의자의 참여권 보장 및 전자정보 압수목록 교부
압수의 대상이 되는 전자정보와 그렇지 않은 전자정보가 혼재된 정보저장매체나 그 복제본을 임의제출받은 수사기관이 그 정보저장매체 등을 수사기관 사무실 등으로 옮겨 이를 탐색·복제·출력하는 경우, 그와 같은 일련의 과정에서 형사소송법 제219조, 제121조에서 규정하는 피압수·수색 당사자(이하 '피압수자'라 한다)나 그 변호인에게 참여의 기회를 보장하고 압수된 전자정보의 파일 명세가 특정된 압수목록을 작성·교부하여야 하며 범죄혐의사실과 무관한 전자정보의 임의적인 복제 등을 막기 위한 적절한 조치를 취하는 등 영장주의 원칙과 적법절차를 준수하여야 한다. 만약 그러한 조치가 취해지지 않았다면 피압수자 측이 참여하지 아니한다는 의사를 명시적으로 표시하였거나 임의제출의 취지와 경과 또는 그 절차 위반행위가 이루어진 과정의 성질과 내용 등에 비추어 피압수자 측에 절차 참여를 보장한 취지가 실질적으로 침해되었다고 볼 수 없을 정도에 해당한다는 등의 특별한 사정이 없는 이상 압수·수색이 적법하다고 평가할 수 없고, 비록 수사기관이 정보저장매체 또는 복제본에서 범죄혐의사실과 관련된 전자정보만을 복제·출력하였다 하더라도 달리 볼 것은 아니다(위 대법원 2015.7.16, 2011모1839 전원합의체; 2020.11.17, 2019모291 등 참조). 나아가 피해자 등 제3자가 피의자의 소유·관리에 속하는 정보저장매체를 영장에 의하지 않고 임의제출한 경우에는 실질적 피압수자인 피의자가 수사기관으로 하여금 그 전자정보 전부를 무제한

탐색하는 데 동의한 것으로 보기 어려울 뿐만 아니라 피의자 스스로 임의제출한 경우 피의자의 참여권 등이 보장되어야 하는 것과 견주어 보더라도 특별한 사정이 없는 한 형사소송법 제219조, 제121조, 제129조에 따라 피의자에게 참여권을 보장하고 압수한 전자정보 목록을 교부하는 등 피의자의 절차적 권리를 보장하기 위한 적절한 조치가 이루어져야 한다.

[4] 임의제출된 정보저장매체 탐색 과정에서 무관정보 발견 시 필요한 조치·절차

앞서 본 바와 같이 임의제출된 정보저장매체에서 압수의 대상이 되는 전자정보의 범위를 초과하여 수사기관이 임의로 전자정보를 탐색·복제·출력하는 것은 원칙적으로 위법한 압수·수색에 해당하므로 허용될 수 없다. 만약 전자정보에 대한 압수·수색이 종료되기 전에 범죄혐의사실과 관련된 전자정보를 적법하게 탐색하는 과정에서 별도의 범죄혐의와 관련된 전자정보를 우연히 발견한 경우라면, 수사기관은 더 이상의 추가 탐색을 중단하고 법원으로부터 별도의 범죄혐의에 대한 압수·수색영장을 발부받은 경우에 한하여 그러한 정보에 대하여도 적법하게 압수·수색을 할 수 있다. 따라서 임의제출된 정보저장매체에서 압수의 대상이 되는 전자정보의 범위를 넘어서는 전자정보에 대해 수사기관이 영장 없이 압수·수색하여 취득한 증거는 위법수집증거에 해당하고, 사후에 법원으로부터 영장이 발부되었다거나 피고인이나 변호인이 이를 증거로 함에 동의하였다고 하여 그 위법성이 치유되는 것도 아니다.[16]

판례연구　　**임의제출된 전자정보의 압수절차로서 위법하지 않다는 사례**

1　대법원 2022.1.27. 2021도11170

대법원 2021.11.18. 2016도348 전원합의체 판결에서 정보저장매체를 임의제출한 피압수자에 더하여 임의제출자 아닌 피의자에게도 참여권이 보장되어야 하는 경우로 설시한 '피의자의 소유·관리에 속하는 정보저장매체'의 구체적 의미와 판단기준

피해자 등 제3자가 피의자의 소유·관리에 속하는 정보저장매체를 영장에 의하지 않고 임의제출한 경우에는 실질적 피압수자인 피의자가 수사기관으로 하여금 그 전자정보 전부를 무제한 탐색하는 데 동의한 것으로 보기 어려울 뿐만 아니라 피의자 스스로 임의제출한 경우 피의자의 참여권 등이 보장되어야 하는 것과 견주어 보더라도 특별한 사정이 없는 한 형사소송법 제219조, 제121조, 제129조에 따라 피의자에게 참여권을 보장하고 압수한 전자정보 목록을 교부하는 등 피의자의 절차적 권리를 보장하기 위한 적절한 조치가 이루어져야 한다(대법원 2021.11.18. 2016도348 전원합의체 등 참조). 이와 같이 정보저장매체를 임의제출한 피압수자에 더하여 임의제출자 아닌 피의자에게도 참여권이 보장되어야 하는 '피의자의 소유·관리에 속하는 정보저장매체'라 함은, 피의자가 압수·수색 당시 또는 이와 시간적으로 근접한 시기까지 해당 정보저장매체를 현실적으로 지배·관리하면서 그 정보저장매체

16　**결론** : 피고인이 2014.12.11. 피해자 甲을 상대로 저지른 성폭력범죄의 처벌 등에 관한 특례법 위반(카메라등이용촬영) 범행(이하 '2014년 범행')에 대하여 甲이 즉시 피해 사실을 경찰에 신고하면서 피고인의 집에서 가지고 나온 피고인 소유의 휴대전화 2대에 피고인이 촬영한 동영상과 사진이 저장되어 있다는 취지로 말하고 이를 범행의 증거물로 임의제출하였는데, 경찰이 이를 압수한 다음 그 안에 저장된 전자정보를 탐색하다가 甲을 촬영한 휴대전화가 아닌 다른 휴대전화에서 피고인이 2013.12.경 피해자 乙, 丙을 상대로 저지른 같은 법 위반(카메라등이용촬영) 범행(이하 '2013년 범행')을 발견하고 그에 관한 동영상·사진 등을 영장 없이 복제한 CD를 증거로 제출한 사안에서, 甲은 경찰에 피고인의 휴대전화를 증거물로 제출할 당시 그 안에 수록된 전자정보의 제출 범위를 명확히 밝히지 않았고, 담당 경찰관들도 제출자로부터 그에 관한 확인절차를 거치지 않은 이상 휴대전화에 담긴 전자정보의 제출 범위에 관한 제출자의 의사가 명확하지 않거나 이를 알 수 없는 경우에 해당하므로, 휴대전화에 담긴 전자정보 중 임의제출을 통해 적법하게 압수된 범위는 임의제출 및 압수의 동기가 된 피고인의 2014년 범행 자체와 구체적·개별적 연관관계가 있는 전자정보로 제한적으로 해석하는 것이 타당하고, 이에 비추어 볼 때 범죄발생 시점 사이에 상당한 간격이 있고 피해자 및 범행에 이용한 휴대전화도 전혀 다른 피고인의 2013년 범행에 관한 동영상은 임의제출에 따른 압수의 동기가 된 범죄혐의사실(2014년 범행)과 구체적·개별적 연관관계 있는 전자정보로 보기 어려워 수사기관이 사전영장 없이 이를 취득한 이상 증거능력이 없고, 사후에 압수·수색영장을 받아 압수절차가 진행되었더라도 달리 볼 수 없으므로, 피고인의 2013년 범행을 무죄로 판단한 원심의 결론은 정당하다(대법원 2021.11.18. 2016도348 전원합의체).

내 전자정보 전반에 관한 전속적인 관리처분권을 보유·행사하고, 달리 이를 자신의 의사에 따라 제3자에게 양도하거나 포기하지 아니한 경우로써, 피의자를 그 정보저장매체에 저장된 전자정보에 대하여 실질적인 압수·수색 당사자로 평가할 수 있는 경우를 말하는 것이다. 이에 해당하는지 여부는 민사법상 권리의 귀속에 따른 법률적·사후적 판단이 아니라 압수·수색 당시 외형적·객관적으로 인식 가능한 사실상의 상태를 기준으로 판단하여야 한다. 이러한 정보저장매체의 외형적·객관적 지배·관리 등 상태와 별도로 단지 피의자나 그 밖의 제3자가 과거 그 정보저장매체의 이용 내지 개별 전자정보의 생성·이용 등에 관여한 사실이 있다거나 그 과정에서 생성된 전자정보에 의해 식별되는 정보주체에 해당한다는 사정만으로 그들을 실질적으로 압수·수색을 받는 당사자로 취급하여야 하는 것은 아니다.[17]

2 대법원 2022.1.13, 2016도9596

피의자신문 당시 피의자와 함께 피의자로부터 임의제출받은 휴대전화를 탐색하고 다른 범행에 관한 사진을 제시한 사건

다른 범행에 관한 영상은 임의제출에 따른 압수의 동기가 된 범행의 동기와 경위, 범행 수단과 방법 등을 증명하기 위한 간접증거나 정황증거 등으로 사용될 수 있으므로 구체적·개별적 연관관계가 인정되어 관련성이 있는 증거에 해당하고, 경찰이 1회 피의자신문 당시 휴대전화를 피고인과 함께 탐색하는 과정에서 (약 10개월 전에 촬영된) 다른 범행에 관한 영상을 발견하였으므로 피고인이 휴대전화의 탐색 과정에 참여하였다고 볼 수 있으며, 경찰은 같은 날 곧바로 진행된 2회 피의자신문에서 이 사건 사진을 피고인에게 제시하였고, 5장에 불과한 이 사건 사진은 모두 동일한 일시, 장소에서 촬영된 다른 범행에 관한 영상을 출력한 것임을 육안으로 쉽게 알 수 있으므로, 비록 피고인에게 전자정보의 파일 명세가 특정된 압수목록이 작성·교부되지 않았더라도 절차 위반행위가 이루어진 과정의 성질과 내용 등에 비추어 피고인의 절차상 권리가 실질적으로 침해되었다고 보기도 어렵다.

> 유사 경찰관이 피의자신문 당시 휴대전화를 피고인과 함께 탐색하는 과정에서 발견된 관련성이 인정되는 다른 범행에 관한 동영상을 추출·복사하였고, 피고인이 직접 다른 범행에 관한 동영상을 토대로 '범죄일람표' 목록을 작성·제출하였으므로, 실질적으로 피고인에게 참여권이 보장되고, 전자정보 상세목록이 교부된 것과 다름이 없다(증거능력 인정)(대법원 2021.11.25, 2019도6730).

3 대법원 2021.11.25, 2019도7342

모텔 방실에 침입한 혐의로 임의제출받은 위장형 카메라의 메모리카드를 탐색하다가 다른 3개 호실에 설치된 위장형 카메라의 메모리카드에서 성폭법위반(카메라등이용촬영) 범행에 관한 영상을 발견한 사건

이 사건 각 위장형 카메라에 저장된 모텔 내 3개 호실에서 촬영된 영상은 피해자에 의한 임의제출에 따른 압수의 동기가 된 다른 호실에서 촬영한 범행과 범행의 동기와 경위, 범행 수단과 방법 등을 증명하기 위한 간접증거나 정황증거 등으로 사용될 수 있으므로 구체적·개별적 연관관계가 인정되어 관련성이 있는 증거에 해당하고, 임의제출된 이 사건 각 위장형 카메라 및 그 메모리카드에 저장된 전자정보처럼 오직 불법촬영을 목적으로 방실 내 나체나 성행위 모습을 촬영할 수 있는 벽 등에 은밀히 설치되고, 촬영대상 목표물의 동작이 감지될 때에만 카메라가 작동하여 촬영이 이루어지는 등,

---

17 보충 : ① 이 사건 각 PC의 임의제출에 따른 압수·수색 당시 외형적·객관적으로 인식 가능한 사실상의 상태를 기준으로 볼 때, 이 사건 각 PC나 거기에 저장된 전자정보가 피고인의 소유·관리에 속한 경우에 해당하지 않고, 오히려 이 사건 각 PC에 저장된 전자정보 전반에 관하여 당시 대학교 측이 포괄적인 관리처분권을 사실상 보유·행사하고 있는 상태에 있었다고 인정된다고 보아, 이 사건 각 PC에 저장된 전자정보의 압수·수색은 대법원 2016도348 전원합의체 판결이 설시한 법리에 따르더라도 피의자에게 참여권을 보장하여야 하는 경우에 해당하지 아니한다. ② 이러한 정보저장매체에 대한 지배·관리 등의 상태와 무관하게 개별 전자정보의 생성·이용 등에 관여한 자들 혹은 그 과정에서 생성된 전자정보에 의해 식별되는 사람으로서 그 정보의 주체가 되는 사람들에게까지 모두 참여권을 인정하여야 한다는 취지의 피고인의 주장을 받아들일 수 없다(위 판례).

그 설치 목적과 장소, 방법, 기능, 작동원리상 소유자의 사생활의 비밀 기타 인격적 법익의 관점에서 그 소지·보관자의 임의제출에 따른 적법한 압수의 대상이 되는 전자정보와 구별되는 별도의 보호 가치 있는 전자정보의 혼재 가능성을 상정하기 어려운 경우에는 위 소지·보관자의 임의제출에 따른 통상의 압수절차 외에 별도의 조치가 따로 요구된다고 보기는 어렵다. 즉, 위장형 카메라 등 특수한 정보저장매체의 경우 위 2016도348 전원합의체 판결의 경우와 달리 수사기관이 임의제출받은 정보저장매체가 그 기능과 속성상 임의제출에 따른 적법한 압수의 대상이 되는 전자정보와 그렇지 않은 전자정보가 혼재될 여지가 거의 없어 사실상 대부분 압수의 대상이 되는 전자정보만이 저장되어 있는 경우에는 소지·보관자의 임의제출에 따른 통상의 압수절차 외에 피압수자에게 참여의 기회를 보장하지 않고 전자정보 압수목록을 작성·교부하지 않았다는 점만으로 곧바로 증거능력을 부정할 것은 아니다.

판례연구 **압수물 처리에 관한 위탁보관·대가보관 관련판례**

1 대법원 1968.4.16, 68다285 [법원승진 03]
위탁보관은 공법상 권력작용이 아니라 사법상 임치계약에 해당하므로 보관자는 특약 없이 임치료 청구가 불가함
원고가 창고업자에게 보관시킨 물건을 조사기관이 압수하여 창고업자의 승낙을 받아 그대로 보관시킨 때에는 조사기관이나 창고업자가 임치료의 수수에 관하여 전혀 고려한 바 없어 특별한 약정이 없는 경우에 해당하여 피고(국가)에게는 임치료지급의무가 없으므로 피고로서는 아무 이득이 없다 할 것이고 원고와 창고업자간의 보관계약상의 원고의 지위를 피고가 승계한 것이라고 볼 수 없다.

2 대법원 1996.11.12, 96도2477
형사소송법 제132조에 의하여 압수물을 매각한 경우, 그 대가보관금에 대한 몰수의 가부(적극)
관세법 제198조 제2항에 따라 몰수하여야 할 압수물이 멸실, 파손 또는 부패의 염려가 있거나 보관하기에 불편하여 이를 형사소송법 제132조의 규정에 따라 매각하여 그 대가를 보관하는 경우에는, 몰수와의 관계에서는 그 대가보관금을 몰수 대상인 압수물과 동일시할 수 있다.

참고하기 압수물의 가환부·환부, 수사기관의 가환부·환부, 압수장물의 피해자 환부 요점

가환부	잠정적 청구 要 통지 要	압수효력 유지 • 처분금지의무 • 보관의무 • 제출의무	(증거에 공할) 임의적 가환부	압수계속필요 ○ 증거물 ○ 임의적 몰수물 ○ 필요적 몰수물 ×
			(증거에만 공할) 필요적 가환부	증거물 ○ 몰수물 ×
환부	종국적 청구 不要 통지 要	압수효력 상실	압수계속필요 × 증거물 × 몰수물 ×	필요적 환부 청구필요 ×(≠기소전환부) 종결 전 필요적 환부결정 몰수선고 無 → 환부 간주 소유권 포기해도 환부 ○
수사기관	공소 전 청구 要 통지 要	효력 동일	사본 有 압수계속필요 × 증거에 사용할 압수물	소유자·제출인 등 청구 要 필요적 환부(필요 ×)·가환부(증거) 거부시 법원에 청구
압수장물	피해자 통지 要	피해자환부의 예외	환부이유 명백	(해석상 가환부 청구 可 – 참고) 종결 전 임의적 환부결정(통지 要) 필요적 피해자환부판결

판례연구   가환부의 대상

1 대법원 1994.8.18, 94모42

증거에 공할 압수물의 가환부 여부의 판단기준

제219조에 의하여 준용되는 같은 법 제133조 제1항에서 규정하고 있는 증거에 공할 압수물을 가환부할 것인지의 여부는 범죄의 태양, 경중, 압수물의 증거로서의 가치, 압수물의 은닉, 인멸, 훼손될 위험, 수사나 공판수행상의 지장 유무, 압수에 의하여 받는 피압수자 등의 불이익의 정도 등 여러 사정을 검토하여 종합적으로 판단하여야 할 것이다(대법원 1992.9.18, 92모22 참조). [경찰승진 10] … 이 사건 압수물은 타인의 등록상표를 위조하여 부착한 운동화 11,675족이어서 재항고인이 이를 계속 사용하여야 할 필요가 있다고 보기 어렵고, 가환부의 결정이 있는 경우에도 압수의 효력은 지속되므로 가환부를 받은 자는 법원의 요구가 있으면 즉시 압수물을 제출할 의무가 있고 그 압수물에 대하여 보관의무를 부담하며 소유자라 하더라도 그 압수물을 처분할 수는 없는 것이므로, 이를 수사기관의 보관 하에 둔다고 하더라도 그에 의하여 재항고인이 어떠한 불이익을 받게 된다고도 보이지 아니한다(∵ 임의적 가환부).

2 대법원 1998.4.16, 97모25 [법원9급 17]

[1] 형사소송법 제133조 제1항 소정의 '증거에 공할 압수물'의 의미

제133조 제1항 후단이, 제2항의 '증거에만 공할' 목적으로 압수할 물건과는 따로, '증거에 공할' 압수물에 대하여 법원의 재량에 의하여 가환부할 수 있도록 규정한 것을 보면, '증거에 공할 압수물'에는 증거물로서의 성격과 몰수할 것으로 사료되는 물건으로서의 성격을 가진 압수물이 포함되어 있다고 해석함이 상당하다.

[2] 형법 제48조에 해당하는 물건을 피고본안사건에 관한 종국판결 전에 가환부할 수 있는지 여부 (적극)

① 몰수할 것이라고 사료되어 압수한 물건 중 법률의 특별한 규정에 의하여 필요적으로 몰수할 것에 해당하거나 누구의 소유도 허용되지 아니하여 몰수할 것에 해당하는 물건에 대한 압수는 몰수재판의 집행을 보전하기 위하여 한 것이라는 의미도 포함된 것이므로 그와 같은 압수 물건은 가환부의 대상이 되지 않지만(필요적 몰수대상물 : 가환부 ×), ② 형법 제48조에 해당하는 물건에 대하여는 이를 몰수할 것인지는 법원의 재량에 맡겨진 것이므로 특별한 사정이 없다면 수소법원이 피고본안사건에 관한 종국판결에 앞서 이를 가환부함에 법률상의 지장이 없는 것으로 보아야 한다 (임의적 몰수대상물 : 가환부 ○). [경찰채용 10·11 2차 / 경찰채용 08 3차 / 경찰간부 13 / 경찰승진 04·10]

[3] 압수물을 환부받을 자가 압수 후 소유권을 포기한 경우 수사기관의 압수물 환부의무의 소멸 여부 (소극) 및 수사기관에 대한 환부청구권 포기의 효력(무효)

피압수자 등 환부를 받을 자가 압수 후 그 소유권을 포기하더라도 그 때문에 압수물을 환부하여야 하는 수사기관의 의무에 어떠한 영향을 미칠 수 없고, 또 수사기관에 대하여 형사소송법상의 환부청구권을 포기한다는 의사표시를 하더라도 그 효력이 없다.

판례연구   가환부의 절차와 효력

1 대법원 1980.2.5, 80모3 [경찰채용 09·11 1차 / 경찰간부 13 / 해경간부 12 / 경찰승진 10·14]

피고인에 대한 통지 없이 한 가환부결정은 위법하다는 사례

심안컨대 법원이 압수물의 가환부결정을 함에는 미리 검사 피해자 피고인 또는 변호인에 통지를 한 연후에 하도록 형사소송법 제135조에 규정하고 있는 바, 이는 그들로 하여금 압수물의 가환부에 대한 의견을 진술할 기회를 주기 위한 조치라 할 것이다. 따라서 피고인에게 의견을 진술할 기회를

주지 아니한 채 한 가환부결정은 형사소송법 제135조에 위배하여 위법하고 이 위법은 재판의 결과에 영향을 미쳤다 할 것이다(법 제135조는 법 제219조에 의하여 수사기관의 압수·수색 관련 절차에도 준용됨).

2 대법원 1994.8.18, 94모42 [경찰채용 09 1차 / 경찰채용 07 2차]

가환부의 효력 : 보관의무·제출의무·처분금지의무

형사소송법 제219조에 의하여 준용되는 같은 법 제133조 제1항에서 규정하고 있는 증거에 공할 압수물을 가환부할 것인지의 여부는 범죄의 태양, 경중, 압수물의 증거로서의 가치, 압수물의 은닉, 인멸, 훼손될 위험, 수사나 공판수행상의 지장 유무, 압수에 의하여 받는 피압수자 등의 불이익의 정도 등 여러 사정을 검토하여 종합적으로 판단하여야 할 것이다. (이때) 가환부의 결정이 있는 경우에도 압수의 효력은 지속되므로 가환부를 받은 자는 법원의 요구가 있으면 즉시 압수물을 제출할 의무가 있고 그 압수물에 대하여 보관의무를 부담하며 소유자라 하더라도 그 압수물을 처분할 수는 없는 것이다.

판례연구 **환부의 대상**

1 대법원 1984.7.24, 84모43 [경찰채용 09 1차 / 경찰채용 07 2차 / 경찰승진 11·14]

위조문서인 약속어음은 몰수대상이므로 환부 또는 가환부할 수 없다는 사례

형사소송법 제133조의 규정에 의하면, 압수를 계속할 필요가 없다고 인정되는 압수물 또는 증거에 공할 압수물은 환부 또는 가환부할 수 있도록 되어 있는 바, 본건 약속어음은 범죄행위로 인하여 생긴 위조문서로서 아무도 이를 소유하는 것이 허용되지 않는 물건이므로 몰수가 될 뿐 환부나 가환부할 수 없고, 다만 검사는 몰수의 선고가 있은 뒤에 형사소송법 제485조에 의하여 위조의 표시를 하여 환부할 수 있다.

> 보충 압수를 계속할 필요가 없는 물건이 환부의 대상이다. 위 위조 약속어음은 몰수의 대상이므로 환부의 대상이 되지 않는다. 판례 내용 중에 가환부할 수 없다는 것은 임의적 가환부의 대상이기는 하지만 법원은 가환부하지 않겠다는 의미이다. 위조문서의 소유가 허용되지 않는 것은 진정한 문서인 것처럼 통용됨을 금지하고자 하는 데에 그 뜻이 있으므로, 몰수의 선고가 있은 뒤에 검사가 법 제485조에 의하여 위조의 표시를 하여 환부한 경우에는 이를 적법하게 소지할 수 있을 뿐 아니라 민법상 권리행사의 자료로도 사용할 수 있음은 물론이다.

2 대법원 1996.8.16, 94모51 전원합의체 [변호사시험 21]

[1] 수사 도중에 피의자가 수사관에게 소유권포기각서를 제출한 경우 수사기관의 압수물 환부의무가 면제되는지 여부(소극) 및 피의자의 압수물 환부청구권도 소멸하는지 여부(소극) [경찰채용 11 1차 / 경찰채용 12·13 2차 / 경찰채용 15 3차 / 경찰간부 13 / 해경간부 12 / 경찰승진 10·11·14 / 국가9급 12·14 / 법원9급 17]

피압수자 등 환부를 받을 자가 압수 후 그 소유권을 포기하는 등에 의하여 실체법상의 권리를 상실하더라도 그 때문에 압수물을 환부하여야 하는 수사기관의 의무에 어떠한 영향을 미칠 수 없고, 또한 수사기관에 대하여 형사소송법상의 환부청구권을 포기한다는 의사표시를 하더라도 그 효력이 없어 그에 의하여 수사기관의 필요적 환부의무가 면제된다고 볼 수는 없으므로, 압수물의 소유권이나 그 환부청구권을 포기하는 의사표시로 인하여 위 환부의무에 대응하는 압수물에 대한 환부청구권이 소멸하는 것은 아니다.

[2] 관세포탈된 물건인지 불명하여 기소중지 처분을 한 경우 그 압수물에 대한 국고귀속 처분의 가부(불가) 및 압수 계속의 필요성 여부(소극) [해경간부 12 / 경찰승진 10·11·14 / 법원9급 13 / 법원행시 04]

외국산 물품을 관세장물의 혐의가 있다고 보아 압수하였다 하더라도 그것이 언제, 누구에 의하여 관세포탈된 물건인지 알 수 없어 기소중지처분을 한 경우에는 그 압수물은 관세장물이라고 단정할 수 없어 이를 국고에 귀속시킬 수 없을 뿐만 아니라 압수를 더 이상 계속할 필요도 없다(대법원 1984.12.21, 84모61; 1988.12.14, 88모55; 1991.4.22, 91모10 등 참조).

甲은 다이아몬드를 매도하려다가 경찰에 적발되어 관세법 위반 혐의로 조사를 받는 한편 위 다이아몬드를 압수당하게 되었는데, 검사가 수사한 결과 위 다이아몬드의 최초 매매알선 의뢰인인 乙의 소재가 불명하여 위 다이아몬드가 밀수품인지 여부를 알 수 없다는 이유로 甲을 기소중지처분(석방하면서 소유권포기각서를 제출)하면서 위 다이아몬드에 대하여는 계속 보관하도록 결정하자, 甲이 위 결정에 대해 준항고를 제기한 사안으로서, 대법원은 압수를 계속할 필요가 없어 환부해야 하고, 이때 소유권을 포기하였든 환부청구권을 포기하였든지 간에 마찬가지라고 판시한 것이다.

판례연구   환부의 효력

1 대법원 1996.8.16, 94모51 전원합의체

압수물의 환부는 환부를 받는 자에게 환부된 물건에 대한 소유권 기타 실체법상의 권리를 부여하거나 그러한 권리를 확정하는 것이 아니라 단지 압수를 해제하여 압수 이전의 상태로 환원시키는 것뿐으로서, 이는 실체법상의 권리와 관계없이 압수 당시의 소지인에 대하여 행하는 것이므로, 실체법인 민법(사법)상 권리의 유무나 변동이 압수물의 환부를 받을 자의 절차법인 형사소송법(공법)상 지위에 어떠한 영향을 미친다고는 할 수 없다.

2 대법원 2000.12.22, 2000다27725 [경찰채용 15 3차 / 해경간부 12 / 경찰승진 11]

소유권을 포기한 압수물에 대하여 몰수형이 선고되지 않은 경우 민사소송으로 반환청구할 수 있다는 사례

수사단계에서 소유권을 포기한 압수물에 대하여 형사재판에서 몰수형이 선고되지 않은 경우, 피압수자는 국가에 대하여 민사소송으로 그 반환을 청구할 수 있다.

원고들로부터 압수된 이 사건 압수물은 형사재판에서 몰수의 선고가 없는 상태로 확정되어 압수가 해제된 것으로 간주되므로 피압수자는 국가에 대하여 민사소송으로 그 반환을 청구할 수 있다. 나아가 원고들이 수사단계에서 압수물에 대한 소유권을 포기하였다고 하더라도, 압수물을 환부하여야 하는 수사기관의 의무에 어떠한 영향을 미칠 수 없어 그 환부청구권은 소멸하지 않는다. 이러한 법리는 형사재판에서 몰수의 선고가 없어 압수가 해제된 것으로 간주되어 피압수자가 민사소송으로 환부청구권을 행사하는 이 사건과 같은 경우에도 그대로 적용된다. 압수물에 대한 소유권포기가 피압수자의 환부청구권에 아무런 영향을 미치지 못한다는 대법원 1996.8.16. 94모51 전원합의체 결정의 법리를 형사재판에서 몰수의 선고가 없어 압수가 해제된 것으로 간주되어 피압수자가 민사소송으로 환부청구권을 행사하는 이 사건과 같은 경우에는 적용될 수 없다는 것이 위 전원합의체 결정의 취지라는 상고이유의 주장은 독단적인 견해에 불과하여 받아들일 수 없다.

판례연구   압수와 몰수의 구별, 환부 후 재압수의 가능

1 대법원 2003.5.30, 2003도705

몰수대상물건이 압수되어 있는지 및 적법한 절차에 의하여 압수되었는지 여부가 형법상 몰수의 요건은 아니라는 사례 : 압수≠몰수

범죄행위에 제공하려고 한 물건은 범인 이외의 자의 소유에 속하지 아니하거나 범죄 후 범인 이외의 자가 정을 알면서 취득한 경우 이를 몰수할 수 있고(형법 제48조 제1항), 한편 법원이나 수사기관은 필요한 때에는 증거물 또는 몰수할 것으로 사료하는 물건을 압수할 수 있으나, 몰수는 반드시 압수되어 있는 물건에 대하여서만 하는 것이 아니므로, 몰수대상물건이 압수되어 있는가 하는 점 및 적법한 절차에 의하여 압수되었는가 하는 점은 몰수의 요건이 아니다. (따라서) 이미 그 집행을 종료함으로써 효력을 상실한 압수ㆍ수색영장에 기하여 다시 압수ㆍ수색을 실시하면서 몰수대상물건을 압수한 경우, 압수 자체가 위법하게 됨은 별론으로 하더라도 그것이 위 물건의 몰수의 효력에는 영향을 미칠 수 없다.

2 대법원 1977.5.24, 76도4001

압수되었다가 피고인에게 환부된 물건의 몰수는 가능하다는 사례

몰수는 압수되어 있는 물건에 대해서만 하는 것이 아니므로 판결선고 전 검찰에 의하여 압수된 후 피고인에게 환부된 물건에 대하여도 피고인으로부터 몰수할 수 있다.

3 대법원 1997.1.9, 96모34 [경찰채용 08 2차 / 경찰채용 15 3차 / 해경간부 12]

압수물에 대한 몰수의 선고가 없어 압수가 해제된 것으로 간주된 상태에서 공범자에 대한 범죄수사를 위하여 그 압수해제된 물품을 재압수할 수 있다는 사례

형사소송법 제215조, 제219조, 제106조 제1항의 규정을 종합하여 보면, 검사는 범죄수사에 필요한 때에는 증거물 또는 몰수할 것으로 사료하는 물건을 법원으로부터 영장을 발부받아서 압수할 수 있는 것이고, 합리적인 의심의 여지가 없을 정도로 범죄사실이 인정되는 경우에만 압수할 수 있는 것은 아니라 할 것이며(압수의 요건과 유죄의 증명의 요건은 다름), 한편 범인으로부터 압수한 물품에 대하여 몰수의 선고가 없어 그 압수가 해제된 것으로 간주된다고 하더라도(법 제332조) [경찰채용 03 3차] 공범자에 대한 범죄수사를 위하여 여전히 그 물품의 압수가 필요하다거나 공범자에 대한 재판에서 그 물품이 몰수될 가능성이 있다면 검사는 그 압수해제된 물품을 다시 압수할 수도 있다.

판례연구 **압수장물의 피해자환부**

대법원 1984.7.16, 84모38 [경찰승진 10]

법 제134조 소정의 "환부할 이유가 명백한 때"의 의미, 피해자를 기망하여 물건을 취득한 자가 이를 제3자에게 임치한 경우 동 물건의 피해자환부가 가능하지 않음

형사소송법 제134조 소정의 "환부할 이유가 명백한 때[압수한 장물은 피해자에게 환부할 이유가 명백한 때에는 피고사건의 종결 전이라도 결정으로 피해자에게 환부할 수 있다(법 제134조, 제219조) [경찰채용 13 1차 / 경찰채용 12 3차 / 경찰승진 11 / 국가9급 14 / 국가7급 17]"라 함은 사법상 피해자가 그 압수된 물건의 인도를 청구할 수 있는 권리가 있음이 명백한 경우를 의미하고 위 인도청구권에 관하여 사실상, 법률상 다소라도 의문이 있는 경우에는 환부할 명백한 이유가 있는 경우라고는 할 수 없다. 매수인이 피해자로부터 물건을 매수함에 있어 사기행위로써 취득하였다 하더라도 피해자가 매수인에게 사기로 인한 매매의 의사표시를 취소한 여부가 분명하지 않고, 위 매수인으로부터 위탁을 받은 甲이 위 물건을 인도받아 재항고인의 창고에 임치하여 재항고인이 보관하게 되었고 달리 재항고인이 위 물건이 장물이라는 정을 알았다고 확단할 자료가 없다면, 재항고인은 정당한 점유자라 할 것이고 이를 보관시킨 매수인에 대해서는 임치료 청구권이 있고 그 채권에 의하여 위 물건에 대한 유치권이 있다고 보이므로 피해자는 재항고인에 대하여 위 물건의 반환청구권이 있음이 명백하다고 보기는 어렵다 할 것이므로 이를 피해자에게 환부할 것이 아니라 민사소송에 의하여 해결함이 마땅하다.

판례연구 **공소제기 전 압수물의 환부 · 가환부**

대법원 2017.9.29, 2017모236 [경찰채용 20 2차 / 국가7급 18]

압수물가환부청구에 대하여 검사는 원칙적으로 응하여야 한다는 사례

(2011.7. 개정) 형사소송법 제218조의2 제1항은 '검사(또는 사법경찰관)는 사본을 확보한 경우 등 압수를 계속할 필요가 없다고 인정되는 압수물 및 증거에 사용할 압수물에 대하여 공소제기 전이라도 소유자, 소지자, 보관자 또는 제출인의 청구가 있는 때에는 환부 또는 가환부하여야 한다'고 규정하고 있다. [경찰채용 12 1차 / 해경간부 12] 따라서 검사(또는 사법경찰관)는 증거에 사용할 압수물에 대하여 가환부의 청구가 있는 경우 가환부를 거부할 수 있는 특별한 사정이 없는 한 가환부에 응하여야 한다.

02 수사상의 검증

판례연구 **음주측정에 있어서 호흡측정 후 채혈측정의 허용요건**

대법원 2015.7.9, 2014도16051
음주운전 혐의가 있는 운전자에 대해 호흡측정이 이루어졌으나 호흡측정 결과에 오류가 있다고 인정할 만한 객관적이고 합리적인 사정이 있는 경우, 혈액 채취에 의한 측정 방법으로 다시 음주측정을 하는 것이 허용되는지 여부(한정적극) 및 혈액 채취에 의한 측정의 적법성이 인정되려면 운전자의 자발적 의사를 요한다는 사례
교통안전과 위험방지를 위한 필요가 없음에도 주취운전을 하였다고 인정할 만한 상당한 이유가 있다는 이유만으로 이루어지는 음주측정은 이미 행하여진 주취운전이라는 범죄행위에 대한 증거 수집을 위한 수사절차로서의 의미를 가지는 것이다(대법원 2012.12.13, 2012도11162 등 참조). … 한편 수사기관은 수사의 목적을 달성하기 위하여 필요한 조사를 할 수 있으나(법 제199조 제1항 본문), 수사는 그 목적을 달성함에 필요한 최소한도의 범위 내에서 사회통념상 상당하다고 인정되는 방법과 절차에 따라 수행되어야 하는 것이다(대법원 1999.12.7, 98도3329 참조). ① 음주운전에 대한 수사 과정에서 음주운전 혐의가 있는 운전자에 대하여 구 도로교통법 제44조 제2항에 따른 호흡측정이 이루어진 경우에는 그에 따라 과학적이고 중립적인 호흡측정 수치가 도출된 이상 다시 음주측정을 할 필요성은 사라졌다고 할 것이므로 운전자의 불복이 없는 한 다시 음주측정을 하는 것은 원칙적으로 허용되지 아니한다고 할 것이다. 그러나 ② 운전자의 태도와 외관, 운전 행태 등에서 드러나는 주취 정도, 운전자가 마신 술의 종류와 양, 운전자가 사고를 야기하였다면 그 경위와 피해의 정도, 목격자들의 진술 등 호흡측정 당시의 구체적 상황에 비추어 호흡측정기의 오작동 등으로 인하여 호흡측정 결과에 오류가 있다고 인정할 만한 객관적이고 합리적인 사정이 있는 경우라면 그러한 호흡측정 수치를 얻은 것만으로는 수사의 목적을 달성하였다고 할 수 없어 추가로 음주측정을 할 필요성이 있다고 할 것이므로, 경찰관이 음주운전 혐의를 제대로 밝히기 위하여 운전자의 자발적인 동의를 얻어 혈액 채취에 의한 측정의 방법으로 다시 음주측정을 하는 것을 위법하다고 볼 수는 없다. 이 경우 운전자가 일단 호흡측정에 응한 이상 재차 음주측정에 응할 의무까지 당연히 있다고 할 수는 없으므로, 운전자의 혈액 채취에 대한 동의의 임의성을 담보하기 위하여는 경찰관이 미리 운전자에게 혈액 채취를 거부할 수 있음을 알려주었거나 운전자가 언제든지 자유로이 혈액 채취에 응하지 아니할 수 있었음이 인정되는 등 운전자의 자발적인 의사에 의하여 혈액 채취가 이루어졌다는 것이 객관적인 사정에 의하여 명백한 경우에 한하여 혈액 채취에 의한 측정의 적법성이 인정된다고 보아야 한다.

대법원 1989.3.14, 88도1399
사법경찰관사무취급이 작성한 실황조사는 이 사건 사고가 발생한 직후에 사고장소에서 긴급을 요하여
판사의 영장 없이 시행된 것이므로 이는 형사소송법 제216조 제3항에 의한 검증에 해당한다 할 것이고
(실황조사의 성격에 관한 강제수사설) 기록상 사후영장을 받은 흔적이 없으므로 이 실황조서는 유죄의
증거로 삼을 수 없다.

1 대법원 2012.11.15, 2011도15258 [국가9급 18]
강제채혈 : 감정에 필요한 처분 또는 압수영장의 집행에 필요한 처분
수사기관이 범죄 증거를 수집할 목적으로 피의자의 동의 없이 피의자의 혈액을 취득·보관하는 행위는
법원으로부터 감정처분허가장을 받아 형사소송법 제221조의4 제1항, 제173조 제1항에 의한 '감정에
필요한 처분'으로도 할 수 있지만, 형사소송법 제219조, 제106조 제1항에 정한 압수의 방법으로도
할 수 있고(강제채혈에 필요한 영장에 관한 압수·수색영장 또는 감정처분허가장의 택일설의 판례,[18] 이외
검증영장 또는 감정처분허가장 택일설을 취한 판례는 대법원 2011.4.27, 2009도2109), 압수의 방법에 의하는
경우 혈액의 취득을 위하여 피의자의 신체로부터 혈액을 채취하는 행위는 혈액의 압수를 위한 것으로서
형사소송법 제219조, 제120조 제1항에 정한 '압수영장의 집행에 있어 필요한 처분'에 해당한다.

2 대법원 2018.7.12, 2018도6219 [경찰채용 22 1차]
강제채뇨는 감정에 필요한 처분 또는 압수영장의 집행에 필요한 처분
강제채뇨는 피의자가 임의로 소변을 제출하지 않는 경우 피의자에 대하여 강제력을 사용해서 도뇨관
(catheter)을 요도를 통하여 방광에 삽입한 뒤 체내에 있는 소변을 배출시켜 소변을 취득·보관하는
행위이다. 수사기관이 범죄 증거를 수집할 목적으로 하는 강제 채뇨는 피의자의 신체에 직접적인
작용을 수반할 뿐만 아니라 피의자에게 신체적 고통이나 장애를 초래하거나 수치심이나 굴욕감을
줄 수 있다. 따라서 피의자에게 범죄 혐의가 있고 그 범죄가 중대한지, 소변성분 분석을 통해서 범죄
혐의를 밝힐 수 있는지, 범죄 증거를 수집하기 위하여 피의자의 신체에서 소변을 확보하는 것이 필요한
것인지, 채뇨가 아닌 다른 수단으로는 증명이 곤란한지 등을 고려하여 범죄 수사를 위해서 강제 채뇨가
부득이하다고 인정되는 경우에 최후의 수단으로 적법한 절차에 따라 허용된다고 보아야 한다. 이때
의사, 간호사, 그 밖의 숙련된 의료인 등으로 하여금 소변 채취에 적합한 의료장비와 시설을 갖춘
곳에서 피의자의 신체와 건강을 해칠 위험이 적고 피의자의 굴욕감 등을 최소화하는 방법으로 소변을
채취하여야 한다. … 수사기관이 범죄 증거를 수집할 목적으로 피의자의 동의 없이 피의자의 소변을
채취하는 것은 법원으로부터 감정허가장을 받아 형사소송법 제221조의4 제1항, 제173조 제1항에서 정한
'감정에 필요한 처분'으로 할 수 있지만(피의자를 병원 등에 유치할 필요가 있는 경우에는 형사소송법
제221조의3에 따라 법원으로부터 감정유치장을 받아야 한다), 형사소송법 제219조, 제106조 제1항,
제109조에 따른 압수·수색의 방법으로도 할 수 있다. 이러한 압수·수색의 경우에도 수사기관은 원칙적
으로 형사소송법 제215조에 따라 판사로부터 압수·수색영장을 적법하게 발부받아 집행해야 한다.

---

18 정리 : 체내물 강제채취에 필요한 영장에 대해서는 ① 압수·수색영장설(배/이/정/이), ② 압수·수색영장 및 감정처분허가장 병용설(임
동규, 정/백), ③ 검증영장 및 감정처분허가장 병용설(다수설), ④ 검증영장·감정처분허가장 택일설(판례), ⑤ 압수·수색영장·감정처
분허가장 택일설(판례)이 대립한다. 이 중 판례는, 체내물의 강제채취는 체내물에 대한 점유를 확보하기 위한 측면에서는 압수·수색영
장(제215조)에 의할 수 있고, 또한 신체검사라는 측면에서는 검증영장(제215조)에 의할 수 있으나, 한편 의사가 참여하여 전문적인
지식과 경험을 사용한다는 점에서는 감정처분허가장(제221조의4)에 의할 수도 있다는 것이다(압수·수색영장 또는 검증영장 또는
감정처분허가장 택일설).

압수·수색의 방법으로 소변을 채취하는 경우 압수대상물인 피의자의 소변을 확보하기 위한 수사기관의 노력에도 불구하고, 피의자가 인근 병원 응급실 등 소변 채취에 적합한 장소로 이동하는 것에 동의하지 않거나 저항하는 등 임의동행을 기대할 수 없는 사정이 있는 때에는 수사기관으로서는 소변 채취에 적합한 장소로 피의자를 데려가기 위해서 필요 최소한의 유형력을 행사하는 것이 허용된다. 이는 형사소송법 제219조, 제120조 제1항에서 정한 '압수·수색영장의 집행에 필요한 처분'에 해당한다고 보아야 한다.

> 보충 피고인이 메트암페타민(일명 '필로폰')을 투약하였다는 마약류 관리에 관한 법률 위반(향정) 혐의에 관하여, 피고인의 소변(30cc), 모발(약 80수), 마약류 불법사용 도구 등에 대한 압수·수색·검증영장을 발부받은 다음 경찰관이 피고인의 주거지를 수색하여 사용 흔적이 있는 주사기 4개를 압수하고, 위 영장에 따라 3시간 가량 소변과 모발을 제출하도록 설득하였음에도 피고인이 계속 거부하면서 자해를 하자 이를 제압하고 수갑과 포승을 채운 뒤 강제로 병원 응급실로 데리고 가 의사의 지시를 받은 응급구조사로 하여금 피고인의 신체에서 소변(30cc)을 채취하도록 하여 이를 압수한 경우, 피고인의 소변에 대한 압수영장 집행은 적법하다는 사례이다.

03 수사상의 감정

제3절 수사상의 증거보전

01 증거보전

판례연구 증거보전절차 가능시기 : 수사개시 후 제1회 공판기일 전

1 대법원 1979.6.12, 79도792 [경찰채용 13 2차 / 경찰승진 10.12 / 교정9급특채 12]
형사 증거보전청구를 할 수 있는 시기 및 피의자신문에 해당하는 사항에 대한 증거보전청구의 가부
형사소송법 184조에 의한 증거보전은 피고인 또는 피의자가 형사입건도 되기 전에 청구할 수는 없고 또 피의자신문에 해당하는 사항을 증거보전의 방법으로 청구할 수 없다고 함이 상당하다 할 것인바 … 피의자를 그 스스로의 피의 사실에 대한 증인으로 바로 신문한 것으로 위법하여 같은 피고인에 대한 증거능력이 없음은 물론 그 신문내용 가운데 다른 공범에 관한 부분의 진술이 있다 하더라도 그 공범이 또한 그 신문 당시 형사입건되어 있지 않았다면 그 공범에 관한 증거보전의 효력도 인정할 수 없는 것이다.

2 대법원 1984.3.29, 84모15 [경찰채용 04·05 1차 / 경찰채용 12 3차 / 국가7급 15]
(항소심이나) 재심청구절차에서는 증거보전절차는 허용될 수 없다는 사례
증거보전이란 장차 공판에 있어서 사용하여야 할 증거가 멸실되거나 또는 그 사용하기 곤란한 사정이

있을 경우에 당사자의 청구에 의하여 공판전에 미리 그 증거를 수집보전하여 두는 제도로서 제1심 제1회 공판기일 전에 한하여 허용되는 것이므로 재심청구사건에서는 증거보전절차는 허용되지 아니한다.

판례연구 **수사상 증거보전에서 불가능한 것과 가능한 것**

1 대법원 1984.5.15, 84도508 [경찰채용 06 · 13 2차 / 경찰채용 15 3차 / 경찰간부 22 / 경찰승진 09 · 10 · 11 · 12 / 국가9급 13 / 교정9급특채 12 / 국가7급 08 · 09 / 법원9급 08 · 11]

증거보전절차에서 피의자신문 · 피고인신문은 불가하다는 사례 : 증거보전절차에서 작성된 증인신문조서 중 피의자가 진술한 내용을 기재한 부분의 증거능력 ✕

증인에 대한 증거보전절차에서 피고인이 당사자로 참여하여 자신의 범행사실을 시인하는 전제하에 증인에게 반대신문한 내용이 기재된 조서는 공판준비 또는 공판기일에 피고인 등의 진술을 기재한 조서도 아니고, 반대신문과정에서 피의자가 한 진술에 관한 한 제184조에 의한 증인신문조서도 아니므로 위 조서 중 피고인의 진술기재 부분에 대하여는 제311조에 의한 증거능력을 인정할 수 없다.

2 대법원 1966.5.17, 66도276

증거보전절차에서 공동피고인에 대한 증인신문은 가능하다는 사례

피고인이 수사단계에서 다른 공동피고인에 대한 증거보전을 위하여 증인으로서 증언한 증인신문조서는 그 다른 공동피고인에 대하여 증거능력이 있다.

3 대법원 1988.11.8, 86도1646 [경찰채용 11 · 13 1차 / 경찰채용 13 · 14 2차 / 경찰채용 12 3차 / 경찰승진 09 · 10 · 11 / 국가9급 13 / 교정9급특채 12 / 국가7급 13 · 15 · 17]

증거보전절차에서 공범자나 공동피고인에 대한 증인신문은 적법하다는 사례

공동피고인과 피고인이 뇌물을 주고받은 사이로 필요적 공범관계에 있다고 하더라도 검사는 수사단계에서 피고인에 대한 증거를 미리 보전하기 위하여 필요한 경우에는 판사에게 공동피고인을 증인으로 신문할 것을 청구할 수 있다.

판례연구 **증거보전절차의 증인신문에 있어서 당사자의 참여권이 배제된 증인신문조서의 적법성**

1 대법원 1992.2.28, 91도2337 [경찰채용 13 2차 / 국가7급 09 · 15]

증거보전절차에서 참여권 배제 조서는 위법수집증거라는 사례

증거보전절차에서 증인신문을 하면서 증인신문의 일시와 장소를 피의자 및 변호인에게 미리 통지하지 아니하여 증인신문에 참여할 수 있는 기회를 주지 아니하였고, 변호인이 제1심 공판기일에 그 증인신문조서의 증거조사에 관하여 이의신청을 하였다면, 그 증인신문조서는 증거능력이 없고, 그 증인이 후에 법정에서 그 조서의 진정성립을 인정한다 하여 다시 그 증거능력을 취득할 수도 없다.

2 대법원 1988.11.8, 86도1646

증거보전절차에서 참여권 배제 조서는 위법수집증거이나 증거동의의 대상은 된다는 사례

판사가 형사소송법 제184조에 의한 증거보전절차로 증인신문을 하는 경우에는 동법 제221조의2에 의한 증인신문의 경우와는 달라 동법 제163조에 따라 검사, 피의자 또는 변호인에게 증인신문의 시일과 장소를 미리 통지하여 증인신문에 참여할 수 있는 기회를 주어야 하나 참여의 기회를 주지 아니한 경우라도 피고인과 변호인이 증인신문조서를 증거로 할 수 있음에 동의하여 별다른 이의 없이 적법하게

증거조사를 거친 경우에는 위 증인신문조서는 증인신문절차가 위법하였는지의 여부에 관계없이 증거능력이 부여된다.

> **보충** 공판정에서의 증언을 번복시키는 참고인 진술조서도 위법수집증거나 증거동의의 대상으로 본 판례도 있다(대법원 2000.6.15. 99도1108 전원합의체). 공소제기 후 임의수사 부분에서 논하기로 한다.

02 수사상 증인신문

판례연구 **수사상 증인신문도 수사개시 이후 가능하다는 사례**

대법원 1989.6.20. 89도648 [경찰승진 10]
형사소송법 제221조의2 제2항의 증인신문청구와 피의사실의 존재
형사소송법 제221조의2 제2항에 의한 검사의 증인신문청구는 수사단계에서의 피의자 이외의 자의 진술이 범죄의 증명에 없어서는 안 될 것으로 인정되는 경우에 공소유지를 위하여 이를 보전하려는 데 그 목적이 있으므로 이 증인신문청구를 하려면 증인의 진술로서 증명할 대상인 피의사실이 존재하여야 하고, 피의사실은 수사기관이 어떤 자에 대하여 내심으로 혐의를 품고 있는 정도의 상태만으로는 존재한다고 할 수 없고 고소, 고발 또는 자수를 받거나 또는 수사기관 스스로 범죄의 혐의가 있다고 보아 수사를 개시하는 범죄의 인지 등 수사의 대상으로 삼고 있음을 외부적으로 표현한 때에 비로소 그 존재를 인정할 수 있다.

판례연구 **진술번복 염려를 이유로 한 수사상 증인신문은 위헌**

1 헌법재판소 1996.12.26. 94헌바1
법 제221조의2 제2항은 범인필벌의 요구만을 앞세워 과잉된 입법수단으로 증거수집과 증거조사를 허용함으로써 법관의 합리적이고 공정한 자유심증을 방해하여 헌법상 보장된 법관의 독립성을 침해할 우려가 있으므로, 결과적으로 그 자체로서도 적법절차의 원칙 및 공정한 재판을 받을 권리에 위배되는 것이다.

2 대법원 1997.12.26. 97도2249 [경찰채용 13 1차 / 경찰채용 12 2차 / 경찰간부 12]
헌법재판소가 1996.12.26. 94헌바1 사건의 결정에서 제1회 공판기일 전 증인신문제도를 규정한 (구) 형사소송법 제221조의2 제2항에 관한 부분(수사기관에서 임의의 진술을 한 자가 공판기일에 '전의 진술과 다른 진술을 할 염려'가 있고 그의 진술의 범죄의 증명에 없어서는 아니될 것으로 인정되는 경우 수사상 증인신문이 가능하다는 부분)이 위헌이라는 결정을 선고하였고 이러한 위헌결정의 효력은 그 결정 당시 법원에 계속 중이던 사건에도 미치고, 또 각 공판기일 전 증인신문절차마다 피고인이 피의자로서 참석하였으나 그에게 공격·방어할 수 있는 기회가 충분히 보장되었다고 보기 어려운 사정이 있었다면, 검사가 증인들의 진술번복을 우려하여 제1회 공판기일 전 증인신문을 청구하여 작성된 증인신문조서는 비록 그 신문이 법관의 면전에서 행하여졌지만 결과적으로 헌법 제27조가 보장하는 공정하고 신속한 공개재판을 받을 권리를 침해하여 수집된 증거로서 증거능력이 없다.

이후 2007년 개정에 의하여 진술번복 염려 조항은 삭제되었다.

현행 형사소송법 제221조의2(증인신문의 청구) ① 범죄의 수사에 없어서는 아니될 사실을 안다고 명백히 인정되는 자가 전조의 규정에 의한 출석 또는 진술을 거부한 경우에는 검사는 제1회 공판기일 전에 한하여 판사에게 그에 대한 증인신문을 청구할 수 있다.

② 삭제 〈2007.6.1.〉

CHAPTER **03**

수사의 종결

✔ 키포인트

제1절 사법경찰관과 검사의 수사종결
• 수사종결처분의 종류
• 재정신청

• 검사의 불기소처분에 대한 불복

• 수사종결처분의 통지

제2절 공소제기 후의 수사
• 공소제기 후의 강제수사

• 공소제기 후의 임의수사

국가9급						국가7급						법원9급						변호사시험					
17	18	19	20	21	22	16	17	18	19	20	21	17	18	19	20	21	22	17	18	19	20	21	22
2																1	2	1					
							1																
2/120						1/125						2/150						1/140					

CHAPTER 03 수사의 종결

제1절 사법경찰관과 검사의 수사종결

01 의의와 종류

> **판례연구** 불기소처분에는 일사부재리원칙이 적용되지 않는다는 사례
>
> **대법원 2009.10.29, 2009도6614**
> 불기소처분 후에도 다시 공소제기는 가능하며 관계공무원의 기존의 고발은 유효하다는 사례
> 검사의 불기소처분에는 확정재판에 있어서의 확정력과 같은 효력이 없어 일단 불기소처분을 한 후에도 공소시효가 완성되기 전이면 언제라도 공소를 제기할 수 있으므로, [경찰채용 05 2차 / 국가9급 09] 세무공무원 등의 고발이 있어야 공소를 제기할 수 있는 조세범처벌법 위반죄에 관하여 일단 불기소처분이 있었더라도 세무공무원 등이 종전에 한 고발은 여전히 유효하다. 따라서 나중에 공소를 제기함에 있어 세무공무원 등의 새로운 고발이 있어야 하는 것은 아니다.

02 수사종결처분의 부수절차

> **판례연구** 검사의 피의자에 대한 불기소처분 통지의무
>
> **헌법재판소 2001.12.20, 2001헌마39** [법원행시 04]
> 검사가 불기소처분을 한 경우 '모든' 피의자에게 그 취지를 통지하여야 한다는 사례
> 형사소송법 제258조 제2항은 검사가 불기소처분을 한 때에는 피의자에게 즉시 그 취지를 통지하여야 한다고 규정하고 있음에도 불구하고 검사는 동조항 소정의 "불기소처분"은 고소·고발 있는 사건에 대한 불기소처분만을 의미하는 것으로 보는 검찰의 관행에 따라 이 사건에서도 피의자인 청구인에게 불기소처분의 취지를 통지하지 아니하였다. 그러나 동조항이 고소관련 조항들 가운데 규정되어 있기는 해도 제1항과 달리 제2항은 법문 자체가 고소·고발 있는 사건에 대한 불기소처분으로 한정하고 있지 아니하므로 동조항 소정의 "불기소처분"을 고소·고발 있는 사건에 대한 불기소처분만을 의미한다고 보아야 할 이유는 없다. 또한 1988년 9월부터는 헌법재판소가 창설되어 기소유예처분을 받은 피의자

도 헌법소원을 제기하는 것이 가능하게 되었으므로 고소·고발사건 이외의 다른 사건의 피의자도 기소유예처분의 취지를 통지받을 필요와 실익이 생겼다 할 것이다. 그러므로 검사는 불기소처분을 하는 경우 모든 피의자에게 불기소처분의 취지를 통지하여야 할 것이다.

> 보충 형사소송법 제258조(고소인등에의 처분고지) ① 검사는 고소 또는 고발있는 사건에 관하여 공소를 제기하거나 제기하지 아니하는 처분, 공소의 취소 또는 제256조의 송치를 한 때에는 그 처분한 날로부터 7일 이내에 서면으로 고소인 또는 고발인에게 그 취지를 통지하여야 한다.
> ② 검사는 불기소 또는 제256조(타관송치)의 처분을 한 때에는 피의자에게 즉시 그 취지를 통지하여야 한다.
> [경찰채용 06 2차 / 국가9급 09 / 법원행시 02]

03 검사의 불기소처분에 대한 불복

판례연구 검사의 불기소처분에 대한 불복으로서의 헌법소원

1 헌법재판소 2008.12.26, 2008헌마387
고소를 제기한 바 없는 범죄피해자가 불기소처분에 대하여 곧바로 헌법소원심판을 청구할 수 있다는 사례
범죄피해자는 그가 고소를 제기한 바 없었어도 검사의 불기소처분에 대하여 헌법소원심판을 청구할 자격이 있고, 고소인이 아니므로 불기소처분에 대한 검찰청법상의 항고, 재항고 또는 형사소송법상의 재정신청 절차에 의한 구제를 받을 방법이 없으므로 곧바로 헌법소원심판을 청구할 수 있다.

2 헌법재판소 1989.10.27, 89헌마56
기소유예처분에 대한 헌법소원심판 청구가 가능하다는 사례
군검찰관의 기소유예처분은 공권력의 행사에 포함되는 것이 명백하므로 이로 인하여 기본권이 침해된 때에는 헌법소원심판청구의 대상이 된다. (또한) 범죄혐의가 없음이 명백한 사안인데도 이에 대하여 검찰관이 자의적(恣意的)이고 타협적으로 기소유예처분을 했다면 이는 헌법 제11조 제1항의 평등권, 제10조의 행복추구권을 침해한 것이다.

판례연구 재정신청 관련 중요판례

1 대법원 1988.1.29, 86모58 [경찰승진 11]
기소유예에 대하여 재정신청을 할 수 있다는 사례
기소편의주의를 채택하고 있는 우리 법제하에서, 검사는 범죄의 혐의가 충분하고 소송조건이 구비되어 있는 경우에도 개개의 구체적 사안에 따라 형법 제51조에 정한 사항을 참작하여 불기소처분(기소유예)을 할 수 있는 재량을 갖고 있기는 하나 그 재량에도 스스로 합리적 한계가 있는 것으로서 이 한계를 초월하여 기소를 하여야 할 극히 상당한 이유가 있는 사안을 불기소처분한 경우 이는 기소편의주의의 법리에 어긋나는 부당한 조처라 하지 않을 수 없고 이러한 부당한 처분을 시정하기 위한 방법의 하나로 우리 형사소송법은 재정신청제도를 두고 있다. 인간의 존엄과 행복추구권을 규정한 헌법 제9조 형사절차에서의 인권보장을 규정한 헌법 제11조 제2항의 정신에 비추어 볼 때에 경찰관이 그 직무를 행함에 당하여 형사피의자에 대하여 폭행 및 가혹행위를 하고 특히 여성으로서의 성적 수치심을

자극하는 방법으로 신체적, 정신적 고통을 가하는 것과 같은 인권침해행위는 용납할 수 없는 범죄행위로서 여러 정상을 참작한다 하더라도 그 기소를 유예할 사안으로는 볼 수 없다.

> **보충** 이에 비하여 검사의 내사종결, 공소제기, 공소취소는 모두 불기소처분이 아니므로 재정신청의 대상이 되지 아니한다. [경찰채용 10 1차 / 경찰승진 11 / 국가7급 11 / 법원9급 08 / 법원행시 04]

2 대법원 1990.7.16, 90모34
검사의 불기소처분 당시 공소시효가 완성된 경우 불기소처분에 대한 재정신청이 허용되지 않는다는 사례
검사의 불기소처분 당시에 공소시효가 완성되어 공소권이 없는 경우에는 위 불기소처분에 대한 재정신청은 허용되지 않는다.

3 대법원 1997.4.22, 97모30 [국가7급 11]
재정신청기간은 불변기간이므로 재정신청 제기기간 후에 재정신청 대상을 추가할 수 없다는 사례
재정신청 제기기간이 경과된 후에 재정신청보충서를 제출하면서 원래의 재정신청에 재정신청 대상으로 포함되어 있지 않은 고발사실을 재정신청의 대상으로 추가한 경우, 그 재정신청보충서에서 추가한 부분에 관한 재정신청은 법률상 방식에 어긋난 것으로서 부적법하다.

4 대법원 1998.12.14, 98모127 [국가7급 11 / 법원9급 10]
재정신청절차에는 재소자특칙이 적용되지 않는다는 사례
재정신청서에 대하여는 형사소송법에 제344조 제1항과 같은 특례규정[19]이 없으므로 재정신청서는 같은 법 제260조가 정하는 기간 안에 불기소처분을 한 검사가 소속한 지방검찰청의 검사장 또는 지청장에게 도달하여야 하고, 설령 구금 중인 고소인이 재정신청서를 그 기간 안에 교도소장 또는 그 직무를 대리하는 사람에게 제출하였다 하더라도 재정신청서가 위의 기간 안에 불기소처분을 한 검사가 소속한 지방검찰청의 검사장 또는 지청장에게 도달하지 아니한 이상 이를 적법한 재정신청서의 제출이라고 할 수 없다.

5 대법원 2015.7.16, 2013모2347 전원합의체 : 재정신청 기각결정에 대한 재항고 사건
재정신청 기각결정에 대한 재항고나 그 재항고 기각결정에 대한 즉시항고로서의 재항고에 대한 법정기간 준수 여부는 도달주의 원칙에 따라 판단하여야 하는지 여부(적극) 및 여기에 형사소송법 제344조 제1항의 '재소자 피고인에 대한 특칙'이 준용되는지 여부(소극)
① (도달주의원칙) 형사소송절차에서 법원에 제출하는 서류는 법원에 도달하여야 제출의 효과가 발생하며, 각종 서류의 제출에 관하여 법정기간의 준수 여부를 판단할 때에도 당연히 해당 서류가 법원에 도달한 시점을 기준으로 하여야 한다. ② (도달주의원칙의 예외인 재소자특칙과 재소자특칙이 준용되는 소송절차들) 한편 형사소송법은 이러한 도달주의 원칙에 대한 예외로서, 교도소 또는 구치소에 있는 피고인(이하 '재소자 피고인')이 제출하는 상소장에 대하여 상소의 제기기간 내에 교도소장이나 구치소장 또는 그 직무를 대리하는 사람에게 이를 제출한 때에 상소의 제기기간 내에 상소한 것으로 간주하는 재소자 피고인에 대한 특칙(제344조 제1항, 이하 '재소자특칙')을 두고 있다. 그런데 형사소송법은 상소장 외에 재소자가 제출하는 다른 서류에 대하여는 재소자특칙을 일반적으로 적용하거나 준용하지 아니하고, 상소권회복의 청구 또는 상소의 포기나 취하(제355조), 항소이유서 및 상고이유서 제출(제361조의3 제1항, 제379조 제1항), 재심의 청구와 취하(제430조), 소송비용의 집행면제 신청, 재판의 해석에 대한 의의신청과 재판의 집행에 대한 이의신청 및 취하(제490조 제2항) 등의 경우에 개별적으로 재소자특칙을 준용하는 규정을 두고 있으며, ③ (재정신청절차에는 재소자특칙이 준용되지 않음) 재정신

---

19 **제344조(재소자에 대한 특칙)** ① 교도소 또는 구치소에 있는 피고인이 상소의 제기기간 내에 상소장을 교도소장 또는 구치소장 또는 그 직무를 대리하는 자에게 제출한 때에는 상소의 제기기간 내에 상소한 것으로 간주한다.

청절차에 대하여는 재소자 피고인 특칙의 준용 규정을 두고 있지 아니하다. 이와 같이 형사소송법이 법정기간의 준수에 대하여 도달주의 원칙을 정하고 그에 대한 예외로서 재소자특칙을 제한적으로 인정하는 취지는 소송절차의 명확성, 안정성과 신속성을 도모하기 위한 것이며, 재정신청절차에 대하여 재소자특칙의 준용 규정을 두지 아니한 것도 마찬가지이다. 그리고 ④ (재정신청 및 재정신청 기각결정에 대한 재항고에 재소자특칙이 준용되지 않는 근거) 재정신청절차는 고소·고발인이 검찰의 불기소처분에 불복하여 법원에 그 당부에 관한 판단을 구하는 절차로서 검사가 공소를 제기하여 공판절차가 진행되는 형사재판절차와는 다르며, 또한 고소·고발인인 재정신청인은 검사에 의하여 공소가 제기되어 형사재판을 받는 피고인과는 지위가 본질적으로 다르다. 또한 재정신청인이 교도소 또는 구치소에 있는 경우에도 제3자에게 제출권한을 위임하여 재정신청 기각결정에 대한 재항고장을 제출할 수 있고(재정신청의 대리 가능), 게다가 특급우편제도를 이용할 경우에는 발송 다음 날까지 재항고장이 도달할 수도 있다. 또한 형사소송법 제67조 및 형사소송규칙 제44조에 의하여 재정신청인이 있는 교도소 등의 소재지와 법원과의 거리, 교통통신의 불편 정도에 따라 일정한 기간이 재항고 제기기간에 부가되며 나아가 법원에 의하여 기간이 더 연장될 수 있다. 그뿐 아니라 재정신청인이 자기 또는 대리인이 책임질 수 없는 사유로 인하여 재정신청 기각결정에 대한 재항고 제기기간을 준수하지 못한 경우에는 형사소송법 제345조에 따라 재항고권 회복을 청구할 수도 있다. ⑤ (결론) 위와 같이 법정기간 준수에 대하여 도달주의 원칙을 정하고 재소자특칙의 예외를 개별적으로 인정한 형사소송법의 규정 내용과 입법 취지, 재정신청절차가 형사재판절차와 구별되는 특수성, 법정기간 내의 도달주의를 보완할 수 있는 여러 형사소송법상 제도 및 신속한 특급우편제도의 이용가능성 등을 종합하여 보면, 재정신청 기각결정에 대한 재항고나 그 재항고 기각결정에 대한 즉시항고로서의 재항고에 대한 법정기간의 준수 여부는 도달주의 원칙에 따라 재항고장이나 즉시항고장이 법원에 도달한 시점을 기준으로 판단하여야 하고, 거기에 재소자특칙은 준용되지 아니한다.

6 대법원 1995.6.24, 94모33; 1996.3.11, 96모1; 1996.7.16, 96모53; 1997.4.22, 97모30 [경찰승진 10·12 / 해경간부 12 / 국가7급 02 / 법원9급 07]

검사의 무혐의 불기소처분이 위법하다 하더라도 기소유예를 할 만한 사건이라고 인정되는 경우 재정신청 기각은 적법하다는 사례

공소를 제기하지 아니하는 검사의 처분의 당부에 관한 재정신청이 있는 경우에 법원은 검사의 무혐의 불기소처분이 위법하다 하더라도 기록에 나타난 여러 가지 사정을 고려하여 기소유예의 불기소처분을 할 만한 사건이라고 인정되는 경우에는 재정신청을 기각할 수 있다.

7 대법원 1967.7.25, 66도1222

재정신청 기각결정으로 인한 공소제기의 제한

1개의 고소로서 수인을 무고하여 피해자의 수만큼 무고죄가 성립한다 할지라도 피해자 중의 한 사람이 한 고소에 대하여 검사의 혐의 없다는 불기소처분이 있었고 이에 대한 고소인의 재정신청이 이유 없다 하여 기각된 이상 그 기각된 사건 내용과 동일한 사실로서는 소추할 수 없다 할 것이다.

> 보충   법 제262조(심리와 결정) ② 법원은 재정신청서를 송부받은 날부터 3개월 이내에 항고의 절차에 준하여
> 다음 각 호의 구분에 따라 결정한다. 이 경우 필요한 때에는 증거를 조사할 수 있다.
> 1. 신청이 법률상의 방식에 위배되거나 이유 없는 때에는 신청을 기각한다.
> 2. 신청이 이유 있는 때에는 사건에 대한 공소제기를 결정한다.
> ④ 제2항 제1호의 결정에 대하여는 제415조에 따른 즉시항고를 할 수 있고, 제2항 제2호의 결정에 대하여는
> 불복할 수 없다. 제2항 제2호의 결정이 확정된 사건에 대하여는 다른 중요한 증거를 발견한 경우를 제외하고는
> 소추할 수 없다. [경찰채용 12 2차 / 국가9급 14]

8 대법원 2015.9.10. 2012도14755 [법원9급 19]

[1] 재정신청 기각결정에 의한 재기소제한규정의 취지

형사소송법 제262조 제4항 후문에서 재정신청 기각결정이 확정된 사건에 대하여 다른 중요한 증거를 발견한 경우를 제외하고는 소추할 수 없도록 규정하고 있는 것은, 한편으로 법원의 판단에 의하여 재정신청 기각결정이 확정되었음에도 불구하고 검사의 공소제기를 제한 없이 허용할 경우 피의자를 지나치게 장기간 불안정한 상태에 두게 되고 유죄판결이 선고될 가능성이 낮은 사건에 사법인력과 예산을 낭비하게 되는 결과로 이어질 수 있음을 감안하여 재정신청 기각결정이 확정된 사건에 대한 검사의 공소제기를 제한하면서, 다른 한편으로 재정신청사건에 대한 법원의 결정에는 일사부재리의 효력이 인정되지 않는 만큼 피의사실을 유죄로 인정할 명백한 증거가 발견된 경우에도 재정신청 기각결정이 확정되었다는 이유만으로 검사의 공소제기를 전적으로 금지하는 것은 사법정의에 반하는 결과가 된다는 점을 고려한 것이다.

[2] 형사소송법 제262조 제4항 후문에서 말하는 '제2항 제1호의 결정이 확정된 사건'은 법원에서 심리와 판단이 현실적으로 이루어져 재정신청 기각결정의 대상이 된 사건만을 의미하는지 여부(적극)

형사소송법 제262조 제2항, 제4항과 형사소송법 제262조 제4항 후문의 입법 취지 등에 비추어 보면, 형사소송법 제262조 제4항 후문에서 말하는 '제2항 제1호의 결정이 확정된 사건'은 재정신청사건을 담당하는 법원에서 공소제기의 가능성과 필요성 등에 관한 심리와 판단이 현실적으로 이루어져 재정신청 기각결정의 대상이 된 사건만을 의미한다. 따라서 재정신청 기각결정의 대상이 되지 않은 사건은 형사소송법 제262조 제4항 후문에서 말하는 '제2항 제1호의 결정이 확정된 사건'이라고 할 수 없고, 재정신청 기각결정의 대상이 되지 않은 사건이 고소인의 고소내용에 포함되어 있었다 하더라도 이와 달리 볼 수 없다.

9 대법원 2018.12.28. 2014도17182 [경찰승진 22]

법 제262조 제4항 후문에서 말하는 '다른 중요한 증거를 발견한 경우'의 의미

여기에서 '다른 중요한 증거를 발견한 경우'란 재정신청 기각결정 당시에 제출된 증거에 새로 발견된 증거를 추가하면 충분히 유죄의 확신을 가지게 될 정도의 증거가 있는 경우를 말하고, 단순히 재정신청 기각결정의 정당성에 의문이 제기되거나 범죄피해자의 권리를 보호하기 위하여 형사재판절차를 진행할 필요가 있는 정도의 증거가 있는 경우는 여기에 해당하지 않는다. 그리고 관련 민사판결에서의 사실인정 및 판단은, 그러한 사실인정 및 판단의 근거가 된 증거자료가 새로 발견된 증거에 해당할 수 있음은 별론으로 하고, 그 자체가 새로 발견된 증거라고 할 수는 없다.

10 헌법재판소 2011.11.24. 2008헌마578 · 2009헌마41 · 98(병합) [국가9급 08 · 14 / 국가7급 12 / 법원승진 11]

재정신청 기각결정에 대하여 구법 제262조 제4항의 "불복할 수 없다."는 부분과 재정신청인의 재판청구권 및 평등권 침해(한정위헌)

재정신청 기각결정에 대하여 형사소송법 제415조(항고법원 또는 고등법원의 결정에 대하여는 재판에 영향을 미친 헌법 · 법률 · 명령 또는 규칙의 위반이 있음을 이유로 하는 때에 한하여 대법원에 즉시항고를 할 수 있다)의 재항고를 금지하는 것은 대법원에 명령 · 규칙 또는 처분의 위헌 · 위법 심사권한을 부여하여 법령해석의 통일성을 기하고자 하는 헌법 제107조 제2항[20]의 취지에 반할 뿐 아니라, 헌법재판소법에 의하여 법원의 재판이 헌법소원의 대상에서 제외되어 있는 상황에서 재정신청인의 재판청구권을 지나치게 제약하는 것이 된다. 그리고 법 제415조는 법 제402조와 달리 아무런 예외를 두지 않은 채 이른바 법령위반을 이유로 즉시항고할 수 있다고 규정하고 있고, … 처분(불기소처분)의 헌법위반 여부나 위법 · 부당 여부에 관한 법원의 결정인 재정신청 기각결정에 대하여 이른바 법령위반을 이유로 한 재항고를 허용하지 아니하는 것은 재정신청 기각결정의 법적 성격에도 부합하지 않음을 … 고려할 때, 법 제262조 제4항의 "불복할 수 없다."는 부분은, 재정신청 기각결정에 대한 '불복'에 법 제415조의 '재항고'가 포함되는 것으로 해석하는 한, 재정신청인인 청구인들의 재판청구권을 침해하고, 또 법

제415조의 재항고가 허용되는 고등법원의 여타 결정을 받은 사람에 비하여 합리적 이유 없이 재정신청인을 차별취급함으로써 청구인들의 평등권을 침해한다.

> **보충** 이에 2016.1.6. 개정법 제262조 제4항에서는 "제2항 제1호의 결정(재정신청기각결정)에 대하여는 제415조에 따른 즉시항고를 할 수 있고"라고 규정하여, 재정신청기각결정에 대한 즉시항고제도를 두었다.

11 대법원 2010.11.11, 2009도224
고등법원의 공소제기결정에 대한 불복은 불가하다는 사례 : 재정신청서 기재요건을 위반한 재정신청을 인용한 공소제기결정의 잘못을 본안사건에서 다툴 수 없음(원칙)
법원이 재정신청서에 재정신청을 이유 있게 하는 사유가 기재되어 있지 않음에도 이를 간과한 채 법 제262조 제2항 제2호 소정의 공소제기결정을 한 관계로 그에 따른 공소가 제기되어 본안사건의 절차가 개시된 후에는, 다른 특별한 사정이 없는 한 이제 그 본안사건에서 위와 같은 잘못을 다툴 수 없다. 그렇지 아니하고 위와 같은 잘못을 본안사건에서 다툴 수 있다고 한다면 이는 재정신청에 대한 결정에 대하여 그것이 기각결정이든 인용결정이든 불복할 수 없도록 한 같은 법 제262조 제4항의 규정취지에 위배하여 형사소송절차의 안정성을 해칠 우려가 있기 때문이다. 또한 위와 같은 잘못은 본안사건에서 공소사실 자체에 대하여 무죄, 면소, 공소기각 등을 할 사유에 해당하는지를 살펴 무죄 등의 판결을 함으로써 그 잘못을 바로잡을 수 있다. 뿐만 아니라 본안사건에서 심리한 결과 범죄사실이 유죄로 인정되는 때에는 이를 처벌하는 것이 오히려 형사소송의 이념인 실체적 정의를 구현하는 데 보다 충실하다는 점도 고려하여야 한다. … 재정신청서에 법 제260조 제4항에 정한 사항의 기재가 없어서 법원으로서는 그 재정신청이 법률상의 방식에 위배된 것으로서 이를 기각하여야 함에도, 심판대상인 사기 부분을 포함한 고소사실 전부에 관하여 공소제기결정을 한 잘못이 있고 나아가 그 결정에 따라 공소제기가 이루어졌다 하더라도, 공소사실에 대한 실체판단에 나아간 제1심판결을 유지한 원심의 조치는 정당하다.

12 대법원 2017.11.14, 2017도13465 [국가9급개론 19]
재정신청 대상사건이 아님에도 공소제기결정을 한 사례
법원이 재정신청 대상사건이 아님에도 이를 간과한 채 형사소송법 제262조 제2항 제2호에 따라 공소제기결정을 하였더라도, 그에 따른 공소가 제기되어 본안사건의 절차가 개시된 후에는 다른 특별한 사정이 없는 한 본안사건에서 위와 같은 잘못을 다툴 수 없다.

04 기소강제절차

제2절 공소제기 후의 수사

01 의 의

---

20 헌법 제107조 제2항 명령·규칙 또는 처분이 헌법이나 법률에 위반되는 여부가 재판의 전제가 된 경우에는 대법원은 이를 최종적으로 심사할 권한을 가진다.

02 공소제기 후의 강제수사

> **판례연구** **공소제기 후 강제수사 관련판례**
>
> 대법원 2011.4.28, 2009도10412 [국가7급 17 / 법원9급 15 / 변호사시험 21]
> 검사가 '공소제기 후' 제215조에 따라 수소법원 이외의 지방법원판사로부터 발부받은 압수·수색영장
> 에 의해 수집한 증거의 증거능력 유무(원칙적 소극)
> 헌법상 보장된 적법절차의 원칙과 재판받을 권리, 공판중심주의·당사자주의·직접주의를 지향하는
> 현행 형사소송법의 소송구조, 관련 법규의 체계, 문언 형식, 내용 등을 종합하여 보면, 일단 공소가
> 제기된 후에는 피고사건에 관하여 검사로서는 형사소송법 제215조에 의하여 압수·수색을 할 수 없다고
> 보아야 하며, 그럼에도 검사가 공소제기 후 형사소송법 제215조에 따라 수소법원 이외의 지방법원판사
> 에게 청구하여 발부받은 영장에 의하여 압수·수색을 하였다면, 그와 같이 수집된 증거는 기본적 인권
> 보장을 위해 마련된 적법한 절차에 따르지 않은 것으로서 원칙적으로 유죄의 증거로 삼을 수 없다.

03 공소제기 후의 임의수사

I 원 칙

임의수사는 상대방의 의사에 반하지 않거나 기본권을 침해하지 않는 수사방법이므로 공소제기 후라
하여 이를 금지할 필요는 없다. 다만, 공소가 제기된 이상 수사기관의 임의수사를 무제한적으로 허용해줄
수는 없다.

II 피고인신문

공소제기 후 수사기관이 피고인을 공판정 외 장소에서 신문할 수 있는가에 대해서는 긍정설(배/이/정/이,
임동규), 부정설(다수설), 절충설(백형구)이 대립하나, ① 제200조의 피의자신문의 피의자에는 피고인은 포함
되지 않고, ② 수사기관의 공소제기 후 공판정 외 피고인신문을 인정하는 것은 당사자주의, 공정한 재판의
이념, 공판중심주의에 반하며, ③ 공소제기 후 피고인신문을 허용하게 되면 피고인의 방어준비에도 방해가
된다는 점에서, 부정설이 타당하다. 다만, 판례는 긍정설이다. 즉, **판례**에 의하면 공소제기 후에도 공판기일의
전후를 불문하고 수사기관은 피고인을 신문할 수 있다. [경찰간부 13 / 국가9급 13]

> **판례연구** **공소제기 후 임의수사 관련판례**
>
> **1** 대법원 1984.9.25, 84도1646 [경찰채용 21 2차 / 국가9급 13]
> 공소제기 후 임의수사로서의 피고인 신문은 가능하다는 사례
> 검사의 피고인에 대한 당해 피고사건에 대한 진술조서가 기소 후에 작성된 것이라는 이유만으로 곧
> 그 증거능력이 없는 것이라고는 할 수 없다.[21]

---

21 **참고** : 이 경우 전문법칙의 예외를 정한 조항 가운데 어느 조항을 적용할 것인가가 문제되는바, ① 제312조 제1항 준용설(노/이,
　신동운, 신양균, 임동규), ② 제312조 제4항 적용설(정/백), ③ 제313조 제1항 적용설 등이 대립한다. 본서는 제1설을 취한다.

2 대법원 2000.6.15, 99도1108 전원합의체 [경장채용 05 1차 / 경찰간부 13 / 경찰승진 09·14 / 국가9급 13 / 국가7급 10 / 법원9급 15 / 법원행시 02]

증언번복 조서는 위법수집증거라는 사례

공판준비 또는 공판기일에서 이미 증언을 마친 증인을 검사가 소환한 후 피고인에게 유리한 그 증언 내용을 추궁하여 이를 일방적으로 번복시키는 방식으로 작성한 진술조서를 유죄의 증거로 삼는 것은 당사자주의·공판중심주의·직접주의를 지향하는 현행 형사소송법의 소송구조에 어긋나는 것일 뿐만 아니라, 헌법 제27조가 보장하는 기본권, 즉 법관의 면전에서 모든 증거자료가 조사·진술되고 이에 대하여 피고인이 공격·방어할 수 있는 기회가 실질적으로 부여되는 재판을 받을 권리를 침해하는 것이므로, 이러한 진술조서는 피고인이 증거로 할 수 있음에 동의하지 아니하는 한 그 증거능력이 없다고 하여야 할 것이고, 그 후 원진술자인 종전 증인이 다시 법정에 출석하여 증언을 하면서 그 진술조서의 성립의 진정함을 인정하고 피고인 측에 반대신문의 기회가 부여되었다고 하더라도 그 증언 자체를 유죄의 증거로 할 수 있음은 별론으로 하고 위와 같은 진술조서의 증거능력이 없다는 결론은 달리할 것이 아니다.

> **보충** 위법수집증거배제법칙에는 증거동의가 적용되지 않는다는 것이 다수설이지만, 판례에서는 2가지 경우의 예외가 있다. ① 피고인과 변호인에게 참여권을 주지 않은 증거보전절차상의 증인신문조서(대법원 1988.11.8, 86도1646)와 ② 공판정에서의 증언내용을 번복시키는 참고인진술조서(대법원 2000.6.15, 99도1108 전원합의체)가 그것이다. 이외 위법한 압수물이라도 증거동의가 있으면 증거능력이 인정된다는 판례(대법원 1996.5.14, 96초88)가 있었으나 위법수집증거배제법칙을 명문화한 형사소송법 개정(제308조의2) 이후 판례에서는 위법한 압수물은 증거동의의 대상이 되지 않음을 분명히 하고 있다(대법원 2009.12.24, 2009도11401; 2010.1.28, 2009도10092). [국가7급 17]

3 대법원 2012.6.14, 2012도534 [국가9급 13]

(위 99도1108 판례의 법리는) 검사가 공판준비기일 또는 공판기일에서 이미 증언을 마친 증인을 소환하여 피고인에게 유리한 증언 내용을 추궁한 다음 진술조서를 작성하는 대신 그로 하여금 본인의 증언 내용을 번복하는 내용의 진술서를 작성하도록 하여 법원에 제출한 경우에도 마찬가지로 적용된다.

4 대법원 2013.8.14, 2012도13665 [법원9급 14]

(위 99도1108 판례의 법리는) 검사가 공판준비 또는 공판기일에서 이미 증언을 마친 증인에게 수사기관에 출석할 것을 요구하여 그 증인을 상대로 위증의 혐의를 조사한 내용을 담은 피의자신문조서의 경우도 마찬가지이다.

5 대법원 2019.11.28, 2013도6825 [경찰승진 22]

항소심의 증인으로 소환된 사람을 미리 수사기관에서 조사한 진술조서의 증거능력과 법정 증언의 증명력이 문제된 사건

형사소송법의 기본원칙에 따라 살펴보면, 제1심에서 피고인에 대하여 무죄판결이 선고되어 검사가 항소한 후, 수사기관이 항소심 공판기일에 증인으로 신청하여 신문할 수 있는 사람을 특별한 사정 없이 미리 수사기관에 소환하여 작성한 진술조서는 피고인이 증거로 할 수 있음에 동의하지 않는 한 증거능력이 없다. 검사가 공소를 제기한 후 참고인을 소환하여 피고인에게 불리한 진술을 기재한 대등한 당사자의 지위에 있는 검사가 수사기관으로서의 권한을 이용하여 일방적으로 법정 밖에서 유리한 증거를 만들 수 있게 하는 것이므로 당사자주의·공판중심주의·직접심리주의에 반하고 피고인의 공정한 재판을 받을 권리를 침해하기 때문이다. 위 참고인이 나중에 법정에 증인으로 출석하여 위 진술조서의 성립의 진정을 인정하고 피고인 측에 반대신문의 기회가 부여된다 하더라도 위 진술조서의 증거능력을 인정할 수 없음은 마찬가지이다.

보충 (위 참고인이 진술조서를 작성하여 이를 공판절차에 증거로 제출할 수 있게 한다면, 공판정에 증인으로 출석하여 진술조서와 같은 내용의 진술을 한 경우의 증명력 판단) 위 참고인이 법정에서 위와 같이 증거능력이 없는 진술조서와 같은 취지로 피고인에게 불리한 내용의 진술을 한 경우, 그 진술에 신빙성을 인정하여 유죄의 증거로 삼을 것인지는 증인신문 전 수사기관에서 진술조서가 작성된 경위와 그것이 법정진술에 영향을 미쳤을 가능성 등을 종합적으로 고려하여 신중하게 판단하여야 한다.

MEMO

CHAPTER **04**

증 거

국가9급						국가7급						법원9급						변호사시험					
17	18	19	20	21	22	16	17	18	19	20	21	17	18	19	20	21	22	17	18	19	20	21	22
1	1			1		1		1											1				
		1	1				1	1	1		1		1		1			1					
																	1						
1	1			1	1		1				1	1			2	1	1			1	1	1	2
	1		1	1	2	3	2		1		2	1	2		1	1	1	1	1	3	2	3	3
		1			1	1		1	1		1		1	1	1				1		1		
		1								1								1					
		1			1	1		1	1		1	1		1		1			1		1	1	1
			19/120					25/125						20/150						27/140			

CHAPTER 04 증 거

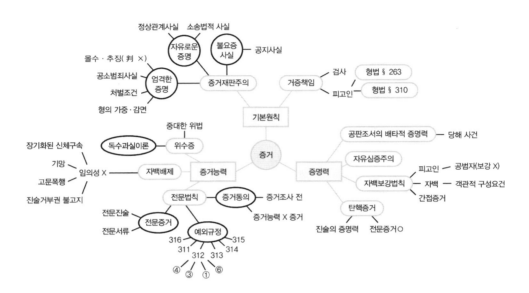

---

01 증거의 의의

02 증거의 종류

> **판례연구** 간접증거 관련판례
>
> **1** 대법원 1976.2.10, 74도1519 [국가9급 09]
> 남녀간의 정사를 내용으로 하는 강간, 강제추행, 업무상위력 등에 의한 간음 등의 범죄에 있어서의 채증방법
> 남녀간 정사를 내용으로 하는 강간, 강제추행, 업무상 위력 등에 의한 간음 등의 범죄에 있어서는 행위의 성질상 당사자 간에서 극비리에 또는 외부에서 알기 어려운 상태 하에서 감행되는 것이 보통이고 그 피해자 외에는 이에 대한 물적증거나 직접적 목격증인 등의 증언을 기대하기가 어려운 사정이

있는 것이라 할 것이니 이런 범죄는 피해자의 피해전말에 관한 증언을 토대로 하여 범행의 전후사정에 관한 제반증거를 종합하여 우리의 경험법칙에 비추어서 범행이 있었다고 인정될 수 있는 경우에는 이를 유죄로 인정할 수 있는 것이다.

> 정리 목격자가 거의 없는 성범죄의 경우 피해자의 진술을 중시하는 판례의 입장이다.

2 대법원 1995.11.14, 95도1729
주관적인 요건은 간접증거만에 의하여 이를 인정할 수 있다는 사례
CD를 어음보관계좌에 보관하는 것이 금융실명거래및비밀보장에관한긴급재정경제명령 소정의 금융거래에 해당한다는 것을 피고인이 인식하고 있었는지와 같은 주관적인 요건은 피고인이 부인하는 한 이를 인정할 만한 증거가 있을 수 없는 것이므로, 경험법칙과 논리법칙에 위반되지 아니하는 한 법관의 자유판단에 따라 간접증거만에 의하여 이를 인정하더라도 무방하다.

3 대법원 2006.3.9, 2005도8675 [경찰간부 12]
증명력 한계가 있는 간접증거만 존재하고 범행을 저지를 만한 동기가 발견되지 않는 경우의 증거평가 방법
범행에 관한 간접증거만이 존재하고 더구나 그 간접증거의 증명력에 한계가 있는 경우, 범인으로 지목되고 있는 자에게 범행을 저지를 만한 동기가 발견되지 않는다면, 만연히 무엇인가 동기가 분명히 있는데도 이를 범인이 숨기고 있다고 단정할 것이 아니라 반대로 간접증거의 증명력이 그만큼 떨어진다고 평가하는 것이 형사 증거법의 이념에 부합하는 것이라 할 것이다.

4 대법원 2008.3.13, 2007도10754
법정형이 무거운 범죄의 형사재판에 있어 간접증거의 증명력 및 시체가 발견되지 아니한 살인사건에서 피고인이 범행을 부인하는 경우, 살인의 죄책을 인정하기 위한 증명의 정도
살인죄 등과 같이 법정형이 무거운 범죄의 경우에도 직접증거 없이 간접증거만에 의하여 유죄를 인정할 수 있고 피해자의 시체가 발견되지 아니하였더라도 간접증거를 상호 관련하에서 종합적으로 고찰하여 살인죄의 공소사실을 인정할 수 있다 할 것이나(대법원 1999.10.22, 99도3273; 2005.1.14, 2004도7028 등 참조), [경찰간부 15] 그러한 유죄 인정에 있어서는 공소사실에 대한 관련성이 깊은 간접증거들에 의하여 신중한 판단이 요구된다. 또한, 시체가 발견되지 아니한 상황에서 범행 전체를 부인하는 피고인에 대하여 살인의 죄책을 인정하기 위해서는 피해자의 사망사실이 추가적·선결적으로 증명되어야 함을 물론, 그러한 피해자의 사망이 살해의사를 가진 피고인의 행위로 인한 것임이 합리적인 의심의 여지가 없을 정도로 증명되어야 한다.

5 대법원 2009.3.12, 2008도8486; 2004.6.25, 2004도2221 [국가9급 12]
간접증거는 개별적·고립적으로 평가해서는 안 된다는 사례
형사재판에 있어 심증형성은 반드시 직접증거에 의하여 형성되어야만 하는 것은 아니고 간접증거에 의할 수도 있는 것이며, 간접증거는 이를 개별적·고립적으로 평가하여서는 아니 되고 모든 관점에서 빠짐없이 상호 관련시켜 종합적으로 평가하고, 치밀하고 모순 없는 논증을 거쳐야 한다.

03 증거능력과 증명력

제2절 증명의 기본원칙

01 증거재판주의

판례연구 합리적인 의심의 여지가 없을 정도의 확신

1 대법원 1987.7.7, 86도586
유죄의 증거의 증명력 정도
형사재판에 있어서 유죄의 증거는 단지 우월한 증명력을 가진 정도로서는 부족하고 법관으로 하여금 합리적인 의심을 할 여지가 없을 정도의 확신을 생기게 할 수 있는 증명력을 가진 것이어야 한다.

> **보충** 검사의 본증은 70%의 유죄의 증명력이 있고, 피고인의 반증은 30%의 합리적 의심을 주는 것(우월한 증명력)으로는 부족하고, 법관에게 합리적 의심을 배제할 정도의 확신을 주어야 한다는 의미이다.

2 대법원 2009.3.12, 2008도8486; 2004.6.25, 2004도2221 [경찰승진 22 / 국가9급 09 · 12]
주사기에서 마약성분과 피고인의 혈흔이 확인되어 필로폰을 투약한 사정이 적극적으로 증명되는 경우, 소변 및 모발검사에서 마약성분이 검출되지 않았다는 소극적 사정만으로 이를 쉽사리 뒤집을 수 없다고 한 사례
증거의 증명력은 법관의 자유판단에 맡겨져 있으나 그 판단은 논리와 경험칙에 합치하여야 하고, 형사재판에 있어서 유죄로 인정하기 위한 심증형성의 정도는 합리적인 의심을 할 여지가 없을 정도여야 하나, 이는 모든 가능한 의심을 배제할 정도에 이를 것까지 요구하는 것은 아니며, 증명력이 있는 것으로 인정되는 증거를 합리적인 근거가 없는 의심을 일으켜 이를 배척하는 것은 자유심증주의의 한계를 벗어나는 것으로 허용될 수 없다 할 것인바, 여기에서 말하는 합리적 의심이라 함은 모든 의문, 불신을 포함하는 것이 아니라 논리와 경험칙에 기하여 요증사실과 양립할 수 없는 사실의 개연성에 대한 합리성 있는 의문을 의미하는 것으로서, 피고인에게 유리한 정황을 사실인정과 관련하여 파악한 이성적 추론에 그 근거를 두어야 하는 것이므로 단순히 관념적인 의심이나 추상적인 가능성에 기초한 의심은 합리적 의심에 포함된다고 할 수 없다.

> **보충** 요증사실과 반대되는 정황에 대한 합리적인(타당한) 의심이 인정되지 않는다는 사례이다.

3 대법원 2013.6.27, 2013도4172; 2013.2.14, 2012도11591 [경찰간부 12 / 국가9급 08 / 국가7급 07 · 11]
형사재판에서 유죄를 인정하기 위한 심증형성의 정도 및 간접증거의 증명력
형사재판에 있어서 유죄의 인정은 법관으로 하여금 합리적인 의심을 할 여지가 없을 정도로 공소사실이 진실한 것이라는 확신을 가지게 할 수 있는 증명력을 가진 증거에 의하여야 하고 이러한 정도의 심증을 형성하는 증거가 없다면 설령 피고인에게 유죄의 의심이 간다 하더라도 피고인의 이익으로 판단할 수밖에 없다. 다만, 그와 같은 심증이 반드시 직접증거에 의하여 형성되어야만 하는 것은 아니고 경험칙과 논리법칙에 위반되지 아니하는 한 간접증거에 의하여 형성되어도 되는 것이며, 간접증거가 개별적으로는 범죄사실에 대한 완전한 증명력을 가지지 못하더라도 전체 증거를 상호 관련하에 종합적으로 고찰할 경우 그 단독으로는 가지지 못하는 종합적 증명력이 있는 것으로 판단되면 그에 의하여도 범죄사실을 인정할 수가 있다.

---

1 대법원 1988.9.13, 88도1114 [경찰채용 09·14 1차 / 경찰간부 13 / 경찰승진 09·11 / 국가9급 05·08]
공모공동정범에 있어서 모의의 증명 및 판시의 정도
공모공동정범의 공모나 모의는 공모공동정범에 있어서의 "범죄될 사실"이라 할 것이므로 이를 인정하기 위하여는 엄격한 증명에 의하지 않으면 아니 되고 그 증거는 판결에 표시되어야 하며, 공모의 판시는 그 구체적 내용을 상세하게 판시할 필요는 없다 하겠으나 위에서 본 취지대로 성립된 것이 밝혀져야만 한다.

2 대법원 2000.2.25, 99도1252 [경찰간부 12 / 해경간부 12 / 경찰승진 11]
교사범에 있어서의 교사사실(교사행위)은 범죄사실을 구성하는 것으로서 이를 인정하기 위하여는 엄격한 증명이 요구되지만, 피고인이 교사사실을 부인하고 있는 경우에는 사물의 성질상 그와 상당한 관련성이 있는 간접사실을 증명하는 방법에 의하여 이를 입증할 수도 있고, 이러한 경우 무엇이 상당한 관련성이 있는 간접사실에 해당할 것인가는 정상적인 경험칙에 바탕을 두고 치밀한 관찰력이나 분석력에 의하여 사실의 연결상태를 합리적으로 판단하는 방법에 의하여야 한다.

3 대법원 2000.6.27, 99도128 [전의경 09 / 경찰간부 12 / 국가9급 08 / 법원승진 12]
위드마크(Widmark) 공식을 사용하여 주취 정도를 계산함에 있어 그 전제사실을 인정하기 위한 입증 정도
범행 직후에 행위자의 혈액이나 호흡으로 혈중 알코올농도를 측정할 수 있는 경우가 아니라면 위드마크 공식을 사용하여 그 계산결과로 특정 시점의 혈중 알코올농도를 추정할 수도 있으나, 범죄구성요건사실의 존부를 알아내기 위해 과학공식 등의 경험칙을 이용하는 경우에는 그 법칙 적용의 전제가 되는 개별적이고 구체적인 사실에 대하여는 엄격한 증명을 요한다 할 것이고, 위드마크 공식의 경우 그 적용을 위한 자료로는 음주량, 음주시각, 체중, 평소의 음주정도 등이 필요하므로 그런 전제사실을 인정하기 위해서는 엄격한 증명이 필요하다.

> 보충　위드마크공식 : ① 필연법칙적 경험칙, ② 전제사실인 음주량 등 : 엄격한 증명의 대상, ③ 근소한 차이 : 증명력 부정, ④ 피고인에게 가장 유리한 수치 : 증명력 긍정

4 대법원 2002.9.4, 2000도637
횡령죄에 있어 불법영득의사를 실현하는 행위로서의 횡령행위가 있다는 점은 검사가 입증하여야 하는 것으로서 그 입증은 법관으로 하여금 합리적인 의심을 할 여지가 없을 정도의 확신을 생기게 하는 증명력을 가진 엄격한 증거에 의하여야 하고, 이와 같은 증거가 없다면 설령 피고인에게 유죄의 의심이 간다 하더라도 피고인의 이익으로 판단할 수밖에 없다.

5 대법원 2005.6.24, 2004도7212 [전의경 09 / 경찰간부 12]
물적 설비에 의한 측정유도를 도로법 제54조 제2항에 정한 적재량 측정요구로 볼 수 있기 위한 요건
물적 설비에 의한 측정유도를 담당공무원에 의한 직접적인 측정요구에 준할 정도로 구체적이고 현실적인 측정요구라고 볼 수 있으려면, 그 측정유도가 도로의 구조를 보전하고 운행의 위험을 방지하기 위한 필요성에 따라 자신의 차량에 대하여 이루어지는 것임을 그 길을 통행하는 화물차량의 운전자가 명확하게 알 수 있었다는 점이 전제가 되어야 할 것이고, 그러한 측정요구가 있었다는 점은 범죄사실을 구성하는 중요부분으로서 이를 인정하기 위하여는 엄격한 증명이 요구된다.

6 대법원 2011.5.26, 2009도2453 [경찰채용 14 1차/법원승진 12]

뇌물죄에서 수뢰액은 다과에 따라 범죄구성요건이 되므로 엄격한 증명의 대상이 되고, 특가법에서 정한 범죄구성요건이 되지 않는 단순 뇌물죄의 경우에도 몰수·추징의 대상이 되는 까닭에 역시 증거에 의하여 인정되어야 하며, 수뢰액을 특정할 수 없는 경우에는 가액을 추징할 수 없다.

> **비교** ① 수뢰액 : 엄격한 증명의 대상, ② 몰수·추징 대상 여부 및 추징액 : 자유로운 증명의 대상.

7 대법원 2013.11.14, 2013도8121 [법원9급 15]

횡령죄의 위탁관계 및 금전의 목적과 용도는 엄격한 증명의 대상

목적과 용도를 정하여 위탁한 금전을 수탁자가 임의로 소비하면 횡령죄를 구성할 수 있으나(대법원 2002.10.11, 2002도2939; 2006.3.9, 2003도6733 등 참조), 이 경우 피해자 등이 목적과 용도를 정하여 금전을 위탁한 사실 및 그 목적과 용도가 무엇인지는 엄격한 증명의 대상이라고 보아야 한다.

8 대법원 2014.9.26, 2014도9030 [국가9급 15]

형사재판에서 공소가 제기된 범죄의 구성요건을 이루는 사실에 대한 증명책임은 검사에게 있으므로 특가법 제5조의9 제1항 위반의 죄의 행위자에게 보복의 목적이 있었다는 점 또한 검사가 증명하여야 하고 그러한 증명은 법관으로 하여금 합리적인 의심을 할 여지가 없을 정도의 확신을 생기게 하는 엄격한 증명에 의하여야 하며 이와 같은 증명이 없다면 피고인의 이익으로 판단할 수밖에 없다.

9 대법원 2015.10.29, 2015도5355; 2004.5.14, 2004도74 등

[1] 고의의 존재에 대한 증명책임의 소재(=검사) 및 유죄인정을 위한 증명 / 범행결과가 매우 중대하고 범행동기나 방법 및 범행정황에 비난가능성이 큰 사정이 있는 경우, 살인의 고의를 인정하는 방법

공소가 제기된 범죄사실의 주관적 요소인 고의의 존재에 대한 입증책임 역시 검찰관에게 있고, 유죄의 인정은 법관으로 하여금 합리적인 의심을 할 여지가 없을 정도로 공소사실이 진실한 것이라는 확신을 가지게 하는 증명력을 가진 증거에 의하여야 하므로, 그러한 증거가 없다면 설령 피고인들에게 유죄의 의심이 간다고 하더라도 피고인들의 이익으로 판단하여야 한다. 나아가 형벌법규의 해석과 적용은 엄격하여야 하므로, 비록 범행 결과가 매우 중대하고 범행 동기나 방법 및 범행 정황에 비난가능성이 크다는 사정이 있더라도, 이를 양형에 불리한 요소로 고려하여 그 형을 무겁게 정하는 것은 별론, 그러한 사정을 이유로 살인의 고의를 쉽게 인정할 것은 아니고 이를 인정함에 있어서는 신중을 기하여야 한다.

[2] 공동정범의 공동가공의 의사에 기한 상호 이용의 관계의 증명

공동정범이 성립한다고 판단하기 위해서는 범죄실현의 전 과정을 통하여 행위자들 각자의 지위와 역할, 다른 행위자에 대한 권유 내용 등을 구체적으로 검토하고 이를 종합하여 위와 같은 공동가공의 의사에 기한 상호 이용의 관계가 합리적인 의심을 할 여지가 없을 정도로 증명되어야 한다.

10 대법원 2013.9.26, 2012도3722; 2011.4.28, 2010도14487

엄격한 증명이 요구되는 대상에는 검사가 공소장에 기재한 구체적 범죄사실 모두가 포함되고, 특히 공소사실에 특정된 범죄의 일시는 피고인의 방어권 행사의 주된 대상이 되므로, 범죄의 성격상 특수한 사정이 있는 경우가 아닌 한 엄격한 증명을 통하여 공소사실에 특정한 대로 범죄사실이 인정되어야 한다(대법원 2011.4.28, 2010도14487 참조). 또한 공소사실의 내용 자체로 전후 연속되거나 견련되어 있는 여러 범죄사실에 대하여 그 중 일부는 무죄로 판단하면서도 나머지는 유죄로 인정하려면, 그와 같이 무죄로 본 근거가 되는 사정들이 나머지 부분의 유죄 인정에 방해가 되지 않는다는 점이 합리적으로 설명될 수 있어야 한다.

11 대법원 1973.5.1, 73도289 [해경간부 12 / 경찰승진 10·11]
외국법규의 존재는 엄격한 증명을 요한다는 사례
형법 제6조 단행에 규정한 "행위지의 법률에 의하여 범죄를 구성"하는가 여부에 관하여는 이른바 엄격한 증명을 필요로 한다.

12 대법원 1970.10.30, 70도1936
소송법적 사실이지만 신분적 재판권에 대해서는 엄격한 증명의 대상으로 본 사례
민간인이 군에 입대하여 군인신분을 취득하였는가의 여부를 판단함에는 엄격한 증명을 요한다.

보충 위 판례는 군인에 대해서는 일반법원이 재판권이 없다는 법률적용의 전제로서 군인신분을 취득하였는가를 엄격한 증명의 대상으로 본 것이다. 재판권의 존부의 문제는 소송조건이나, 현실적으로 중요한 문제임을 고려하여 엄격한 증명의 대상으로 판시한 사례이다. 따지고 보면, 판례는 외국법규의 존재에 대해서도 이것이 소송법적 사실인 재판권의 존부에 관한 사실임에도 엄격한 증명의 대상으로 보고 있다.

판례연구   위법성·책임 조각사유, 형벌권 범위 관련사실 중 자유로운 증명의 대상

1 대법원 1996.10.25, 95도1473 [경찰간부 15 / 국가7급 14]
명예훼손죄의 위법성조각사유(형법 제310조)에 대한 거증책임(행위자)·증명방법(자유)·전문법칙(적용 ×)
공연히 사실을 적시하여 사람의 명예를 훼손한 행위가 형법 제310조의 규정에 따라서 위법성이 조각되어 처벌대상이 되지 않기 위하여는 그것이 진실한 사실로서 오로지 공공의 이익에 관한 때에 해당된다는 점을 행위자가 증명하여야 하는 것이나(대법원 1988.10.11, 85다카29; 1993.6.22, 92도3160; 1996.5.28, 94다33828 등 참조), 그 증명은 유죄의 인정에 있어 요구되는 것과 같이 법관으로 하여금 의심할 여지가 없을 정도의 확신을 가지게 하는 증명력을 가진 엄격한 증거에 의하여야 하는 것은 아니라고 할 것이므로, 이때에는 전문증거에 대한 증거능력의 제한을 규정한 형사소송법 제310조의2는 적용될 여지가 없다고 보아야 한다.

2 대법원 1961.10.26, 4294형상590
심신상실(책임조각사유) 또는 심신미약(책임감경 ∴ 형의 감경사유)에 대한 증명의 정도
범인의 범행 당시의 정신상태가 심신상실이었느냐 심신미약이었느냐는 자유로운 증명으로서 족하나, 일반적으로는 전문가의 감정에 의뢰하는 것이 타당하다.

3 대법원 1993.6.22, 91도3346 [전의경 09 / 해경간부 12 / 경찰승진 09·10 / 국가9급 05·07·08 / 국가7급 14 / 법원9급 07]
몰수·추징의 대상 여부나 추징액의 인정은 엄격한 증명을 요하지 아니한다는 사례
몰수, 추징의 대상이 되는지 여부나 추징액의 인정은 엄격한 증명을 필요로 하지 아니한다(대법원 1987.4.11, 87도399; 1982.2.9, 81도3040 등 참조). 따라서 원심이 수사기록에 첨부된 세관공무원의 시가감정서(이 사건 선박들의 범칙 당시의 국내도매물가를 산출한 것)에 근거하여 추징액을 결정한 제1심판결을 정당하다고 본 것은 수긍할 수 있다.

보충 통설은 엄격한 증명의 대상으로 보지만, 판례는 자유로운 증명의 대상으로 보는 것 : ① 명예훼손죄의 위법성 조각사유인 사실의 증명, ② 심신상실·심신미약, ③ 몰수·추징 대상 여부 및 추징액의 인정(명/실/몰에서는 자유롭게 증명해).

1 대법원 2010.4.29, 2010도750 [교정9급특채 11 / 국가7급 18]

정상관계사실은 자유로운 증명의 대상이라는 사례

양형의 조건에 관하여 규정한 형법 제51조의 사항은 널리 형의 양정에 관한 법원의 재량사항에 속한다고 해석되므로(대법원 2008.5.29, 2008도1816 등 참조), 법원은 범죄의 구성요건이나 법률상 규정된 형의 가중·감면의 사유가 되는 경우를 제외하고는, 법률이 규정한 증거로서의 자격이나 증거조사방식에 구애됨이 없이 상당한 방법으로 조사하여 양형의 조건이 되는 사항을 인정할 수 있다. 나아가 형의 양정에 관한 절차는 범죄사실을 인정하는 단계와 달리 취급하여야 하므로, 당사자가 직접 수집하여 제출하기 곤란하거나 필요하다고 인정되는 경우 등에는 직권으로 양형조건에 관한 형법 제51조의 사항을 수집·조사할 수 있다.

2 대법원 1999.2.9, 98도2074 [경찰채용 12·14 1차 / 경찰채용 15·22 2차 / 해경간부 12 / 경찰승진 11 / 법원9급 13·15 / 법원승진 12]

소송조건은 자유로운 증명의 대상이라는 사례

친고죄에서의 고소 유무에 대한 사실은 자유로운 증명의 대상이 된다.

3 대법원 2010.10.14, 2010도5610

반의사불벌죄에서 '처벌불원의 의사표시' 또는 '처벌희망 의사표시 철회'의 유무나 그 효력에 관한 사실은 엄격한 증명의 대상이 아니라는 사례

반의사불벌죄에서 피고인 또는 피의자의 처벌을 희망하지 않는다는 의사표시 또는 처벌희망 의사표시 철회의 유무나 그 효력 여부에 관한 사실은 엄격한 증명의 대상이 아니라 증거능력이 없는 증거나 법률이 규정한 증거조사방법을 거치지 아니한 증거에 의한 증명, 이른바 자유로운 증명의 대상이다(대법원 1999.2.9, 98도2074; 1999.5.14, 99도947 등 참조).

4 대법원 2001.2.9, 2000도1216; 2021.10.28, 2021도404

출입국사범 사건에서 적법한 고발이 있었는지에 관한 증명의 방법

출입국사범 사건에서 지방출입국·외국인관서의 장의 적법한 고발이 있었는지 여부가 문제되는 경우에 법원은 증거조사의 방법이나 증거능력의 제한을 받지 아니하고 제반사정을 종합하여 적당하다고 인정되는 방법에 의하여 자유로운 증명으로 그 고발 유무를 판단하면 된다.

5 대법원 1986.11.25, 83도1718 [경찰채용 14 1차 / 전의경 09 / 경찰간부 12 / 경찰승진 11 / 국가9급 08 / 국가7급 07]

증거능력 인정을 위한 기초사실은 자유로운 증명의 대상이라는 사례

피의자의 진술에 관하여 공판정에서 그 임의성 유무가 다투어지는 경우에는 법원은 구체적인 사건에 따라 증거조사의 방법이나 증거능력의 제한을 받지 아니하고 제반사정을 종합 참작하여 적당하다고 인정되는 방법에 의하여 자유로운 증명으로 그 임의성 유무를 판단하면 된다.

6 대법원 2001.9.4, 2000도1743 [경찰채용 14 1차 / 해경간부 12 / 경찰승진 11 / 교정9급특채 10 / 법원9급 13·20]

피고인의 자필로 작성된 진술서의 경우에는 서류의 작성자가 동시에 진술자이므로 진정하게 성립된 것으로 인정되어 (구) 형사소송법 제313조 단서에 의하여 그 진술이 특히 신빙할 수 있는 상태하에서 행하여진 때에는 증거능력이 있고, 이러한 특신상태는 증거능력의 요건에 해당하므로(전문증거의 예외요건) 검사가 그 존재에 대하여 구체적으로 주장·입증하여야 하는 것이지만, 이는 소송상의 사실에 관한 것이므로, 엄격한 증명을 요하지 아니하고 자유로운 증명으로 족하다.

02 거증책임

판례연구　거증책임 검사 부담의 원칙

1 대법원 2003.12.26, 2003도5255 [경찰승진 14 / 국가9급 13 / 법원9급 09]
형사재판에 있어서 공소사실에 대한 거증책임 및 증명력의 정도와 민사재판상의 입증책임과의 관계
형사재판에 있어서 공소가 제기된 범죄사실에 대한 입증책임은 검사에 있고, 유죄의 인정은 법관으로 하여금 합리적인 의심을 할 여지가 없을 정도로 공소사실이 진실한 것이라는 확신을 가지게 하는 증명력을 가진 증거에 의하여야 하므로, 그와 같은 증거가 없다면 설령 피고인에게 유죄의 의심이 간다 하더라도 피고인의 이익으로 판단할 수밖에 없으며, 민사재판이었더라면 입증책임을 지게 되었을 피고인이 그 쟁점이 된 사항에 대하여 자신에게 유리한 입증을 하지 못하고 있다 하여 위와 같은 원칙이 달리 적용되는 것은 아니다.

2 대법원 2010.7.23, 2010도1189 전원합의체 [국가9급 13 / 교정9급특채 10]
구성요건해당사실에 대한 거증책임은 검사가 부담한다는 사례
국가보안법 제7조 제5항의 죄는 제1, 3, 4항에 규정된 이적행위를 할 목적으로 문서·도화 기타의 표현물을 제작·수입·복사·소지·운반·반포·판매 또는 취득하는 것으로서 이른바 목적범임이 명백하다. 목적범에서의 목적은 범죄 성립을 위한 초과주관적 위법요소로서 고의 외에 별도로 요구되는 것이므로, 행위자가 표현물의 이적성을 인식하고 제5항의 행위를 하였다고 하더라도 이적행위를 할 목적이 인정되지 아니하면 그 구성요건은 충족되지 아니한다. 그리고 형사재판에서 공소가 제기된 범죄의 구성요건을 이루는 사실에 대한 증명책임은 검사에게 있으므로 행위자에게 이적행위를 할 목적이 있었다는 점은 검사가 증명하여야 하며, 행위자가 이적표현물임을 인식하고 제5항의 행위를 하였다는 사실만으로 그에게 이적행위를 할 목적이 있었다고 추정해서는 아니 된다.

3 대법원 2014.6.12, 2014도3163
선행차량에 이어 피고인 운전 차량이 피해자를 연속하여 역과하는 과정에서 피해자가 사망한 사례
형사재판에서 공소가 제기된 범죄사실에 대한 증명책임은 검사에게 있고, 유죄의 인정은 법관으로 하여금 합리적인 의심을 할 여지가 없을 정도로 공소사실이 진실한 것이라는 확신을 가지게 하는 증명력을 가진 엄격한 증거에 의하여야 하며, 이러한 법리는 선행차량에 이어 피고인 운전 차량이 피해자를 연속하여 역과하는 과정에서 피해자가 사망한 경우에도 마찬가지로 적용되므로, 피고인이 일으킨 후행 교통사고 당시에 피해자가 생존해 있었다는 증거가 없다면 설령 피고인에게 유죄의 의심이 있다고 하더라도 피고인의 이익으로 판단할 수밖에 없다.

보충 자동차 운전자인 피고인이, 甲이 운전하는 선행차량에 충격되어 도로에 쓰러져 있던 피해자 乙을 다시 역과함으로써 사망에 이르게 하고도 필요한 조치를 취하지 않고 도주하였다고 하여 특가법 위반(도주차량)으로 기소된 경우, 제출된 증거들만으로는 피고인 운전 차량이 2차로 乙을 역과할 당시 아직 乙이 생존해

있었다고 단정하기 어렵다고 본 판례이다. 따라서 이와 달리 보아 피고인에게 유죄를 인정한 원심판결에는 선행 교통사고와 후행 교통사고가 경합하여 피해자가 사망한 경우 후행 교통사고와 피해자의 사망 사이의 인과관계 증명책임에 관한 법리오해 등의 위법이 있다고 판시하였다.

4 대법원 1970.11.24, 70도2109
증거능력의 전제사실에 대한 거증책임은 검사에게 있다는 사례
서증의 증거능력을 부여하기 위한 입증책임은 그 서증을 증거로 제출한 검사에게 있다.

5 대법원 2002.10.8, 2001도3931
임의성 없는 진술의 증거능력을 부정하는 취지 및 그 임의성에 대한 입증책임의 소재(=검사)
임의성 없는 진술의 증거능력을 부정하는 취지는, 허위진술을 유발 또는 강요할 위험성이 있는 상태하에서 행하여진 진술은 그 자체가 실체적 진실에 부합하지 아니하여 오판을 일으킬 소지가 있을 뿐만 아니라 그 진위 여부를 떠나서 진술자의 기본적 인권을 침해하는 위법 부당한 압박이 가하여지는 것을 사전에 막기 위한 것이므로, 그 임의성에 다툼이 있을 때에는 그 임의성을 의심할 만한 합리적이고 구체적인 사실을 피고인이 입증할 것이 아니고 검사가 그 임의성의 의문점을 해소하는 입증을 하여야 한다. … 따라서 알선수재 사건의 공여자 등이 별건으로 구속된 상태에서 10여 일 내지 수십여 일 동안 거의 매일 검사실로 소환되어 밤늦게까지 조사를 받았다면 이들은 과도한 육체적 피로, 수면부족, 심리적 압박감 속에서 진술을 한 것으로 보여지므로 이들에 대한 진술조서는 그 임의성을 의심할 만한 사정이 있고, 검사가 그 임의성의 의문점을 해소하는 입증을 하지 못하면 위 진술조서는 증거능력이 없다고 해야 한다. [국가9급 08·11·13·14·15 / 교정9급특채 10 / 법원9급 15]

> 보충 과거의 판례는 진술의 임의성에 관한 증명은 자유로운 증명의 대상이므로 특별히 입증책임의 분배가 문제되지 않는다는 입장이었으나, 이제는 위와 같이 자백의 임의성의 거증책임은 검사가 지도록 하고 있다.

6 대법원 2007.1.11, 2006도7228
증인 구인장 집행불능 상황을 구법 제314조의 기타 사유에 해당한다고 인정할 수 있는 요건
직접주의와 전문법칙의 예외를 정한 형사소송법 제314조의 요건 충족 여부는 엄격히 심사하여야 하고 전문증거의 증거능력을 갖추기 위한 요건에 관한 입증책임은 검사에게 있는 것이므로, 법원이 증인에 대한 구인장 집행불능 상황을 형사소송법 제314조의 '기타 사유로 인하여 진술할 수 없는 때'에 해당한다고 인정할 수 있으려면, 형식적으로 구인장 집행이 불가능하다는 취지의 서면이 제출되었다는 것만으로는 부족하고, 증인에 대한 구인장의 강제력에 기하여 증인의 법정 출석을 위한 가능하고도 충분한 노력을 다하였음에도 불구하고, 부득이 증인의 법정 출석이 불가능하게 되었다는 사정을 검사가 입증한 경우여야 한다.

판례연구   거증책임의 전환

대법원 1996.10.25, 95도1473 [국가9급 13·20 / 교정9급특채 11]
형법 제310조의 위법성조각사유는 거증책임전환규정 : 재건축조합 유인물 사건
공연히 사실을 적시하여 사람의 명예를 훼손한 행위가 형법 제310조의 규정에 따라서 위법성이 조각되어 처벌대상이 되지 않기 위하여는 그것이 진실한 사실로서 오로지 공공의 이익에 관한 때에 해당된다는 점을 행위자가 증명하여야 하는 것이나(대법원 1988.10.11, 85다카29; 1993.6.22, 92도3160; 1996.5.28, 94다33828 등 참조), 그 증명은 유죄의 인정에 있어 요구되는 것과 같이 법관으로 하여금 의심할 여지가 없을 정도의 확신을 가지게 하는 증명력을 가진 엄격한 증거에 의하여야 하는 것은 아니라고 할 것이므로, 이때에는 전문증거에 대한 증거능력의 제한을 규정한 형사소송법 제310조의2는 적용될

여지가 없다고 보아야 한다.

> 보충 학설에서는 거증책임 부전환설(검사거증책임부담설, 위법성조각사유설)이 통설이다. 통설은 ① 형법 제
> 310조는 명예훼손죄의 특별한 위법성조각사유를 정한 데 불과하고, ② 거증책임의 전환을 인정하기 위해서는
> 명문규정이 있어야 하는데 동조항은 증명문제에 대해서는 아무런 언급이 없으며, ③ 피고인에게 유리한
> 규정이라 하여 이를 거증책임전환규정으로 보면 다른 위법성조각사유에 대해서도 유사한 문제가 발생할
> 수 있다는 점을 논거로 한다.

03 자유심증주의

> 판례연구   **자유심증주의에 의하여 증거의 증명력을 인정한 사례**
>
> [자 백]
> **1** 대법원 2010.7.22, 2009도1151
> 검찰에서의 피고인의 자백이 법정진술과 다르거나 피고인에게 지나치게 불리한 경우의 증명력
> 검찰에서의 피고인의 자백이 법정진술과 다르다거나 피고인에게 지나치게 불리한 내용이라는 사유만으
> 로는 그 자백의 신빙성이 의심스럽다고 할 수는 없는 것이고, 자백의 신빙성 유무를 판단함에 있어서는
> 자백의 진술 내용 자체가 객관적으로 합리성을 띠고 있는지, 자백의 동기나 이유가 무엇이며, 자백에
> 이르게 된 경위는 어떠한지 그리고 자백 이외의 정황증거 중 자백과 저촉되거나 모순되는 것이 없는지
> 하는 점 등을 고려하여 피고인의 자백에 법 제309조에 정한 사유 또는 자백의 동기나 과정에 합리적인
> 의심을 갖게 할 상황이 있었는지를 판단하여야 한다(대법원 2001.9.28, 2001도4091; 2008.6.26, 2008도
> 1994 등 참조).
>
> **2** 대법원 2016.10.13, 2015도17869
> 피고인이 수사기관에서부터 공판기일에 이르기까지 일관되게 범행을 자백하다가 어느 공판기일부터
> 갑자기 자백을 번복한 경우, 자백 진술의 신빙성 유무를 판단할 때 고려하여야 할 사항
> 자백의 신빙성 유무를 판단할 때에는 자백 진술의 내용 자체가 객관적으로 합리성이 있는지, 자백의
> 동기나 이유는 무엇이며, 자백에 이르게 된 경위는 어떠한지, 그리고 자백 외의 정황증거 중 자백과
> 저촉되거나 모순되는 것은 없는지 등 제반 사정을 고려하여 판단하여야 한다(대법원 1985.2.26, 82도
> 2413; 2013.11.14, 2013도10277 등 참조). 나아가 피고인이 수사기관에서부터 공판기일에 이르기까지
> 일관되게 범행을 자백하다가 어느 공판기일부터 갑자기 자백을 번복한 경우에는, 자백 진술의 신빙성
> 유무를 살피는 외에도 자백을 번복하게 된 동기나 이유 및 경위 등과 함께 수사기관 이래의 진술 경과와
> 그 진술의 내용 등에 비추어 번복 진술이 납득할 만한 것이고 이를 뒷받침할 증거가 있는지 등을 살펴보아
> 야 한다(번복진술을 신빙하지 않고 자백진술을 신빙함).
>
> [증인의 증언]
> **1** 대법원 1980.4.8, 79도2125 [국가7급 08·11]
> 증거보전 절차에서의 진술과 자유심증주의
> 증거보전 절차에서의 진술이 법원의 관여하에 행하여지는 것(∴ 증거능력 ○)으로서 수사기관에서의
> 진술보다 임의성이 더 보장되는 것이기는 하나 보전된 증거가 항상 진실이라고 단정지을 수는 없는

것이므로 법원이 그것을 믿지 않을 만한 사유가 있어서 믿지 않는 것에 자유심증주의의 남용이 있다고 볼 수 없다.

2 대법원 1988.6.28, 88도740 [경찰승진 12 / 국가7급 11]
같은 사람의 검찰에서의 진술과 법정에서의 진술이 다른 경우의 증거의 취사
증거의 취사와 사실인정은 채증법칙에 위반되지 아니하면 사실심의 전권사항에 속하는 것이고 같은 사람의 검찰에서의 진술과 법정에서의 증언이 다를 경우 반드시 후자를 믿어야 된다는 법칙은 없다고 할 것이므로 같은 사람의 법정에서의 증언과 다른 검찰에서의 진술을 믿고서 범죄사실을 인정하더라도 그것이 위법하게 진술된 것이 아닌 이상 자유심증에 속한다.

3 대법원 1991.5.10, 91도579
선서무능력자의 증언도 신빙할 수 있다는 사례
사고 당시는 만 3년 3월 남짓, 증언 당시는 만 3년 6월 남짓된 강간치상죄의 피해자인 여아가 피해상황에 관하여 비록 구체적이지는 못하지만 개괄적으로 물어 본 검사의 질문에 이를 이해하고 고개를 끄덕이는 형식으로 답변함에 대하여 증언능력이 있음을 인정할 수 있다.

4 대법원 2015.8.20, 2013도11650 전원합의체 : 전 국무총리 사건 [경찰간부 14]
증인이 수사기관에서의 진술을 법정에서 번복하였음에도 수사기관에서의 진술의 신빙성을 인정한 사례
국회의원인 피고인이 甲 주식회사 대표이사 乙에게서 3차례에 걸쳐 약 9억원의 불법정치자금을 수수하였다는 내용으로 기소되었는데, 乙이 검찰의 소환 조사에서는 자금을 조성하여 피고인에게 정치자금으로 제공하였다고 진술하였다가, 제1심 법정에서는 이를 번복하여 자금 조성 사실은 시인하면서도 피고인에게 정치자금으로 제공한 사실을 부인하고 자금의 사용처를 달리 진술한 경우, 공판중심주의와 실질적 직접심리주의 등 형사소송의 기본원칙상 검찰진술보다 법정진술에 더 무게를 두어야 한다는 점을 감안하더라도, 乙의 법정진술을 믿을 수 없는 사정 아래에서 乙이 법정에서 검찰진술을 번복하였다는 이유만으로 조성 자금을 피고인에게 정치자금으로 공여하였다는 검찰진술의 신빙성이 부정될 수는 없고, 진술 내용 자체의 합리성, 객관적 상당성, 전후의 일관성, 이해관계 유무 등과 함께 다른 객관적인 증거나 정황사실에 의하여 진술의 신빙성이 보강될 수 있는지, 반대로 공소사실과 배치되는 사정이 존재하는지 두루 살펴 판단할 때 자금 사용처에 관한 乙의 검찰진술의 신빙성이 인정되므로, 乙의 검찰진술 등을 종합하여 공소사실을 모두 유죄로 인정한 원심판단에는 자유심증주의의 한계를 벗어나는 등의 잘못이 없다.

> 보충 [위 전원합의체 판결의 소수의견] ① 수사기관이 피고인 아닌 사람을 상대로 증거를 수집하면서 헌법과 형사소송법이 정한 절차에 따르지 아니하여 증거능력이 부정되는 정도에까지는 이르지 아니하였더라도, 피고인 아닌 사람을 소환하여 진술을 듣고 이를 조서로 작성하는 일련의 증거수집과정이 수사의 정형적 형태를 벗어남으로써 실체적 진실 규명과 기본적 인권 보장을 목표로 하는 형사사법절차의 존재 의의와 목적에 비추어 수사의 상당성을 인정하기 어렵고 그 과정에 허위가 개입될 여지가 있을 경우에는, 진술조서의 진술기재의 신빙성을 인정하려면 그것을 뒷받침할 객관적인 증거나 정황사실이 존재한다는 특별한 사정이 있어야 한다. 그리고 ② 공판중심주의 원칙과 전문법칙의 취지에 비추어 보면, 피고인 아닌 사람이 공판기일에 선서를 하고 증언하면서 수사기관에서 한 진술과 다른 진술을 하는 경우에, 공개된 법정에서 교호신문을 거치고 위증죄의 부담을 지면서 이루어진 자유로운 진술의 신빙성을 부정하고 수사기관에서 한 진술을 증거로 삼으려면 이를 뒷받침할 객관적인 자료가 있어야 한다. 이때 단순히 추상적인 신빙성의 판단에 그쳐서는 아니 되고, 진술이 달라진 데 관하여 그럴 만한 뚜렷한 사유가 나타나 있지 않다면 위증죄의 부담을 지면서까지 한 법정에서의 자유로운 진술에 더 무게를 두어야 함이 원칙이다. → 이렇게 출제되면 틀린 지문임.

5 대법원 2017.1.25, 2016도15526

이태원 살인사건

형사재판에서 유죄의 인정은 법관으로 하여금 합리적인 의심을 할 여지가 없을 정도로 공소사실이 진실한 것이라는 확신을 갖도록 할 수 있는 증명력을 가진 증거에 의하여야 한다. 여기에서 말하는 합리적 의심이란 모든 의문이나 불신을 말하는 것이 아니라 논리와 경험법칙에 기하여 증명이 필요한 사실과 양립할 수 없는 사실의 개연성에 대한 합리적인 의문을 의미한다. 따라서 단순히 관념적인 의심이나 추상적인 가능성에 기초한 의심은 합리적 의심에 포함되지 않는다. 법관은 반드시 직접증거로만 범죄사실에 대한 증명이 있는지를 판단하는 것은 아니고, 직접증거와 간접증거를 종합적으로 고찰하여 논리와 경험의 법칙에 따라 범죄사실에 대한 증명이 있는 것으로 판단할 수 있다. 피고인이 1997.4.3. 21：50경 이태원 버거킹 화장실에서 피해자 甲을 칼로 찔러 乙과 공모하여 甲을 살해하였다는 내용으로 기소된 경우, 甲은 피고인과 乙만 있던 화장실에서 칼에 찔려 사망하였고, 피고인과 乙은 서로 상대방이 甲을 칼로 찔렀고 자신은 우연히 그 장면을 목격하였을 뿐이라고 주장하나, 범행 현장에 남아 있던 혈흔 등에 비추어 乙의 주장에는 특별한 모순이 발견되지 않은 반면 피고인의 주장에는 쉽사리 해소하기 힘든 논리적 모순이 발생하는 점, 범행 이후의 정황에 나타난 여러 사정들 역시 피고인이 甲을 칼로 찌르는 것을 목격하였다는 乙의 진술의 신빙성을 뒷받침하는 점 등 제반 사정을 종합하면, 피고인이 甲을 칼로 찔러 살해하였음이 합리적인 의심을 할 여지가 없을 정도로 충분히 증명되었다고 본 원심판단은 정당하다.

> 보충   한편 거짓말탐지기 검사 결과, 피고인의 진술에 대하여는 거짓으로 진단할 수 있는 특이한 반응이 나타나지 않은 반면, 공소외 1(乙)의 진술에 대하여는 거짓으로 진단할 수 있는 현저한 반응이 나타났다. 그러나 거짓말탐지기 검사 결과가 항상 진실에 부합한다고 단정할 수 없을 뿐 아니라, 검사를 받는 사람의 진술의 신빙성을 가늠하는 정황증거로서 기능을 하는 데 그치므로, 그와 같은 검사결과만으로 범행 당시의 상황이나 범행 이후 정황에 부합하는 공소외 1 진술의 신빙성을 부정할 수 없다.

6 대법원 2018.10.25, 2018도7709

피해자 진술의 신빙성 판단

피해자 등의 진술은 그 진술 내용의 주요한 부분이 일관되며, 경험칙에 비추어 비합리적이거나 진술 자체로 모순되는 부분이 없고, 또한 허위로 피고인에게 불리한 진술을 할 만한 동기나 이유가 분명하게 드러나지 않는 이상, 그 진술의 신빙성을 특별한 이유 없이 함부로 배척해서는 아니 된다. … 강간죄에서 공소사실을 인정할 증거로 사실상 피해자의 진술이 유일한 경우에 피고인의 진술이 경험칙상 합리성이 없고 그 자체로 모순되어 믿을 수 없다고 하여 그것이 공소사실을 인정하는 직접증거가 되는 것은 아니지만, 이러한 사정은 법관의 자유판단에 따라 피해자 진술의 신빙성을 뒷받침하거나 직접증거인 피해자 진술과 결합하여 공소사실을 뒷받침하는 간접정황이 될 수 있다.

7 대법원 2020.8.20, 2020도6965; 2020.9.3, 2020도8533; 2020.10.29, 2019도4047

성폭력범죄 피해자 진술의 신빙성 판단과 피해자다움의 문제

(제1심이 증인신문을 거쳐 신빙성을 인정한 성폭력범죄 피해자의 진술 등에 대하여 항소심이 추가 증거조사 없이 '피해자다움'이 나타나지 않는다는 등의 사정을 들어 신빙성을 배척하는 것이 타당한가의 문제) 성폭행 피해자의 대처 양상은 피해자의 성정이나 가해자와의 관계 및 구체적인 상황에 따라 다르게 나타날 수밖에 없다. 따라서 개별적, 구체적인 사건에서 성폭행 등의 피해자가 처하여 있는 특별한 사정을 충분히 고려하지 않은 채 피해자 진술의 증명력을 가볍게 배척하는 것은 정의와 형평의 이념에 입각하여 논리와 경험의 법칙에 따른 증거판단이라고 볼 수 없다(대법원 2018.10.25, 2018도7709 참조). 범행 후 피해자의 태도 중 '마땅히 그러한 반응을 보여야만 하는 피해자'로 보이지 않는 사정이 존재한다는 이유만으로 피해자 진술의 신빙성을 함부로 배척할 수 없다.

[감정인의 의견]
대법원 1976.3.23, 75도2068
감정의견의 판단과 그 채부에 대한 자유심증

감정의견의 판단과 그 채부 여부는 법원의 자유심증에 따르며 법원이 감정결과를 전문적으로 비판할 능력을 가지지 못하는 경우에는 그 결과가 사실상 존중되는 수가 많게 된다 해도 감정의견은 법원이 가지고 있지 못한 경험칙 등을 보태준다는 이유로 항상 따라야 하는 것도 아니고 감정의견이 상충된 경우 다수 의견을 안 따르고 소수 의견을 채용해도 되고 여러 의견 중에서 그 일부씩을 채용하여도 무방하며 여러 개의 감정의견이 일치되어 있어도 이를 배척하려면 특별한 이유를 밝히거나 또는 반대감정의견을 구하여야 된다는 법리도 없다.

[증거서류]
1 대법원 1983.3.8, 81도3148
형사재판에 있어서 처분문서의 배척 시 이유설시의 요부

형사재판에 있어서는 (민사재판과는 달리 – 필자 주) 처분문서라 하여도 이를 배척하는 이유설시를 하여야 한다는 법칙이 없으며, 경험법칙 내지는 논리측에 위배되지 아니하는 한 그 증거취사는 사실심의 전권에 속한다.

2 대법원 1986.9.23, 86도1547 [경찰채용 21 2차 / 경찰간부 15]
동일인의 경찰자술서, 검찰 피신조서, 다른 사건 공판조서 및 법정에서의 진술이 서로 다를 경우의 채증방법

경찰에서의 자술서, 검사 작성의 각 피의자신문조서, 다른 형사사건의 공판조서의 기재와 당해 사건의 공판정에서의 같은 사람의 증인으로서의 진술이 상반되는 경우 반드시 공판정에서의 증언은 믿어야 된다는 법칙은 없고, 상반된 증언, 감정 중에 그 어느 것을 사실인정의 자료로 인용할 것인가는 사실심 법원의 자유심증에 속한다.

3 대법원 2011.1.27, 2010도12728
상해의 피해자가 제출하는 '상해진단서'의 증명력

상해죄의 피해자가 제출하는 상해진단서는 일반적으로 의사가 당해 피해자의 진술을 토대로 상해의 원인을 파악한 후 의학적 전문지식을 동원하여 관찰·판단한 상해의 부위와 정도 등을 기재한 것으로서 ① 거기에 기재된 상해가 곧 피고인의 범죄행위로 인하여 발생한 것이라는 사실을 직접 증명하는 증거가 되기에 부족한 것이지만, ② 그 상해에 대한 진단일자 및 상해진단서 작성일자가 상해 발생시점과 시간상으로 근접하고 상해진단서 발급 경위에 특별히 신빙성을 의심할 만한 사정이 없으며 거기에 기재된 상해의 부위와 정도가 피해자가 주장하는 상해의 원인 내지 경위와 일치하는 경우에는, 그 무렵 피해자가 제3자로부터 폭행을 당하는 등으로 달리 상해를 입을 만한 정황이 발견되거나 의사가 허위로 진단서를 작성한 사실이 밝혀지는 등의 특별한 사정이 없는 한, 그 상해진단서는 피해자의 진술과 더불어 피고인의 상해 사실에 대한 유력한 증거가 되고, 합리적인 근거 없이 그 증명력을 함부로 배척할 수 없다고 할 것이다(대법원 2007.5.10, 2007도136 참조).

[동일증거의 일부증거 및 종합증거]

1 대법원 1980.3.11, 80도145 [경찰승진 09·22 / 국가9급 09·15]

진술조서의 기재 중 일부만을 믿어도 무방함

진술조서의 기재 중 일부분을 믿고 다른 부분을 믿지 아니한다고 하여도 그것이 곧 부당하다고 할 수 없다.

2 대법원 1995.12.8, 95도2043 [국가9급 15]

공동피고인 중 1인이 한 자백의 증명력 : 일부증거로도 사용 가능

공동피고인 중의 1인이 다른 공동피고인들과 공동하여 범행을 하였다고 자백한 경우, 반드시 그 자백을 전부 믿어 공동피고인들 전부에 대하여 유죄를 인정하거나 그 전부를 배척하여야 하는 것은 아니고, 자유심증주의의 원칙상 법원으로서는 자백한 피고인 자신의 범행에 관한 부분만을 취신하고, 다른 공동피고인들이 범행에 관여하였다는 부분을 배척할 수 있다.

3 대법원 1994.2.8, 93도1936

범죄사실 인정에 핵심적이고 유일한 진술증거의 모순된 진술 부분을 그대로 둔 채 이를 유죄의 증거로 삼을 수 있는지 여부 및 일부에 부분적으로 모순이 있는 증거를 종합하여 범죄사실을 인정할 수 있는 경우

어느 범죄사실을 인정함에 있어 핵심적이고 유일한 진술증거가 그 내용에 있어 전후 모순되고 일관성이 없는 경우 그 어느 때의 진술이 신빙성이 있는지의 여부에 대한 심리 판단 없이 그 모순된 진술부분을 그대로 둔 채 이를 모두 유죄의 증거로 채택하는 것은 잘못이라 하겠고(대법원 1977.7.26, 76도2949 참조), 핵심부분이 서로 모순되고 양립될 수 없는 증거를 취사선택함이 없이 이를 그대로 종합하여 하나의 사실을 인정하는 증거로 삼는 것도 원칙적으로 허용되어서는 안 될 것이나, 이 사건과 같이 여러 개의 증거를 종합하여 범죄사실을 인정하는 경우 종합증거 중의 일부에 부분적으로 모순되는 점이 있다고 하더라도 이것이 핵심적인 것이 아니고 이를 제외한 나머지 증거를 종합하여 그 범죄사실을 인정할 수 있으며, 이것이 논리법칙이나 경험법칙에 반하는 것이 아니라면 위법하다고 할 수 없을 것이다(대법원 1961.7.13, 4294형상194 참조).

4 대법원 2015.5.14, 2015도119; 2004.9.13, 2004도3163

유죄의 심증이 반드시 직접증거에 의하여 형성되어야만 하는 것은 아니고 경험과 논리의 법칙에 위반되지 아니하는 한 간접증거에 의하여 형성되어도 되는 것이며(대법원 1993.3.23, 92도3327; 1997.7.25, 97도974; 2000.2.25, 99도1252 등 참조), 간접증거가 개별적으로는 범죄사실에 대한 완전한 증명력을 가지지 못하더라도 전체 증거를 상호 관련하에 종합적으로 고찰할 경우 그 단독으로는 가지지 못하는 종합적 증명력이 있는 것으로 판단되면 그에 의하여도 범죄사실을 인정할 수 있다.

> **보충** 다만, 원심은 자살이 아니라는 피해자의 진술과 포카리스웨트 PT병에 묻은 피고인의 지문 등에만 의존한 나머지 피고인이 피해자 몰래 유리잔에 농약을 따라 피해자로 하여금 마시게 하여 살해하였다는 이 사건 공소사실을 유죄로 인정하였으니, 이러한 원심판결에는 논리와 경험의 법칙을 위반하여 자유심증주의의 한계를 벗어나거나 이유가 모순되는 등의 위법이 있다(간접증거에 의하여더라도 종합적 증명력 ×, 대법원 2015.5.14, 2005도119).

[과학적 증거]

1 대법원 2004.2.13, 2003도6905

호흡측정기에 의한 음주측정치와 혈액검사에 의한 음주측정치가 불일치한 경우, 증거취사선택의 방법

도로교통법 제41조 제2항에서 말하는 '측정'이란, 측정결과에 불복하는 운전자에 대하여 그의 동의를 얻어 혈액채취 등의 방법으로 다시 측정할 수 있음을 규정하고 있는 같은 조 제3항과의 체계적 해석상,

호흡을 채취하여 그로부터 주취의 정도를 객관적으로 환산하는 측정방법, 즉 호흡측정기에 의한 측정이라고 이해하여야 할 것이고, 호흡측정기에 의한 음주측정치와 혈액검사에 의한 음주측정치가 다른 경우에 어느 음주측정치를 신뢰할 것인지는 법관의 자유심증에 의한 증거취사선택의 문제라고 할 것이나, 호흡측정기에 의한 측정의 경우 그 측정기의 상태, 측정방법, 상대방의 협조정도 등에 의하여 그 측정결과의 정확성과 신뢰성에 문제가 있을 수 있다는 사정을 고려하면, 혈액의 채취 또는 검사과정에서 인위적인 조작이나 관계자의 잘못이 개입되는 등 혈액채취에 의한 검사결과를 믿지 못할 특별한 사정이 없는 한, 혈액검사에 의한 음주측정치가 호흡측정기에 의한 음주측정치보다 측정 당시의 혈중알코올농도에 더 근접한 음주측정치라고 보는 것이 경험칙에 부합한다.

2 대법원 2007.5.10, 2007도1950
DNA분석을 통한 유전자검사 결과의 증명력 : 높은 신뢰성 ○
DNA분석을 통한 유전자검사 결과는, 충분한 전문적인 지식과 경험을 지닌 감정인이 적절하게 관리·보존된 감정자료에 대하여 일반적으로 확립된 표준적인 검사기법을 활용하여 감정을 실행하고 그 결과의 분석이 적정한 절차를 통하여 수행되었음이 인정되는 이상 높은 신뢰성을 지닌다. 특히 유전자형이 다르면 동일인이 아니라고 확신할 수 있다는 유전자감정 분야에서 일반적으로 승인된 전문지식에 비추어 볼 때, 피고인의 유전자형이 범인의 그것과 상이하다는 감정결과는 피고인의 무죄를 입증할 수 있는 유력한 증거에 해당한다.

3 대법원 2008.2.14, 2007도10937 [법원9급 19]
모발에서 메스암페타민 성분이 검출되었는지 여부에 관한 국립과학수사연구소장의 감정의뢰회보의 증명력
① 피고인 모발에서 메스암페타민 성분이 검출되었다는 국립과학수사연구소장의 감정의뢰회보가 있는 경우, 그 회보의 기초가 된 감정에 있어서 실험물인 모발이 바뀌었다거나 착오나 오류가 있었다는 등의 구체적인 사정이 없는 한, 피고인으로부터 채취한 모발에서 메스암페타민 성분이 검출되었다고 인정하여야 하고, 따라서 논리와 경험의 법칙상 피고인은 감정의 대상이 된 모발을 채취하기 이전 언젠가에 메스암페타민을 투약한 사실이 있다고 인정하여야 할 것이다(대법원 1994.12.9, 94도1680 참조). ② 그런데 모근에서부터 길이 5~9cm 가량의 모발검사결과 메스암페타민 성분이 전혀 검출되지 않았다는 피고인 모발에 대한 감정의뢰회보는 적어도 피고인은 모발채취일로부터 5~9개월 이내인 이 사건 판시 범행일자에는 필로폰을 투약하지 않았다는, 즉 피고인의 무죄를 입증할 유력한 증거에 해당한다고 볼 것이다.

판례연구 **증명력을 부정하거나 증명력 인정에 신중을 요한다는 판례 정리**

[자 백]
1 대법원 2003.2.11, 2002도6766 [경찰승진 09]
피고인이 평소 투약량의 20배에 달하는 1g의 메스암페타민을 한꺼번에 물에 타서 마시는 방법으로 투약하였다는 것은 쉽게 믿기 어렵고, 또 만약 그렇게 투약하였다면 피고인의 생명이나 건강에 위험이 발생하였을 가능성이 없지 않았을 것으로 보이므로 피고인의 자백을 신빙하기 어렵다.

2 대법원 2010.7.22, 2009도1151
여러 정황에 비추어 피고인들의 검찰에서의 각 자백진술의 신빙성이 의심스럽다는 사례
형사재판에서 공소가 제기된 범죄사실에 대한 증명책임은 검사에게 있고, 유죄의 인정은 법관으로 하여금 합리적인 의심을 할 여지가 없을 정도로 공소사실이 진실한 것이라는 확신을 가지게 하

는 증명력을 가진 증거에 의하여야 하므로, 그와 같은 증거가 없다면 설령 피고인에게 유죄의 의심이 간다 하더라도 피고인의 이익으로 판단할 수밖에 없다. 피고인들이 제1심 공판 이후 일관되게 범행을 부인하고 있고, 수사과정에서 다른 피고인들이 이미 범행을 자백한 것으로 오인하거나, 검사가 선처받을 수도 있다고 말하여 자백한 것으로 보이는 점 등 여러 정황에 비추어 피고인들의 검찰에서의 각 자백진술은 그 신빙성이 의심스럽다.

3 대법원 1993.1.12, 92도2656
임의성 있는 자백의 증명력에 대한 판단방법
피고인의 자백이 임의로 진술한 것이어서 증거능력이 인정된다고 하여 자백의 진실성과 신빙성까지도 당연히 인정되는 것은 아니므로, 법원은 진술의 내용이 논리와 경험의 법칙에 비추어 볼 때 합리적인 것으로 인정되는지의 여부나 자백 이외의 정황증거들 중에 자백과 저촉되거나 모순되는 것이 없는지의 여부 등을 두루 참작하여 자유심증으로 자백이 신빙할 수 있는 것인지의 여부를 판단해야 한다(피고인의 검찰관 앞에서의 자백은 논리와 경험의 법칙에 반하거나 범행현장의 객관적 상황에 부합하는 정황증거들과 상치되어 믿을 수 없음).

[증인의 증언]
1 대법원 1983.2.8, 82도2971 [경찰승진 11]
피해자의 증언만으로는 상해사실을 인정할 수 없다고 한 사례
피해자는 71세의 노인으로 피고인이 구타하고 넘어뜨려 부상하였다고 경찰과 법정에서 진술하고 있으나 이는 폭행을 당했다는 이해 상반하는 상대방의 일방적 진술에 불과하여 피해자증언만으로 상해사실을 인정할 수 없다.

> 보충 성폭력범죄의 경우 피해자의 증언만으로 범죄사실을 인정하는 경우도 있는데, 이와는 다른 판례이다.

2 대법원 1984.12.11, 84도2058 [경찰승진 09]
비가 오는 야간에 우연히 지나다가 20~30명이 몰려있는 싸움현장을 목격했다는 사람이 1개월여가 지난 뒤에 가해자를 바로 지목하는 것과 경험칙상 그 확실성 여부
비가 오는 야간에 우연히 지나다가 20~30여명이 몰려 있던 싸움현장을 목격하였음에 불과한 사람이 그로부터 1개월여가 지난 뒤에 단순한 당시의 기억만으로 피해자를 때리려고 한 사람이 바로 피고인이 었다고 지목하는 것은 경험칙상 그 확실성 여부가 의심스러운 것이다.

3 대법원 2010.11.11, 2010도9633 [경찰승진 12]
피해자의 일련의 주장의 신빙성을 대부분 부정하면서 그 중 일부 사실만 믿어 유죄를 인정하기 위한 요건
일정 기간 동안에 발생한 일련의 피해자의 강간 피해 주장에 대하여 이미 대부분의 피해 주장에 대하여는 그에 부합하는 피해자 진술의 신빙성을 부정하여 강간죄의 성립을 부정할 경우에 원심의 판단처럼 그 중 일부의 강간 피해 사실에 대하여만 피해자의 진술을 믿어 강간죄의 성립을 긍정하려면, 그와 같이 피해자 진술의 신빙성을 달리 볼 수 있는 특별한 사정이 인정되어야 할 것이다.

4 대법원 2011.4.28, 2010도14487
금품수수 여부가 쟁점인 사건에서 금품공여자나 금품수수자로 지목된 자의 진술이 각각 일부는 진실을, 일부는 허위나 과장·왜곡·착오를 포함하고 있을 경우, 그 진술의 신빙성 유무를 판단할 때 고려하여야 할 사항
금품수수 여부가 쟁점이 된 사건에서 금품수수자로 지목된 피고인이 수수사실을 부인하고 있고 이를

뒷받침할 금융자료 등 객관적 물증이 없는 경우 금품을 제공하였다는 사람의 진술만으로 유죄를 인정하기 위해서는 그 사람의 진술이 증거능력이 있어야 함은 물론 합리적인 의심을 배제할 만한 신빙성이 있어야 하고, 신빙성이 있는지 여부를 판단할 때에는 그 진술 내용 자체의 합리성, 객관적 상당성, 전후의 일관성뿐만 아니라 그의 인간됨, 그 진술로 얻게 되는 이해관계 유무, 특히 그에게 어떤 범죄의 혐의가 있고 그 혐의에 대하여 수사가 개시될 가능성이 있거나 수사가 진행 중인 경우에는 이를 이용한 협박이나 회유 등의 의심이 있어 그 진술의 증거능력이 부정되는 정도에까지 이르지 않는 경우에도 그로 인한 궁박한 처지에서 벗어나려는 노력이 진술에 영향을 미칠 수 있는지 여부 등도 아울러 살펴보아야 한다(대법원 2002.6.11, 2000도5701; 2009.1.15, 2008도8137 등 참조). 그리고 금품공여자나 피고인의 진술이 각기 일부는 진실을, 일부는 허위나 과장·왜곡·착오를 포함하고 있을 수 있으므로, 형사재판을 담당하는 사실심 법관으로서는 금품공여자와 피고인 사이의 상반되고 모순되는 진술들 가운데 허위·과장·왜곡·착오를 배제한 진실을 찾아내고 그 진실들을 조합하여 사건의 실체를 파악하는 노력을 기울여야 하며, 이러한 노력 없이 금품공여자의 진술 중 일부 진술에 신빙성이 인정된다고 하여 그가 한 공소사실에 부합하는 진술은 모두 신빙하고 이와 배치되는 피고인의 주장은 전적으로 배척한다면, 이는 피고인의 진술에 일부 신빙성이 있는 부분이 있다고 하여 공소사실을 부인하는 피고인의 주장 전부를 신빙할 수 있다고 보는 것과 다를 바 없는 논리의 비약에 지나지 않아서 그에 따른 결론이 건전한 논증에 기초하였다고 수긍하기 어렵다.

5 유사 대법원 2016.6.23, 2016도2889

금품수수 여부가 쟁점인 사건에서 여러 차례에 걸쳐 금품을 제공하였다는 사람의 진술 중 상당 부분의 신빙성을 배척하는 경우, 나머지 금품제공 진술로 유죄를 인정하기 위한 요건

① 금품수수 여부가 쟁점이 된 사건에서 여러 차례에 걸쳐 금품을 제공하였다고 주장하는 사람의 진술을 신뢰할 수 있는지에 관하여 심사해 본 결과 그중 상당한 진술 부분을 그대로 믿을 수 없는 객관적인 사정 등이 밝혀짐에 따라 그 부분 진술의 신빙성을 배척하는 경우라면, 여러 차례에 걸쳐 금품을 제공하였다는 진술의 신빙성은 전체적으로 상당히 약해졌다고 보아야 할 것이므로, 비록 나머지 일부 금품제공 진술 부분에 대하여는 이를 그대로 믿을 수 없는 객관적 사정 등이 직접 밝혀지지 않았다고 하더라도, 그 진술만을 내세워 함부로 나머지 일부 금품수수 사실을 인정하는 것은 원칙적으로 허용될 수 없다고 보아야 한다. 나머지 일부 금품수수 사실을 인정할 수 있으려면, 신빙성을 배척하는 진술 부분과는 달리 그 부분 진술만은 신뢰할 수 있는 근거가 확신할 수 있을 정도로 충분히 제시되거나, 그 진술을 보강할 수 있는 다른 증거들에 의하여 충분히 뒷받침되는 경우 등과 같이 합리적인 의심을 해소할 만한 특별한 사정이 존재하여야 한다(대법원 2009.1.15, 2008도8137 등 참조). ② 금품수수 여부가 쟁점이 된 사건에서 금품을 제공하였다는 사람의 진술에 대하여 제1심이 증인신문 절차 등을 거친 후에 합리적인 의심을 배제할 만한 신빙성이 없다고 보아 공소사실을 무죄로 판단한 경우에, 항소심이 제1심 증인 등을 다시 신문하는 등의 추가 증거조사를 거쳐 그 신빙성을 심사하여 본 결과 제1심이 들고 있는 의심과 일부 어긋날 수 있는 사실의 개연성이 드러남으로써 제1심의 판단에 의문이 생긴다 하더라도, 제1심이 제기한 의심이 금품 제공과 양립할 수 없거나 그 진술의 신빙성 인정에 장애가 되는 사실의 개연성에 대한 합리성 있는 근거에 기초하고 있고 제1심의 증거조사 결과와 항소심의 추가 증거조사 결과에 의하여도 제1심이 일으킨 이러한 합리적인 의심을 충분히 해소할 수 있을 정도에까지 이르지 아니한다면, 그와 같은 일부 반대되는 사실에 관한 개연성 또는 의문만으로 그 진술의 신빙성 및 범죄의 증명이 부족하다는 제1심의 판단에 사실오인의 위법이 있다고 단정하여 공소사실을 유죄로 인정하여서는 아니 된다. 특히 항소심에서도 그 진술 중의 일부에 대하여 신빙성을 부정함으로써 그에 관한 제1심의 판단을 수긍하는 경우라면, 나머지 진술 부분에 대하여 신빙성을 부정한 제1심의 판단이 위법하다고 인정하기 위해서는 그 부분 진술만은 신뢰할 수 있는 확실한 근거가 제시되는 등의 특별한 사정이 있는지에 관하여 더욱 신중히 판단하여야 한다(대법원 2016.2.18, 2015도11428 참조).

6 대법원 2014.4.10, 2014도1779 [경찰간부 22 / 국가9급 20]

마약류 매매 여부가 쟁점인 사건에서 매도인으로 지목된 자가 수수사실을 부인하고 이를 뒷받침할 객관적 물증이 없는 경우, 마약류를 매수하였다는 사람의 진술만으로 유죄를 인정하기 위한 요건

마약류 매매 여부가 쟁점이 된 사건에서 매도인으로 지목된 피고인이 수수사실을 부인하고 있고 이를 뒷받침할 금융자료 등 객관적 물증이 없는 경우, 마약류를 매수하였다는 사람의 진술만으로 유죄를 인정하기 위해서는 그 사람의 진술이 증거능력이 있어야 함은 물론 합리적인 의심을 배제할 만한 신빙성이 있어야 한다. 신빙성 유무를 판단할 때에는 진술 내용 자체의 합리성, 객관적 상당성, 전후의 일관성뿐만 아니라 그의 인간됨, 진술로 얻게 되는 이해관계 유무 등을 아울러 살펴보아야 한다. 특히, 그에게 어떤 범죄의 혐의가 있고 그 혐의에 대하여 수사가 개시될 가능성이 있거나 수사가 진행 중인 경우에는, 이를 이용한 협박이나 회유 등의 의심이 있어 그 진술의 증거능력이 부정되는 정도에까지 이르지 않는 경우에도, 그로 인한 궁박한 처지에서 벗어나려는 노력이 진술에 영향을 미칠 수 있는지 여부 등을 살펴보아야 한다.

7 대법원 2021.6.10, 2020도15891

검사의 사전면담이 이루어진 증인의 법정진술의 신빙성 판단

검사가 공판기일에 증인으로 신청하여 신문할 사람을 특별한 사정 없이 미리 수사기관에 소환하여 면담하는 절차를 거친 후 증인이 법정에서 피고인에게 불리한 내용의 진술을 한 경우, 검사가 증인신문 전 면담 과정에서 증인에 대한 회유나 압박, 답변 유도나 암시 등으로 증인의 법정진술에 영향을 미치지 않았다는 점이 담보되어야 증인의 법정진술을 신빙할 수 있다고 할 것이다. 검사가 증인신문 준비 등 필요에 따라 증인을 사전 면담할 수 있다고 하더라도 법원이나 피고인의 관여 없이 일방적으로 사전 면담하는 과정에서 증인이 훈련되거나 유도되어 법정에서 왜곡된 진술을 할 가능성도 배제할 수 없기 때문이다. 증인에 대한 회유나 압박 등이 없었다는 사정은 검사가 증인의 법정진술이나 면담과정을 기록한 자료 등으로 사전면담 시점, 이유와 방법, 구체적 내용 등을 밝힘으로써 증명하여야 한다.

[증거서류]

1 대법원 1983.2.8, 82도3021 [경찰간부 15 / 경찰승진 14 / 국가9급 15]

의사의 진술이나 진단서가 폭행, 상해 사실 자체에 대한 직접적인 증거가 될 수 있는지 여부(소극)

상해사건의 경우 상처를 진단한 의사의 진술이나 진단서는 폭행, 상해 등의 사실자체에 대한 직접적인 증거가 되는 것은 아니고, 다른 증거에 의하여 폭행, 상해의 가해행위가 인정되는 경우에 그에 대한 상해의 부위나 정도의 점에 대한 증거가 된다 할 것이므로(직접증거 ×, 간접증거 ○) 의사의 진술이나 그가 작성한 진단서는 의사로서 피해자를 진찰한 결과 외력에 의하여 상처가 있었다는 소견을 나타낸 데 불과하고 그것만으로 상해의 원인이 피고인의 폭행에 의한 것이라고 단정할 수 없다.

2 대법원 2016.11.25, 2016도15018

형사사건에서 상해진단서는 피해자의 진술과 함께 피고인의 범죄사실을 증명하는 유력한 증거가 될 수 있다. 그러나 상해 사실의 존재 및 인과관계 역시 합리적인 의심이 없는 정도의 증명에 이르러야 인정할 수 있으므로, 상해진단서의 객관성과 신빙성을 의심할 만한 사정이 있는 때에는 증명력을 판단하는 데 매우 신중하여야 한다. 특히 상해진단서가 주로 통증이 있다는 피해자의 주관적인 호소 등에 의존하여 의학적인 가능성만으로 발급된 때에는 진단 일자 및 진단서 작성일자가 상해 발생 시점과 시간상으로 근접하고 상해진단서 발급 경위에 특별히 신빙성을 의심할 만한 사정은 없는지, 상해진단서에 기재된 상해 부위 및 정도가 피해자가 주장하는 상해의 원인 내지 경위와 일치하는지, 피해자가 호소하는 불편이 기왕에 존재하던 신체 이상과 무관한 새로운 원인으로 생겼다고 단정할 수 있는지, 의사가 상해진단서를 발급한 근거 등을 두루 살피는 외에도 피해자가 상해 사건 이후 진료를 받은 시점, 진료를 받게 된 동기와 경위, 그 이후의 진료 경과 등을 면밀히 살펴 논리와 경험법칙에 따

라 증명력을 판단하여야 한다.

[간접증거]
1 대법원 1984.3.27, 83도3067 [경찰간부 14 / 경찰승진 10 / 법원9급 13]
압수물의 현존사실과 유죄의 증거
승객인 피고인이 운전사가 가스를 주입하기 위해 운전석을 잠시 비운 틈에 운전석옆 돈주머니에 있던 돈 7,000원 중 3,000원만을 꺼내 훔치고, 훔친 돈을 운전사가 돌아 올 때까지 손에 들고 있었다는 증언내용은 경험칙에 비추어 수긍하기 어렵다. … 압수물(피해품)은 피고인에 대한 범죄의 증명이 없게 된 경우에는 압수물의 존재만으로 그 유죄의 증거가 될 수 없다.

2 대법원 2008.3.13, 2007도10754
살인죄 등과 같이 법정형이 무거운 범죄의 경우에도 직접증거 없이 간접증거만으로 유죄를 인정할 수 있으나, 유죄 인정에 있어서는 공소사실에 대한 관련성이 깊은 간접증거들에 의하여 신중한 판단이 요구된다.

3 대법원 2017.5.30, 2017도1549 [경찰채용 22 1차 / 국가9급 18 / 국가7급 21]
남편에게 거액의 보험금 수령이 예상된다는 이유만으로 교통사고를 내어 아내를 살해하였다고 기소된 사건에 있어서의 유죄의 증명
[1] 살인죄와 같이 법정형이 무거운 범죄의 경우에도 직접증거 없이 간접증거만으로도 유죄를 인정할 수 있으나, 그 경우에도 주요사실의 전제가 되는 간접사실의 인정은 합리적 의심을 허용하지 않을 정도의 증명이 있어야 하고, 그 하나하나의 간접사실이 상호 모순, 저촉이 없어야 함은 물론 논리와 경험칙, 과학법칙에 의하여 뒷받침되어야 한다(대법원 2010.12.9, 2010도10895; 2011.5.26, 2011도1902 참조). 그러므로 유죄의 인정은 범행동기, 범행수단의 선택, 범행에 이르는 과정, 범행 전후 피고인의 태도 등 여러 간접사실로 보아 피고인이 범행한 것으로 보기에 충분할 만큼 압도적으로 우월한 증명이 있어야 하고, 피고인이 고의적으로 범행한 것이라고 보기에 의심스러운 사정이 병존하고 증거관계 및 경험법칙상 고의적 범행이 아닐 여지를 확실하게 배제할 수 없다면 유죄로 인정할 수 없다. 피고인은 무죄로 추정된다는 것이 헌법상의 원칙이고, 그 추정의 번복은 직접증거가 존재할 경우에 버금가는 정도가 되어야 한다.
[2] 거액의 보험금 수령이 예상된다는 금전적 이유만으로 살해 동기를 인정할 수 있는지는 다른 간접사실들의 증명 정도와 함께 더욱 면밀히 살펴볼 필요가 있다. 한편 금전적 이득만이 살인의 범행 동기가 되는 것은, 범인이 매우 절박한 경제적 곤란이나 궁박 상태에 몰려 있어 살인이라는 극단적 방법을 통해서라도 이를 모면하려고 시도할 정도라거나 범인의 인성이 원래부터 탐욕적이고 인명을 가벼이 여기는 범죄적 악성과 잔혹함이 있는 경우 등이 대부분이다. 그렇지 않은 경우는 증오 등 인간관계의 갈등이나 치정 등 피해자를 살해할 금전 외적인 이유가 있어서 금전적 이득은 오히려 부차적이거나 적어도 금전 외적인 이유가 금전적 이득에 버금갈 정도라고 인정될 만한 사정이 있어야 살인의 동기로서 수긍할 정도가 된다. 더구나 계획적인 범행이고 범행 상대가 배우자 등 가족인 경우에는 범행이 단순히 인륜에 반하는 데에서 나아가 범인 자신의 생활기반인 가족관계와 혈연관계까지 파괴되므로 가정생활의 기반이 무너지는 것을 감내하고라도 살인을 감행할 만큼 강렬한 범행유발 동기가 존재하는 것이 보통이다.

[혈중알코올농도 측정, 유전자검사결과, 부검의 소견, 시료 분석결과 등 과학적 증거방법의 증명력]
1 대법원 2005.7.28, 2005도3904
위드마크 공식에 의한 역추산 방식을 이용한 혈중 알코올농도의 산정에 있어서 주의할 점
음주운전에 있어서 운전 직후에 운전자의 혈액이나 호흡 등 표본을 검사하여 혈중 알코올농도를

측정할 수 있는 경우가 아니라면 소위 위드마크 공식을 사용하여 수학적 방법에 따른 계산 결과로 운전 당시의 혈중 알코올농도를 추정할 수 있으나, 범죄구성요건 사실의 존부를 알아내기 위해 과학공식 등의 경험칙을 이용하는 경우에는 그 법칙 적용의 전제가 되는 개별적이고 구체적인 사실에 대하여는 엄격한 증명을 요한다고 할 것이고, 한편 위드마크 공식에 의한 역추산 방식을 이용하여 특정 운전시점으로부터 일정한 시간이 지난 후에 측정한 혈중 알코올농도를 기초로 하고 여기에 시간당 혈중 알코올의 분해소멸에 따른 감소치에 따라 계산된 운전시점 이후의 혈중 알코올분해량을 가산하여 운전시점의 혈중 알코올농도를 추정함에 있어서는, 피검사자의 평소 음주정도, 체질, 음주속도, 음주 후 신체활동의 정도 등의 다양한 요소들이 시간당 혈중 알코올의 감소치에 영향을 미칠 수 있는바, 형사재판에 있어서 유죄의 인정은 법관으로 하여금 합리적인 의심을 할 여지가 없을 정도로 공소사실이 진실한 것이라는 확신을 가지게 할 수 있는 증명이 필요하므로, 위 영향요소들을 적용함에 있어 피고인이 평균인이라고 쉽게 단정하여 평균적인 감소치를 적용하여서는 아니되고, 필요하다면 전문적인 학식이나 경험이 있는 자의 도움을 받아 객관적이고 합리적으로 혈중 알코올농도에 영향을 줄 수 있는 요소들을 확정하여야 할 것이고(대법원 2000.10.24, 2000도3307; 2000.11.10, 99도5541 등 참조), 위드마크 공식에 의하여 산출한 혈중 알코올농도가 법이 허용하는 혈중 알코올농도를 상당히 초과하는 것이 아니고 근소하게 초과하는 정도에 불과한 경우라면 위 공식에 의하여 산출된 수치에 따라 범죄의 구성요건 사실을 인정함에 있어서 더욱 신중하게 판단하여야 할 것이다(대법원 2001.7.13, 2001도1929 참조).

> 보충 피고인에게 가장 유리한 감소치를 적용하여 위드마크 공식에 따라 계산한 음주운전 적발시점의 혈중 알코올농도가 도로교통법상의 처벌기준인 0.05%를 넘는 0.051%이었으나, 사건발생시간을 특정하는 과정에서 발생하는 오차가능성 등의 여러 사정을 고려할 때 피고인의 운전 당시 혈중 알코올농도가 처벌기준치를 초과하였으리라고 단정할 수는 없다고 한 사례이다.

2 비교 대법원 2005.2.25, 2004도8387

위드마크 공식에 의하여 운전시점의 혈중 알코올농도를 추정함에 있어서 피고인에게 가장 유리한 시간당 감소치를 적용하여 산출된 결과의 증명력

음주운전에 있어서 운전 직후에 운전자의 혈액이나 호흡 등 표본을 검사하여 혈중 알코올농도를 측정할 수 있는 경우가 아니라면 소위 위드마크 공식을 사용하여 수학적 방법에 따른 결과로 운전 당시의 혈중 알코올농도를 추정할 수 있고, 이때 위드마크 공식에 의한 역추산 방식을 이용하여 특정 운전시점으로부터 일정한 시간이 지난 후에 측정한 혈중 알코올농도를 기초로 하고 여기에 시간당 혈중 알코올의 분해소멸에 따른 감소치에 따라 계산된 운전시점 이후의 혈중 알코올분해량을 가산하여 운전시점의 혈중 알코올농도를 추정함에 있어서는, 피검사자의 평소 음주정도, 체질, 음주속도, 음주 후 신체활동의 정도 등 다양한 요소들이 시간당 혈중 알코올의 감소치에 영향을 미칠 수 있으나 그 시간당 감소치는 대체로 0.03%에서 0.008% 사이라는 것은 이미 알려진 신빙성 있는 통계자료에 의하여 인정되는바, 위와 같은 역추산 방식에 의하여 운전시점 이후의 혈중 알코올분해량을 가산함에 있어서 시간당 0.008%는 피고인에게 가장 유리한 수치이므로 특별한 사정이 없는 한 이 수치를 적용하여 산출된 결과는 운전 당시의 혈중 알코올농도를 증명하는 자료로서 증명력이 충분하다(대법원 2001.8.21, 2001도2823 등 참조).

> 보충 위드마크공식 : ① 필연법칙적 경험칙, ② 전제사실은 엄격한 증명 要, ③ 근소하게 초과하면 신중하게 증명력 판단 要, ④ 가장 유리한 수치(시간당 0.008%)는 증명력 충분

3 관련 대법원 2017.9.21, 2017도661

음주측정 검사절차에서 위드마크공식을 고지할 의무가 없다는 사례

도로교통법 제44조 제2항, 제3항의 내용 등에 비추어 보면, 호흡측정 방식에 따라 혈중알코올농도를 측정한 경찰공무원에게 특별한 사정이 없는 한 혈액채취의 방법을 통하여 혈중알코올농도를 다시

측정할 수 있다는 취지를 운전자에게 고지하여야 할 의무가 있다고 볼 수 없다. 위드마크 공식은 운전자가 음주한 상태에서 운전한 사실이 있는지에 대한 경험법칙에 의한 증거수집 방법에 불과하다(대법원 2005.2.25, 2004도8387 참조). 따라서 경찰공무원에게 위드마크 공식의 존재 및 나아가 호흡측정에 의한 혈중알코올농도가 음주운전 처벌기준 수치에 미달하였더라도 위드마크 공식에 의한 역추산 방식에 의하여 운전 당시의 혈중알코올농도를 산출할 경우 그 결과가 음주운전 처벌기준 수치 이상이 될 가능성이 있다는 취지를 운전자에게 미리 고지하여야 할 의무가 있다고 보기도 어렵다.

4 대법원 2010.6.24, 2009도1856
피측정자가 물로 입 안을 헹구지 아니한 상태에서 호흡측정기로 측정한 혈중 알코올농도 수치의 신빙성

호흡측정기에 의한 혈중 알코올농도의 측정은 장에서 흡수되어 혈액 중에 용해되어 있는 알코올이 폐를 통과하면서 증발하여 호흡공기로 배출되는 것을 측정하는 것이므로, 최종 음주시로부터 상당한 시간이 경과하지 아니하였거나, 트림, 구토, 치아보철, 구강청정제 사용 등으로 인하여 입 안에 남아 있는 알코올, 알코올 성분이 있는 구강 내 타액, 상처부위의 혈액 등이 폐에서 배출된 호흡공기와 함께 측정될 경우에는 실제 혈중 알코올의 농도보다 수치가 높게 나타나는 수가 있어, 피측정자가 물로 입 안 헹구기를 하지 아니한 상태에서 한 호흡측정기에 의한 혈중 알코올농도의 측정 결과만으로는 혈중 알코올농도가 반드시 그와 같다고 단정할 수 없고, 오히려 호흡측정기에 의한 측정수치가 혈중 알코올농도보다 높을 수 있다는 의심을 배제할 수 없다(대법원 2006.11.23, 2005도7034 등 참조).

> 보충　음주종료 후 4시간 정도 지난 시점에서 물로 입 안을 헹구지 아니한 채 호흡측정기로 측정한 혈중 알코올농도 수치가 0.05%로 나타난 사안에서, 위 증거만으로는 피고인이 혈중 알코올농도 0.05% 이상의 술에 취한 상태에서 자동차를 운전하였다고 인정하기 부족하다고 한 사례이다.

5 대법원 2011.5.26, 2011도1902
공소사실을 뒷받침하는 과학적 증거방법은 그 전제로 하는 사실이 모두 진실임이 입증되고 그 추론의 방법이 과학적으로 정당하여 오류의 가능성이 전혀 없거나 무시할 정도로 극소한 것으로 인정되는 경우라야 법관이 사실인정을 함에 있어 상당한 정도로 구속력을 가진다 할 것인바(대법원 2007.5.10, 2007도1950; 2009.3.12, 2008도8486 등 참조), 이를 위해서는 그 증거방법이 전문적인 지식·기술·경험을 가진 감정인에 의하여 공인된 표준 검사기법으로 분석을 거쳐 법원에 제출된 것이어야 할 뿐만 아니라 그 채취·보관·분석 등 모든 과정에서 자료의 동일성이 인정되고 인위적인 조작·훼손·첨가가 없었음이 담보되어야 한다(대법원 2010.3.25, 2009도14772 참조).

> 보충　피고인이 자신의 처(妻)인 피해자를 승용차 조수석에 태우고 운전하던 중 교통사고를 가장하여 살해하기로 마음먹고, 도로 옆에 설치된 대전차 방호벽의 안쪽 벽면을 차량 우측 부분으로 들이받아 피해자가 차에서 탈출하거나 저항할 수 없는 상태가 되자(1차 사고), 사고 장소로 되돌아와 다시 차량 앞범퍼 부분으로 위 방호벽 중 진행방향 오른쪽에 돌출된 부분의 모서리를 들이받아(2차 사고) 피해자를 살해하였다는 내용으로 기소되었는데, 피고인이 범행을 강력히 부인하고 있고 달리 그에 관한 직접증거가 없는 사안에서, 제1심과 원심이 들고 있는 간접증거와 그에 기초한 인정 사실만으로는 위 공소사실 인정의 전제가 되는 '살인의 범의에 기한 1차 사고'의 존재가 합리적인 의심을 할 여지가 없을 정도로 증명되었다고 보기 어려운데도, 피고인에게 살인죄를 인정한 원심판결에 객관적·과학적인 분석을 필요로 하는 증거의 증명력에 관한 법리를 오해하거나 논리와 경험법칙을 위반한 위법이 있다고 한 사례이다.

6 대법원 2012.6.28, 2012도231 : 의사 만삭부인 살해 사건
형사재판에서 부검의 소견에 주로 의지하여 유죄를 인정하기 위한 요건
부검은 사망 이전의 질병 경과나 사망을 초래한 직접 혹은 간접적 요인들을 자세한 관찰 및 검사를 통하여 규명하는 것으로서, 사망원인의 인정 내지 추정을 위하여는 단편적인 개별 소견을 종합

하여 최종 사인에 관한 판단에 이르는 추론의 과정을 거쳐야 한다. 따라서 부검의가 사체에 대한 부검을 실시한 후 어떤 것을 유력한 사망원인으로 지시한다고 하여 그 밖의 다른 사인이 존재할 가능성을 가볍게 배제하여서는 아니 되고, 특히 형사재판에서 부검의의 소견에 주로 의지하여 유죄의 인정을 하기 위해서는 다른 가능한 사망원인을 모두 배제하기 위한 치밀한 논증의 과정을 거치지 않으면 아니된다. [경찰승진 14] 더구나 사체에 대한 부검이 사망으로부터 상당한 시간이 경과한 후에 실시되고 그 과정에서 사체의 이동·보관에 따른 훼손·변화 가능성이 있는 경우에는 그 판단에 오류가 포함될 가능성을 전적으로 배제할 수 없다.

> 보충   대학 부속병원 전공의인 피고인이 자신의 집에서 배우자 甲의 목을 졸라 살해하였다는 내용으로 기소된 사안에서, 사건의 쟁점인 甲의 사망원인이 손에 의한 목눌림 질식사(액사)인지와 피고인이 사건 당일 오전 집을 나서기 전에 甲을 살해하였다고 볼 수 있는 정황이나 증거가 존재하는지에 관하여 치밀한 검증 없이 여러 의문점이 있는 부검소견이나 자료에만 증명력을 인정한 것은 위법하다는 사례이다. 다만, 위 파기환송판결 이후 검찰의 증거보강을 거쳐 위 사건은 2013.4.26. 유죄로 확정되었다.

7 대법원 2014.2.13, 2013도9605

과학적 분석기법을 사용하여 제출된 것으로서 공소사실을 뒷받침하는 1차적 증거방법 자체에 오류가 발생할 가능성이 내포되어 있고 동일한 분석기법에 의하여 제출된 2차적 증거방법이 공소사실과 배치되는 경우

어떠한 과학적 분석기법을 사용하여 제출된 것으로서 공소사실을 뒷받침하는 1차적 증거방법 자체에 오류가 발생할 가능성이 내포되어 있고, 그와 동일한 분석기법에 의하여 제출된 2차적 증거방법이 공소사실과 배치되는 소극적 사실을 뒷받침하고 있는 경우, 법원은 각 증거방법에 따른 분석 대상물과 분석 주체, 분석 절차와 방법 등의 동일 여부, 내포된 오류가능성의 정도, 달라진 분석결과가 일정한 방향성을 가지는지 여부, 상반된 분석결과가 나타난 이유의 합리성 유무 등에 관하여 면밀한 심리를 거쳐 각 증거방법의 증명력을 판단하여야 한다. 이때 각 분석결과 사이의 차이점이 합리적인 의심 없이 해명될 수 있고 1차적 증거방법에 따른 결과의 오류가능성이 무시할 정도로 극소하다는 점이 검증된다면 1차적 증거방법만을 취신하더라도 그것이 자유심증주의의 한계를 벗어났다고 할 수는 없을 것이나, 그에 이르지 못한 경우라면 그 중 공소사실을 뒷받침하는 증거방법만을 섣불리 취신하거나 이와 상반되는 증거방법의 증명력을 가볍게 배척하여서는 아니 된다.

> 보충   고춧가루 원산지표시 위반에 관하여, 국립농산물품질관리원 직원(특별사법경찰관)이 고춧가루 시료 11점에 대한 1차 검정을 의뢰하여 국내산과 수입산이 혼합되어 있다는 판정결과를 받았는데, 제1심법원이 품질관리원 시험연구소에 2차 검정을 의뢰한 결과 종전에 '국내산'으로 판정된 것 중 3점은 '혼합'으로 변경되었고, 종전에 '혼합'으로 판정된 것 중 2점은 '국내산'으로 변경되는 검정결과가 나온 경우, 1차 검정결과와 2차 검정결과 사이에 분석결과의 차이점이 발생한 원인에 대하여 합리적 의심이 제거되지 아니하였을 뿐만 아니라 1차 검정결과만에 의한 오류가능성이 전혀 없거나 무시할 정도로 극소한 것이라고 보기도 어렵다.

8 대법원 2018.2.8, 2017도14222

과학적 증거방법이 사실인정에서 상당한 정도의 구속력을 갖기 위한 요건

과학적 증거방법이 사실인정에 있어서 상당한 정도로 구속력을 갖기 위해서는 감정인이 전문적인 지식·기술·경험을 가지고 공인된 표준 검사기법으로 분석한 후 법원에 제출하였다는 것만으로는 부족하고, 시료의 채취·보관·분석 등 모든 과정에서 시료의 동일성이 인정되고 인위적인 조작·훼손·첨가가 없었음이 담보되어야 하며 각 단계에서 시료에 대한 정확한 인수·인계 절차를 확인할 수 있는 기록이 유지되어야 한다. 피고인이 메트암페타민을 투약하였다고 하여 마약류 관리에 관한 법률 위반(향정)으로 기소되었는데, 공소사실을 부인하고 있고, 투약의 일시, 장소, 방법 등이 명확하지 못하며, 투약사실에 대한 직접적인 증거로는 피고인의 소변과 머리카락에서 메트암페타민 성분이 검출되었다는

국립과학수사연구원의 감정 결과만 있는 경우, 감정물이 피고인으로부터 채취한 것과 동일하다고 단정하기 어려워 그 감정 결과의 증명력은 피고인의 투약 사실을 인정하기에 충분하지 않다.

[확정판결의 증명력]
1 대법원 2008.5.29, 2007도5206; 2000.2.25, 99다55472; 2005.12.8, 2003도7655; 2012.6.14, 2011도15653; 2014.3.27, 2014도1200 [경찰승진 14/국가9급 15]
형사재판에서 이와 관련된 다른 형사사건 등의 확정판결에서 인정된 사실은 ① 특별한 사정이 없는 한 유력한 증거자료가 되는 것이나, ② 당해 형사재판에서 제출된 다른 증거내용에 비추어 관련 형사사건의 확정판결에서의 사실판단을 그대로 채용하기 어렵다고 인정될 경우에는 이를 배척할 수 있다.

2 비교 대법원 2009.6.25, 2008도10096; 1995.1.12, 94다39215; 1999.11.26, 98두10424
형사재판에 있어서 이미 확정된 형사판결이 동일한 사실관계에 관하여 인정한 사실의 증명력
동일한 사실관계에 관하여 이미 확정된 형사판결이 인정한 사실은 유력한 증거자료가 되므로, 그 형사재판의 사실 판단을 채용하기 어렵다고 인정되는 특별한 사정이 없는 한 이와 배치되는 사실은 인정할 수 없는 것이다.

[범인의 식별에 관한 목격자의 확인] (1 대 1 대면 확인 : 원칙 ×, 예외 ○)(주로 경찰직에서 출제되었음)
1 대법원 2007.5.10, 2007도1950 [경찰채용 15 2차/경찰승진 09·10]
용의자의 인상착의 등에 의한 범인식별 절차 : 용의자 한 사람 or 용의자의 사진 한 장 ×
용의자의 인상착의 등에 의한 범인식별 절차에 있어 용의자 한 사람을 단독으로 목격자와 대질시키거나 용의자의 사진 한 장만을 목격자에게 제시하여 범인 여부를 확인하게 하는 것은 사람의 기억력의 한계 및 부정확성과 구체적인 상황 하에서 용의자나 그 사진 상의 인물이 범인으로 의심받고 있다는 무의식적 암시를 목격자에게 줄 수 있는 가능성으로 인하여, 그 용의자가 종전에 피해자와 안면이 있는 사람이라든가 피해자의 진술 외에도 그 용의자를 범인으로 의심할 만한 다른 정황이 존재한다든가 하는 등의 부가적인 사정이 없는 한 그 신빙성이 낮다고 보아야 한다.

2 대법원 2008.1.17, 2007도5201 [경찰승진 10·11]
용의자의 인상착의 등에 의한 범인식별 절차에서 범인 여부를 확인하는 목격자 진술의 신빙성을 높이기 위한 절차적 요건 및 그 적용범위
범인식별 절차에 있어 목격자의 진술의 신빙성을 높게 평가할 수 있게 하려면, 범인의 인상착의 등에 관한 목격자의 진술 내지 묘사를 사전에 상세히 기록화한 다음, 용의자를 포함하여 그와 인상착의가 비슷한 여러 사람을 동시에 목격자와 대면시켜 범인을 지목하도록 하여야 하고, 용의자와 목격자 및 비교대상자들이 상호 사전에 접촉하지 못하도록 하여야 하며, 사후에 증거가치를 평가할 수 있도록 대질 과정과 결과를 문자와 사진 등으로 서면화하는 등의 조치를 취하여야 할 것이고, 사진제시에 의한 범인식별 절차에 있어서도 기본적으로 이러한 원칙에 따라야 한다(대법원 2001.2.9, 2000도4946; 2004.2.27, 2003도7033; 2007.5.10, 2007도1950 등 참조). 그리고 이러한 원칙은 동영상제시·가두식별 등에 의한 범인식별 절차와 사진제시에 의한 범인식별 절차에서 목격자가 용의자를 범인으로 지목한 후에 이루어지는 동영상제시·가두식별·대면 등에 의한 범인식별 절차에도 적용되어야 할 것이다.

보충 강간 피해자가 수사기관이 제시한 47명의 사진 속에서 피고인을 범인으로 지목하자 이어진 범인식별 절차에서 수사기관이 피해자에게 피고인 한 사람만을 촬영한 동영상을 보여주거나 피고인 한 사람만을 직접 보여주어 피해자로부터 범인이 맞다는 진술을 받고, 다시 피고인을 포함한 3명을 동시에 피해자에게 대면시켜 피고인이 범인이라는 확인을 받은 경우, 위 피해자의 진술은 범인식별 절차에서 목격자 진술의 신빙성을 높이기 위하여 준수하여야 할 절차를 지키지 않은 상태에서 얻어진 것으로서 범인의 인상착의에 관한 피해자의 최초 진술과 피고인의 그것이 불일치하는 점이 많아 신빙성이 낮다는 사례이다. [경찰승진 10]

3 비교 대법원 2009.6.11, 2008도12111 [경찰간부 15 / 경찰승진 10]

피해자가 경찰관과 함께 범행 현장에서 범인을 추적하다 골목길에서 범인을 놓친 직후 골목길에 면한 집을 탐문하여 용의자를 확정한 경우, 그 현장에서 용의자와 피해자의 일대일 대면이 허용된다고 한 사례

일반적으로 용의자의 인상착의 등에 의한 범인식별 절차에서 용의자 한 사람을 단독으로 목격자와 대질시키거나 용의자의 사진 한 장만을 목격자에게 제시하여 범인 여부를 확인하게 하는 것은 … 부가적인 사정이 없는 한 그 신빙성이 낮다고 보아야 한다. … 그러나 범죄 발생 직후 목격자의 기억이 생생하게 살아있는 상황에서 현장이나 그 부근에서 범인식별 절차를 실시하는 경우에는, 목격자에 의한 생생하고 정확한 식별의 가능성이 열려 있고 범죄의 신속한 해결을 위한 즉각적인 대면의 필요성도 인정할 수 있으므로, 용의자와 목격자의 일대일 대면도 허용된다.

판례연구 **자유심증주의와 제1심 판결의 증명력**

1 대법원 1996.12.6, 96도2461 [국가9급 15]

제1심이 채용한 유죄의 증거에 대하여 항소심이 그 신빙성에 의문을 가질 경우, 아무런 추가 심리 없이도 그 증거를 배척할 수 없다는 사례

형사재판에서 항소심은 사후심 겸 속심의 구조이므로, 제1심이 채용한 증거에 대하여 그 신빙성에 의문은 가지만 그렇다고 직접 증거조사를 한 제1심의 자유심증이 명백히 잘못되었다고 볼 만한 합리적인 사유도 나타나 있지 아니한 경우에는, 비록 동일한 증거라고 하더라도 다시 한 번 증거조사를 하여 항소심이 느끼고 있는 의문점이 과연 그 증거의 신빙성을 부정할 정도의 것인지 알아보거나, 그 증거의 신빙성에 대하여 입증의 필요성을 느끼지 못하고 있는 검사에 대하여 항소심이 가지고 있는 의문점에 관하여 입증을 촉구하는 등의 방법으로 그 증거의 신빙성에 대하여 더 심리하여 본 후 그 채부를 판단하여야 하고, 그 증거의 신빙성에 의문이 간다는 사유만으로 더 이상 아무런 심리를 함이 없이 그 증거를 곧바로 배척하여서는 아니 된다.

유사 1심의 판단을 2심이 함부로 뒤집을 수는 없다는 사례
현행 형사소송법상 항소심은 속심을 기반으로 하되 사후심적 요소도 상당 부분 들어 있는 이른바 사후심적 속심의 성격을 가지므로 항소심에서 제1심판결의 당부를 판단할 때에는 그러한 심급구조의 특성을 고려하여야 한다. 그러므로 항소심이 심리과정에서 심증의 형성에 영향을 미칠 만한 객관적 사유가 새로 드러난 것이 없음에도 제1심의 판단을 재평가하여 사후심적으로 판단하여 뒤집고자 할 때에는, 제1심의 증거가치 판단이 명백히 잘못되었다거나 사실인정에 이르는 논증이 논리와 경험법칙에 어긋나는 등으로 그 판단을 그대로 유지하는 것이 현저히 부당하다고 볼 만한 합리적인 사정이 있어야 하고, 그러한 예외적 사정도 없이 제1심의 사실인정에 관한 판단을 함부로 뒤집어서는 안 된다. 그것이 형사사건의 실체에 관한 유죄·무죄의 심증은 법정 심리에 의하여 형성하여야 한다는 공판중심주의, 그리고 법관의 면전에서 직접 조사한 증거만을 재판의 기초로 삼는 것을 원칙으로 하는 실질적 직접심리주의의 정신에 부합한다(대법원 2017.3.22, 2016도18031).

보충 항소심은 제1심이 채용한 증거의 신빙성에 의문이 있는 경우, 아무런 심리 없이 그 증거를 곧바로 배척하여서는 아니 되고, 이미 증거조사를 거친 동일한 증거라도 그 증거의 신빙성에 대하여 더 심리하여 본 후 그 채부를 판단하여야 한다. [국가9급 15]

2 대법원 2013.4.26, 2013도1222; 2006.11.24, 2006도4994; 2009.1.30, 2008도7462; 2009.1.30, 2008도7917; 2010.6.24, 2010도3846; 2011.6.30, 2010도15765; 2019.7.24, 2018도17748; 2021.6.10, 2021도2726 [경찰승진 12 / 국가7급 11 / 법원9급 08]

증인 진술의 신빙성 유무에 대한 제1심의 판단을 항소심이 뒤집을 수 있는 경우
① (원칙) 우리 형사소송법이 채택하고 있는 실질적 직접심리주의의 정신에 비추어, 항소심으로서는

제1심 증인이 한 진술의 신빙성 유무에 대한 제1심의 판단이 항소심의 판단과 다르다는 이유만으로 이에 대한 제1심의 판단을 함부로 뒤집어서는 아니된다. ② (예외) 다만, 제1심 증인이 한 진술의 신빙성 유무에 대한 제1심의 판단이 명백하게 잘못되었다고 볼 특별한 사정이 있거나, 제1심의 증거조사 결과와 항소심 변론종결시까지 추가로 이루어진 증거조사 결과를 종합하면 제1심 증인이 한 진술의 신빙성 유무에 대한 제1심의 판단을 그대로 유지하는 것이 현저히 부당하다고 인정되는 예외적인 경우에는 그러하지 아니하다.

> **보충1** ① 원칙 : 항소심은 제1심의 증명력 판단 배척 불가, ② 예외 : 제1심의 판단이 명백히 잘못이라는 특별한 사정이나 1심의 증거조사결과와 항소심의 추가증거조사결과를 종합하면 1심의 증명력 판단을 유지하는 것이 현저히 부당하다는 예외적인 경우에는 배척 가능.

> **보충2** 특히 공소사실을 뒷받침하는 증인의 진술의 신빙성을 배척한 제1심의 판단을 뒤집는 경우에는, 무죄추정의 원칙 및 형사증명책임의 원칙에 비추어 이를 수긍할 수 없는 충분하고도 납득할 만한 현저한 사정이 나타나는 경우라야 한다(대법원 2010.3.25. 2009도14065).

3 대법원 2010.3.25. 2009도14065 [국가9급 12]
국민참여재판에서 배심원이 만장일치의 의견으로 내린 무죄의 평결이 재판부의 심증에 부합하여 그대로 채택된 경우, 증거의 취사 및 사실의 인정에 관한 제1심의 판단을 항소심에서 원칙적으로 뒤집을 수 없음

배심원이 증인신문 등 사실심리의 전 과정에 함께 참여한 후 증인이 한 진술의 신빙성 등 증거의 취사와 사실의 인정에 관하여 만장일치의 의견으로 내린 무죄의 평결이 재판부의 심증에 부합하여 그대로 채택된 경우라면, 이러한 절차를 거쳐 이루어진 증거의 취사 및 사실의 인정에 관한 제1심의 판단은 실질적 직접심리주의 및 공판중심주의의 취지와 정신에 비추어 항소심에서의 새로운 증거조사를 통해 그에 명백히 반대되는 충분하고도 납득할 만한 현저한 사정이 나타나지 않는 한 한층 더 존중될 필요가 있다.

> **보충** 국민참여재판으로 진행된 제1심에서 배심원이 만장일치로 한 평결 결과를 받아들여 강도상해의 공소사실을 무죄로 판단하였으나, 항소심에서는 피해자에 대하여만 증인신문을 추가로 실시한 다음 제1심의 판단을 뒤집어 이를 유죄로 인정한 사안에서, 항소심 판단에 공판중심주의와 실질적 직접심리주의 원칙의 위반 및 증거재판주의에 관한 법리오해의 위법이 있다고 한 사례이다.

4 대법원 2016.2.18. 2015도11428; 2016.4.15. 2015도8610; 2016.6.23. 2016도2889
증언의 신빙성이 없다고 보아 무죄판결한 1심에 대해 항소심이 일부 반대되는 사실에 관한 개연성 또는 의문만으로 사실오인의 위법이 있다고 단정하여 유죄로 인정할 수 있는지 여부(원칙적 소극)

금품수수 여부가 쟁점이 된 사건에서 금품을 제공하였다는 사람의 진술에 대하여 제1심이 증인신문 절차 등을 거친 후에 합리적인 의심을 배제할 만한 신빙성이 없다고 보아 공소사실을 무죄로 판단한 경우에, 항소심이 제1심 증인 등을 다시 신문하는 등의 추가 증거조사를 거쳐 그 신빙성을 심사하여 본 결과 제1심이 들고 있는 의심과 일부 어긋날 수 있는 사실의 개연성이 드러남으로써 제1심의 판단에 의문이 생긴다 하더라도, 제1심이 제기한 의심이 금품 제공과 양립할 수 없거나 그 진술의 신빙성 인정에 장애가 되는 사실의 개연성에 대한 합리성 있는 근거에 기초하고 있고 제1심의 증거조사 결과와 항소심의 추가 증거조사 결과에 의하여도 제1심이 일으킨 이러한 합리적인 의심을 충분히 해소할 수 있을 정도에까지 이르지 아니한다면, 그와 같은 일부 반대되는 사실에 관한 개연성 또는 의문만으로 그 진술의 신빙성 및 범죄의 증명이 부족하다는 제1심의 판단에 사실오인의 위법이 있다고 단정하여 공소사실을 유죄로 인정하여서는 아니 된다. 특히 항소심에서도 그 진술 중의 일부에 대하여 신빙성을 부정함으로써 그에 관한 제1심의 판단을 수긍하는 경우라면, 나머지 진술 부분에 대하여 신빙성을 부정한 제1심의 판단이 위법하다고 인정하기 위해서는 그 부분 진술만은 신뢰할 수 있는 확실한 근거가 제시되는 등의 특별한 사정이 있는지에 관하여 더욱 신중히 판단하여야 한다.

1 대법원 2016.10.13, 2015도17869

자유심증주의의 의미, 한계, 위반 및 그 효과

형사소송법은 증거재판주의와 자유심증주의를 기본원칙으로 하면서, 범죄사실의 인정은 증거에 의하되 증거의 증명력은 법관의 자유판단에 의하도록 하고 있다. 그러나 이는 그것이 실체적 진실발견에 적합하기 때문이지 법관의 자의적인 판단을 인용한다는 것은 아니므로, 비록 사실의 인정이 사실심의 전권이라 하더라도 범죄사실이 인정되는지 여부는 논리와 경험법칙에 따라야 하고, 충분한 증명력이 있는 증거를 합리적 이유 없이 배척하거나 반대로 객관적인 사실에 명백히 반하는 증거를 근거 없이 채택·사용하는 것은 자유심증주의의 한계를 벗어나는 것으로서 법률위반에 해당한다(대법원 2007.5.10, 2007도1950; 2015.8.20, 2013도11650 전원합의체 참조)(채증법칙위반). 또한 범죄의 유무 등을 판단하기 위한 논리적 논증을 하는 데 반드시 필요한 사항에 대한 심리를 다하지도 아니한 채 합리적 의심이 없는 증명의 정도에 이르렀는지에 대한 판단에 섣불리 나아가는 것(심리미진) 역시 실체적 진실발견과 적정한 재판이 이루어지도록 하려는 형사소송법의 근본이념에 배치되는 것으로서 위법하다. 그러므로 사실심 법원으로서는, 형사소송법이 사실의 오인을 항소이유로는 하면서도 상고이유로 삼을 수 있는 사유로는 규정하지 아니한 데에 담긴 의미가 올바르게 실현될 수 있도록 주장과 증거에 대하여 신중하고 충실한 심리를 하여야 하고, 그에 이르지 못하여 자유심증주의의 한계를 벗어나거나 필요한 심리를 다하지 아니하는 등으로 판결 결과에 영향을 미친 때에는, 사실인정을 사실심 법원의 전권으로 인정한 전제가 충족되지 아니하는 것이므로 당연히 상고심의 심판대상에 해당한다.

> 연습　사실심 법원이 자유심증주의의 한계를 벗어나거나 필요한 심리를 다하지 아니하는 등으로 판결 결과에 영향을 미친 경우는 당연히 상고심의 심판대상에 해당한다. (○) (∵ 단순한 사실오인이 아니라 법령위반이므로)

2 대법원 2008.5.29, 2007도1755

구체적인 논리법칙·경험법칙 위반을 지적하지 아니한 채 원심의 증거취사와 사실인정만을 다투는 주장이 형사소송법 제383조 제1호의 상고이유가 될 수 있는지 여부(소극)

형사소송법 제308조는 증거의 증명력은 법관의 자유판단에 의하도록 자유심증주의를 규정하고 있으므로, 원심의 증거의 증명력에 관한 판단과 증거취사 판단에 그와 달리 볼 여지가 상당히 있는 경우라고 하더라도, 원심의 판단이 논리법칙이나 경험법칙에 따른 자유심증주의의 한계를 벗어나지 아니하는 한 그것만으로 바로 형사소송법 제383조 제1호가 상고이유로 규정하고 있는 법령위반에 해당한다고 단정할 수 없다. 또한, 원심의 구체적인 논리법칙 위반이나 경험법칙 위반의 점 등을 지적하지 아니한 채 단지 원심의 증거취사와 사실인정만을 다투는 것은 특별한 사정이 없는 한 사실오인의 주장에 불과하다(단순한 사실오인의 주장은 적법한 상고이유가 아님).

01 자백의 의의와 효과

판례연구 **자백의 의미**

대법원 1984.4.10, 84도141
피고인의 공소사실에 대한 "예, 있습니다.", "예, 그렇습니다."라는 답변과 범행사실의 자백
검사가 피고인에게 공소장기재를 낭독하다시피 공소사실 그대로의 사실 유무를 묻자 "예, 있습니다", "예, 그렇습니다"라고 대답한 것으로 되어 있어 피고인이 상피고인과 공모하여 이 사건 사기범죄사실을 저지른 것으로 자백한 것처럼 보이나 계속되는 검사와 변호인의 물음에서나 그 이후의 공판정에서는 피고인이 상피고인의 부동산전매업을 도와주는 모집책이 아니고 단순한 고객일 뿐이라고 진술하고 있다면 위 상피고인이 피고인들과 공모하여 기망 내지 편취한 점까지 자백한 것이라고는 볼 수 없다.

판례연구 **자백의 임의성이 있어도 증명력 판단은 별도로 해야 한다는 사례**

1 대법원 1980.12.9, 80도2656 [경찰승진 12]
경찰 자백 후 검찰에 송치되자마자 범행을 부인하고 연 4일 매일 한 장씩 진술서 작성은 부자연스럽다는 사례
피고인은 경찰에서 피의자신문을 받아 본건 방화사실을 자백하고 이어서 진술서를 작성·제출하고 그 다음 날부터 연 3일간 자기의 잘못을 반성하고 자백하는 내용의 양심서, 반성문, 사실서를 작성·제출하고 경찰의 검증조서에도 피고인이 자백하는 기재가 있으나, 검찰에 송치되자마자 경찰에서의 자백은 강요에 의한 것이라고 주장하면서 범행을 부인할 뿐더러 연 4일을 계속하여 매일 한 장씩 진술서 등을 작성한다는 것은 부자연하다는 느낌이 드는 등 사정에 비추어 보면 위의 자백은 신빙성이 희박하다.

2 대법원 2008.2.14, 2007도10937
임의성 있는 자백의 증명력에 대한 판단방법
피고인의 자백이 임의로 진술한 것이어서 증거능력이 인정된다고 하여 자백의 진실성과 신빙성까지도 당연히 인정되는 것은 아니므로, 법원은 진술의 내용이 논리와 경험의 법칙에 비추어 볼 때 합리적인 것으로 인정되는지의 여부나 자백 이외의 정황증거들 중에 자백과 저촉되거나 모순되는 것이 없는지의 여부 등을 두루 참작하여 자유심증으로 자백이 신빙할 수 있는 것인지의 여부를 판단하여야 한다(피고인의 검찰관 앞에서의 자백이 논리와 경험의 법칙에 반하거나 범행현장의 객관적 상황에 부합하는 정황증거들과 상치되어 믿을 수 없다고 본 사례).

판례연구　**자백배제법칙의 이론적 근거에 관한 판례**

1 대법원 1977.4.26, 77도210
허위배제설을 취한 종래의 판례
피고인의 자백진술이 객관적 합리성이 결여되고 범행현장과 객관적 상황의 중요한 부분이 부합되지 않는 등의 특별사정이 있는 경우, 수사기관에서 자백하게 된 연유가 피고인의 주장대로 고문이 아니라 할지라도 다소의 폭행 또는 기타의 방법으로 자백을 강요하여 임의로 진술한 것이 아니라고 의심할 사유가 있다고 할 것이다.

2 대법원 1997.10.10, 97도1720
위법배제설을 취한 종래의 판례
진술의 임의성이라는 것은 고문·폭행·협박·신체구속의 부당한 장기화 또는 기망 기타 진술의 임의성을 잃게 하는 사정이 없다는 것, 즉 증거의 수집과정에 위법성이 없다는 것인데, 진술의 임의성을 잃게 하는 그와 같은 사정은 헌법이나 형사소송법의 규정에 비추어 볼 때 이례에 속한다 할 것이므로 진술의 임의성은 추정된다.

3 대법원 1998.4.10, 97도3234; 1999.1.29, 98도3584; 2000.1.21, 99도4940; 2006.1.26, 2004도517; 2012.11.29, 2010도3029 등
절충설(허위배제설＋인권옹호설)을 취하는 근래의 판례
임의성 없는 자백의 증거능력을 부정하는 취지는, 허위진술을 유발 또는 강요할 위험성이 있는 상태하에서 행하여진 자백은 그 자체로 실체적 진실에 부합하지 아니하여 오판의 소지가 있을 뿐만 아니라(허위배제설) 그 진위 여부를 떠나서 자백을 얻기 위하여 피의자의 기본적 인권을 침해하는 위법·부당한 압박이 가하여지는 것을 사전에 막기 위한 것(인권옹호설)이다.[22]

판례연구　**자백배제법칙을 적용한 사례 : 증거능력 ×**

1 대법원 1985.2.26, 82도2413 [경찰승진 12 / 국가7급 07]
법 제309조에 규정된 피고인의 진술의 자유를 침해하는 위법사유들이 예시적인 것이라는 사례
형사소송법 제309조는 "피고인의 자백이 고문, 폭행, 협박, 신체구속의 부당한 장기화 또는 기망 기타의 방법으로 임의로 진술한 것이 아니라고 의심할 만한 이유가 있을 때에는 이를 유죄의 증거로 하지 못한다"고 규정하고 있는 바, 위 법조에서 규정된 피고인의 진술의 자유를 침해하는 위법사유는 원칙적으로 예시사유로 보아야 한다. (따라서) 고문, 폭행, 협박, 신체구속의 부당한 장기화 또는 기망 방법 등은 일응 진술의 자유를 침해하는 위법사유의 예시에 불과함은 같은 법조의 문리적 해석의 당연한 귀결이라 할 것이며 문면상 "기타의 방법"은 또한 다종다양할 것임은 말할 나위도 없다.

2 대법원 1992.11.24, 92도2409; 2011.10.27, 2009도1603; 2012.11.29, 2010도11788 [경찰간부 16 / 경찰승진 10 / 국가9급 15 / 법원9급 09]
이전 수사기관에서 가혹행위로 인하여 임의성 없는 자백을 한 후 검사 조사단계에서도 임의성 없는

22　참고 : 다만, 최근 판례의 입장을 종합설로 평가하는 입장도 있다. 배/이/정/이, 601면.

심리상태가 계속되어 자백 강요행위 없이 동일한 내용의 자백을 한 경우, 검사 앞에서의 자백의 임의성 유무(소극)

피고인이 검사 이전의 수사기관에서 고문 등 가혹행위로 인하여 임의성 없는 자백을 하고 그 후 검사의 조사단계에서도 임의성 없는 심리상태가 계속되어 동일한 내용의 자백을 하였다면 검사의 조사단계에서 고문 등 자백의 강요행위가 없었다고 하여도 검사 앞에서의 자백도 임의성 없는 자백이라고 볼 수밖에 없다.

3 대법원 1992.3.10, 91도1 [경찰승진 10 / 국가9급 15]
경찰에서의 임의성 없는 심리상태가 검찰에서 자백할 때에도 계속되었다는 등의 이유로 검사작성의 제1회 피의자신문조서의 증거능력을 부인한 사례
검사 작성의 피고인에 대한 제1회 피의자신문조서의 기재는 그 자백 내용에 있어 그 자체에 객관적 합리성이 없고 검사 앞에서 조사 받을 당시는 자백을 강요당한 바 없다고 하여도 경찰에서의 자백이 폭행이나 신체구속의 부당한 장기화에 의하여 임의로 진술한 것이 아니라고 의심할 만한 상당한 이유가 있어서 경찰에서 피고인을 조사한 경찰관이 검사 앞에까지 피고인을 데려간 경우 검사 앞에서의 자백도 그 임의성이 없는 심리상태가 계속된 경우라고 할 수밖에 없어 검사 작성의 피고인에 대한 제1회 피의자 신문조서는 증거능력이 없다.

4 대법원 2004.7.8, 2002도4469; 2011.10.27, 2009도1603; 2012.11.29, 2010도3029 [국가9급 15]
피고인이 수사기관에서 임의성 없는 자백을 한 후 법정에서도 임의성 없는 심리상태가 계속되어 동일한 내용의 자백을 한 경우, 법정에서 자백의 임의성도 인정되지 않는다는 사례
피고인이 수사기관에서 가혹행위 등으로 인하여 임의성 없는 자백을 하고 그 후 법정에서도 임의성 없는 심리상태가 계속되어 동일한 내용의 자백을 하였다면 법정에서의 자백도 임의성 없는 자백이라고 보아야 한다.

5 대법원 1985.2.26, 82도2413 [경찰승진 15]
구속영장 없이 13여일간 불법구속된 것은 신체구속의 부당한 장기화에 해당한다는 사례
피고인의 진술의 자유를 침해하는 위법사유는 개별 독립적이던 2개 이상 경합적이던 간에 임의로 진술한 것이 아니라고 의심할 만한 이유가 있을 때에는 이를 유죄의 증거로 하지 못할 것임은 분명하다. 피고인은 1981.8.4부터 적법한 절차에 따른 법관의 구속영장이 발부 집행된 1981.8.17까지 불법적으로 신체구속이 장기화된 사실을 인정하기에 충분하므로 수사경찰관의 피고인에 대한 고문이나 잠을 재우지 않는 등 경합된 진술의 자유를 침해하는 위법사유를 아울러 고려한다면 피고인의 경찰에서의 이건 공소사실에 부합하는 자백진술은 피고인이 증거로 함에 동의 유무를 불구하고 유죄의 증거로 할 수 없음은 헌법과 형사소송법의 법이념상 당연한 해석귀결이다.

6 대법원 1985.12.10, 85도2182 [경찰승진 10 · 15 / 교정9급특채 10]
피고인의 자백이 신문에 참여한 검찰주사가 피의사실을 자백하면 피의사실 부분은 가볍게 처리하고 보호감호의 청구를 하지 않겠다는 각서를 작성하여 주면서 자백을 유도한 것에 기인한 것이라면 기망에 의하여 임의로 진술한 것이 아니라고 의심할 만한 이유가 있는 때에 해당하여 제309조의 규정에 따라 증거로 할 수 없다.

7 대법원 1984.5.9, 83도2782 [국가9급 09 / 교정9급특채 10 · 11]
이익의 약속 : 가벼운 형으로 처벌받도록 유도한 결과 얻어진 자백의 임의성 내지 신뢰성
피고인이 처음 검찰조사 시에 범행을 부인하다가 뒤에 자백을 하는 과정에서 금 200만원을 뇌물로 받은 것으로 하면 특정범죄가중처벌등에관한법률 위반으로 중형을 받게 되니 금 200만원 중 금 30만원

을 술값을 갚은 것으로 조서를 허위작성한 것이라면 이는 단순 수뢰죄의 가벼운 형으로 처벌되도록 하겠다고 약속하고 자백을 유도한 것으로 위와 같은 상황 하에서 한 자백은 그 임의성에 의심이 간다.

8 대법원 1997.6.27, 95도1964 [경찰간부 15 / 경찰승진 10 / 국가9급 11 / 교정9급특채 10]
위법한 신문방법에 해당하는 철야신문 사례
피고인의 검찰에서의 자백은 피고인이 검찰에 연행된 때로부터 약 30시간 동안 잠을 재우지 아니한 채 검사 2명이 교대로 신문을 하면서 회유한 끝에 받아낸 것으로 임의로 진술한 것이 아니라고 의심할 만한 이유가 있는 때에 해당한다고 보아(허위배제설) 법 제309조의 규정에 의하여 그 피의자신문조서는 증거능력이 없다.

9 대법원 2006.1.26, 2004도517 [국가9급 11]
장기간에 걸쳐 많은 횟수의 야간신문에 의한 자백은 임의성에 의심이 있다는 사례
별건으로 수감 중인 자를 약 1년 3개월의 기간 동안 무려 270회나 검찰청으로 소환하여 밤늦은 시각 또는 그 다음 날 새벽까지 조사를 하였다면 그는 과도한 육체적 피로, 수면부족, 심리적 압박감 속에서 진술을 한 것으로 보이고, 미국 영주권을 신청해 놓았을 뿐 아니라 가족들도 미국에 체류 중이어서 반드시 미국으로 출국하여야 하는 상황에 놓여있는 자를 구속 또는 출국금지조치의 지속 등을 수단으로 삼아 회유하거나 압박하여 조사를 하였을 가능성이 충분하다면 그는 심리적 압박감이나 정신적 강압상태하에서 진술을 한 것으로 의심되므로 이들에 대한 진술조서는 그 임의성을 의심할 만한 사정이 있는데, 검사가 그 임의성의 의문점을 해소하는 증명을 하지 못하였으므로 위 각 진술조서는 증거능력이 없다고 해야 한다.

판례연구 **자백배제법칙을 적용하지 않은 사례 : 증거능력 ○**

1 대법원 1984.5.29, 84도378 [경찰승진 10]
사건송치 당일에 작성된 검사에 의한 피의자신문조서의 증거능력이 인정된 사례
검사작성의 피고인에 대한 피의자신문조서가 사건의 송치를 받은 당일에 작성된 것이었다 하여 그와 같은 조서의 작성시기만으로 그 조서에 기재된 피고인의 자백진술이 임의성이 없는 것이라 의심하여 증거능력을 부정할 수 없다.

2 대법원 1984.10.23, 84도1846 [경찰간부 12 / 해경간부 12]
수사기관에 영장 없이 연행되어 약 40일간 조사를 받아오다가 구속 송치된 후 검사 앞에서 한 자백이지만 특히 신빙할 수 있는 상태에서 행해진 임의성 있는 진술이라고 본 사례
피고인이 국가보안법위반 등의 혐의를 받고 수사기관에 영장 없이 연행되어 약 40일간 조사를 받다가 구속영장에 의하여 구속되고 검찰에 송치된 후 약 1개월간에 걸쳐 검사로부터 4회 신문을 받으면서 범죄사실을 자백한 경우라도, 피고인이 1, 2심 법정에서 검사로부터 폭행·협박 등 부당한 대우를 받음이 없이 자유스러운 분위기에서 신문을 받았다고 진술하고 있고 검찰에 송치된 후 4차의 신문을 받으면서 범행의 동기와 경위에 관하여 소상하게 진술을 하고 있고 일부 신문에 대하여는 부인하고 변명한 부분도 있으며 그 자백내용이 원심인용의 다른 증거들에서 나타난 객관적 사실과도 일치하고 있다면 피고인들의 연령, 학력 등 기록에 나타난 제반사정에 비추어 피고인의 검사 앞에서의 자백은 특히 신빙할 수 있는 상태하에서 행하여진 임의성 있는 진술이라고 볼 수 있다.

보충 자백배제법칙의 이론적 근거에 관하여 인권옹호설, 절충설, 위법배제설의 관점에서 보면 자백의 임의성을 충분히 의심할 만한 상황으로 볼 수 있다.

3 대법원 1986.11.25, 83도1718 [경찰승진 22]

경찰에서의 부당한 신체구속에도 불구하고 검찰에서의 진술의 임의성이 인정된 사례
설사 경찰에서 부당한 신체구속을 당하였다 하더라도 검사 앞에서의 피고인의 진술에 임의성이 인정된다면 그와 같은 부당한 신체구속이 있었다는 사유만으로 검사가 작성한 피의자 신문조서의 증거능력이 상실된다고 할 수 없다.

4 대법원 1983.9.13, 83도712 [경찰간부 12 / 경찰승진 10 / 국가9급 14 / 교정9급특채 11]

약속에 의한 자백이나 이익과의 교환조건이 아닌 경우 : 일정한 증거 등이 발견되면 자백하기로 한 약속 하에 된 자백의 임의성이 인정된 사례
일정한 증거가 발견되면 피의자가 자백하겠다고 한 약속이 검사의 강요나 위계에 의하여 이루어졌다던가 또는 불기소나 경한 죄의 소추등 이익과 교환조건으로 된 것으로 인정되지 않는다면 위와 같은 자백의 약속 하에 된 자백이라 하여 곧 임의성 없는 자백이라고 단정할 수는 없다.

판례연구　　**임의성 의심사유와 자백 간에 인과관계가 필요하다는 사례**

대법원 1984.11.27, 84도2252 [경찰채용 14 1차 / 해경간부 12 / 국가9급 14]
자백배제법칙의 적용에 관한 인과관계 필요설
피고인의 자백이 임의성이 없다고 의심할 만한 사유가 있는 때에 해당한다 할지라도 그 임의성이 없다고 의심하게 된 사유들과 피고인의 자백과의 사이에 인과관계가 존재하지 않은 것이 명백한 때에는 그 자백은 임의성이 있는 것으로 인정된다.

> **보충**　자백배제법칙의 이론적 근거에 관하여 허위배제설에 의하면 인과관계필요설을, 위법배제설에 의하면 인과관계불요설을 취한다. 학설에서는 인과관계불요설이 다수설인데, 이는 인과관계의 입증이 곤란하고 현행법상 자백의 임의성이 의심되기만 하면 증거능력이 부정된다는 점을 논거로 삼는다. 판례는 위에 나와 있듯이 인과관계필요설이다.

판례연구　　**자백의 임의성의 입증**

1 대법원 2008.7.10, 2007도7760 [경찰간부 13·14 / 경찰승진 15 / 국가9급 11·14·15 / 국가7급 16 / 법원9급 14·15]
피고인 또는 변호인이 검사가 작성한 피의자 신문조서에 대하여 임의성을 인정하였다가 증거조사 완료 후 이를 다투는 경우, 임의성의 증명책임 부담자(= 검사) 및 법원이 취해야 할 조치
검사 작성의 당해 피고인에 대한 피의자신문조서에 기재된 진술의 임의성에 다툼이 있을 때에는 그 임의성을 의심할 만한 합리적이고 구체적인 사실을 피고인이 증명할 것이 아니라 검사가 그 임의성의 의문점을 없애는 증명을 하여야 하고, 검사가 그 임의성의 의문점을 없애는 증명을 하지 못한 경우에는 그 조서는 유죄 인정의 증거로 사용할 수 없는데, 이러한 법리는 피고인이나 그 변호인이 검사 작성의 당해 피고인에 대한 피의자신문조서의 임의성을 인정하는 진술을 하였다가 이를 번복하는 경우에도 마찬가지로 적용되어야 한다. 따라서 증거조사를 마친 조서의 임의성을 다투는 주장이 받아들여지게 되면, 그 조서는 구 형사소송규칙 제139조 제4항의 증거배제결정을 통하여 유죄 인정의 자료에서 제외하여야 한다.

2 대법원 2012.11.29, 2010도3029 [경찰간부 12·13·14 / 경찰승진 10·11·15 / 국가9급 08·11·15 / 교정9급특채 10]
피고인이 피의자신문조서에 기재된 진술과 공판기일에서 한 진술의 임의성을 다투면서 허위자백이라고 주장하는 경우, 진술의 임의성 유무 판단방법 : 자유로운 증명
임의성 없는 진술의 증거능력을 부정하는 취지는, 허위진술을 유발 또는 강요할 위험성이 있는 상태하

에서 행하여진 진술은 그 자체가 실체적 진실에 부합하지 아니하여 오판을 일으킬 소지가 있을 뿐만 아니라(허위배제설) 그 진위를 떠나서 진술자의 기본적 인권을 침해하는 위법·부당한 압박이 가하여지는 것을 사전에 막기 위한 것이므로(인권옹호설)(이상 절충설), 그 임의성에 다툼이 있을 때에는 그 임의성을 의심할 만한 합리적이고 구체적인 사실을 피고인이 증명할 것이 아니고 검사가 그 임의성의 의문점을 없애는 증명을 하여야 하며, 검사가 그 임의성의 의문점을 없애는 증명을 하지 못한 경우에는 그 진술증거는 증거능력이 부정된다(대법원 2006.1.26, 2004도517 등 참조). 한편 피고인이 피의자신문조서에 기재된 피고인의 진술 및 공판기일에서의 피고인의 진술의 임의성을 다투면서 그것이 허위자백이라고 다투는 경우, 법원은 구체적인 사건에 따라 피고인의 학력, 경력, 직업, 사회적 지위, 지능 정도, 진술의 내용, 피의자신문조서의 경우 그 조서의 형식 등 제반 사정을 참작하여 자유로운 심증으로 위 진술이 임의로 된 것인지의 여부를 판단하면 된다(자유로운 증명)(대법원 2003.5.30, 2003도705 등 참조).

❸ 대법원 2006.11.23, 2004도7900; 2013.7.11, 2011도14044

기록상 진술증거의 임의성에 관하여 의심할 만한 사정이 나타나 있는 경우에 법원이 취하여야 할 조치

기록상 진술증거의 임의성에 관하여 의심할 만한 사정이 나타나 있는 경우에는 법원은 직권으로 그 임의성 여부에 관하여 조사를 하여야 하고, [법원9급 13] 임의성이 인정되지 아니하여 증거능력이 없는 진술증거는 피고인이 증거로 함에 동의하더라도 증거로 삼을 수 없다.

> **보충** 참고인에 대한 검찰 진술조서가 강압상태 내지 강압수사로 인한 정신적 강압상태가 계속된 상태에서 작성된 것으로 의심되어 그 임의성을 의심할 만한 사정이 있는데도, 검사가 그 임의성의 의문점을 없애는 증명을 하지 못하였으므로 증거능력이 없다고 한 사례이다.

제4절 위법수집증거배제법칙

01 의 의

02 적용범위

> **판례연구** 위법수집증거배제법칙의 의미
>
> 대법원 2007.11.15, 2007도3061 전원합의체 : 제주지사실 압수·수색 사건 [경찰채용 15 1차 / 경찰채용 13 2차 / 경찰간부 12·13 / 국가9급 09 / 국가7급 15 / 법원9급 14·15·16]
> 40여 년간 유지한 성질·형상불변론의 폐기 : 헌법과 형사소송법이 정한 절차를 위반하여 수집한 압수물과 이를 기초로 획득한 2차적 증거의 증거능력 유무(원칙적 소극) 및 그 판단기준
> ① (원칙) 기본적 인권 보장을 위하여 압수수색에 관한 적법절차와 영장주의의 근간을 선언한 헌법과 이를 이어받아 실체적 진실 규명과 개인의 권리보호 이념을 조화롭게 실현할 수 있도록 압수수색절차에 관한 구체적 기준을 마련하고 있는 형사소송법의 규범력은 확고히 유지되어야 한다. 그러므로

헌법과 형사소송법이 정한 절차에 따르지 아니하고 수집한 증거는 기본적 인권 보장을 위해 마련된 적법한 절차에 따르지 않은 것으로서 원칙적으로 유죄 인정의 증거로 삼을 수 없다. [경찰채용 09 1차 / 경찰간부 13 / 법원9급 15]

② (예외) 다만, 법이 정한 절차에 따르지 아니하고 수집한 압수물의 증거능력 인정 여부를 최종적으로 판단함에 있어서는, 실체적 진실 규명을 통한 정당한 형벌권의 실현도 헌법과 형사소송법이 형사소송 절차를 통하여 달성하려는 중요한 목표이자 이념이므로, 형식적으로 보아 정해진 절차에 따르지 아니하고 수집한 증거라는 이유만을 내세워 획일적으로 그 증거의 증거능력을 부정하는 것 역시 헌법과 형사소송법이 형사소송에 관한 절차 조항을 마련한 취지에 맞는다고 볼 수 없다. 따라서 … 전체적·종합적으로 살펴 볼 때, 수사기관의 절차 위반행위가 '적법절차의 실질적인 내용을 침해하는 경우'에 해당하지 아니하고, 오히려 그 증거의 증거능력을 배제하는 것이 헌법과 형사소송법이 형사소송에 관한 절차 조항을 마련하여 적법절차의 원칙과 실체적 진실 규명의 조화를 도모하고 이를 통하여 형사 사법 정의를 실현하려 한 취지에 반하는 결과를 초래하는 것으로 평가되는 예외적인 경우라면, 법원은 그 증거를 유죄 인정의 증거로 사용할 수 있다고 보아야 한다. [경찰채용 09 1차 / 경찰간부 13 / 경찰승진 10·11 / 국가7급 09 / 법원9급 15] 이는 적법한 절차에 따르지 아니하고 수집한 증거를 기초로 하여 획득한 2차적 증거의 경우에도 마찬가지여서, 절차에 따르지 아니한 증거 수집과 2차적 증거수집 사이 인과관계의 희석 또는 단절 여부를 중심으로 2차적 증거 수집과 관련된 모든 사정을 전체적·종합적으로 고려하여 예외적인 경우에는 유죄 인정의 증거로 사용할 수 있다.

보충1 피고인 측에서 검사의 압수수색이 적법절차를 위반하였다고 다투고 있음에도 불구하고 주장된 위법사유가 적법절차의 실질적인 내용을 침해하였는지 여부 등에 관하여 충분히 심리하지 아니한 채, 압수절차가 위법하더라도 압수물의 증거능력은 인정된다는 이유만으로 압수물의 증거능력을 인정한 것은 위법하다고 한 사례이다. [경찰채용 11 2차 / 경찰간부 12]

보충2 위 판례에서 나타난 위법수집증거의 증거능력에 대한 원칙은 다음과 같이 요약할 수 있다 : "① 원칙적으로 위법수집증거의 증거능력 부정, ② 예외적으로 위법수집증거라 하더라도 절차위반이 적법절차의 실질적 내용을 침해하지 아니하고 증거배제가 정의실현의 취지에 반하는 경우에는 증거능력 인정."

보충3 ① 명문의 규정이 없었던 2007년 이전 형사소송법 아래에서도 학설은 헌법상 적법절차원칙(헌법 제12조 제1항 제2문 후단, 제3항)에 근거하여 위법수집증거배제법칙을 긍정하고 있었다. 다만 당시 판례는, 진술증거의 경우 일찍부터 위법수집증거배제법칙을 받아들여 왔으나, 비진술증거인 증거물에 관하여는, 압수물은 압수절차가 위법하다고 하더라도 물건 자체의 성질, 형상에 변경을 가져오는 것은 아니어서 그 형태 등에 관한 증거가치에는 변함이 없어 증거능력이 있다고 하여(성질·형상불변론, 대법원 1987.6.23, 87도705; 1996.5.14, 96초88 등) 위법수집증거배제법칙을 받아들이지 않는 태도를 보여 왔다. 드디어, ② 2007년 개정법은 제308조의2의 규정(적법한 절차에 따르지 아니하고 수집한 '증거'는 증거로 할 수 없다.)을 신설함으로써 위와 같은 학설과 판례의 대립을 입법적으로 해결하였다(08.1.1. 시행). 그 후 대법원도 위 2007.11.15, 2007도3061 전원합의체 판결을 통하여 종래의 성질·형상불변론을 폐기하고 위법수집증거배제법칙을 명시적으로 인정한 것이다.

판례연구 **영장주의 위반의 위법수집증거 사례**

1 대법원 1984.3.13, 83도3006
범행 직후 범죄장소에서 긴급검증 후 사후영장을 받지 않은 사례
사법경찰관사무취급 작성의 검증조서에 의하면 동 검증은 이 사건 발생 후 범행장소에서 긴급을 요하여 법원판사의 영장을 받을 수 없으므로 영장 없이 시행한다고 기재되어 있으므로 이 검증은 법 제216조 제3항에 의한 검증이라 할 것임에도 불구하고 기록상 사후영장을 받은 흔적이 없다면 이러한 검증조서는 피고인에 대한 유죄의 증거로 할 수 없다.

2 대법원 2002.6.11, 2000도5701 [경찰간부 12 / 경찰승진 11 · 12 · 15 / 국가9급 10 · 11 / 국가7급 09]

위법한 체포에 의한 유치 중에 작성된 피의자신문조서의 증거능력은 인정되지 않는다는 사례
긴급체포 당시의 상황으로 보아서도 그 요건의 충족 여부에 관한 검사나 사법경찰관의 판단이 경험칙에 비추어 현저히 합리성을 잃은 경우에는 그 체포는 위법한 체포라 할 것이고, 이러한 위법은 영장주의에 위배되는 중대한 것이니 그 체포에 의한 유치 중에 작성된 피의자신문조서는 위법하게 수집된 증거로서 특별한 사정이 없는 한 이를 유죄의 증거로 할 수 없다.

3 대법원 2011.6.30, 2009도6717 [경찰채용 20 1차 / 국가7급 12 / 법원9급 18 · 22]

수사기관이 '피고인 아닌 자'를 상대로 위법하게 수집한 증거를 '피고인'에 대한 유죄 인정의 증거로 원칙적으로 삼을 수 없다는 사례 : 미국의 스탠딩 법리의 부정
법 제308조의2는 "적법한 절차에 따르지 아니하고 수집한 증거는 증거로 할 수 없다."라고 규정하고 있는데, 수사기관이 헌법과 형사소송법이 정한 절차에 따르지 아니하고 수집한 증거는 유죄 인정의 증거로 삼을 수 없는 것이 원칙이므로, 수사기관이 피고인 아닌 자를 상대로 적법한 절차에 따르지 아니하고 수집한 증거는 원칙적으로 피고인에 대한 유죄 인정의 증거로 삼을 수 없다.

보충 우리 대법원의 입장과 달리, 미국 연방대법원은 피고인이 아닌 제3자에 대하여 위법한 방법으로 수사가 행해진 경우에는 그로 인하여 얻은 증거를 피고인에 대하여 사용할 수 있고, 피의자에 대한 위법한 수사결과 취득한 증거를 제3자에 대한 증거로 사용할 수 있다는 입장으로[Alderman v. U.S, 394 U.S. 165(1969)], 위법수집증거배제법칙은 위법수사로 인하여 기본권이 침해된 자에 대하여만 적용된다는 입장이다[심담(판사), 형사소송법 핵심판례110선 제3판, 133면]. 이러한 미국판례의 입장은 위법수집증거배제법칙에 관한 당사자적격이론(스탠딩 법리)이라 한다. 요컨대, 우리 대법원은 위 당사자적격이론을 인정하지 않는 것이다.

유사1 공범으로서 별도로 공소제기된 다른 사건의 피고인 甲에 대한 수사과정에서 담당 검사가 피의자인 甲과 그 사건에 관하여 대화하는 내용과 장면을 녹화한 비디오테이프에 대한 법원의 검증조서는 이러한 비디오테이프의 녹화내용이 피의자의 진술을 기재한 피의자신문조서와 실질적으로 같다고 볼 것이므로 피의자신문조서에 준하여 그 증거능력을 가려야 한다. 그런데 검사가 녹화 당시 甲의 진술을 들음에 있어 동인에게 미리 진술거부권이 있음을 고지한 사실을 인정할 자료가 없으므로 위 녹화내용은 위법하게 수집된 증거로서 증거능력이 없는 것으로 볼 수밖에 없고, 따라서 이러한 녹화내용에 대한 법원의 검증조서 기재는 유죄증거로 삼을 수 없다(대법원 1992.6.23, 92도682).

유사2 검사가 국가보안법 위반죄로 구속영장을 발부받아 피의자신문을 한 다음, 구속 기소한 후 다시 피의자(B)를 소환하여 공범들(A등)과의 조직구성 및 활동 등에 관한 신문을 하면서 피의자신문조서가 아닌 일반적인 진술조서의 형식으로 조서를 작성하였는데, 진술조서의 내용이 피의자신문조서와 실질적으로 같고, 진술의 임의성이 인정되는 경우라도 미리 피의자에게 진술거부권을 고지하지 않았다면 위법수집증거에 해당하므로, 이를 당해 피고인 A에 대한 유죄인정의 증거로 사용할 수 없다(대법원 2009.8.20, 2008도8213).

4 대법원 2014.1.16, 2013도7101 [국가9급 14 / 법원9급 17]

압수 · 수색영장 집행과정에서 무관한 타인의 혐의사실을 발견한 사례
수사기관이 피의자 甲의 공직선거법 위반 범행을 영장 범죄사실로 하여 발부받은 압수 · 수색영장의 집행 과정에서 乙, 丙 사이의 대화가 녹음된 녹음파일(이하 '녹음파일')을 압수하여 乙, 丙의 공직선거법 위반 혐의사실을 발견한 경우, 압수 · 수색영장에 기재된 '피의자'인 甲이 녹음파일에 의하여 의심되는 혐의사실과 무관한 이상, 수사기관이 별도의 압수 · 수색영장을 발부받지 아니한 채 압수한 녹음파일은 형사소송법 제219조에 의하여 수사기관의 압수에 준용되는 형사소송법 제106조 제1항이 규정하는 '피고사건' 내지 같은 법 제215조 제1항이 규정하는 '해당 사건'과 '관계가 있다고 인정할 수 있는 것'에 해당하지 않으며, 이와 같은 압수에는 헌법 제12조 제1항 후문, 제3항 본문이 규정하는 영장주의를 위반한 절차적 위법이 있으므로, 녹음파일은 형사소송법 제308조의2에서 정한 '적법한 절차에 따르지 아니하고 수집한 증거'로서 증거로 쓸 수 없고, 그 절차적 위법은 헌법상 영장주의 내지 적법절차의 실질적 내용을 침해하는 중대한 위법에 해당하여 예외적으로 증거능력을 인정할 수도 없다.

사례연구

(이 문제는 대법원 2011.6.30. 2009도6717 −티켓영업 사건− 을 사례화한 것이다. 주제는 위법수집증거배제법칙과 당사자적격 부인 문제이다) 경찰관 P1·P2·P3·P4의 4명은 피고인 A가 운영하는 ○○유흥주점(종업원 B 등)에서 성매매가 이루어진다는 제보를 받고, 유흥주점 업주와 종업원인 피고인들이 영업장을 벗어나 시간적 소요의 대가로 금품을 받아서는 아니 되는데도 이른바 '티켓영업' 형태로 성매매를 하면서 금품을 수수한 식품위생법 위반 혐의를 수사하기 위하여, 2008.1.30. 21 : 30경부터 위 유흥주점 앞에서 잠복근무를 하다가 같은 날 22 : 24경 위 유흥주점에서 손님 甲과 위 유흥주점 종업원인 乙(女)이 나와 인근의 △△△ 여관으로 들어가는 것을 확인하고 여관 업주의 협조를 얻어 같은 날 22 : 54경 甲과 乙이 투숙한 여관 방문을 열고 들어갔다. 당시 甲과 乙 두 사람은 침대에 옷을 벗은 채로 약간 떨어져 누워 있었는데 경찰관들이 위 두 사람에게 '성매매로 현행범 체포한다.'고 고지하였으나, 위 두 사람이 성행위를 하고 있는 상태도 아니었고 방 내부 및 화장실 등에서 성관계를 가졌음을 증명할 수 있는 화장지나 콘돔 등도 발견되지 아니하였다. 이에 경찰관들은 위 두 사람을 성매매로 현행범 체포를 하지는 못하고(성매매 미수는 처벌규정 없음) 수사관서로 동행해 줄 것을 요구하면서 그중 경찰관 P3는 위 두 사람에게 "동행을 거부할 수도 있으나 거부하더라도 강제로 연행할 수 있다."고 말하였고, 수사관서로 동행 과정에서 乙이 화장실에 가자 여자 경찰관 P4는 乙을 따라가 감시하기도 하였다. 甲과 乙은 경찰관들과 경찰서에 도착하여 같은 날 23 : 40경 각각 자술서를 작성하였고, 곧이어 사법경찰리가 2008.1.31. 00 : 00경부터 01 : 50까지 사이에 甲과 乙에 대하여 각각 제1회 진술조서를 작성하였다. [국가7급 12 유사]

문제 1 사법경찰관이 피고인 아닌 甲과 乙을 경찰서에 데리고 온 것은 임의동행의 적법성이 인정된다.

→ (×) 형사소송법 제199조 제1항은 임의수사원칙을 명시하고 있는데, 수사관이 수사과정에서 동의를 받는 형식으로 피의자를 수사관서 등에 동행하는 것은, 피의자의 신체의 자유가 제한되어 실질적으로 체포와 유사한데도 이를 억제할 방법이 없어서 이를 통해서는 제도적으로는 물론 현실적으로도 임의성을 보장할 수 없을 뿐만 아니라, 아직 정식 체포·구속단계 이전이라는 이유로 헌법 및 형사소송법이 체포·구속된 피의자에게 부여하는 각종 권리보장장치가 제공되지 않는 등 형사소송법의 원리에 반하는 결과를 초래할 가능성이 크므로, 수사관이 동행에 앞서 피의자에게 동행을 거부할 수 있음을 알려 주었거나 동행한 피의자가 언제든지 자유로이 동행과정에서 이탈 또는 동행장소에서 퇴거할 수 있었음이 인정되는 등 오로지 피의자의 자발적인 의사에 의하여 수사관서 등에 동행이 이루어졌다는 것이 객관적인 사정에 의하여 명백하게 입증된 경우에 한하여, 동행의 적법성이 인정된다고 보는 것이 타당하다. … 비록 사법경찰관이 甲과 乙을 동행할 당시에 물리력을 행사한 바가 없고, 이들이 명시적으로 거부의사를 표명한 적이 없다고 하더라도, 사법경찰관이 이들을 수사관서까지 동행한 것은 위에서 본 적법요건이 갖추어지지 아니한 채 사법경찰관의 동행요구를 거절할 수 없는 심리적 압박 아래 행하여진 사실상의 강제연행, 즉 불법체포에 해당한다고 보아야 할 것이다.

문제 2 수사기관이 '피고인 아닌 자'를 상대로 위법하게 수집한 증거를 '피고인'에 대한 유죄인정의 증거로 사용할 수 있는 것은 위법수집증거배제법칙에 위배되지 아니한다.

→ (×) 형사소송법 제308조의2는 "적법한 절차에 따르지 아니하고 수집한 증거는 증거로 할 수 없다."라고 규정하고 있는데, 수사기관이 헌법과 형사소송법이 정한 절차에 따르지 아니하고 수집한 증거는 유죄인정의 증거로 삼을 수 없는 것이 원칙이므로, 수사기관이 '피고인 아닌 자'를 상대로 적법한 절차에 따르지 아니하고 수집한 증거는 원칙적으로 '피고인'에 대한 유죄인정의 증거로 삼을 수 없다. [경찰채용 21 1차]

문제 3 사법경찰관이 피고인 아닌 甲과 乙을 사실상 강제연행하여 불법체포한 상태에서 甲·乙 간의 성매매행위나 피고인 A·B의 유흥업소 영업행위를 처벌하기 위하여 甲·乙에게서 자술서를 받고 甲·乙에 대한 진술조서를 작성한 경우, 이를 피고인 A·B에 대한 유죄인정의 증거로 사용할 수 없다.

142 형사소송법의 수사와 증거

→ (○) 위 각 자술서와 진술조서는 헌법과 형사소송법이 규정한 체포·구속에 관한 영장주의원칙에 위배하여 수집된 것으로서 수사기관이 피고인 아닌 자를 상대로 적법한 절차에 따르지 아니하고 수집한 증거에 해당하여 형사소송법 제308조의2에 따라 증거능력이 부정되므로, 이를 피고인들에 대한 유죄인정의 증거로 삼을 수 없다.

판례연구 적정절차 위반의 위법수집증거 사례

🔟 대법원 1990.9.25, 90도1586 [경찰승진 09]
위법한 변호인 접견불허기간 중에 작성된 검사 작성의 피의자신문조서의 증거능력이 없다는 사례
헌법상 보장된 변호인과의 접견교통권이 위법하게 제한된 상태에서 얻어진 피의자의 자백은 유죄의 증거에서 실질적이고 완전하게 배제하여야 하는 것인바, 피고인이 구속되어 국가안전기획부에서 조사를 받다가 변호인의 접견신청이 불허되어 이에 대한 준항고를 제기 중에 검찰로 송치되어 검사가 피고인을 신문하여 제1회 피의자신문조서를 작성한 후 준항고절차에서 위 접견불허처분이 취소되어 접견이 허용된 경우에는 검사의 피고인에 대한 위 제1회 피의자신문은 변호인의 접견교통을 금지한 위법상태가 계속된 상황에서 시행된 것으로 보아야 할 것이므로 그 피의자신문조서는 증거능력이 없다.

2️⃣ 대법원 1992.6.23, 92도682 [경찰간부 14 / 경찰승진 15 / 국가9급 09 / 국가7급 07 / 법원9급 14]
진술거부권 불고지 획득 자백에는 위법수집증거배제법칙을 적용한다는 판례
진술거부권은 헌법이 보장하는 형사상 자기에 불리한 진술을 강요당하지 않는 자기부죄거부권리에 터잡은 것이므로 수사기관이 피의자를 신문함에 있어서 피의자에게 미리 진술거부권을 고지하지 않는 때에는 그 피의자의 진술은 위법하게 수집된 증거로서 진술의 임의성이 인정되는 경우라도 증거능력이 부인되어야 한다.

> 보충 진술거부권(헌법 제12조 제2항, 법 제244조의2, 제283조의2)을 고지하지 않거나, 변호인선임권(헌법 제12조 제5항, 법 제88조, 제209조, 제244조의3)이나 변호인과의 접견교통권(헌법 제12조 제4항의 변호인의 조력을 받을 권리)와 같은 헌법상 기본권을 침해하여 획득한 자백의 경우, 이는 중대한 위법에 해당하므로 자백의 증거능력이 부정되는 것은 당연하나, 그 근거에 대해서는 ① 진술거부권과 자백배제법칙은 구별되지 않으며, 자백배제법칙의 이론적 근거는 수사절차의 위법의 배제에 있으므로 이는 자백배제법칙의 '기타의 방법'에 해당한다고 보아 자백배제법칙이 적용되어야 한다는 다수설과 ② 자백의 임의성이 인정된다 하더라도 위법수집증거에 해당하므로 증거능력이 부정된다는 위법수집증거배제법칙 적용설의 판례가 대립한다(진술거부권 불고지는 대법원 1992.6.23, 92도682; 2009.8.20, 2008도8213; 2015.10.29, 2014도5939, 변호인선임권 침해는 대법원 2013.3.28, 2010도3359, 변호인과의 접견교통권 침해는 대법원 1990.9.25, 90도1586 [경찰승진 09]).

3️⃣ 대법원 2013.3.28, 2010도3359 [경찰간부 15 / 경찰승진 15·22 / 법원9급 14·15]
정당한 사유 없이 변호인을 참여하게 하지 아니한 채 작성한 피의자신문조서의 증거능력 ✕
헌법 제12조 제1항, 제4항 본문, 형사소송법 제243조의2 제1항 및 그 입법 목적 등에 비추어 보면, 피의자가 변호인의 참여를 원한다는 의사를 명백하게 표시하였음에도 수사기관이 정당한 사유 없이 변호인을 참여하게 하지 아니한 채 피의자를 신문하여 작성한 피의자신문조서는 형사소송법 제312조에 정한 '적법한 절차와 방식'에 위반된 증거일 뿐만 아니라, 형사소송법 제308조의2에서 정한 '적법한 절차에 따르지 아니하고 수집한 증거'에 해당하므로 이를 증거로 할 수 없다.

4️⃣ 대법원 2014.10.15, 2011도3509 [법원9급 17]
선거관리위원회 위원·직원이 관계인에게 진술이 녹음된다는 사실을 미리 알려 주지 아니한 채 진술을 녹음하였다면, 그와 같은 조사절차에 의하여 수집한 녹음파일 내지 그에 터 잡아 작성된 녹취록은 형사소

송법 제308조의2에서 정하는 '적법한 절차에 따르지 아니하고 수집한 증거'에 해당하여 원칙적으로 유죄의 증거로 쓸 수 없다.

보충 수험에서는, 구 공직선거법 당시 선관위 위원·직원이 선거범죄 조사와 관련하여 관계자에게 질문을 하면서 미리 진술거부권을 고지하지 않은 경우 그 과정에서 작성·수집된 선관위 문답서의 증거능력은 긍정된다는 판례(대법원 2014.1.16, 2013도5441)와 구별하여야 한다.

판례연구 형사소송법의 효력규정 위반의 위법수집증거 사례

1 대법원 2005.10.28, 2005도5854
증인신문절차의 공개금지결정이 위법하면 그 증인의 증언은 증거능력이 없다는 사례
원심이 증인신문절차의 공개금지사유로 삼은 사정이 '국가의 안녕질서를 방해할 우려가 있는 때'에 해당하지 아니하고, 달리 헌법 제109조, 법원조직법 제57조 제1항이 정한 공개금지사유를 찾아볼 수도 없어, 원심의 공개금지결정은 피고인의 공개재판을 받을 권리를 침해한 것으로서 그 절차에 의하여 이루어진 증인의 증언은 증거능력이 없다.

2 대법원 2010.1.14, 2009도9344
피고인의 반대신문권의 배제에 따른 위법수집증거 및 책문권 포기에 의한 하자의 치유
형사소송법 제297조의 규정에 따라 재판장은 증인이 피고인의 면전에서 충분한 진술을 할 수 없다고 인정한 때에는 피고인을 퇴정하게 하고 증인신문을 진행함으로써 피고인의 직접적인 증인 대면을 제한할 수 있지만, 이러한 경우에도 피고인의 반대신문권을 배제하는 것은 허용될 수 없다. 따라서 법 제297조에 따라 변호인이 없는 피고인을 일시 퇴정하게 하고 증인신문을 한 다음 피고인에게 실질적인 반대신문의 기회를 부여하지 아니한 채 이루어진 증인의 법정진술은 위법한 증거로서 증거능력 이 없다고 볼 여지가 있으나, 그 다음 공판기일에서 재판장이 증인신문 결과 등을 공판조서(증인신문조 서)에 의하여 고지하였는데 피고인이 '변경할 점과 이의할 점이 없다'고 진술하여 책문권 포기 의사를 명시하였다면 실질적인 반대신문의 기회를 부여받지 못한 하자는 치유된 것이다.

판례연구 적정절차 위반이 아니므로 위법수집증거가 아니라는 사례

대법원 1984.7.10, 84도846 [경찰채용 14 1차 / 경찰간부 12·13 / 경찰승진 10·15 / 국가9급 07 / 교정9급특채 10]
비변호인과의 접견금지상태에서 작성된 피의자신문조서의 임의성이 있다는 사례
검사의 접견금지 결정으로 피고인들의 (변호인 아닌 자와의) 접견이 제한된 상황 하에서 피의자 신문조서가 작성되었다는 사실만으로 바로 그 조서가 임의성이 없는 것이라고는 볼 수 없다.

판례연구 절차가 위법하지 않거나 절차의 위법이 중대하지 않아 위법수집증거는 아니라는 사례

1 대법원 2011.7.14, 2011도3809 [경찰채용 12 1차 / 경찰간부 14·15 / 경찰승진 22 / 국가9급 17 / 법원9급 13]
검찰관이 피고인을 뇌물수수 혐의로 기소한 후, 형사사법공조절차를 거치지 아니한 채 외국에 현지출 장하여 그곳에서 뇌물공여자 甲을 상대로 참고인 진술조서를 작성한 사례
검찰관이 피고인을 뇌물수수 혐의로 기소한 후, 형사사법공조절차를 거치지 아니한 채(인터폴의 협조를 받아야 절차가 적법한 것은 아님, 다만 특신상태는 부정) 과테말라공화국에 현지출장하여 그곳 호텔에서 뇌물공여자 甲을 상대로 참고인 진술조서를 작성한 경우, 참고인조사가 증거수집을 위한 수사행위에 해당하고 그 조사 장소가 우리나라가 아닌 과테말라공화국의 영역에 속하기는 하나, 조사의 상대방이 우리나라 국민이고 그가 조사에 스스로 응함으로써 조사의 방식이나 절차에 강제력이나 위력은 물론

어떠한 비자발적 요소도 개입될 여지가 없었음이 기록상 분명한 이상, 위법수집증거배제법칙이 적용된다고 볼 수 없다.

> **보충** 다만, 형사사법공조절차나 과테말라공화국 주재 우리나라 영사를 통한 조사 등의 방법을 택하지 않고 직접 현지에 가서 조사를 실시한 것은 수사의 정형적 형태를 벗어난 것이라고 볼 수 있는 점 등 제반 사정에 비추어 볼 때, 甲의 진술이 특신상태에서 이루어졌다는 점에 관한 증명이 있다고 보기 어려워 진술조서를 유죄의 증거로 삼을 수는 없다(위 판례). → 전문법칙에서 후술함

2 대법원 2013.9.12, 2011도12918

범죄 피해자인 검사 또는 압수·수색영장의 집행에 참여한 검사가 관여한 수사도 적법하다는 사례

범죄의 피해자인 검사가 그 사건의 수사에 관여하거나, 압수·수색영장의 집행에 참여한 검사가 다시 수사에 관여하였다는 이유만으로 바로 그 수사가 위법하다거나 그에 따른 참고인이나 피의자의 진술에 임의성이 없다고 볼 수는 없다.

3 대법원 2017.9.21, 2015도12400 [국가7급 19]

경미한 위법에 해당한다는 증명책임은 검사에게 있다는 사례

적법한 절차에 따르지 아니하고 수집한 증거는 증거로 할 수 없다(형사소송법 제308조의2). 다만 수사기관의 증거수집 과정에서 이루어진 절차 위반행위와 관련된 모든 사정을 전체적·종합적으로 살펴볼 때, 수사기관의 절차 위반행위가 적법절차의 실질적인 내용을 침해하는 경우에 해당하지 아니하고, 오히려 그 증거의 증거능력을 배제하는 것이 헌법과 형사소송법이 형사소송에 관한 절차 조항을 마련하여 적법절차의 원칙과 실체적 진실 규명의 조화를 도모하고 이를 통하여 형사 사법 정의를 실현하려고 한 취지에 반하는 결과를 초래하는 것으로 평가되는 예외적인 경우라면 법원은 그 증거를 유죄 인정의 증거로 사용할 수 있다. 그러나 구체적 사안이 위와 같은 예외적인 경우에 해당하는지를 판단하는 과정에서 적법한 절차를 따르지 않고 수집된 증거를 유죄의 증거로 삼을 수 없다는 원칙이 훼손되지 않도록 유념하여야 하고, 그러한 예외적인 경우에 해당한다고 볼 만한 구체적이고 특별한 사정이 존재한다는 점은 검사가 증명하여야 한다.

4 대법원 2019.7.11, 2018도20504 [경찰채용 22 1차]

판사의 날인이 누락된 압수수색영장에 기초하여 수집한 증거 사건 : 영장은 위법, 증거능력은 인정

S지방법원 영장담당판사가 발부한 압수수색검증영장은 판사의 서명날인란에는 서명만 있고 그 옆에 날인이 없다. … 이 사건 파일 출력물이 위와 같이 적법하지 않은 영장에 기초하여 수집되었다는 절차상의 결함이 있지만, 이는 법관이 공소사실과 관련성이 있다고 판단하여 발부한 영장에 기초하여 취득된 것이고, 위와 같은 결함은 피고인의 기본적 인권보장 등 법익 침해 방지와 관련성이 적다. 이 사건 파일 출력물의 취득 과정에서 절차 조항 위반의 내용과 정도가 중대하지 않고 절차 조항이 보호하고자 하는 권리나 법익을 본질적으로 침해하였다고 볼 수 없다. 오히려 이러한 경우에까지 공소사실과 관련성이 높은 이 사건 파일 출력물의 증거능력을 배제하는 것은 적법절차의 원칙과 실체적 진실 규명의 조화를 도모하고 이를 통하여 형사 사법 정의를 실현하려는 취지에 반하는 결과를 초래할 수 있다. 요컨대, 이 사건 영장이 형사소송법이 정한 요건을 갖추지 못하여 적법하게 발부되지 못하였다고 하더라도, 그 영장에 따라 수집한 이 사건 파일 출력물의 증거능력을 인정할 수 있다.

5 대법원 2020.1.30, 2018도2236 전원합의체

특별검사가 검찰을 통하여 또는 직접 청와대로부터 넘겨받은 청와대 문건 사건

대통령비서실장인 피고인이 대통령의 뜻에 따라 정무수석비서관실과 교육문화수석비서관실 등 수석비서관실과 문화체육관광부에 문화예술진흥기금 등 정부의 지원을 신청한 개인·단체의 이념적 성향이나 정치적 견해 등을 이유로 한국문화예술위원회·영화진흥위원회·한국출판문화산업진흥원이

수행한 각종 사업에서 이른바 좌파 등에 대한 지원배제를 지시하였다는 직권남용권리행사방해의 공소사실로 기소된 경우, 특별검사가 검찰을 통하여 또는 직접 청와대로부터 넘겨받아 원심에 제출한 '청와대 문건'은 '대통령기록물 관리에 관한 법률'을 위반하거나 공무상 비밀을 누설하여 수집된 것으로 볼 수 없어 위법수집증거가 아니므로 증거능력이 있다.

판례연구 | **사인에 의한 위법수집증거의 증거능력 : 대체로 인정**

1 **대법원 1997.3.28, 97도240** [경찰채용 08 3차 / 경찰간부 14 / 경찰승진 10·11·15]
피고인이 범행 후 피해자에게 전화를 걸어오자 피해자가 증거를 수집하려고 그 전화내용을 녹음한 경우, 그 녹음테이프가 피고인 모르게 녹음된 것이라 하여 이를 위법하게 수집된 증거라고 할 수 없다.

> **보충** 타인 간의 통화를 녹음한 경우(위수증)가 아니고 자기와의 통화를 녹음한 경우에 속하므로 위법수집증거배제법칙은 적용될 수 없다는 판례이다. [경찰간부 15]

2 **대법원 1997.9.30, 97도1230** [경찰채용 12 1차 / 경찰채용 11 2차 / 경찰승진 10·15 / 국가9급 14 / 국가7급 10 / 법원행시 02]
제3자가 공갈목적을 숨기고 피고인의 동의하에 나체사진을 찍은 경우, 나체사진의 증거능력 긍정
모든 국민의 인간으로서의 존엄과 가치를 보장하는 것은 국가기관의 기본적인 의무에 속하는 것이고, 이는 형사절차에서도 당연히 구현되어야 하는 것이기는 하나 그렇다고 하여 국민의 사생활 영역에 관계된 모든 증거의 제출이 곧바로 금지되는 것으로 볼 수는 없고, 법원으로서는 효과적인 형사소추 및 형사소송에서의 진실발견이라는 공익과 개인의 사생활의 보호이익을 비교형량하여 그 허용 여부를 결정하고, 적절한 증거조사의 방법을 선택함으로써 국민의 인간으로서의 존엄성에 대한 침해를 피할 수 있다고 보아야 할 것이므로(이익형량설에 의한 제한적 긍정설의 입장), 피고인의 동의하에 촬영된 나체 사진의 존재만으로 피고인의 인격권과 초상권을 침해하는 것으로 볼 수 없고, 가사 사진을 촬영한 제3자가 그 사진을 이용하여 피고인을 공갈할 의도였다고 하더라도 사진의 촬영이 임의성이 배제된 상태에서 이루어진 것이라고 할 수는 없으며, 그 사진은 범죄현장의 사진으로서 피고인에 대한 형사소추를 위하여 반드시 필요한 증거로 보이므로, 공익의 실현을 위하여는 그 사진을 범죄의 증거로 제출하는 것이 허용되어야 하고, 이로 말미암아 피고인의 사생활의 비밀을 침해하는 결과를 초래한다 하더라도 이는 피고인이 수인하여야 할 기본권의 제한에 해당된다.

> **보충** 사인의 위법수집증거에 대하여 위법수집증거배제법칙이 적용되는가에 대해서는 부정설과 제한적 긍정설(절충설)이 대립한다. ① 부정설은 위법수집증거배제법칙은 수사기관에 대해서만 적용되고 사인에 대해서는 적용되지 아니하므로 – 사인이 수사기관에 고용되었거나 수사기관의 위임에 의하여 위법하게 증거를 수집한 경우가 아닌 한 – 사인에 의한 위법수집증거의 증거능력을 인정해야 한다고 주장한다. 한편 ② 제한적 긍정설에서는 권리범위설과 이익형량설이 제시되는데, ㉠ 권리범위설은 기본권의 핵심적 영역을 침해하는 경우에는 위법수집증거배제법칙을 적용해야 한다는 입장이고, ㉡ 이익형량설은 효과적인 형사소추 및 실체 진실발견의 공익과 피고인의 기본권의 사익을 교량하여 사익이 더 우월하다면 위법수집증거배제법칙을 적용해야 한다는 입장이다. 이익형량설이 다수설 및 대체적인 판례의 입장이다.

3 **대법원 2008.6.26, 2008도1584** [경찰간부 15 / 국가9급 18 / 법원9급 13]
소송사기의 피해자가 제3자로부터 대가를 지급하고 취득한 절취된 업무일지의 증거능력 긍정
사문서위조·위조사문서행사 및 소송사기로 이어지는 일련의 범행에 대하여 피고인을 형사소추하기 위해서는 이 사건 업무일지가 반드시 필요한 증거로 보이므로, 설령 그것이 제3자에 의하여 절취된 것으로서 위 소송사기 등의 피해자측이 이를 수사기관에 증거자료로 제출하기 위하여 대가를 지급하였다 하더라도, 공익의 실현을 위하여는 이 사건 업무일지를 범죄의 증거로 제출하는 것이 허용되어야 하고, 이로 말미암아 피고인의 사생활 영역을 침해하는 결과가 초래된다 하더라도 이는 피고인이 수인하여야 할 기본권의 제한에 해당된다.

4 대법원 2010.9.9, 2008도3990

간통 피고인의 남편인 고소인이 주거에 침입하여 획득한 휴지 및 침대시트 등에 대한 감정의뢰회보 ○

피고인 甲, 乙의 간통 범행을 고소한 甲의 남편 丙이 甲의 주거에 침입하여 수집한 후 수사기관에 제출한 혈흔이 묻은 휴지들 및 침대시트를 목적물로 하여 이루어진 감정의뢰회보에 대하여, 丙이 甲의 주거에 침입한 시점은 甲이 그 주거에서의 실제상 거주를 종료한 이후이고, 위 회보는 피고인들에 대한 형사소추를 위하여 반드시 필요한 증거이므로 공익의 실현을 위해서 증거로 제출하는 것이 허용되어야 하고, 이로 말미암아 甲의 주거의 자유나 사생활의 비밀이 일정 정도 침해되는 결과를 초래하더라도 이는 甲이 수인하여야 할 기본권의 제한에 해당되므로, 위 회보의 증거능력은 인정해야 한다.

5 대법원 2013.11.28, 2010도12244

시청공무원이 시장에게 보낸 전자우편을 공직선거법위반죄의 증거로 제출한 사례

이 사건 형사소추의 대상이 된 행위는 구 공직선거법 제255조 제3항, 제85조 제1항에 의하여 처벌되는 공무원의 지위를 이용한 선거운동행위로서 공무원의 정치적 중립의무를 정면으로 위반하고 이른바 관권선거를 조장할 우려가 있는 중대한 범죄에 해당한다. 피고인이 제1심에서 이 사건 전자우편을 이 사건 공소사실에 대한 증거로 함에 동의한 점 등을 종합하면, 이 사건 전자우편을 이 사건 공소사실에 대한 증거로 제출하는 것은 허용되어야 할 것이고, 이로 말미암아 피고인의 사생활의 비밀이나 통신의 자유가 일정 정도 침해되는 결과를 초래한다 하더라도 이는 피고인이 수인하여야 할 기본권의 제한에 해당한다고 보아야 할 것이다. 따라서 원심이 이 사건 전자우편과 그 내용에 터 잡아 수사기관이 참고인으로 소환하여 작성한 공소외 2, 3, 4에 대한 각 진술조서들의 증거능력을 인정한 조치는 정당하다.

> 보충 X시 Y동장 직무대리의 지위에 있던 피고인 甲은 X시장 乙에게 X시청 전자문서시스템을 통하여 이 사건 전자우편을 보냈는데, 전자우편에는 Y동 1통장인 A 등에게 X시장 乙을 도와 달라고 부탁하였다는 내용이 포함되어 있었다. 그런데 X시청 소속 공무원인 제3자가 권한 없이 전자우편에 대한 비밀보호조치를 해제하는 방법을 통하여 이 사건 전자우편을 수집하여 경찰에 제출하였고, 이렇게 수집된 전자우편의 내용에 기초하여 경찰은 A 등을 참고인으로 소환하여 A 등에 대한 참고인 진술조서를 작성하였다. ① 이 사건 전자우편의 수집행위는 통신비밀보호법이 금지하는 '전기통신의 감청'에 해당하지 않고(∵ 이미 수신완료), ② 이 사건 전자우편과 참고인 진술조서(제312조 제4항의 요건 갖춤)도 증거능력이 인정된다.

03 관련문제

> 판례연구   **독수과실이론의 의미**

대법원 2008.10.23, 2008도7471 [경찰채용 12 1차 / 경찰채용 11·13·15 2차 / 경찰승진 10·15 / 국가7급 17·20 / 법원9급 10·13]

독수과실 자체가 아니라는 사례 : 수사기관이 적법절차를 위반하여 지문채취 대상물을 압수한 경우, 그전에 이미 범행 현장에서 위 대상물에서 채취한 지문이 위법수집증거에 해당하는지 여부(소극)

신고를 받고 현장에 출동한 인천남동경찰서 과학수사팀 소속 경장 A는 피해자가 범인과 함께 술을 마신 테이블 위에 놓여 있던 맥주컵에서 지문 6점을, 물컵에서 지문 8점을, 맥주병에서 지문 2점을 각각 현장에서 직접 채취하였음을 알 수 있는바, 이와 같이 범행 현장에서 지문채취 대상물에 대한 지문채취가 먼저 이루어진 이상(소유자의 의사에 반하지 않는 지문채취, ∴ 적법), 수사기관이 그 이후에

지문채취 대상물을 적법한 절차에 의하지 아니한 채 압수하였다고 하더라도, 위와 같이 채취된 지문은 위법하게 압수한 지문채취 대상물로부터 획득한 2차적 증거에 해당하지 아니함이 분명하여, 이를 가리켜 위법수집증거라고 할 수 없다.

판례연구 **독수과실이론을 명시적으로 채택한 예**

1 대법원 2007.11.15, 2007도3061 전원합의체 [경찰간부 13·15/법원9급 10·14]
위법수집 압수물을 기초로 획득한 2차적 증거의 증거능력은 원칙적으로 없다는 사례
기본적 인권 보장을 위하여 압수수색에 관한 적법절차와 영장주의의 근간을 선언한 헌법과 이를 이어받아 실체적 진실 규명과 개인의 권리보호 이념을 조화롭게 실현할 수 있도록 압수수색절차에 관한 구체적 기준을 마련하고 있는 형사소송법의 규범력은 확고히 유지되어야 한다. 그러므로 헌법과 형사소송법이 정한 절차에 따르지 아니하고 수집한 증거는 기본적 인권 보장을 위해 마련된 적법한 절차에 따르지 않은 것으로서 원칙적으로 유죄 인정의 증거로 삼을 수 없다. 수사기관의 위법한 압수수색을 억제하고 재발을 방지하는 가장 효과적이고 확실한 대응책은 이를 통하여 수집한 증거는 물론 이를 기초로 하여 획득한 2차적 증거를 유죄 인정의 증거로 삼을 수 없도록 하는 것이다.

2 대법원 2010.7.22, 2009도14376 [경찰간부 15/국가7급 13/법원9급 18]
사법경찰관이 영장 없이 물건을 압수한 직후 피고인으로부터 작성받은 압수물에 대한 임의제출동의서 ×
형사소송법 제215조 제2항은 "사법경찰관이 범죄수사에 필요한 때에는 검사에게 신청하여 검사의 청구로 지방법원 판사가 발부한 영장에 의하여 압수, 수색 또는 검증을 할 수 있다."라고 규정하고 있는바, 사법경찰관이 위 규정을 위반하여 영장 없이 물건을 압수한 경우 그 압수물은 물론 이를 기초로 하여 획득한 2차적 증거 역시 유죄 인정의 증거로 사용할 수 없는 것이고, 이와 같은 법리는 헌법과 형사소송법이 선언한 영장주의의 중요성에 비추어 볼 때 위법한 압수가 있은 직후에 피고인으로부터 작성받은 그 압수물에 대한 임의제출동의서도 특별한 사정이 없는 한 마찬가지라고 할 것이다. 따라서 경찰이 피고인의 집에서 20m 떨어진 곳에서 피고인을 체포한 후 피고인의 집안을 수색하여 칼과 합의서를 압수하였을 뿐만 아니라 적법한 시간 내에 압수수색영장을 청구하여 발부받지도 않은 경우, 위 칼과 합의서는 위법하게 압수된 것으로서 증거능력이 없고, 이를 기초로 한 2차 증거인 '임의제출동의서', '압수조서 및 목록', '압수품 사진' 역시 증거능력이 없다.

3 대법원 2011.4.28, 2009도2109
피고인의 동의 또는 영장 없이 채취한 혈액을 이용한 감정결과보고서(2차증거)의 증거능력 유무(소극)
사법경찰관이 범죄수사에 필요한 때에는 검사에게 신청하여 검사의 청구로 지방법원 판사가 발부한 영장에 의하여 압수·수색 또는 검증을 할 수 있고(형사소송법 제215조 제2항), 범행 중 또는 범행 직후의 범죄장소에서 긴급을 요하여 판사의 영장을 받을 수 없는 때에는 압수·수색·검증을 할 수 있으나 이 경우에는 사후에 지체 없이 영장을 받아야 하며(형사소송법 제216조 제3항), 검사 또는 사법경찰관으로부터 감정을 위촉받은 감정인은 감정에 관하여 필요한 때에는 검사의 청구에 의해 판사로부터 감정처분허가장을 발부받아 신체의 검사 등 형사소송법 제173조 제1항에 규정된 처분을 할 수 있도록 규정되어 있으므로(형사소송법 제221조, 제221조의4, 제173조 제1항), 위와 같은 형사소송법 규정에 위반하여 수사기관이 법원으로부터 영장 또는 감정처분허가장을 발부받지 아니한 채 피의자의 동의 없이 피의자의 신체로부터 혈액을 채취하고(1차증거) 더구나 사후적으로도 지체 없이 이에 대한 영장을 발부받지도 아니하고서 그 강제채혈한 피의자의 혈액 중 알코올농도에 관한 감정이 이루어졌다면, 이러한 감정결과보고서 등(2차증거)은 형사소송법상 영장주의 원칙을 위반하여 수집되거나 그에 기초한 증거로서 그 절차 위반행위가 적법절차의 실질적인 내용을 침해하는 정도에 해당하고,

이러한 증거는 피고인이나 변호인의 증거동의가 있다고 하더라도 유죄의 증거로 사용할 수 없다고 보아야 할 것이다.

보충1 피고인이 운전 중 교통사고를 내고 의식을 잃은 채 병원 응급실로 호송되자, 출동한 경찰관이 영장 없이 의사로 하여금 채혈을 하여 채취한 혈액을 이용한 혈중알코올농도에 관한 감정서 등의 증거능력을 부정하여, 도로교통법 위반(음주운전)의 공소사실을 무죄로 판단한 원심판결을 수긍한 사례이다.

보충2 범죄장소에서의 긴급압수(제216조 제3항)로 본다 하더라도 지체 없이 사후영장을 발부받지 않았고, 감정촉탁에 의한 감정처분(제173조 제1항)으로 검토해보아도 검사의 청구에 의해 판사가 발부한 감정처분허가장에 의하지 않은 경우이므로 강제채혈된 혈액은 위법수집증거에 해당하고, 그 혈액에 대한 감정결과보고서는 2차적 증거로서 독수과실에 해당하므로 증거능력이 없다는 사례이다.

4 대법원 2013.3.14, 2010도2094 [경찰간부 15·16 / 국가9급 15·16 / 국가7급 13 / 법원9급 15]
위법한 강제연행 상태에서 호흡측정 방법에 의한 음주측정이 이루어진 후 강제연행 상태로부터 시간적·장소적으로 단절되었다고 볼 수 없는 상황에서 피의자의 요구에 의하여 이루어진 혈액채취 사례
위법한 강제연행 상태에서 호흡측정 방법에 의한 음주측정(1차증거)을 한 다음 강제연행 상태로부터 시간적·장소적으로 단절되었다고 볼 수도 없고 피의자의 심적 상태 또한 강제연행 상태로부터 완전히 벗어났다고 볼 수 없는 상황에서 피의자가 호흡측정 결과에 대한 탄핵을 하기 위하여 스스로 혈액채취 방법에 의한 측정을 할 것을 요구하여 혈액채취가 이루어졌다(2차증거)고 하더라도 그 사이에 위법한 체포 상태에 의한 영향이 완전하게 배제되고 피의자의 의사결정의 자유가 확실하게 보장되었다고 볼 만한 다른 사정이 개입되지 않은 이상 불법체포와 증거수집 사이의 인과관계가 단절된 것으로 볼 수는 없다. 따라서 그러한 혈액채취에 의한 측정 결과 역시 유죄 인정의 증거로 쓸 수 없다고 보아야 한다. 그리고 이는 수사기관이 위법한 체포 상태를 이용하여 증거를 수집하는 등의 행위를 효과적으로 억지하기 위한 것이므로, 피고인이나 변호인이 이를 증거로 함에 동의하였다고 하여도 달리 볼 것은 아니다(위법수집증거는 증거동의의 대상 아님).

보충 강제연행하에서 음주측정을 요구하지 않았더라면 피해자가 혈액채취측정도 요구하지 않았을 것이 어느 정도 추론되므로, 강제연행과의 인과관계 단절이 인정되지 아니한다. 독수과실이므로 증거능력 ×

판례연구 **독수과실의 예외**

1 대법원 2009.3.12, 2008도11437 [경찰채용 09·15 1차 / 경찰간부 13 / 경찰승진 10·12 / 국가7급 10 / 법원9급 14·20]
[1] 2차적 증거의 증거능력을 인정하기 위한 판례의 판단기준
　　법원이 2차적 증거의 증거능력 인정 여부를 최종적으로 판단할 때에는 먼저 ① 절차에 따르지 아니한 1차적 증거 수집과 관련된 모든 사정들, 즉 절차 조항의 취지와 그 위반의 내용 및 정도, 구체적인 위반 경위와 회피가능성, 절차 조항이 보호하고자 하는 권리 또는 법익의 성질과 침해 정도 및 피고인과의 관련성, 절차 위반행위와 증거수집 사이의 인과관계 등 관련성의 정도, 수사기관의 인식과 의도 등을 살펴야 한다(1차적 증거 수집의 위법의 중대성, 수사기관의 의도 등 고려). 나아가 ② 1차적 증거를 기초로 하여 다시 2차적 증거를 수집하는 과정에서 추가로 발생한 모든 사정들까지 구체적인 사안에 따라 주로 인과관계 희석 또는 단절 여부를 중심으로 전체적·종합적으로 고려하여야 한다(1차적 증거와 2차적 증거 수집 사이의 인과관계 등 고려).
[2] 진술거부권 불고지 획득 자백 이후 진술거부권 고지, 석방, 변호인의 충분한 조력하의 자발적 자백
　　진술거부권을 고지하지 않은 것이 수사기관의 실수일 뿐 자백을 이끌어내기 위한 의도적이고 기술적인 증거확보의 방법으로 이용되지 않았고, 그 이후 이루어진 신문에서는 진술거부권을 고지하여 잘못이 시정되는 등 수사 절차가 적법하게 진행되었다는 사정, 최초 자백 이후 구금되었던

피고인이 석방되었다거나 변호인으로부터 충분한 조력을 받은 가운데 상당한 시간이 경과하였음에도 다시 자발적으로 계속하여 동일한 내용의 자백을 하였다는 사정, 최초 자백 외에도 다른 독립된 제3자의 행위나 자료 등도 물적 증거나 증인의 증언 등 2차적 증거 수집의 기초가 되었다는 사정, 증인이 그의 독립적인 판단에 의해 형사소송법이 정한 절차에 따라 소환을 받고 임의로 출석하여증언하였다는 사정 등은 통상 2차적 증거의 증거능력을 인정할만한 정황에 속한다.

> **보충** 위 내용에서는 독수과실의 예외이론인 희석이론, 독립된 증거원이론, 선의이론 등이 나타나고 있는 것을 알 수 있다.

[3] 진술거부권 불고지 자백 획득 후 40여 일이 지난 후 변호인의 충분한 조력하의 진술 [경찰채용 12·15 1차 / 해경간부 12 / 경찰승진 10·12 / 국가7급 10 / 법원9급 14]

강도 현행범으로 체포된 피고인에게 진술거부권을 고지하지 아니한 채 강도범행에 대한 자백을 받고, 이를 기초로 여죄에 대한 진술과 증거물을 확보한 후 진술거부권을 고지하여 피고인의 임의자백 및 피해자의 피해사실에 대한 진술을 수집한 경우, 제1심 법정에서의 피고인의 자백은 진술거부권을 고지받지 않은 상태에서 이루어진 최초 자백 이후 40여 일이 지난 후에 변호인의 충분한 조력을 받으면서 공개된 법정에서 임의로 이루어진 것이고(희석이론), 피해자의 진술은 법원의 적법한 소환에 따라 자발적으로 출석하여 위증의 벌을 경고받고 선서한 후 공개된 법정에서 임의로 이루어진 것이어서(독립된 증거원이론) 예외적으로 유죄 인정의 증거로 사용할 수 있는 2차적 증거에 해당한다.

> **보충** 판례에서 나타난 독수과실의 예외 : ① 진술거부권 불고지 자백 획득 후 자발적 진술, ② 영장 없이 강제연행하여 1차 채뇨 후 압수영장에 의한 2차 채뇨, ③ 영장 없이 계좌정보 획득 후 석방 후 자백 or 임의제출 or 독립된 제3자의 진술에 의한 증거수집, ④ 영장 무관 압수증거물을 환부한 후 임의제출받아 압수(단, 임의성은 검사 증명) 등

2 대법원 2009.4.23, 2009도526 [경찰간부 14]
구속영장 집행 당시 영장 미제시 but 구속 중 수집한 피고인의 진술증거가 증거능력 있는 예외적인 경우
사전에 구속영장을 제시하지 아니한 채 구속영장을 집행하고, 그 구속 중 수집한 피고인의 진술증거 중 피고인의 제1심 법정진술은, 피고인이 구속집행절차의 위법성을 주장하면서 청구한 구속적부심사의 심문 당시 구속영장을 제시받은 바 있어 그 이후에는 영장 기재 범죄사실에 대해 숙지하고 있었던 것으로 보이고, 구속 이후 원심에 이르기까지 구속적부심사와 보석의 청구를 통하여 구속집행절차의 위법성만을 다투었을 뿐, 그 구속 중 이루어진 진술증거의 임의성이나 신빙성에 대하여는 전혀 다투지 않았을 뿐만 아니라, 변호인과의 충분한 상의를 거친 후 공소사실 전부에 대하여 자백한 것이라면, 유죄 인정의 증거로 삼을 수 있는 예외적인 경우에 해당한다.

3 대법원 2013.3.14, 2012도13611 [경찰간부 15 / 국가7급 14]
피고인을 영장 없이 강제로 연행한 상태에서 마약투약 여부의 확인을 위한 1차 채뇨절차가 이루어졌는데, 그 후 압수영장에 기하여 2차 채뇨절차가 이루어지고 그 결과를 분석한 소변 감정서 등이 증거로 제출된 사례
마약투약 혐의를 받고 있던 피고인이 임의동행을 거부하겠다는 의사를 표시하였는데도 경찰관들이 피고인을 영장 없이 강제로 연행한 상태에서 마약투약 여부의 확인을 위한 1차 채뇨절차가 이루어졌는데(1차증거 - 위법), 그 후 피고인의 소변 등 채취에 관한 압수영장에 기하여 2차 채뇨절차가 이루어지고 그 결과를 분석한 소변 감정서 등이 증거로 제출된 경우(2차증거 - 독수과실예외), 피고인을 강제로 연행한 조치는 위법한 체포에 해당하고, 위법한 체포상태에서 이루어진 채뇨 요구 또한 위법하므로 그에 의하여 수집된 '소변검사시인서'는 유죄 인정의 증거로 삼을 수 없으나, 한편 연행 당시 피고인이 마약을 투약한 것이거나 자살할지도 모른다는 취지의 구체적 제보가 있었던 데다가, 피고인이 경찰관 앞에서 바지와 팬티를 내리는 등 비상식적인 행동을 하였던 사정 등에 비추어 피고인에 대한 긴급한

구호의 필요성이 전혀 없었다고 볼 수 없는 점, 경찰관들은 임의동행시점으로부터 얼마 지나지 아니하여 체포의 이유와 변호인 선임권 등을 고지하면서 피고인에 대한 긴급체포의 절차를 밟는 등 절차의 잘못을 시정하려고 한 바 있어, 경찰관들의 위와 같은 임의동행조치는 단지 수사의 순서를 잘못 선택한 것이라고 할 수 있지만 관련 법규정으로부터의 실질적 일탈 정도가 헌법에 규정된 영장주의 원칙을 현저히 침해할 정도에 이르렀다고 보기 어려운 점 등에 비추어 볼 때, 위와 같은 2차적 증거 수집이 위법한 체포·구금절차에 의하여 형성된 상태를 직접 이용하여 행하여진 것으로는 쉽사리 평가할 수 없으므로, 이와 같은 사정은 체포과정에서의 절차적 위법과 2차적 증거 수집 사이의 인과관계를 희석하게 할 만한 정황에 속하고, 메스암페타민 투약 범행의 중대성도 아울러 참작될 필요가 있는 점 등 제반 사정을 고려할 때 2차적 증거인 소변 감정서 등은 증거능력은 인정된다.

> 보충   강제연행 1차 채뇨는 위법하나, 압수영장에 기한 2차 채뇨에 대한 증거능력은 인정한 사례이다.

4 대법원 2013.3.28, 2012도13607

수사기관이 법관의 영장에 의하지 아니하고 매출전표의 거래명의자에 관한 정보를 획득한 경우, 이에 근거하여 수집한 피의자의 자백이나 범죄 피해에 대한 제3자의 진술 등 2차적 증거의 증거능력

수사기관이 영장에 의하지 아니하고 매출전표의 거래명의자에 관한 정보를 획득하였다면(금융실명법 제4조 제1항 위반), 그와 같이 수집된 증거는 원칙적으로 형사소송법 제308조의2에서 정하는 '적법한 절차에 따르지 아니하고 수집한 증거'에 해당하여 유죄의 증거로 삼을 수 없다. … 그런데 수사기관이 법관의 영장에 의하지 아니하고 매출전표의 거래명의자에 관한 정보를 획득한 경우(1차증거 - 위법), 이에 터잡아 수집한 2차적 증거들, 예컨대 피의자의 자백이나 범죄 피해에 대한 제3자의 진술 등이 유죄 인정의 증거로 사용될 수 있는지를 판단할 때, 수사기관이 의도적으로 영장주의의 정신을 회피하는 방법으로 증거를 확보한 것이 아니라고 볼 만한 사정, 위와 같은 정보에 기초하여 범인으로 특정되어 체포되었던 피의자가 석방된 후 상당한 시간이 경과하였음에도 다시 동일한 내용의 자백을 하였다거나 그 범행의 피해품을 수사기관에 임의로 제출하였다는 사정, 2차적 증거 수집이 체포 상태에서 이루어진 자백 등으로부터 독립된 제3자의 진술에 의하여 이루어진 사정 등은 통상 2차적 증거의 증거능력을 인정할 만한 정황에 속한다고 볼 수 있다(2차증거 - 독수과실예외).

> 보충   위법수사 후 석방 후 자발적인 자백은 2차적 증거의 증거능력이 인정되는 예외적인 경우이다.

5 대법원 2016.3.10, 2013도11233 [경찰승진 22 / 국가7급 17]

영장 무관 별개의 증거 압수 후 별개의 증거를 환부하고 후에 임의제출받아 다시 압수한 경우, 제출의 임의성의 증명책임 소재(= 검사)와 임의로 제출된 것이라고 볼 수 없는 경우 증거능력을 인정할 수 있는지 여부(소극)

① 검사 또는 사법경찰관은 범죄수사에 필요한 때에는 피의자가 죄를 범하였다고 의심할 만한 정황이 있는 경우에 판사로부터 발부받은 영장에 의하여 압수·수색을 할 수 있으나, 압수·수색은 영장 발부의 사유로 된 범죄 혐의사실과 관련된 증거에 한하여 할 수 있으므로, 영장 발부의 사유로 된 범죄 혐의사실과 무관한 별개의 증거를 압수하였을 경우 이는 원칙적으로 유죄 인정의 증거로 사용할 수 없다(1차증거 - 위법). 다만, ② 수사기관이 별개의 증거를 피압수자 등에게 환부하고 후에 임의제출받아 다시 압수하였다면 증거를 압수한 최초의 절차 위반행위와 최종적인 증거수집 사이의 인과관계가 단절되었다고 평가할 수 있으나(2차증거 - 독수과실예외), ③ 환부 후 다시 제출하는 과정에서 수사기관의 우월적 지위에 의하여 임의제출 명목으로 실질적으로 강제적인 압수가 행하여질 수 있으므로, 제출에 임의성이 있다는 점에 관하여는 검사가 합리적 의심을 배제할 수 있을 정도로 증명하여야 하고(임의제출의 임의성은 검사의 거증책임), 임의로 제출된 것이라고 볼 수 없는 경우에는 증거능력을 인정할 수 없다.

01 전문증거와 전문법칙

> **판례연구** **전문증거인가 원본증거인가의 구별**
>
> **1** 대법원 2012.7.26, 2012도2937 [경찰채용 21 1차 / 경찰간부 16 / 변호사시험 21]
> 타인의 진술을 내용으로 하는 진술이 본래증거 또는 전문증거인지 판단하는 기준
> 타인의 진술을 내용으로 하는 진술이 전문증거인지 여부는 요증사실과의 관계에서 정하여지는바,
> 원진술의 내용인 사실이 요증사실인 경우에는 전문증거이나, 원진술의 존재 자체가 요증사실인 경우
> 에는 본래증거이지 전문증거가 아니다. A 등은 제1심 법정에서 '피고인 甲이 88체육관 부지를 공시지가
> 로 매입하게 해 주고 KBS와의 시설이주 협의도 2개월 내로 완료하겠다고 말하였다'고 진술하였는데,
> 피고인 甲의 위와 같은 원진술의 존재 자체가 이 부분 각 사기죄 또는 변호사법 위반죄에 있어서의
> 요증사실이므로, 이를 직접 경험한 A 등이 피고인으로부터 위와 같은 말을 들었다고 하는 진술은
> 전문증거가 아니라 본래증거에 해당한다.
>
> **2** 대법원 2014.12.24, 2014도10199 [경찰채용 14 1차 / 경찰간부 14·16 / 국가9급 16 / 국가7급 15 / 법원9급 14·16]
> 제3자의 진술을 담고 있는 서류 등의 증거가 제3자의 진술 내용의 진실성이 범죄사실에 대한 직접증거
> 로 사용될 때는 전문증거가 된다고 하더라도, 그와 같은 진술을 하였다는 것 자체로 사용되거나 그
> 진술의 진실성과 관계없는 간접사실에 대한 정황증거로 사용될 때에는 반드시 전문증거가 되는 것은
> 아니다.
>
> **3** 대법원 2019.8.29, 2018도13792 전원합의체; 2021.2.25, 2020도17109
> "피해자로부터 '피고인이 추행했다'는 취지의 말을 들었다."는 증인의 법정진술에 대한 전문법칙의
> 적용 여부
> (증인 양○○는 제1심 법정에서 "피해자 乙로부터 '피고인 甲이 나를 추행했다'는 취지의 말을 들었다."고 진술한
> 경우, 양○○의 위 진술이 피해자 乙의 진술에 부합한다고 보아 양○○의 위 진술을 피해자의 진술내용의 진실성
> 을 증명하는 '간접사실'로 사용하는 경우, 위 위 양○○의 진술은 전문증거에 해당한다는 사건) 다른 사람의
> 진술을 내용으로 하는 진술이 전문증거인지는 요증사실이 무엇인지에 따라 정해진다. 다른 사람의
> 진술, 즉 원진술의 내용인 사실이 요증사실인 경우에는 전문증거이지만, 원진술의 존재 자체가 요증사실
> 인 경우에는 본래증거이지 전문증거가 아니다. 어떤 진술 내용의 진실성이 범죄사실에 대한 직접증거
> 로 사용될 때는 전문증거가 되지만, 그와 같은 진술을 하였다는 것 자체 또는 진술의 진실성과 관계없
> 는 간접사실에 대한 정황증거로 사용될 때는 반드시 전문증거가 되는 것이 아니다. 그러나 어떠한
> 내용의 진술을 하였다는 사실 자체에 대한 정황증거로 사용될 것이라는 이유로 진술의 증거능력을 인정한
> 다음 '그 사실을 다시 진술 내용이나 그 진실성을 증명하는 간접사실로 사용하는 경우'에 그 진술은
> 전문증거에 해당한다(법 제316조 제2항의 요건을 갖추지 못하므로 증거능력이 없음).

> **판례연구** **전문법칙의 예외 인정의 기준**
>
> 대법원 1983.3.8, 82도3248
> 이른바 신용성의 정황적 보장의 존재 및 강약에 대한 판단기준
> 이른바 신용성의 정황적 보장이란 사실의 승인 즉 자기에게 불이익한 사실의 승인이나 자백은 재현을

기대하기 어렵고 진실성이 강하다는 데 근거를 둔 것으로서 … "부지 불각 중에 한 말" "사람이 죽음에 임해서 하는 말" "어떠한 자극에 의해서 반사적으로 한 말" "경험상 앞뒤가 맞고 이론정연한 말" 또는 "범행에 접착하여 범증은폐를 할 시간적 여유가 없을 때 한 말" "범행 직후 자기의 소행에 충격을 받고 깊이 뉘우치는 상태에서 한 말" 등이 특히 신용성의 정황적 보장이 강하다고 설명되는 경우이다. … 이러한 신용성의 정황적 보장의 존재 및 그 강약에 관하여서는 구체적 사안에 따라 이를 가릴 수밖에 없는 것이다.

02 형사소송법상 전문법칙의 예외

표정리 전문법칙의 예외조문 총정리

법조문		제목(주제)	예외요건	적용대상 및 관련내용		
제311조		법원·법관 면전조서	절대적 증거능력 ○	공판준비/공판기일/검증조서/증거보전/증인신문		
제312조 20년 개정	①	검사 작성 피의자신문조서	적법성/내용인정	당해 피고인만 (공동피고인 ?)	검사임석 × → 증거능력 × 간인 × → 증거능력 ×	
	③	사경 작성 피의자신문조서	적/내용인정	당해 피고인(공피)	외국수사기관○	
	④	검사/사경 작성 진술조서	적/실/반대신문권/특	공동피고인 피신조서 검사작성 ? 사경작성 ×	화상서명불능 → × 검사작성 – 공피성립인정 → ○	
	⑤	수사과정 작성 사인진술서	검사수사과정→312①/사경수사과정→312③/ 수사과정 참고인 진술서→312④	일기, 메모도 포함 디스켓 내용 포함		
	⑥	수사기관 작성 검증조서	적/성립진정	(영장주의)실황조사서	범죄장소검증(지체 없이 영장)	
제313조 16년 개정	①	피고인진술서	자필서명날인/성립진정	정보저장매체(디지털증거) 포함(제313조 이하 동일) 진술 – 성립진정부인시→과학적 증명 ○		
	②	피고인 아닌 자 진술서	자/성/반대신문기회보장	성립진정부인시→과학적 증명 ○/반대신문보장 신설		
		피고인진술기재서류	자/성/특신상태	피고인 진술에 불구하고 – 완화요건(성립진정부인) 성립진정 : 작성자(피고인 ×) 진술에 의함 / 객관 ×		
		피고인 아닌 자 진술기재서류	자/성	성립진정 : 진술자 진술에 의함 / 객관 ×		
	③	감정서	자/성/반	감정인의 감정보고서 / 감정수탁자의 감정서 피고인 아닌 자 진술서에 준함		
제314조		제312·313조 증거 중 반대신문 결여된 증거	필요성–사망/질병/외국거주/소재불명/그밖 특신상태	검사 작성 피신조서 ? 사경 작성 피신조서× 외국수사기관 문서 ○	○ 치매 보복 재현 ×	× 출산 증언거부권 진술거부권
제315조		당연 증거능력 있는 서류	1. 공권적 증명문서	공정증서등본/외국공무원/가족관계기록사항증명서		
			2. 업무상 통상문서	성매매업소메모리카드/항해일지/금전출납부(댓글파일 ×)		
			3. 기타 특신문서	타사건공판조서/구속전피의자심문조서/구속적부심문조서		
제316조	①	피고인 진술내용 피고인 아닌 자 전문진술	특신상태	피고인 – 당해 피고인만 ∴ 공범자 & 공동피고인 × 조사자증언 포함		
	②	피고인 아닌 자 진술내용 피고인 아닌 자 전문진술	필요성–사/질/외/소/그 특신상태	피고인 아닌 자 – 공범자 & 공동피고인 ○/조사자증언 포함 ※ 재전문서류 ○ / 재전문진술 ×(단, 동의 – ○)		

관련문제 사진 / 녹음테이프 / 영상녹화물 / 정보저장매체 : 존재 / 상태 – 원본동일성(최량증거법칙) + 내용진실성 – 전문법칙

Ⅰ 법원 또는 법관의 면전조서

> **제311조 【법원 또는 법관의 조서】** 공판준비 또는 공판기일에 피고인이나 피고인 아닌 자의 진술을 기재한 조서와 법원 또는 법관의 검증의 결과를 기재한 조서는 증거로 할 수 있다. 제184조 및 제221조의2의 규정에 의하여 작성한 조서도 또한 같다.

판례연구 **수사상 증거보전절차에서 작성한 증인신문조서의 의미**

1 대법원 1966.5.17, 66도276

피고인이 수사단계에서 다른 공동피고인에 대한 증거보전을 위하여 증인으로서 증언한 증인신문조서는 그 다른 공동피고인에 대하여 증거능력이 있다.

2 대법원 1984.5.15, 84도508 [법원9급 12]

증거보전절차에서 작성된 증인신문조서는 공판준비 또는 공판기일에 피고인이나 피고인 아닌 자의 진술을 기재한 조서도 아니고 위 조서 중 피의자가 당사자로 참여하여 자기의 범행사실을 시인하는 전제하에서 증인에 대한 반대신문 과정에서 한 진술기재에 관한 한 법 제184조에 의하여 작성된 증인신문조서도 아니므로 위 조서 중 피의자 진술기재 부분에 법 제311조에 의한 증거능력을 인정할 여지가 없다.

Ⅱ 피의자신문조서

판례연구 **피의자신문조서의 의미**

1 대법원 1992.4.14, 92도442 [국가7급 08 / 법원9급 11]

수사기관에서의 조사과정에서 피의자가 작성한 진술조서나 진술서 등의 증거능력

피의자의 진술을 녹취 내지 기재한 서류 또는 문서가 수사기관에서의 조사과정에서 작성된 것이라면 그것이 진술조서, 진술서, 자술서라는 형식을 취하였다 하더라도 피의자신문조서와 달리 볼 수 없다.

2 대법원 1992.6.23, 92도682

수사과정에서 검사와 피의자의 대화가 녹화된 비디오테이프

공범으로서 별도로 공소제기된 다른 사건의 피고인에 대한 수사과정에서 담당 검사가 피의자와 그 사건에 관하여 대화하는 내용과 장면을 녹화한 비디오테이프의 녹화내용은 피의자의 진술을 기재한 피의자신문조서와 실질적으로 같다고 볼 것이므로 피의자신문조서에 준하여 그 증거능력을 가려야 한다.

---

1. 의 의

2. 검사 작성의 피의자신문조서

> **제312조 【검사 또는 사법경찰관의 조서 등】** ① 검사가 작성한 피의자신문조서는 적법한 절차와 방식에 따라 작성된 것으로서 공판준비, 공판기일에 그 피의자였던 피고인 또는 변호인이 그 내용을 인정할 때에 한정하여 증거로 할 수 있다. 〈2020.2.4. 개정, 2022.1.1 시행〉

판례연구 **적법한 절차와 방식에 따라 작성된 것**

1 대법원 2012.5.24, 2011도7757

적법한 절차와 방식이라 함은 피의자 또는 제3자에 대한 조서 작성 과정에서 지켜야 할 진술거부권의 고지 등 형사소송법이 정한 제반 절차를 준수하고 조서의 작성방식에도 어긋남이 없어야 한다는 것을 의미한다.

2 대법원 1988.5.10, 87도2716

2007년 개정법에 의하여 유지될 수 없는 판례(but 수험에서는 판례대로 정리)

법 제244조의 규정에 비추어 수사기관이 피의자신문조서를 작성함에 있어서는 그것을 열람하게 하거나 읽어 들려야 하는 것이나 그 절차가 비록 행해지지 안했다 하더라도 그것만으로 그 피의자신문조서가 증거능력이 없게 된다고는 할 수 없고 같은 법 제312조 소정의 요건을 갖추게 되면 그것을 증거로 할 수 있다.

> 보충 과거에는 전문법칙의 예외인정요건에 성립의 진정만 있었고 절차·방식의 적법성은 없었다. 이를 보여주는 판례이다. 개정법에서는 수사기관 작성 진술조서에 대하여 적법한 절차와 방식의 요건을 요구하므로, 위 87도2716의 경우는 피의자신문조서의 작성방식(개정법 제244조 제2항)에 위반되어 개정법 제312조 제1항의 요건을 갖추지 못한 조서에 해당된다. 다만, 수험에서는 판례대로 증거능력이 있다고 정리해두어야 한다.

판례연구 **검사 작성 피의자신문조서의 작성주체 요건**

1 대법원 1990.9.28, 90도1483

검찰주사가 검사의 지시에 따라 검사가 참석하지 않은 상태에서 피의자였던 피고인을 신문하여 작성하고 검사는 검찰주사의 조사 직후 피고인에게 개괄적으로 질문한 사실이 있을 뿐인데도 검사가 작성한 것으로 되어 있는 피고인에 대한 피의자신문조서와 검찰주사가 참고인 주거지에서 그의 진술을 받아 작성한 것인데도 검사가 작성한 것으로 되어 있는 참고인에 대한 진술조서는 검사의 서명날인이 되어 있다고 하더라도 검사가 작성한 것이라고는 볼 수 없으므로, (구) 형사소송법 제312조 제1항 소정의 검사가 피의자나 피의자 아닌 자의 진술을 기재한 조서에 해당하지 않는 것임이 명백하다(검사 작성 ×, 검사 이외 수사기관 작성 ○).

2 대법원 1994.8.9, 94도1228

검찰에 송치되기 전에 구속피의자로부터 받은 검사 작성의 피의자신문조서는 극히 이례에 속하는 것으로, 그와 같은 상태에서 작성된 피의자신문조서는 내용만 부인하면 증거능력을 상실하게 되는 사법경찰관 작성의 피의자신문조서상의 자백 등을 부당하게 유지하려는 수단으로 악용될 가능성이 있어, 그렇게 했어야 할 특별한 사정이 보이지 않는 한 송치 후에 작성된 피의자신문조서와 마찬가지로 취급하기는 어렵다(검사 작성 ×).

3 대법원 2001.10.26, 2000도2968

인지절차 전 검사 수사 중 작성한 피의자신문조서 ○

검사가 범죄를 인지하는 경우에는 범죄인지서를 작성하여 사건을 수리하는 절차를 거치도록 되어 있으므로, 특별한 사정이 없는 한 수사기관이 그와 같은 절차를 거친 때에 범죄인지가 된 것으로 볼 것이나, 범죄의 인지는 실질적인 개념이고, 이 규칙의 규정은 검찰행정의 편의를 위한 사무처리절차 규정이므로, 검사가 그와 같은 절차를 거치기 전에 범죄의 혐의가 있다고 보아 수사를 개시하는 행위를 한 때에는 이 때에 범죄를 인지한 것으로 보아야 하고, 그 뒤 범죄인지서를 작성하여 사건수리 절차를 밟은 때에 비로소 범죄를 인지하였다고 볼 것이 아니며, 이러한 인지절차를 밟기 전에 수사를 하였다고 하더라도, 그 수사가 장차 인지의 가능성이 전혀 없는 상태하에서 행해졌다는 등의 특별한 사정이 없는 한, 인지절차가 이루어지기 전에 수사를 하였다는 이유만으로 그 수사가 위법하다고 볼 수는 없고, 따라서 그 수사과정에서 작성된 피의자신문조서나 진술조서 등의 증거능력도 이를 부인할 수 없다.

4 대법원 2010.4.15, 2010도1107
'사법연수생'인 검사 직무대리가 작성한 피의자신문조서의 증거능력
사법연수생인 검사 직무대리가 검찰총장으로부터 명받은 범위 내에서 법원조직법에 의한 합의부의 심판사건에 해당하지 아니하는 사건에 관하여 검사의 직무를 대리하여 피고인에 대한 피의자신문조서를 작성할 경우, 그 피의자신문조서는 법 제312조 제1항의 요건을 갖추고 있는 한 당해 지방검찰청 또는 지청 검사가 작성한 피의자신문조서와 마찬가지로 그 증거능력이 인정된다.

판례연구 **간인 후 기명날인 또는 서명**

1 대법원 1999.4.13, 99도237 [해경간부 12 / 경찰승진 11]
서명만이 있고 날인이나 간인이 없는 검사 작성 피의자신문조서의 증거능력은 없다는 사례
조서말미에 피고인의 서명만이 있고, 그 날인(무인 포함)이나 간인이 없는 검사 작성의 피고인에 대한 피의자신문조서는 증거능력이 없다고 할 것이고, 그 날인이나 간인이 없는 것이 피고인이 그 날인이나 간인을 거부하였기 때문이어서 그러한 취지가 조서말미에 기재되었다거나, 피고인이 법정에서 그 피의자신문조서의 임의성을 인정하였다고 하여 달리 볼 것은 아니다.

2 대법원 2001.9.28, 2001도4091 [해경간부 12 / 국가7급 10]
검사 작성의 피의자신문조서에 작성자인 검사의 서명날인이 누락된 사례
형사소송법 제57조 제1항은 공무원이 작성하는 서류에는 법률에 다른 규정이 없는 때에는 작성년월일과 소속공무소를 기재하고 서명날인하여야 한다고 규정하고 있는바(현행법은 기명날인 또는 서명하여야 함), 그 서명날인은 공무원이 작성하는 서류에 관하여 그 기재 내용의 정확성과 완전성을 담보하는 것이므로 검사 작성의 피의자신문조서에 작성자인 검사의 서명날인이 되어 있지 아니한 경우 그 피의자신문조서는 공무원이 작성하는 서류로서의 요건을 갖추지 못한 것으로서 위 법규정에 위반되어 무효이고 따라서 이에 대하여 증거능력을 인정할 수 없다고 보아야 할 것이며, 그 피의자신문조서에 진술자인 피고인의 서명날인이 되어 있다거나, 피고인이 법정에서 그 피의자신문조서에 대하여 진정성립과 임의성을 인정하였다고 하여 달리 볼 것은 아니다.

---

3. 사법경찰관 작성의 피의자신문조서

> 제312조 【검사 또는 사법경찰관의 조서 등】 ③ 검사 이외의 수사기관이 작성한 피의자신문조서는 적법한 절차와 방식에 따라 작성된 것으로서 공판준비 또는 공판기일에 그 피의자였던 피고인 또는 변호인이 그 내용을 인정할 때에 한하여 증거로 할 수 있다.

판례연구 **적법한 절차와 방식에 따라 작성된 것**

대법원 2014.4.10, 2014도1779 [경찰채용 16 1차 / 경찰채용 12 · 14 2차 / 경찰간부 15 · 16 / 경찰승진 15 / 국가9급 17 / 국가7급 15 / 법원9급 11 · 15]
헌법 제12조 제2항, 법 제244조의3 제1항, 제2항, 제312조 제3항에 비추어 보면, 비록 사법경찰관이 피의자에게 진술거부권을 행사할 수 있음을 알려 주고 그 행사 여부를 질문하였다 하더라도, 형사소송

법 제244조의3 제2항에 규정한 방식에 위반하여 진술거부권 행사 여부에 대한 피의자의 답변이 자필로 기재되어 있지 아니하거나 그 답변 부분에 피의자의 기명날인 또는 서명이 되어 있지 아니한 사법경찰관 작성의 피의자신문조서는 특별한 사정이 없는 한 법 제312조 제3항에서 정한 '적법한 절차와 방식'에 따라 작성된 조서라 할 수 없으므로 그 증거능력을 인정할 수 없다(대법원 2013.3.28, 2010도3359 참조). 공소외 2에 대한 사법경찰관 작성의 피의자신문조서에는 "피의자는 진술거부권과 변호인의 조력을 받을 권리들이 있음을 고지받았는가요?"라는 질문에 "예, 고지를 받았습니다."라는 답변이, "피의자는 진술거부권을 행사할 것인가요?"라는 질문에 "행사하지 않겠습니다."라는 답변이 기재되어 있기는 하나 그 답변은 공소외 2의 자필로 기재된 것이 아니고, 각 답변란에 무인이 되어 있기는 하나 조서 말미와 간인으로 되어 있는 공소외 2의 무인과 달리 흐릿하게 찍혀 있는 사실을 알 수 있다. 따라서 공소외 2에 대한 사법경찰관 작성의 피의자신문조서는 법 제312조 제3항에서 정하는 '적법한 절차와 방식'에 따라 작성된 조서로 볼 수 없으므로 이를 증거로 쓸 수 없다 할 것이다.

판례연구 **사법경찰관 작성 피의자신문조서의 내용의 인정**

1 대법원 1994.9.27, 94도1905

피고인이 경찰에서 조사받는 도중에 범행을 시인하였고 피해자 측에게도 용서를 구하는 것을 직접 보고 들었다는 취지의 증인들의 각 증언 및 그들에 대한 사법경찰리·검사 작성의 각 진술조서 기재는 모두 피고인이 경찰에서 조사 받을 때의 진술을 그 내용으로 하는 것에 다름이 아니어서, 피고인이 공판정에서 경찰에서의 위와 같은 진술내용을 부인하고 있는 이상 위 증거들은 증거능력이 없다고 보아야 한다.

2 대법원 1997.10.28, 97도2211 [법원9급 10]

피고인이 당해 공소사실에 대하여 법정에서 부인한 경우에는 사법경찰리작성의 피의자신문조서의 내용을 인정하지 아니한 것이므로 그 피의자신문조서의 기재는 증거능력이 없고, 이러한 경우 피고인을 조사하였던 경찰관이 법정에 나와 "피고인의 진술대로 조서가 작성되었고, 작성 후 피고인이 조서를 읽어보고 내용을 확인한 후 서명·무인하였으며, 피고인이 내용의 정정을 요구한 일은 없었다."고 증언하더라도 그 피의자신문조서가 증거능력을 가지게 되는 것은 아니다.

유사 피고인을 검거하고 경찰에서 피고인에 대하여 피의자 신문을 한 경찰관의 피고인이 경찰조사에서 범행사실을 순순히 자백하였다는 증언은 피고인이 경찰에서의 진술을 부인하는 이상 형사소송법 제312조 제2항(현 제3항)의 취지에 비추어 증거능력이 없는 것이다(대법원 1985.2.13, 84도2897; 2002.8.23, 2002도2112).

보충 적법한 절차와 방식에 의하여 작성되었다 하더라도 내용인정이 없으면 증거로 쓸 수 없다는 판례이다. 다만, 이 경우 검사나 사법경찰관 등 조사자의 증언(전문진술)이 공판정에서 행하여진 경우, 후술하듯이 피고인의 원진술의 특신상태가 증명되면 조사자증언의 증거능력은 인정된다(제316조 제1항). [경찰채용 14 2차 / 경찰승진 10·11 / 국가9급 13] 따라서 수험에서는 상대적으로 접근하는 것이 안전하다. 즉, ① 제316조 제1항의 조사자증언이 법조문 문제로 나올 때(특신상태 ○ → 조사자증언의 증거능력 ○)와 ② 위 97도2211 등을 그대로 내는 판례문제로 나올 때(경찰관이 증언하여도 피고인이 내용을 부인하면 사경피신조서는 증거능력 ×)를 구별하여야 한다.

사법경찰관 작성 공동피고인 피의자신문조서의 증거능력 인정요건 : 당해 피고인의 내용의 인정

1 대법원 1996.7.12, 96도667; 2004.7.15, 2003도7185 전원합의체; 2008.9.25, 2008도5189; 2014.4.10, 2014도1779 [경찰간부 22 / 국가7급 17]

형사소송법 제312조 제3항은 검사 이외의 수사기관이 작성한 당해 피고인에 대한 피의자신문조서를 유죄의 증거로 하는 경우뿐만 아니라 검사 이외의 수사기관이 작성한 당해 피고인과 공범관계에 있는 다른 피고인이나 피의자에 대한 피의자신문조서를 당해 피고인에 대한 유죄의 증거로 채택할 경우에도 적용되는바, 당해 피고인과 공범관계가 있는 다른 피의자에 대한 검사 이외의 수사기관 작성 피의자신문조서는 그 피의자의 법정진술에 의하여 그 성립의 진정이 인정되더라도 당해 피고인이 공판기일에서 그 조서의 내용을 부인하면 증거능력이 부정된다.

2 대법원 2009.10.15, 2009도1889 [경찰채용 21 2차 / 경찰간부 13 / 경찰승진 12·14]

당해 피고인과 공범관계에 있는 공동피고인이 법정에서 경찰수사 도중 피의자신문조서에 기재된 것과 동일한 내용을 진술하였다는 취지로 증언한 경우, 그 증언의 증거능력 ×

당해 피고인과 공범관계에 있는 공동피고인에 대해 검사 이외의 수사기관이 작성한 피의자신문조서는 그 공동피고인의 법정진술에 의하여 성립의 진정이 인정되더라도 당해 피고인이 공판기일에서 그 조서의 내용을 부인하면 증거능력이 부정된다. 그리고 이러한 경우 그 공동피고인이 법정에서 경찰수사 도중 피의자신문조서에 기재된 것과 같은 내용으로 진술하였다는 취지로 증언하였다고 하더라도, 이러한 증언은 원진술자인 공동피고인이 그 자신에 대한 경찰 작성의 피의자신문조서의 진정성립을 인정하는 취지에 불과하여 위 조서와 분리하여 독자적인 증거가치를 인정할 것은 아니므로, 앞서 본 바와 같은 이유로 위 조서의 증거능력이 부정되는 이상 위와 같은 증언 역시 이를 유죄 인정의 증거로 쓸 수 없다.

사법경찰관 작성 다른 사건의 피의자신문조서의 증거능력 인정요건 : 당해 피고인의 내용의 인정

대법원 1995.3.24, 94도2287

형사소송법 제312조 제2항(현 제3항)은 검사 이외의 수사기관의 피의자신문은 이른바 신용성의 정황적 보장이 박약하다고 보아 피의자신문에 있어서 진정성립 및 임의성이 인정되더라도 공판 또는 그 준비절차에 있어 원진술자인 피고인이나 변호인이 그 내용을 인정하지 않는 한 그 증거능력을 부정하는 취지로 입법된 것으로, 그 입법취지와 법조의 문언에 비추어 볼 때 당해 사건에서 피의자였던 피고인에 대한 검사 이외의 수사기관 작성의 피의자신문조서에만 적용되는 것은 아니고 전혀 별개의 사건에서 피의자였던 피고인에 대한 검사 이외의 수사기관 작성의 피의자신문조서도 그 적용대상으로 하고 있는 것이라고 보아야 한다.

검사 작성 공범자에 대한 피의자신문조서 – 법 제312조 제4항 적용

1 대법원 1996.3.8, 95도2930

검사 작성의 공동피고인에 대한 피의자신문조서는 공동피고인이 그 성립 및 임의성을 인정한 이상 피고인이 이를 증거로 함에 부동의하였다고 하더라도 그 증거능력이 있다.

2 대법원 1997.12.12, 97도2368; 2004.10.15, 2003도3472; 2005.8.19, 2005도3045

공동피고인이나 그 변호인들이 검사 작성의 공동피고인에 대한 피의자신문조서의 성립의 진정과 임의성을 인정하였다가 그 뒤 이를 부인하는 진술을 하거나 서면을 제출한 경우 그 조서의 증거능력이 언제나 없다고 할 수는 없고, 법원이 그 조서의 기재 내용, 형식 등과 피고인, 공동피고인의 법정에서의 범행에 관련한 진술 등 제반 사정에 비추어 성립의 진정과 임의성을 인정한 최초의 진술이 신빙성이 있다고 보아, 그 성립의 진정을 인정하고 그 임의성에 관하여 심증을 얻은 때에는 그 피의자신문조서는 증거능력이 인정된다.

3 대법원 1984.1.24, 83도2945
피고인 아닌 자에 대한 검사작성의 피의자신문조서의 증거능력
검사작성의 공소외 甲에 대한 피의자신문조서는 제1심에서 동인에 대한 증인 소환장이 소재불명으로 송달불능이 되고 소재탐지촉탁에 의하여도 거주지를 확인할 방도가 없어 그 진술을 들을 수 없는 사정이 있고 그 조서의 내용에 의하면 특히 신빙할 수 있는 상태하에서 작성된 것으로 보이므로 원심이 형사소송법 제314조에 의하여 증거능력을 인정한 조치는 정당하다(법 제312조 제4항이 적용된다는 전제에서 원진술자의 소재불명으로 법 제314조를 적용한 사례).

Ⅲ 진술조서

제312조【검사 또는 사법경찰관의 조서 등】 ④ 검사 또는 사법경찰관이 피고인이 아닌 자의 진술을 기재한 조서는 적법한 절차와 방식에 따라 작성된 것으로서 그 조서가 검사 또는 사법경찰관 앞에서 진술한 내용과 동일하게 기재되어 있음이 원진술자의 공판준비 또는 공판기일에서의 진술이나 영상녹화물 또는 그 밖의 객관적인 방법에 의하여 증명되고, 피고인 또는 변호인이 공판준비 또는 공판기일에 그 기재 내용에 관하여 원진술자를 신문할 수 있었던 때에는 증거로 할 수 있다. 다만, 그 조서에 기재된 진술이 특히 신빙할 수 있는 상태하에서 행하여졌음이 증명된 때에 한한다.

판례연구　**적법한 절차와 방식에 따라 작성된 것**

1 대법원 1997.4.11, 96도2865 [경찰채용 10 2차 / 경찰간부 15 / 경찰승진 15 · 22]
피해자 진술조서가 화상으로 인한 서명불능이라는 이유로 입회인에 의해 서명날인된 경우 증거능력 ×
사법경찰리 작성의 피해자에 대한 진술조서가 피해자의 화상으로 인한 서명불능을 이유로 입회하고 있던 피해자의 동생에게 대신 읽어 주고 그 동생으로 하여금 서명날인하게 하는 방법으로 작성된 경우, 이는 형사소송법 제313조 제1항(07년 개정법 제312조 제4항) 소정의 형식적 요건을 결여한 서류로서 증거로 사용할 수 없다.

2 대법원 1999.2.26, 98도2742 [경찰간부 12 / 경찰승진 11]
외국 거주 참고인과의 전화대화를 문답형식으로 기재한 검찰주사보 작성의 수사보고서의 증거능력 ×
외국에 거주하는 참고인과의 전화 대화내용을 문답형식으로 기재한 검찰주사보 작성의 수사보고서는 전문증거로서 제311조 내지 제316조에 규정된 것 이외에는 이를 증거로 삼을 수 없는 것인데(법 제310조의2), 위 수사보고서는 전문법칙 예외규정의 적용대상이 되지 아니함이 분명하므로, 결국 제313조의 진술을 기재한 서류에 해당하여야만 제314조의 적용 여부가 문제될 것인바, 제313조(07년 개정법 제312조 제4항)가 적용되기 위하여는 그 진술을 기재한 서류에 그 진술자의 서명 또는 날인(07년 개정법 기명날인 or 서명)이 있어야 한다.

참고 참고인진술조서에는 참고인의 확인도장을 날인하지만, 수사보고서에는 참고인의 확인도장을 날인하지 않는다. 예컨대 전화통화를 통해 작성하는 경우도 있기 때문이다.

3 대법원 2012.5.24, 2011도7757 [경찰채용 21 2차]
수사기관이 피고인 아닌 자에 대한 진술조서를 작성하면서 진술자의 성명을 가명으로 기재한 사례
형사소송법은 조서에 진술자의 실명 등 인적사항을 확인하여 이를 그대로 밝혀 기재할 것을 요구하는 규정을 따로 두고 있지는 아니하다. 따라서 특정범죄신고자 등 보호법 등에서처럼 명시적으로 진술자의 인적사항의 전부 또는 일부의 기재를 생략할 수 있도록 한 경우가 아니라 하더라도, 진술자와 피고인의 관계, 범죄의 종류, 진술자 보호의 필요성 등 여러 사정으로 볼 때 상당한 이유가 있는 경우에는 수사기관이 진술자의 성명을 가명으로 기재하여 조서를 작성하였다고 해서 그 이유만으로 그 조서가 '적법한 절차와 방식'에 따라 작성되지 않았다고 할 것은 아니다. 그러한 조서라도 공판기일 등에 원진술자가 출석하여 자신의 진술을 기재한 조서임을 확인함과 아울러 그 조서의 실질적 진정성립을 인정하고 나아가 그에 대한 반대신문이 이루어지는 등 법 제312조 제4항에서 규정한 조서의 증거능력 인정에 관한 다른 요건이 모두 갖추어진 이상 그 증거능력을 부정할 것은 아니라고 할 것이다.

판례연구 진술조서의 실질적 진정성립이 인정된 사례

대법원 1990.12.26, 90도2362; 1993.6.22, 91도3346; 1994.8.9, 94도1318; 1996.3.8, 95도2930; 1998.12.22, 98도2890; 2005.8.19, 2005도3045 [경찰간부 12 / 국가9급개론 15 / 법원9급 12·14]
검사 작성의 공동피고인에 대한 피의자신문조서 : 공동피고인 성립 및 임의성 인정 → 증거 ○
검사 작성의 공동피고인에 대한 피의자신문조서는 공동피고인이 그 성립 및 임의성을 인정한 이상(cf. 07년 개정 전 판례이므로 반대신문권 보장 요건이 없음) 피고인이 이를 증거로 함에 부동의하였다고 하더라도 그 증거능력이 있고(증거동의 또는 전문법칙예외 중 하나만 인정되면 증거능력 ○), 피고인이 검사 작성의 피고인에 대한 피의자신문조서의 성립의 진정과 임의성을 인정하였다가 그 뒤 이를 부인하는 진술을 하거나 서면을 제출한 경우 그 조서의 증거능력이 언제나 없다고 할 수는 없고, 법원이 그 조서의 기재내용, 형식 등과 피고인의 법정에서의 범행에 관련된 진술 등 제반 사정에 비추어 성립의 진정을 인정한 최초의 진술이 신빙성이 있다고 보아 그 성립의 진정을 인정하는 때에는 그 피의자신문조서는 증거능력이 인정된다고 할 것이다.

보충 검사 작성 공동피고인 피의자신문조서에 대하여 제312조 제4항이 적용된다는 전제에서 나온 판례이다. 이에 대하여 2020.2.4. 개정법 제312조 제1항이 적용될 것인가는 향후 판례에 달린 문제이고, 현재 시점의 판례의 입장은 전술한 바와 같이 법 제312조 제4항이 적용되는 것이다. 또한 이는 사경 작성 공동피고인 피의자신문조서(제312조 제3항 적용)에 대해서는 적용되지 않는 판례이다.

판례연구 진술조서의 실질적 진정성립이 인정되지 않은 사례

1 대법원 1979.11.27, 76도3962 전원합의체
검찰 경찰에서 진술한 내용은 그대로 틀림없다는 취지의 진술만으로서 곧 검사 및 사법경찰관사무취급 작성의 참고인에 대한 각 진술조서의 진정성립을 인정하기에 부족하다.

2 대법원 1982.10.12, 82도1865 · 82감도383; 1994.11.11, 94도343 [변호사시험 17]
원진술자인 위 공소외인이 제1심 및 항소심에서 증인으로 나와 그 진술기재의 내용을 열람하거나 고지받지 못한 채 단지 검사나 재판장의 신문에 대하여 수사기관에서 사실대로 진술하였다는 취지의 증언만을 하고 있을 뿐이라면, 그 피의자신문조서와 진술조서는 증거능력이 없어 이를 유죄의 증거로 삼을 수 없다.

3 대법원 1996.10.15, 96도1301
원진술자가 법정에서 한 "수사기관에서 사실대로 진술하고 서명날인하였다."는 취지의 진술
피해자가 제1심의 제5회 공판기일에 증인으로 출석하여 검사의 신문에 대하여 수사기관에서 사실대로 진술하고 그 내용을 확인한 후 서명날인하였다는 취지로 증언하고 있을 뿐이어서, 과연 그 진술이 조서의 진정성립을 인정하는 취지인지 분명하지 아니하므로 그 진술만으로는 조서의 진정성립을 인정하기에 부족하다.

4 대법원 1999.10.8, 99도3063
공범이나 제3자에 대한 검사 작성의 피의자신문조서에 대한 실질적 진정성립의 인정 要
공범(B)이나 제3자(C)에 대한 검사 작성의 피의자신문조서등본이 증거로 제출된 경우 피고인(A)이 위 공범 등에 대한 피의자신문조서를 증거로 함에 동의하지 않는 이상, 원진술자인 공범(B)이나 제3자(C)가 각기 자신에 대한 공판절차나 다른 공범에 대한 형사공판의 증인신문절차에서 위 수사서류의 진정성립을 인정해 놓은 것만으로는 증거능력을 부여할 수 없고, 반드시 공범이나 제3자가 현재의 사건(피고인 A의 공판정)에 증인으로 출석하여 그 서류의 성립의 진정을 인정하여야 증거능력이 인정된다.

5 대법원 2004.12.16, 2002도537 전원합의체
형식적 진정성립을 인정한다고 실질적 진정성립이 추정되지 아니한다는 사례
검사가 피의자 아닌 자의 진술을 기재한 조서는 공판준비 또는 공판기일에서 원진술자의 진술에 의하여 형식적 진정성립뿐만 아니라 실질적 진정성립까지 인정된 때에 한하여 비로소 그 성립의 진정함이 인정되어 증거로 사용할 수 있다고 보아야 한다.

6 대법원 2013.3.14, 2011도8325 [경찰간부 15 / 법원9급 18]
실질적 진정성립의 의미와 그 인정방법
실질적 진정성립이라 함은 적극적으로 진술한 내용이 그 진술대로 기재되어 있어야 한다는 것뿐 아니라 진술하지 아니한 내용이 진술한 것처럼 기재되어 있지 아니할 것을 포함하는 의미이다. 형사소송법이 조서의 실질적 진정성립을 부인하는 경우에는 영상녹화물 등 객관적인 방법에 의하여 진술한 내용과 동일하게 기재되어 있음을 증명할 수 있는 방법을 마련해 두고 있는 이상, 실질적 진정성립의 인정은 공판준비 또는 공판기일에서 한 명시적인 진술에 의하여야 하고, 단지 실질적 진정성립에 대하여 이의하지 않았다거나 조서 작성절차와 방식의 적법성을 인정하였다는 것만으로 실질적 진정성립까지 인정한 것으로 보아서는 아니 된다.

7 대법원 2013.8.14, 2012도13665
공소외 1은 제1심에서 증인으로 출석하여 검사로부터 위 진술조서를 제시받고 검사의 신문에 대하여 '수사기관에서 사실대로 진술하고 진술한 대로 기재되어 있는지 확인하고 서명무인하였다'는 취지로 증언하였을 뿐이어서 그 진술이 위 진술조서의 진정성립을 인정하는 취지인지 분명하지 아니하고, 오히려 '피고인이 훔쳤다'는 내용으로 기재되어 있는 부분은 자신이 진술한 사실이 없음에도 잘못 기재되었다는 취지로 증언하였으며, 원심에서도 증인으로 출석하였으나 위 진술조서의 진정성립을 인정하는 내용의 증언을 하지는 아니하였음을 알 수 있다. 따라서 공소외 1의 제1심 및 원심에서의 진술만으로는 그에 대한 경찰 진술조서 중 적어도 피고인이 이 사건 지게차를 훔쳤다는 진술 기재 부분의 진정성립을 인정하기에 부족하다.

8 대법원 2016.2.18, 2015도16586 [경찰간부 16 / 국가9급 16·18 / 국가7급 16·17]

영상녹화물이나 그 밖의 객관적인 방법의 의미

실질적 진정성립을 증명할 수 있는 방법으로서 법 제312조 제2항(원래는 구법 제312조 제1항에 대한 판례이나, 2020.2.4. 개정법에 의하면 동 제4항에 적용될 수 있음)에 예시되어 있는 영상녹화물의 경우 형사소송법 및 형사소송규칙에 의하여 영상녹화의 과정, 방식 및 절차 등이 엄격하게 규정되어 있는데다(법 제244조의2, 규칙 제134조의2 제3항, 제4항, 제5항) 피의자의 진술을 비롯하여 검사의 신문 방식 및 피의자의 답변 태도 등 조사의 전 과정이 모두 담겨 있어 피고인이 된 피의자의 진술 내용 및 취지를 과학적·기계적으로 재현해 낼 수 있으므로 조서의 내용과 검사 앞에서의 진술 내용을 대조할 수 있는 수단으로서의 객관성이 보장되어 있다고 볼 수 있으나, 피고인을 피의자로 조사하였거나 조사에 참여하였던 자들의 증언은 오로지 증언자의 주관적 기억 능력에 의존할 수밖에 없어 객관성이 보장되어 있다고 보기 어렵다. 결국 검사 작성의 피의자신문조서에 대한 실질적 진정성립을 증명할 수 있는 수단으로서 (구) 형사소송법 제312조 제2항에 규정된 '영상녹화물이나 그 밖의 객관적인 방법'이란 형사소송법 및 형사소송규칙에 규정된 방식과 절차에 따라 제작된 영상녹화물 또는 그러한 영상녹화물에 준할 정도로 피고인의 진술을 과학적·기계적·객관적으로 재현해 낼 수 있는 방법만을 의미하고, 그 외에 조사관 또는 조사 과정에 참여한 통역인 등의 증언은 이에 해당한다고 볼 수 없다.

판례연구 **실질적 진정성립의 일부인정**

대법원 2013.5.23, 2010도15499; 2005.6.10, 2005도1849 [경찰채용 16 1차]

조서 중 일부에 관하여만 실질적 진정성립을 인정하는 경우의 조치

검사가 피의자나 피의자 아닌 자의 진술을 기재한 조서 중 일부에 관하여만 원진술자가 공판준비 또는 공판기일에서 실질적 진정성립을 인정하는 경우에는 법원은 어느 부분이 원진술자가 진술한 대로 기재되어 있고 어느 부분이 달리 기재되어 있는지 여부를 구체적으로 심리한 다음 진술한 대로 기재되어 있다고 하는 부분에 한하여 증거능력을 인정하여야 하고, 그 밖에 실질적 진정성립이 부정되는 부분에 대해서는 증거능력을 부정하여야 한다.

판례연구 **실질적 진정성립의 인정 번복**

대법원 2008.7.10, 2007도7760

피고인 또는 변호인이 검사가 작성한 피의자신문조서에 대하여 성립의 진정을 인정하였다가 증거조사 완료 후 이를 번복한 경우, 이미 인정된 증거능력이 당연히 상실되는지 여부(원칙적 소극) 및 법원이 취해야 할 조치

① (원칙) 피고인이나 그 변호인이 검사 작성의 당해 피고인에 대한 피의자신문조서의 성립의 진정함을 인정하는 진술을 하였다 하더라도, 그 피의자신문조서에 대하여 증거조사가 완료되기 전에는 최초의 진술을 번복함으로써 그 피의자신문조서를 유죄 인정의 자료로 사용할 수 없도록 할 수 있으나, 그 피의자신문조서에 대하여 위의 증거조사가 완료된 뒤에는 그와 같은 번복의 의사표시에 의하여 이미 인정된 조서의 증거능력이 당연히 상실되는 것은 아니다. ② (예외) 다만, 적법절차 보장의 정신에 비추어 성립의 진정함을 인정한 최초의 진술에 그 효력을 그대로 유지하기 어려운 중대한 하자가 있고 그에 관하여 진술인에게 귀책사유가 없는 경우에 한하여 예외적으로 증거조사 절차가 완료된 뒤에도 그 진술을 취소할 수 있고, 그 취소 주장이 이유 있는 것으로 받아들여지게 되면 법원은 형사소송규칙상 증거배제 결정을 통하여 그 조서를 유죄 인정의 자료에서 제외하여야 한다.

판례연구 반대신문의 기회 보장

1 대법원 2009.6.23, 2009도1322 [경찰승진 10·13]

법 제244조의5에서 정한 피의자신문 동석자가 한 진술의 성격과 그 진술의 증거능력을 인정하기 위한 요건

형사소송법 제244조의5는, 검사 또는 사법경찰관은 피의자를 신문하는 경우 피의자가 신체적 또는 정신적 장애로 사물을 변별하거나 의사를 결정·전달할 능력이 미약한 때나 피의자의 연령·성별·국적 등의 사정을 고려하여 그 심리적 안정의 도모와 원활한 의사소통을 위하여 필요한 경우에는, 직권 또는 피의자·법정대리인의 신청에 따라 피의자와 신뢰관계에 있는 자를 동석하게 할 수 있도록 규정하고 있다. 구체적인 사안에서 위와 같은 동석을 허락할 것인지는 원칙적으로 검사 또는 사법경찰관이 피의자의 건강 상태 등 여러 사정을 고려하여 재량에 따라 판단하여야 할 것이나, 이를 허락하는 경우에도 동석한 사람으로 하여금 피의자를 대신하여 진술하도록 하여서는 안 된다. 만약 동석한 사람이 피의자를 대신하여 진술한 부분이 조서에 기재되어 있다면 그 부분은 피의자의 진술을 기재한 것이 아니라 동석한 사람의 진술을 기재한 조서에 해당하므로, 그 사람에 대한 진술조서로서의 증거능력을 취득하기 위한 요건을 충족하지 못하는 한 이를 유죄 인정의 증거로 사용할 수 없다.

2 대법원 2006.12.8, 2005도9730 [경찰채용 12 3차 / 경찰승진 10·12 / 법원9급 08]

원진술자의 법정출석과 피고인에 의한 반대신문이 이루어지지 못한 경우 (증거동의 등에 의하여 증거능력이 인정되더라도) 그 증명력을 부정한 사례

수사기관이 원진술자의 진술을 기재한 조서는 원본증거인 원진술자의 진술에 비하여 본질적으로 낮은 정도의 증명력을 가질 수밖에 없다는 한계를 지니는 것이고, 특히 원진술자의 법정 출석 및 반대신문이 이루어지지 못한 경우에는 그 진술이 기재된 조서는 법관의 올바른 심증 형성의 기초가 될 만한 진정한 증거가치를 가진 것으로 인정받을 수 없는 것이 원칙이다. 따라서 피고인이 공소사실 및 이를 뒷받침하는 수사기관이 원진술자의 진술을 기재한 조서 내용을 부인하였음에도 불구하고, 원진술자의 법정출석과 피고인에 의한 반대신문이 이루어지지 못하였다면, 그 조서에 기재된 진술이 직접 경험한 사실을 구체적인 경위와 정황의 세세한 부분까지 정확하고 상세하게 묘사하고 있어 구태여 반대신문을 거치지 않더라도 진술의 정확한 취지를 명확히 인식할 수 있고 그 내용이 경험칙에 부합하는 등 신빙성에 의문이 없어 조서의 형식과 내용에 비추어 강한 증명력을 인정할 만한 특별한 사정이 있거나, 그 조서에 기재된 진술의 신빙성과 증명력을 뒷받침할 만한 다른 유력한 증거가 따로 존재하는 등의 예외적인 경우가 아닌 이상(진술조서 내용이 구체적이지 않다는 의미), 그 조서는 진정한 증거가치를 가진 것으로 인정받을 수 없는 것이어서 이를 주된 증거로 하여 공소사실을 인정하는 것은 원칙적으로 허용될 수 없다. 이는 원진술자의 사망이나 질병 등으로 인하여 원진술자의 법정 출석 및 반대신문이 이루어지지 못한 경우는 물론 수사기관의 조서를 증거로 함에 피고인이 동의한 경우에도 마찬가지이다.

보충 피고인이 증거동의를 하였다면 증거능력은 있으나, 피고인이 그 내용을 부인하고 원진술자의 법정출석 및 피고인에 의한 반대신문이 이루어지지 못하였다면, 이를 주된 증거로 하여 공소사실을 인정하는 것(증명력)은 원칙적으로 허용될 수 없다는 사례이다. 즉, 증거동의를 하여 증거조사에는 들어갔으나, 증거조사의 결과 그 증명력에는 합리적 의심의 여지가 있다는 것이다.

정리 진술조서 내용이 구체적이지 않은데, 원진술자의 법정출석 및 반대신문이 이루어지지 못함 → 제312조 제4항 × → 제314조에 해당하거나 증거동의가 있음 → 증거능력은 인정 but 증명력 부정(자유심증주의)

진술이 특히 신빙할 수 있는 상태하에서 행하여졌음

1 대법원 2011.7.14, 2011도3809 [국가7급 18]
참고인진술조서의 원진술의 특신상태가 인정되는 않는다는 사례
검찰관이 피고인을 뇌물수수 혐의로 기소한 후, 형사사법공조절차를 거치지 아니한 채 과테말라공화국에 현지출장하여 그곳 호텔에서 뇌물공여자 甲을 상대로 참고인 진술조서를 작성한 경우, 甲이 자유스러운 분위기에서 임의수사 형태로 조사에 응하였고 조서에 직접 서명·무인하였다는 사정만으로 특신상태를 인정하기에 부족할 뿐만 아니라, 검찰관이 군사법원의 증거조사절차 외에서, 그것도 형사사법공조절차나 과테말라공화국 주재 우리나라 영사를 통한 조사 등의 방법을 택하지 않고 직접 현지에 가서 조사를 실시한 것은 수사의 정형적 형태를 벗어난 것이라고 볼 수 있는 점 등 제반 사정에 비추어 볼 때, 진술이 특별히 신빙할 수 있는 상태에서 이루어졌다는 점에 관한 증명이 있다고 보기 어려워 甲의 진술조서는 증거능력이 인정되지 아니하므로, 이를 유죄의 증거로 삼을 수 없다.

> 보충 | 다만, 전술하였듯이 위법수집증거배제법칙에는 위배되지 아니한다.

2 대법원 2012.7.26, 2012도2937 [경찰채용 15·20 2차 / 경찰승진 12·14 / 경찰간부 12 / 해경간부 12 / 국가9급 13]
형사소송법 제312조 제4항에서 정한 '특히 신빙할 수 있는 상태'의 의미 및 그 증명책임 소재(=검사)와 증명의 정도(=자유로운 증명)
형사소송법 제312조 제4항에서 '특히 신빙할 수 있는 상태'란 진술 내용이나 조서 작성에 허위개입의 여지가 거의 없고, 진술 내용의 신빙성이나 임의성을 담보할 구체적이고 외부적인 정황이 있는 것을 말한다. 그리고 이러한 '특히 신빙할 수 있는 상태'는 증거능력의 요건에 해당하므로 검사가 그 존재에 대하여 구체적으로 주장·증명하여야 하지만, 이는 소송상의 사실에 관한 것이므로 엄격한 증명을 요하지 아니하고 자유로운 증명으로 족하다.

수사기관의 영상녹화물의 용도

1 대법원 2014.7.10, 2012도5041 [경찰간부 22 / 법원9급 20]
수사기관이 참고인을 조사하는 과정에서 형사소송법 제221조 제1항에 따라 작성한 영상녹화물이 공소사실을 직접 증명할 수 있는 독립적인 증거로 사용될 수 없다는 사례
2007.6.1. 법률 제8496호로 개정된 형사소송법은 제221조 제1항에서 수사기관은 피의자 아닌 자(이하 '참고인')의 동의를 얻어 그의 진술을 영상녹화할 수 있는 절차를 신설하면서도, 제312조 제4항에서 위 영상녹화물과 별도로 검사 또는 사법경찰관이 참고인의 진술을 기재한 조서가 작성됨을 전제로 하여 영상녹화물로 그 진술조서의 실질적 진정성립을 증명할 수 있도록 규정하는 한편, 증거로 할 수 없는 서류나 진술이라도 공판준비 또는 공판기일에서 피고인 또는 참고인 진술의 증명력을 다투기 위한 증거로 사용될 수 있도록 정한 제318조의2 제1항과 별도로 제318조의2 제2항을 두어 참고인의 진술을 내용으로 하는 영상녹화물은 공판준비 또는 공판기일에 참고인이 진술함에 있어서 기억이 명백하지 아니한 사항에 관하여 기억을 환기시켜야 할 필요가 있다고 인정되는 때에 한하여 참고인에게 재생하여 시청하게 할 수 있다고 규정함으로써, 참고인의 진술에 대한 영상녹화물이 증거로 사용될 수 있는 경우를 제한하고 있다. … 따라서 수사기관이 참고인을 조사하는 과정에서 형사소송법 제221조 제1항에 따라 작성한 영상녹화물은, 다른 법률에서 달리 규정하고 있는 등의 특별한 사정이 없는 한, 공소사실을 직접 증명할 수 있는 독립적인 증거로 사용될 수는 없다고 해석함이 타당하다.

> 보충 | 2007.6.1. 법률 제8496호로 개정되기 전의 형사소송법에는 없던 수사기관에 의한 참고인 진술의 영상녹화를 2007.6.1. 개정 형사소송법에서 새로 정하면서 그 용도를 참고인에 대한 진술조서의 실질적 진정성립을 증명하거나 참고인의 기억을 환기시키기 위한 것으로 한정하고 있는 것은, 영상물에 수록된 성폭력범죄

피해자의 진술에 대하여 독립적인 증거능력을 인정하고 있는 성폭법 제30조 제6항 또는 아청법 제26조 제6항의 규정과 차이가 있다.

2 대법원 2010.1.28, 2009도12048
성폭법에 따라 촬영된 영상물에 수록된 피해자 진술의 증거능력이 인정되는 '진술'의 범위
성폭력범죄의 처벌 및 피해자보호 등에 관한 법률 제21조의3 제3항(현 성폭력범죄의 처벌 등에 관한 특례법 제30조[23] 제1항)에 의해 촬영된 영상물에 수록된 '피해자의 진술'은 같은 조 제4항에 의해 공판준비 또는 공판기일에서 피해자 또는 조사과정에 동석하였던 신뢰관계에 있는 자의 진술에 의하여 그 성립의 진정함이 인정된 때에는 증거로 할 수 있다. 그리고 같은 규정에 의하여 증거능력이 인정될 수 있는 것은 '같은 규정에 의해 촬영된 영상물에 수록된 피해자의 진술' 그 자체일 뿐이고, '피해자에 대한 경찰 진술조서'나 '조사과정에 동석하였던 신뢰관계 있는 자의 공판기일에서의 진술'은 그 대상이 되지 아니한다.

> 보충 성폭법 위반으로 공소제기된 사안에서, 같은 법에 의해 촬영된 영상물에 수록된 피해자의 진술이 피해자에 대한 경찰 진술조서의 내용과 일치함을 조사과정에 동석하였던 피해자의 어머니의 진술을 통하여 확인하였으면서도(이제는 19세 미만 피해자의 경우에는 위 방법에 의한 증거능력 인정은 허용되지 않음, 아래 헌재 위헌결정 참조) 그 피해자의 진술을 증거로 쓰지 아니한 채, 형사소송법 제316조 제2항 및 제312조 제4항의 각 요건을 갖추지 못하여 증거로 할 수 없는 피해자의 어머니의 공판기일에서의 진술, 피해자에 대한 경찰 진술조서 등만에 의하여 범죄사실에 대한 증명이 충분하다고 보아 이를 유죄로 판단한 원심판결을 파기한 사례이다.

3 헌법재판소 2021.12.23, 2018헌바524
영상물에 수록된 19세 미만 성폭력범죄 피해자 진술에 관한 증거능력 특례조항 사건
성폭력범죄의 처벌 등에 관한 특례법 제30조 제6항 중 '제1항에 따라 촬영한 영상물에 수록된 피해자의 진술은 공판준비기일 또는 공판기일에 조사 과정에 동석하였던 신뢰관계에 있는 사람 또는 진술조력인의 진술에 의하여 그 성립의 진정함이 인정된 경우에 증거로 할 수 있다' 부분 가운데 19세 미만 성폭력범죄 피해자에 관한 부분은 헌법에 위반**된다**.

> 보충 1 ① 목적의 정당성 및 수단의 적합성 : 미성년 피해자가 받을 수 있는 2차 피해를 방지하는 것은, 성폭력범죄에 관한 형사절차를 형성함에 있어 결코 포기할 수 없는 중요한 가치라 할 것이나 그 과정에서 피고인의 공정한 재판을 받을 권리 역시 보장되어야 한다. 그런데 성폭력범죄의 특성상 영상물에 수록된 미성년 피해자 진술이 사건의 핵심 증거인 경우가 적지 않고, 이러한 진술증거에 대한 탄핵의 필요성이 인정됨에도 심판대상조항은 그러한 주요 진술증거의 왜곡이나 오류를 탄핵할 수 있는 효과적인 방법인 피고인의 반대신문권을 보장하지 않고 있으며, 이를 대체할 만한 수단도 마련하고 있지 못하다. … 심판대상조항에

---

23 성폭력범죄의 처벌 등에 관한 특례법(본서에서는 '성폭법') 제30조(영상물의 촬영·보존 등) ① 성폭력범죄의 피해자가 19세 미만이거나 신체적인 또는 정신적인 장애로 사물을 변별하거나 의사를 결정할 능력이 미약한 경우에는 피해자의 진술 내용과 조사 과정을 비디오녹화기 등 영상물 녹화장치로 촬영·보존하여야 한다.
② 제1항에 따른 영상물 녹화는 피해자 또는 법정대리인이 이를 원하지 아니하는 의사를 표시한 경우에는 촬영을 하여서는 아니 된다. [경찰간부 14 / 경찰승진 15] 다만, 가해자가 친권자 중 일방인 경우는 그러하지 아니하다.
③ 제1항에 따른 영상물 녹화는 조사의 개시부터 종료까지의 전 과정 및 객관적 정황을 녹화하여야 하고, 녹화가 완료된 때에는 지체 없이 그 원본을 피해자 또는 변호사 앞에서 봉인하고 피해자로 하여금 기명날인 또는 서명하게 하여야 한다.
④ 검사 또는 사법경찰관은 피해자가 제1항의 녹화장소에 도착한 시각, 녹화를 시작하고 마친 시각, 그 밖에 녹화과정의 진행경과를 확인하기 위하여 필요한 사항을 조서 또는 별도의 서면에 기록한 후 수사기록에 편철하여야 한다.
⑤ 검사 또는 사법경찰관은 피해자 또는 법정대리인이 신청하는 경우에는 영상물 촬영과정에서 작성한 조서의 사본을 신청인에게 발급하거나 영상물을 재생하여 시청하게 하여야 한다.
⑥ 제1항에 따라 촬영한 영상물에 수록된 피해자의 진술은 공판준비기일 또는 공판기일에 피해자나 조사 과정에 동석하였던 신뢰관계에 있는 사람 또는 진술조력인의 진술에 의하여 그 성립의 진정함이 인정된 경우에 증거로 할 수 있다.
⑦ 누구든지 제1항에 따라 촬영한 영상물을 수사 및 재판의 용도 외에 다른 목적으로 사용하여서는 아니 된다.

의하여 피고인은 사건의 핵심적인 진술증거에 관하여 충분히 탄핵할 기회를 갖지 못한 채 유죄 판결을 받을 수 있게 되므로, 그로 인한 피고인의 방어권 제한의 정도는 매우 중대하다. … 피고인의 반대신문권을 보장하면서도 미성년 피해자를 보호할 수 있는 조화적인 방법을 상정할 수 있음에도, 영상물의 원진술자인 미성년 피해자에 대한 피고인의 반대신문권을 실질적으로 배제하여 피고인의 방어권을 과도하게 제한하는 심판대상조항은 피해의 최소성 요건을 갖추지 못하였다.

② 법익의 균형성 : 심판대상조항으로 인하여 피고인의 방어권이 제한되는 정도가 중대하고, 미성년 피해자의 2차 피해를 방지할 수 있는 여러 조화적인 대안들이 존재함은 앞서 살핀 바와 같다. 이러한 점들을 고려할 때, 심판대상조항이 달성하려는 공익이 제한되는 피고인의 사익보다 우월하다고 쉽게 단정하기는 어렵다. 따라서 심판대상조항은 법익의 균형성 요건도 갖추지 못하였다.

③ 결론 : 심판대상조항은 과잉금지원칙을 위반하여 청구인의 공정한 재판을 받을 권리를 침해한다.

보충 2 결정의 의의 : 이번 위헌결정은 원진술자에 대한 피고인의 반대신문권을 제한하는 성폭법 제30조 제6항에 관한 특례조항에 관한 것으로서, 헌법재판소는, 미성년 피해자의 2차 피해를 방지하는 것은 성폭력범죄에 관한 형사절차를 형성함에 있어 결코 포기할 수 없는 중요한 가치라 할 것이나, 피고인의 반대신문권을 보장하면서도 성폭력범죄의 미성년 피해자를 보호할 수 있는 조화적인 방법을 상정할 수 있음에도, 심판대상조항이 영상물에 수록된 미성년 피해자 진술에 있어 원진술자에 대한 피고인의 반대신문권을 실질적으로 배제하여 피고인의 방어권을 과도하게 제한하는 것은 과잉금지원칙에 반한다고 보아, 재판관 6 : 3의 의견으로 위헌결정을 내린 것이다.

IV 진술서 및 진술기재서류

1. 의의 및 종류

2. 수사과정에서 작성한 진술서

제312조 【검사 또는 사법경찰관의 조서 등】⑤ 제1항부터 제4항까지의 규정은 피고인 또는 피고인이 아닌 자가 수사과정에서 작성한 진술서에 관하여 준용한다.

판례연구 **수사과정 작성 진술서의 증거능력 인정요건**

1 대법원 1982.9.14, 82도1479 전원합의체 [경찰채용 09·14 2차 / 경찰승진 15]

사법경찰관에 의한 신문과정에서 피의자에 의하여 작성 제출된 진술서에 대해서 법 제312조 제3항이 적용되어야 한다는 사례

증거능력의 부여에 있어서 검사 이외의 수사기관 작성의 피의자 신문조서에 엄격한 요건을 요구한 취지는 그 신문에 있어서 있을지도 모르는 개인의 기본적 인권보장의 결여를 방지하려는 입법정책적 고려라고 할 것이고, 피의자가 작성한 진술서에 대하여 그 성립만 인정되면 증거로 할 수 있고 그 이외에 기재내용의 인정이나 신빙성을 그 요건으로 하지 아니한 취지는 피고인의 자백이나 불이익한 사실의 승인은 재현불가능이 많고 또한 진술거부권이 있음에도 불구하고 자기에게 불이익한 사실을 진술하는 것은 진실성이 강하다는 데에 입법적 근거를 둔 것이다. 따라서 위와 같은 형사소송법 규정들의 입법취지 그리고 공익의 유지와 개인의 기본적 인권의 보장이라는 형사소송법의 기본이념들을 종합 고찰하여 볼 때, 사법경찰관이 피의자를 조사하는 과정에서 형사소송법 제244조에 의하여 피의자신문조서에 기재됨이 마땅한 피의자의 진술내용을 진술서의 형식으로 피의자로 하여금 기하여 제출케 한 경우에는 그 진술서의 증거능력 유무는 검사이외의 수사기관이 작성한 피의자 신문조서와 마찬가지로 형사소송법 제312조 제2항(현 제3항)에 따라 결정되어야 할 것이고 동법 제313조 제1항 본문에 따라 결정할 것이 아니다.

2 대법원 2015.4.23, 2013도3790 [경찰채용 21 2차 / 국가7급 16]
피고인 아닌 자가 수사과정에서 진술서를 작성하였으나 수사기관이 그에 대한 조사과정을 기록하지 아니한 경우 진술서의 증거능력이 인정되지 아니한다는 사례
형사소송법 제221조 제1항에서 검사 또는 사법경찰관은 수사에 필요한 때에는 피의자가 아닌 자의 출석을 요구하여 진술을 들을 수 있다고 규정하고, 제244조의4 제3항, 제1항에서 검사 또는 사법경찰관이 피의자가 아닌 자를 조사하는 경우에는 피의자를 조사하는 경우와 마찬가지로 조사장소에 도착한 시각, 조사를 시작하고 마친 시각, 그 밖에 조사과정의 진행경과를 확인하기 위하여 필요한 사항을 조서에 기록하거나 별도의 서면에 기록한 후 수사기록에 편철하여야 한다고 규정하고 있다. 이와 같이 수사기관으로 하여금 피의자가 아닌 자를 조사할 수 있도록 하면서도 그 조사과정을 기록하도록 한 취지는 수사기관이 조사과정에서 피조사자로부터 진술증거를 취득하는 과정을 투명하게 함으로써 그 과정에서의 절차적 적법성을 제도적으로 보장하려는 데 있다. 따라서 수사기관이 수사에 필요하여 피의자가 아닌 자를 조사하는 과정에서 그 진술을 청취하여 증거로 남기는 방법으로 진술조서가 아닌 진술서를 작성·제출받는 경우에도 그 절차는 준수되어야 할 것이다. 이러한 형사소송법의 규정 및 그 입법 목적 등을 종합하여 보면, 피고인이 아닌 자가 수사과정에서 진술서를 작성하였지만 수사기관이 그에 대한 조사과정을 기록하지 아니하여 형사소송법 제244조의4 제3항, 제1항에서 정한 절차를 위반한 경우에는, 특별한 사정이 없는 한 '적법한 절차와 방식'에 따라 수사과정에서 진술서가 작성되었다 할 수 없으므로 그 증거능력을 인정할 수 없다.

> 보충 수사과정에서 작성한 진술서를 증거로 제출하기 위해서는 수사기관이 그에 대한 조사과정을 기록해야만 한다는 것을 분명히 한 판례이다.

3 대법원 2015.10.29, 2014도5939
피의자의 진술을 기재한 서류 또는 문서가 수사기관에서의 조사과정에서 작성된 경우의 처리
피의자의 진술을 기재한 서류 또는 문서가 수사기관에서의 조사과정에서 작성된 것이라면, 그것이 '진술조서, 진술서, 자술서'라는 형식을 취하였다고 하더라도 피의자신문조서와 달리 볼 수 없다. 특히 조사대상자의 진술 내용이 단순히 제3자의 범죄에 관한 경우가 아니라 자신과 제3자에게 공동으로 관련된 범죄에 관한 것이거나 제3자의 피의사실뿐만 아니라 자신의 피의사실에 관한 것이기도 하여 실질이 피의자신문조서의 성격을 가지는 경우에 수사기관은 진술을 듣기 전에 미리 진술거부권을 고지하여야 한다.

4 대법원 2019.11.14, 2019도13290 [경찰승진 22 / 국가9급 20]
현행범을 체포한 경찰관의 목격자로서의 진술이 기재된 압수조서의 압수경위란 사건
피고인이 지하철역 에스컬레이터에서 휴대전화기의 카메라를 이용하여 성명불상 여성 피해자의 치마 속을 몰래 촬영하다가 현행범으로 체포되어 성폭력범죄의 처벌 등에 관한 특례법 위반(카메라등이용촬영)으로 기소된 경우, 체포 당시 임의제출 방식으로 압수된 피고인 소유 휴대전화기에 대한 압수조서 중 '압수경위'란에 기재된 내용은 피고인이 범행을 저지르는 현장을 직접 목격한 사람의 진술이 담긴 것으로서 형사소송법 제312조 제5항에서 정한 '피고인이 아닌 자가 수사과정에서 작성한 진술서'에 준하는 것으로 볼 수 있고, 이에 따라 휴대전화기에 대한 임의제출절차가 적법하였는지에 영향을 받지 않는 별개의 독립적인 증거에 해당한다.

> 보충 따라서 이는 자백의 보강증거도 될 수 있다(자백보강법칙에서 후술).

3. 그 밖의 과정에서 작성한 진술서 및 진술기재서류

제313조【진술서 등】 ① 전2조의 규정 이외에 피고인 또는 피고인이 아닌 자가 작성한 진술서나 그 진술을 기재한 서류로서 그 작성자 또는 진술자의 자필이거나 그 서명 또는 날인이 있는 것(피고인 또는 피고인 아닌 자가 작성하였거나 진술한 내용이 포함된 문자·사진·영상 등의 정보로서 컴퓨터용디스크, 그 밖에 이와 비슷한 정보저장매체에 저장된 것을 포함한다)은 공판준비나 공판기일에서의 그 작성자 또는 진술자의 진술에 의하여 그 성립의 진정함이 증명된 때에는 증거로 할 수 있다. 단, 피고인의 진술을 기재한 서류는 공판준비 또는 공판기일에서의 그 작성자의 진술에 의하여 그 성립의 진정함이 증명되고 그 진술이 특히 신빙할 수 있는 상태하에서 행하여진 때에 한하여 피고인의 공판준비 또는 공판기일에서의 진술에 불구하고 증거로 할 수 있다. 〈개정 2016.5.29.〉
② 제1항 본문에도 불구하고 진술서의 작성자가 공판준비나 공판기일에서 그 성립의 진정을 부인하는 경우에는 과학적 분석결과에 기초한 디지털포렌식 자료, 감정 등 객관적 방법으로 성립의 진정함이 증명되는 때에는 증거로 할 수 있다. 다만, 피고인 아닌 자가 작성한 진술서는 피고인 또는 변호인이 공판준비 또는 공판기일에 그 기재 내용에 관하여 작성자를 신문할 수 있었을 것을 요한다. 〈개정 2016.5.29.〉

판례연구　　**수사과정 외에서 작성한 피고인의 진술서**

1 대법원 2007.12.13, 2007도7257; 2013.6.13, 2012도16001; 2015.7.16, 2015도2625 전원합의체
압수된 디지털 저장매체로부터 출력한 문서를 진술증거로 사용하는 경우, 그 기재 내용의 진실성에 관하여는 전문법칙이 적용되므로 형사소송법 제313조 제1항에 따라 그 작성자 또는 진술자의 공판준비나 공판기일에서의 진술에 의하여 그 성립의 진정함이 증명된 때에 한하여 이를 증거로 사용할 수 있다.
[경찰채용 14 2차 / 국가7급 18]

보충1 2016.5. 개정법에 의하여 틀린 문장이다. 진술서 및 디지털증거에 대해서는 진술뿐만 아니라 과학적 방법에 의한 성립의 진정의 증명이 가능하게 되었기 때문이다. 다만, 아직 2016년 개정법 제313조 제2항 본문에 따른 판례가 나오지 않아, 객관식 수험에서는 출제의 의도를 고려하면서 상대적으로 풀어야 한다.

보충2 종래 2015도2625 전원합의체 판결(국정원 댓글 사건)의 판결이유는 다음과 같다. "1954.9.23. 제정되고 1961.9.1. 개정된 형사소송법 제313조 제1항의 규정은 21세기 정보화시대를 맞이하여 그에 걸맞게 해석하여야 하므로, 디지털 저장매체로부터 출력된 문서에 관하여는 저장매체의 사용자 및 소유자, 로그기록 등 저장매체에 남은 흔적, 초안 문서의 존재, 작성자만의 암호 사용 여부, 전자서명의 유무 등 여러 사정에 의하여 동일인이 작성하였다고 볼 수 있고 그 진정성을 탄핵할 다른 증거가 없는 한 그 작성자의 공판준비나 공판기일에서의 진술과 상관없이 성립의 진정을 인정하여야 한다는 견해가 유력하게 주장되고 있는바, 그 나름 경청할 만한 가치가 있는 것은 사실이나, 입법을 통하여 해결하는 것은 몰라도 해석을 통하여 위와 같은 실정법의 명문조항을 달리 확장 적용할 수는 없다. 이는 '의심스러울 때는 피고인의 이익으로'라는 형사법의 대원칙에 비추어 보아도 그러하다." 바로 위 내용을 근거로 2016.5. 동조항에 대한 개정이 이루어진 것이다.

2 대법원 2001.9.4, 2000도1743
피고인의 자필진술서에도 제313조 제1항 단서에 의하여 특신상태를 요한다는 판례
피고인의 자필로 작성된 진술서의 경우에는 서류의 작성자가 동시에 진술자이므로 진정하게 성립된 것으로 인정되어 형사소송법 제313조 (제1항) 단서에 의하여 그 진술이 특히 신빙할 수 있는 상태하에서 행하여진 때에는 증거능력이 있다.

보충 피고인이 자필로 작성한 진술서는 법 제313조 제1항 본문에 의하면 그 성립의 진정만 증명되면 증거능력이 부여되는 것임에도 불구하고, 이에 관해서 추가적으로(가중적으로) 법 제313조 제1항 단서에 의하여 그 진술이 특히 신빙할 수 있는 상태하에서 행하여져야 하는가에 대해서는, 특신상태 필요설(소위 가중요건설, 손동권/신이철, 이주원, 임동규 등)과 특신상태 불요설(소위 완화요건설, 노명선/이완규, 신동운, 이재상/조균석/이창온 등)이 대립한다. 불요설에서는, 위 판례에 대해서 피고인 진술서가 강압에 의하여 작성된 것으로 다투고 있는 사안에서 작성경위에 대하여 더 심리하는 취지로 파기환송하면서 설시하고 있는 판례에 불과하고, 같은 취지의 다른 판례를 찾기 어려운 점에 비추어, 피고인 진술서 전반에 적용할 수 있는 판례인지는

의문이라는 평석도 있다(이재상/조균석/이창온, 665면). 여하튼, 판례의 입장은 피고인 자필 진술서의 증거능력 인정요건에 관하여 '특신상태 필요설'로 분류된다.

판례연구 **수사과정 외에서 작성한 피고인 아닌 자의 진술서**

대법원 2010.11.25, 2010도8735 [경찰간부 22]

피해자가 피해를 당한 내용을 타인에게 보낸 문자메시지는 피해자의 진술서라는 사례

피해자가 (피고인으로부터 풀려난 당일에 남동생에게 도움을 요청하면서 피고인이 협박한 말을 포함하여) 피고인으로부터 당한 공갈 등 피해 내용을 담아 남동생에게 보낸 문자메시지를 촬영한 사진은 법 제313조에 규정된 '피해자의 진술서'에 준하는 것이므로, 피해자가 법정에 출석하여 자신이 이 사건 문자메시지를 작성하여 동생에게 보낸 것과 같음을 확인하고, 남동생도 제1심 법정에 출석하여 피해자가 보낸 이 사건 문자메시지를 촬영한 사진이 맞다고 확인한 이상, 이 사건 문자메시지를 촬영한 사진은 그 성립의 진정함이 증명되었다고 볼 수 있으므로 이를 증거로 할 수 있다.

판례연구 **수사과정 외에서 작성한 피고인의 진술을 기재한 서류**

1 대법원 2012.9.13, 2012도7461; 2001.10.9, 2001도3106; 2004.5.27, 2004도1449; 2008.12.24, 2008도9414 [경찰채용 20 1차]

피고인과의 대화내용을 녹음한 녹음테이프의 증거능력

피고인과 상대방 사이의 대화내용에 관한 녹취서가 증거로 제출되어 그 녹취서의 기재내용과 녹음테이프의 녹음내용이 동일한지 여부에 대하여 법원이 검증을 실시한 경우에, 증거자료가 되는 것은 녹음테이프에 녹음된 대화내용 그 자체이고, 그 중 피고인의 진술내용은 실질적으로 형사소송법 제311조, 제312조의 규정 이외에 피고인의 진술을 기재한 서류와 다름없어, 피고인이 그 녹음테이프를 증거로 할 수 있음에 동의하지 않은 이상 그 녹음테이프에 녹음된 피고인의 진술내용을 증거로 사용하기 위해서는 형사소송법 제313조 제1항 단서에 따라 공판준비 또는 공판기일에서 그 작성자인 상대방의 진술에 의하여 녹음테이프에 녹음된 피고인의 진술내용이 피고인이 진술한 대로 녹음된 것임이 증명되고 나아가 그 진술이 특히 신빙할 수 있는 상태하에서 행하여진 것임이 인정되어야 한다.

> **보충** 전문법칙 관련문제 중 대화당사자의 비밀녹음(후술)과도 관련되는 판례이다.

2 대법원 2022.4.28, 2018도3914

법 제313조 제1항 단서의 '작성자의 진술' 및 '피고인의 공판준비 또는 공판기일에서의 진술에 불구하고'의 의미 : 피고인의 진술을 기재한 서류의 증거능력 인정요건

형사소송법 제313조 제1항 단서는 "단, 피고인의 진술을 기재한 서류는 공판준비 또는 공판기일에서의 그 작성자의 진술에 의하여 그 성립의 진정함이 증명되고 그 진술이 특히 신빙할 수 있는 상태하에서 행하여진 때에 한하여 피고인의 공판준비 또는 공판기일에서의 진술에 불구하고 증거로 할 수 있다."라고 규정하고 있다. 피고인이 피고인의 진술을 기재한 서류를 증거로 할 수 있음에 동의하지 않은 이상 그 서류에 기재된 피고인의 진술 내용을 증거로 사용하려면 형사소송법 제313조 제1항 단서에 따라 공판준비 또는 공판기일에서 작성자의 진술에 의하여 그 서류에 기재된 피고인의 진술 내용이 피고인이 진술한 대로 기재된 것임이 증명되고 나아가 진술이 특히 신빙할 수 있는 상태하에서 행하여진 것임이 인정되어야 한다(대법원 2012.9.13, 2012도7461 등). 여기서 '특히 신빙할 수 있는 상태'라 함은 진술 내용이나 서류의 작성에 허위개입의 여지가 거의 없고, 진술 내용의 신빙성이나 임의성을 담보할 구체적이고 외부적인 정황이 있는 것을 말한다(대법원 2006.9.28, 2006도3922 등).

충남 ○○군 사무관인 피고인이 어선 선주들로부터 1,020만 원 상당의 뇌물을 수수하는 등으로 뇌물수수죄 등으로 기소된 사건에서, 국무조정실 산하 정부합동공직복무점검단 소속 점검단원이 작성한 피고인의 진술을 기재한 서류(확인서)의 증거능력에 관하여 작성자인 점검단원의 진술에 의하여 성립의 진정함이 증명되고 나아가 진술이 특히 신빙할 수 있는 상태 하에서 행하여졌다고 보아 형사소송법 제313조 제1항 단서에 따라 확인서의 증거능력을 인정한 사례로서, 형사소송법 제313조 제1항 단서의 의미에 관하여, 완화요건설(원진술자인 피고인의 '진정성립을 부정하는 진술'에도 불구하고 특신상태 등이 인정되면 진술기재서의 증거능력을 인정하는 견해)의 입장을 분명히 한 판례이다.

제313조 제1항 단서의 '피고인의 공판준비 또는 공판기일에서의 진술에 불구하고'의 의미와 관련하여서는 ① '피고인이 실질적 진정성립은 인정하였으나 그 내용을 부인하는 진술에도 불구하고' 진정성립 인정 및 특신상태 증명이 있으면 증거능력이 인정된다는 가중요건설(손동권/신동운, 임동규, 정웅석/백승민, 차용석 등)과 ② '피고인의 실질적 진정성립을 부인하는 진술에도 불구하고' 작성자의 진정성립 인정 및 검사의 특신상태 증명이 있으면 증거능력이 인정된다는 완화요건설(노명선/이완규, 신동운, 이재상/조균석/이창온, 이주원 등)이 대립한다. 즉, 양설의 차이는 피고인에 의한 실질적 진정성립의 인정을 그 요건으로 볼 것인가(긍정 : 가중요건설, 부정 : 완화요건설)에 있다. ③ 판례는 완화요건설의 입장이다.

판례연구 | **수사과정 외에서 작성한 피고인 아닌 자의 진술을 기재한 서류**

대법원 1997.3.28, 96도2417
사인이 피고인 아닌 자의 진술을 비밀녹음한 녹음테이프 및 그 검증조서의 증거능력
피고인의 동료 교사가 학생들과의 사적인 대화 중에 피고인이 수업시간에 학생들에게 북한을 찬양·고무하는 발언을 하였다는 사실에 대한 학생들의 대화 내용을 학생들 모르게 녹음한 녹음테이프에 대하여 실시한 검증의 내용은 녹음테이프에 녹음된 대화의 내용이 검증조서에 첨부된 녹취서에 기재된 내용과 같다는 것에 불과하여 증거자료가 되는 것은 여전히 녹음테이프에 녹음된 대화의 내용이라고 할 것인바, 그 중 위와 같은 내용의 학생들의 대화의 내용은 실질적으로 형사소송법 제311조, 제312조 규정 이외의 피고인 아닌 자의 진술을 기재한 서류와 다를 바 없으므로, 피고인이 그 녹음테이프를 증거로 할 수 있음에 동의하지 않은 이상 녹음테이프의 녹음내용 중 위와 같은 내용의 학생들의 진술 및 이에 관한 검증조서의 기재 중 학생들의 진술내용을 공소사실을 인정하기 위한 증거자료로 사용하기 위하여서는 제313조 제1항에 따라 공판준비나 공판기일에서 원진술자인 학생들의 진술에 의하여 이 사건 녹음테이프에 녹음된 각자의 진술내용이 자신이 진술한 대로 녹음된 것이라는 점이 인정되어야 한다.

V 수사기관의 검증조서

제312조【검사 또는 사법경찰관의 조서 등】 ⑥ 검사 또는 사법경찰관이 검증의 결과를 기재한 조서는 적법한 절차와 방식에 따라 작성된 것으로서 공판준비 또는 공판기일에서의 작성자의 진술에 따라 그 성립의 진정함이 증명된 때에는 증거로 할 수 있다.

판례연구 | **검사 또는 사법경찰관이 검증의 결과를 기재한 조서**

1 대법원 2001.5.29, 2000도2933 [경찰간부 22]
수사보고서에 검증의 결과에 해당하는 기재가 있는 경우, 그 기재 부분의 증거능력이 없다는 사례
수사보고서에 검증의 결과에 해당하는 기재가 있는 경우, 그 기재 부분은 검찰사건사무규칙 제17조에 의하여 검사가 범죄의 현장 기타 장소에서 실황조사를 한 후 작성하는 실황조서 또는 사법경찰관리집무규칙 제49조 제1항, 제2항에 의하여 사법경찰관이 수사상 필요하다고 인정하여 범죄현장 또는 기타

장소에 임하여 실황을 조사할 때 작성하는 실황조사서에 해당하지 아니하며, 단지 수사의 경위 및 결과를 내부적으로 보고하기 위하여 작성된 서류에 불과하므로 그 안에 검증의 결과에 해당하는 기재가 있다고 하여 이를 (구) 형사소송법 제312조 제1항의 '검사 또는 사법경찰관이 검증의 결과를 기재한 조서'라고 할 수 없을 뿐만 아니라 이를 같은 법 제313조 제1항의 '피고인 또는 피고인이 아닌 자가 작성한 진술서나 그 진술을 기재한 서류'라고 할 수도 없고, 같은 법 제311조, 제315조, 제316조의 적용대상이 되지 아니함이 분명하므로 그 기재 부분은 증거로 할 수 없다.

> **보충** 위 수사보고서는 사법경찰관이 수사의 경위와 결과를 내부적으로 보고하기 위하여 작성된 서류로서, 실무상 다른 서식이 없을 때 작성하는 서류에 불과함을 고려한 판례이다.

2 대법원 1998.3.13, 98도159 [국가9급 12]

피고인이 사법경찰관 작성의 검증조서 중 자신의 진술 또는 범행재연 사진 부분을 부인 : 그 부분 증거 ×

'사법경찰관이 작성한 검증조서'에는 이 사건 범행에 부합되는 피의자이었던 피고인의 진술기재 부분이 포함되어 있고 또한 범행을 재연하는 사진이 첨부되어 있으나, 기록에 의하면 피고인이 위 검증조서에 대하여 증거로 함에 동의만 하였을 뿐 공판정에서 검증조서에 기재된 진술내용 및 범행을 재연한 부분에 대하여 그 성립의 진정 및 내용을 인정한 흔적을 찾아 볼 수 없고 오히려 이를 부인하고 있으므로 그 증거능력을 인정할 수 없는바, 위 검증조서 중 이 사건 범행에 부합되는 피고인의 진술을 기재한 부분과 범행을 재연한 부분을 제외한 나머지 부분만을 증거로 채용하여야 한다(원심이 이를 구분하지 아니한 채 그 전부를 유죄의 증거로 인용한 조치는 위법).

> **보충** 사법경찰관 작성 검증조서 중 피의자이었던 피고인의 진술기재 부분과 범행재연의 사진영상에 관한 부분의 증거능력에 관하여 종래 판례는 대법원 1988.3.8, 87도2692; 1981.4.14, 81도343 등에 구법 제312조 제1항(현 제312조 제4항)을 적용하였다가, 위 대법원 1998.3.13, 98도159에서 제312조 제3항을 적용해야 한다는 입장(피고인의 내용인정 요함)을 판시한 후 아래 대법원 2006.1.13, 2003도6548에서 다시 제312조 제3항 적용 입장을 명백히 하고 있다.

3 대법원 2006.1.13, 2003도6548 [교정9급특채 12]

피고인의 자백진술과 이를 기초로 한 범행재연상황을 기재한 사법경찰관 작성의 검증조서의 증거능력

사법경찰관이 작성한 검증조서에 피의자이던 피고인이 검사 이외의 수사기관 앞에서 자백한 범행내용을 현장에 따라 진술·재연한 내용이 기재되고 그 재연 과정을 촬영한 사진이 첨부되어 있다면, 그러한 기재나 사진은 피고인이 공판정에서 진술내용 및 범행재연의 상황을 모두 부인하는 이상 증거능력이 없다.

4 대법원 1983.6.28, 83도948

경찰 및 검사의 의견을 기재한 실황조서는 증거능력이 없다는 사례

경찰 및 검사가 작성한 실황조서의 기재는 사고현장을 설명하면서 경찰이나 검사의 의견을 기재한 것에 불과하여 이것만으로는 피고인이 이 건 사고를 일으켰다고 인정할 자료가 될 수 없다.

5 대법원 1989.3.14, 88도1399 [국가9급 09]

수사기관이 긴급처분으로서 시행하고 사후 영장을 발부받지 아니한 채 작성한 실황조서의 증거능력

사법경찰관 사무취급이 작성한 실황조서가 사고발생 직후 사고장소에서 긴급을 요하여 판사의 영장 없이 시행된 것으로서 제216조 제3항에 의한 검증에 따라 작성된 것이라면 사후영장을 받지 않는 한 유죄의 증거로 삼을 수 없다.

> **보충** 실황조사서를 검증조서로 본다 하더라도, 검증 자체가 영장주의 위반인 경우에는 이미 위법수집증거라는 사례이다.

6 대법원 1984.5.29, 84도378 [경찰채용 10 2차 / 경찰간부 12 / 경찰승진 11]
실황조사서에 기재된 진술의 증거능력과 피고인의 내용부인
사법경찰관이 작성한 실황조사서에 피의자이던 피고인이 사법경찰관의 면전에서 자백한 내용을 현장
에 따라 진술, 재연하고 사법경찰관이 그 진술, 재연의 상황을 기재하거나 이를 사진으로 촬영한
것 외에 별다른 기재가 없는 경우에 피고인이 공판정에서 실황조사서에 기재된 진술내용 및 범행재연의
상황을 모두 부인하고 있다면 그 실황조사서는 증거능력이 없다 할 것이다.

> [보충] 사법경찰관리 작성 실황조사서에 기재된 피의자의 진술의 증거능력에 대해서는 법 제312조 제3항이 적용
> 된다.

VI 감정서

제313조【진술서 등】③ 감정의 경과와 결과를 기재한 서류도 제1항 및 제2항과 같다.

> **판례연구** 감정의 경과와 결과를 기재한 서류
>
> 대법원 1960.9.14, 4293형상247
> 사인이 의뢰하여 의사가 작성한 진단서는 법원의 명령이나 수사기관의 촉탁이 없었다는 점에서 감정서
> 에 해당하지 않으므로 일반적인 진술서에 준하여 (현) 제313조 제1항, 제2항의 적용을 받아야 한다.
>
> > [보충] 다만, 감정서로 보아도 피고인 아닌 자의 진술서에 준하므로, 실질적인 차이는 없다.

VII 제314조의 증거능력에 대한 예외

제314조【증거능력에 대한 예외】제312조 또는 제313조의 경우에 공판준비 또는 공판기일에 진술을 요하는 자가
사망·질병·외국거주·소재불명 그 밖에 이에 준하는 사유로 인하여 진술할 수 없는 때에는 그 조서 및 그 밖의
서류(피고인 또는 피고인 아닌 자가 작성하였거나 진술한 내용이 포함된 문자·사진·영상 등의 정보로서 컴퓨터용
디스크, 그 밖에 이와 비슷한 정보저장매체에 저장된 것을 포함한다)를 증거로 할 수 있다. 다만, 그 진술 또는
작성이 특히 신빙할 수 있는 상태하에서 행하여졌음이 증명된 때에 한한다. 〈개정 2016.5.29.〉

> **판례연구** 형사소송법 제314조의 2007년 개정의 의미와 적용범위
>
> **1** 대법원 2012.5.17, 2009도6788 전원합의체
> 형사소송법 제314조는 "제312조 또는 제313조의 경우에 공판준비 또는 공판기일에 진술을 요하는
> 자가 사망·질병·외국거주·소재불명, 그 밖에 이에 준하는 사유로 인하여 진술할 수 없는 때에는
> 그 조서 및 그 밖의 서류를 증거로 할 수 있다. 다만, 그 진술 또는 작성이 특히 신빙할 수 있는
> 상태하에서 행하여졌음이 증명된 때에 한한다."라고 정함으로써, 원진술자 등의 진술에 의하여
> 진정성립이 증명되지 아니하는 전문증거에 대하여 예외적으로 증거능력이 인정될 수 있는 사유로
> '사망·질병·외국거주·소재불명, 그 밖에 이에 준하는 사유로 인하여 진술할 수 없는 때'를 들고
> 있다. 위 증거능력에 대한 예외사유로 1995.12.29. 법률 제5054호로 개정되기 전의 구 형사소송법
> 제314조가 '사망, 질병 기타 사유로 인하여 진술할 수 없는 때', 2007.6.1. 법률 제8496호로 개정되기
> 전의 구 형사소송법 제314조가 '사망, 질병, 외국거주 기타 사유로 인하여 진술할 수 없는 때'라고
> 각 규정한 것에 비하여 현행 형사소송법은 그 예외사유의 범위를 더욱 엄격하게 제한하고 있는데, 이는
> 직접심리주의와 공판중심주의의 요소를 강화하려는 취지가 반영된 것이다.

2 대법원 2004.7.15, 2003도7185 전원합의체; 2009.11.26, 2009도6602 [경찰간부 22 / 해경간부 12 / 경찰승진 10·14 / 교정9급특채 11 / 법원9급 13]

법 제312조 제3항이 적용되는 조서는 법 제314조의 적용대상이 아님 : 피고인과 공범관계에 있는 다른 피의자에 대한 사경 작성 피의자신문조서는 제314조 적용 ×

법 제312조 제2항(현 동조 제3항)은 검사 이외의 수사기관이 작성한 당해 피고인에 대한 피의자신문조서를 유죄의 증거로 하는 경우뿐만 아니라 검사 이외의 수사기관이 작성한 당해 피고인과 공범관계에 있는 다른 피고인이나 피의자에 대한 피의자신문조서를 당해 피고인에 대한 유죄의 증거로 채택할 경우에도 적용되는바, 당해 피고인과 공범관계가 있는 다른 피의자에 대한 검사 이외의 수사기관 작성의 피의자신문조서는 그 피의자의 법정진술에 의하여 그 성립의 진정이 인정되더라도 당해 피고인이 공판기일에서 그 조서의 내용을 부인하면 증거능력이 부정되므로 그 당연한 결과로 그 피의자신문조서에 대하여는 사망 등 사유로 인하여 법정에서 진술할 수 없는 때에 예외적으로 증거능력을 인정하는 규정인 형사소송법 제314조가 적용되지 아니한다.

3 대법원 2020.6.11, 2016도9367

양벌규정상 행위자인 다른 피의자에 대한 사법경찰관 작성의 피의자신문조서에 대한 제314조의 적용 ×

(양벌규정의 종업원과 사업주인 피고인 중에서 망인인 종업원에 대한 경찰 피의자신문조서에 대하여 법 제314조에 기초하여 증거능력을 인정할 수 있는가의 문제) 해당 피고인과 공범관계가 있는 다른 피의자에 대하여 검사 이외의 수사기관이 작성한 피의자신문조서는 그 피의자의 법정진술에 의하여 그 성립의 진정이 인정되는 등 제312조 제4항의 요건을 갖춘 경우라고 하더라도 해당 피고인이 공판기일에서 그 조서의 내용을 부인한 이상 이를 유죄 인정의 증거로 사용할 수 없고, 그 당연한 결과로 위 피의자신문조서에 대하여는 사망 등 사유로 인하여 법정에서 진술할 수 없는 때에 예외적으로 증거능력을 인정하는 규정인 형사소송법 제314조가 적용되지 아니한다(대법원 2004.7.15, 2003도7185 전원합의체 등 참조). 그리고 이러한 법리는 공동정범이나 교사범, 방조범 등 공범관계에 있는 자들 사이에서뿐만 아니라, 법인의 대표자나 법인 또는 개인의 대리인, 사용인, 그 밖의 종업원 등 행위자의 위반행위에 대하여 행위자가 아닌 법인 또는 개인이 양벌규정에 따라 기소된 경우, 이러한 법인 또는 개인과 행위자 사이의 관계에서도 마찬가지로 적용된다고 보아야 한다.

> 보충 | 대법원은 법 제312조 제3항이 형법총칙의 공범 이외에도, 서로 대향된 행위의 존재를 필요로 할 뿐 각자의 구성요건을 실현하고 별도의 형벌규정에 따라 처벌되는 강학상 필요적 공범 내지 대향범 관계에 있는 자들 사이에서도 적용된다는 판시를 하기도 하였다(대법원 1996.7.12, 96도667; 2007.10.25, 2007도6129 등). 이는 필요적 공범 내지 대향범의 경우 형법총칙의 공범관계와 마찬가지로 어느 한 피고인이 자기의 범죄에 대하여 한 진술이 나머지 대향적 관계에 있는 자가 저지른 범죄에도 내용상 불가분적으로 관련되어 있어 목격자, 피해자 등 제3자의 진술과는 본질적으로 다른 속성을 지니고 있음을 중시한 것으로 볼 수 있다. 무릇 양벌규정은 법인의 대표자나 법인 또는 개인의 대리인, 사용인, 그 밖의 종업원 등 행위자가 법규위반행위를 저지른 경우, 일정 요건 하에 이를 행위자가 아닌 법인 또는 개인이 직접 법규위반행위를 저지른 것으로 평가하여 행위자와 같이 처벌하도록 규정한 것으로서, 이때의 법인 또는 개인의 처벌은 행위자의 처벌에 종속되는 것이 아니라 법인 또는 개인의 직접책임 내지 자기책임에 기초하는 것이기는 하다(대법원 2006.2.24, 2005도7673; 2010.9.9, 2008도7834; 2010.9.30, 2009도3876 등). 그러나 양벌규정에 따라 처벌되는 행위자와 행위자가 아닌 법인 또는 개인 간의 관계는, 행위자가 저지른 법규위반행위가 사업주의 법규위반행위와 사실관계가 동일하거나 적어도 중요부분을 공유한다는 점에서 내용상 불가분적 관련성을 지닌다고 보아야 하고, 따라서 앞서 본 형법총칙의 공범관계 등과 마찬가지로 인권보장적인 요청에 따라 형사소송법 제312조 제3항이 이들 사이에서도 적용된다고 보는 것이 타당하다.

4 대법원 1997.7.25, 97도1351 [국가7급 17 / 법원9급 13]

미합중국 주검찰 수사관이 작성한 질문서와 형사사법공조요청에 따라 미합중국 법원의 지명을 받은 수명자가 작성한 증언녹취서의 증거능력을 인정한 사례

형사소송법 제312조 소정의 조서나 같은 법 제313조 소정의 서류 등은 원진술자가 사망, 질병 기타 사유로 인하여 공판정에 출석하여 진술을 할 수 없고, 그 진술 또는 서류의 작성이 특히 신빙할 수 있는 상태하에서 행하여진 경우에는 원진술자의 진술 없이도 형사소송법 제314조에 의하여 이를 유죄의 증거로 삼을 수 있는 것인바, 여기서 형사소송법 제312조 소정의 조서나 같은 법 제313조 소정의 서류를 반드시 우리 나라의 권한 있는 수사기관 등이 작성한 조서 및 서류에만 한정하여 볼 것은 아니고, 외국의 권한 있는 수사기관 등이 작성한 조서나 서류도 같은 법 제314조 소정의 요건을 모두 갖춘 것이라면 이를 유죄의 증거로 삼을 수 있다.

5 대법원 1999.2.26, 98도2742 [경찰간부 22]

외국에 거주하는 참고인과의 전화 대화내용을 문답형식으로 기재한 진술조서는 법 제314조의 적용대상이 아니라는 사례

외국에 거주하는 참고인과의 전화 대화내용을 문답형식으로 기재한 검찰주사보 작성의 수사보고서는 전문증거로서 형사소송법 제310조의2에 의하여 제311조 내지 제316조에 규정된 것 이외에는 이를 증거로 삼을 수 없는 것인데, 위 수사보고서는 제311조, 제312조, 제315조, 제316조의 적용대상이 되지 아니함이 분명하므로, 결국 제313조(현 제312조 제4항)의 진술을 기재한 서류에 해당하여야만 제314조의 적용 여부가 문제될 것인바, 제313조(현 제312조 제4항)가 적용되기 위하여는 그 진술을 기재한 서류에 그 진술자의 서명 또는 날인이 있어야 한다.

판례연구 **법 제314조의 진술할 수 없는 때에 해당한다는 사례**

1 대법원 1992.3.13, 91도2281 [경찰승진 10 / 국가9급개론 15]

공판기일에 진술을 요하는 자가 노인성 치매로 인한 기억력 장애 등으로 진술할 수 없는 상태에 있어 형사소송법 제314조에 의하여 동인의 진술조서 등에 증거능력이 인정된 사례

사법경찰리 작성의 피해자에 대한 진술조서와 검사 및 사법경찰리 작성의 피고인에 대한 각 피의자신문조서 중 피해자의 진술부분은 비록 피고인이 이를 증거로 함에 동의하지 아니하였으나, 피해자는 제1심에서 증인으로 소환당할 당시부터 노인성 치매로 인한 기억력 장애, 분별력 상실 등으로 인하여 진술할 수 없는 상태하에 있었고 나아가 위 각 진술이 그 내용에 있어서 시종 일관되며 특히 검사 및 사법경찰리 작성의 각 피의자신문조서상의 각 진술부분은 피고인과의 대질하에서 이루어진 것인 점 등에 비추어 그 각 진술내용의 신용성이나 임의성을 담보할 만한 구체적인 정황이 있는 경우에 해당되어 특히 신빙할 수 있는 상태하에서 행하여진 것이라고 보이므로, 각 형사소송법 제314조에 의하여 증거능력이 있는 증거라 할 것이다.

2 대법원 1987.9.8, 87도1446 [경찰승진 13 / 법원9급 12]

외국에 거주하는 증인의 소환이 송달에 응하지 않아 불가능한 경우

일본에 거주하는 사람을 증인으로 채택하여 환문코자 하였으나 외무부로부터 현재 일본 측에서 형사사건에 대하여는 양국 형법체계상의 상이함을 이유로 송달에 응하지 않고 있어 그 송달이 불가능하다는 취지의 회신을 받고 위 증인을 취소하였다면 이러한 사유는 형사소송법 제314조 소정의 공판기일에서 진술을 요할 자가 기타 사유로 인하여 진술할 수 없는 때에 해당한다.

3 대법원 2007.6.14, 2004도5561 [경찰채용 14 2차]

법원은 A를 증인으로 채택하여 국내의 주소지 등으로 소환하였으나 소환장이 송달불능되었고, A가 2003.5.16. 미국으로 출국하여 그곳에 거주하고 있음이 밝혀지자 다시 미국 내 주소지로 증인소환장을 발송하였으나, A가 법원에 경위서를 제출하면서 장기간 귀국할 수 없음을 통보하였는바, A에 대한 특별검사 및 검사 작성의 각 진술조서와 A가 작성한 각 진술서는 증인이 외국거주 등 사유로 인하여 법정에서의 신문이 불가능한 상태의 경우에 해당된다고 할 것이고, 그 진술내용의 신빙성이나 임의성도 인정된다고 할 것이므로, 위 각 진술조서와 진술서의 각 기재는 형사소송법 제314조에 의하여 증거능력이 있다고 할 것이다.

4 대법원 2002.3.26, 2001도5666

진술을 요할 자가 외국에 거주하고 있고 검찰이 그 소재를 확인하여 소환장을 발송하는 등의 절차를 거치지 않은 경우에도 법 제314조가 적용될 수는 있다는 사례

법 제314조의 '외국거주'라고 함은 진술을 요할 자가 외국에 있다는 것만으로는 부족하고, 가능하고 상당한 수단을 다하더라도 그 진술을 요할 자를 법정에 출석하게 할 수 없는 사정이 있어야 예외적으로 그 적용이 있다고 할 것인데, 통상적으로 그 요건의 충족 여부는 소재의 확인, 소환장의 발송과 같은 절차를 거쳐 확정되는 것이기는 하지만 항상 그와 같은 절차를 거쳐야만 위 요건이 충족될 수 있는 것은 아니고, 경우에 따라서는 비록 그와 같은 절차를 거치지 않더라도 법원이 그 진술을 요할 자를 법정에서 신문할 것을 기대하기 어려운 사정이 있다고 인정할 수 있다면, 이로써 그 요건은 충족된다고 보아야 한다. A는 차량공급업체 선정과 관련한 특정범죄가중처벌등에관한법률위반(알선수재) 혐의로 수사를 받던 중 미국으로 불법도피하여 그 곳에 거주하고 있고, 이러한 A에 대하여 그 소재를 확인하여 소환장을 발송한다고 하더라도 A가 법정에 증인으로 출석할 것을 기대하기는 어렵다고 할 것이므로, A가 미국에 거주하고 있는 사실이 확인된 후 검찰이 A의 미국 내 소재를 확인하여 증인소환장을 발송하는 등의 조치를 다하지 않았다고 하더라도 위 첫 번째 요건은 충족이 되었다고 할 것이다.

5 대법원 1968.6.18, 68도488

원심이 검사 또는 사법경찰관 사무취급작성의 참고인들에 대한 진술조서가 증거능력이 없다는 취의의 판단을 함에 있어서 위의 진술자들은 모두 일정한 주거 없이 전전유전하는 넝마주이 등으로서 그 소재를 알기 어렵다는 사실을 인정하는 이상 이는 본조 소정 기타 사유로 인하여 진술할 수 없는 때에 해당된다 할 것이므로 원심은 그 조서의 진술이 신빙할 수 있는 상태하에서 행하여진 것인지를 심리판단하여 증거능력의 유무를 정하였어야 한다.

6 대법원 2006.4.14, 2005도9561 [경찰승진 09·10·13 / 국가7급 10]

형사소송법 제314조, 제316조 제2항에서 말하는 '원진술자가 진술을 할 수 없는 때'에 해당한다고 한 사례

형사소송법 제314조, 제316조 제2항에서 말하는 '원진술자가 진술을 할 수 없는 때'에는 사망, 질병 등 명시적으로 열거된 사유 외에도 원진술자가 공판정에서 진술을 한 경우라도 증인신문 당시 일정한 사항에 관하여 기억이 나지 않는다는 취지로 진술하여 그 진술의 일부가 재현 불가능하게 된 경우도 포함하는 것이고, 위 규정들에서 '그 진술 또는 작성이 특히 신빙할 수 있는 상태하에서 행하여진 때'라 함은 그 진술내용이나 조서 또는 서류의 작성에 허위개입의 여지가 거의 없고, 그 진술내용의 신빙성이나 임의성을 담보할 구체적이고 외부적인 정황이 있는 경우를 가리킨다[대법원 1992.3.13, 91도2281; 1999.11.26, 99도3786(사건 당시 4세 6개월, 증언 당시 6세 11개월인 증인이 일정한 사항에 관하여 기억이 나지 않는다는 취지로 진술하여 그 진술의 일부가 재현 불가능하게 된 경우); 2000.3.10, 2000도159 등 참조].

7 대법원 2004.3.11, 2003도171 [경찰채용 20 2차 / 경찰승진 13 / 법원9급 12]

공판기일에 진술을 요할 자에 대한 소재수사 결과 그 소재를 확인할 수 없는 경우가 형사소송법 제314조가 규정하고 있는 '기타 사유로 인하여 진술할 수 없는 때'에 포함된다는 사례

형사소송법 제314조에서 말하는 '공판준비 또는 공판기일에 진술을 요할 자가 사망, 질병 기타 사유로 인하여 진술할 수 없을 때'라고 함은 소환장이 주소불명 등으로 송달불능이 되어 소재탐지촉탁까지 하여 소재수사를 하였어도 그 소재를 확인할 수 없는 경우도 이에 포함된다고 할 것이다(소환장 송달불능 + 소재수사에도 구인불능 = 소재불명 ○).

8 대법원 1995.6.13, 95도523 [경찰승진 13 / 국가7급 10 / 법원9급 12]

법원의 소환에 불응하고 그에 대한 구인장이 집행되지 아니하는 등 법정에서의 신문이 불가능한 상태의 경우도 법 제314조 소정 요건이 충족된다는 사례

진술을 요할 자가 사망, 질병, 또는 일정한 주거를 가지고 있더라도 법원의 소환에 계속 불응하고 구인하여도 구인장이 집행되지 아니하는 등 법정에서의 신문이 불가능한 상태의 경우도 형사소송법 제314조 소정의 "공판정에 출정하여 진술을 할 수 없는 경우"라는 요건이 충족되었다고 보아야 한다. 공소외인은 피고인의 보복이 두렵다는 이유로 주거를 옮기고 또 소환에도 응하지 아니하여 결국 구인장을 발부하였지만 그 집행조차 되지 아니한 사실을 알 수 있으므로, 첫번째 요건은 충족되었다고 볼 것이다.

판례연구 | 법 제314조의 진술할 수 없는 때에 해당하지 않는 사례

1 대법원 2002.3.26, 2001도5666; 2008.2.28, 2007도10004; 2016.2.18, 2015도17115 [국가9급개론 15 / 국가7급 10]

제314조에 따라 예외적으로 증거능력을 인정하기 위한 요건 중 '외국거주'의 의미와 그 판단방법

(구) 형사소송법 제314조에 따라, 제312조의 조서나 제313조의 진술서, 서류 등을 증거로 하기 위하여는 '진술을 요할 자가 사망·질병·외국거주 기타 사유로 인하여 공판정에 출석하여 진술을 할 수 없는 경우'이어야 하고, '그 진술 또는 서류의 작성이 특히 신빙할 수 있는 상태하에서 행하여진 것'이라야 한다는 두 가지 요건이 갖추어져야 할 것인바, 첫째 요건과 관련하여 '외국거주'라 함은 진술을 요할 자가 외국에 있다는 것만으로는 부족하고, 수사 과정에서 수사기관이 그 진술을 청취하면서 그 진술자의 외국거주 여부와 장래 출국 가능성을 확인하고, 만일 그 진술자의 거주지가 외국이거나 그가 가까운 장래에 출국하여 장기간 외국에 체류하는 등의 사정으로 향후 공판정에 출석하여 진술을 할 수 없는 경우가 발생할 개연성이 있다면 그 진술자의 외국 연락처를, 일시 귀국할 예정이 있다면 그 귀국 시기와 귀국시 체류 장소와 연락 방법 등을 사전에 미리 확인하고, 그 진술자에게 공판정 진술을 하기 전에는 출국을 미루거나, 출국한 후라도 공판 진행 상황에 따라 일시 귀국하여 공판정에 출석하여 진술하게끔 하는 방안을 확보하여 그 진술자로 하여금 공판정에 출석하여 진술할 기회를 충분히 제공하며, 그 밖에 그를 공판정에 출석시켜 진술하게 할 모든 수단을 강구하는 등 가능하고 상당한 수단을 다하더라도 그 진술을 요할 자를 법정에 출석하게 할 수 없는 사정이 있어야 예외적으로 그 적용이 있다. [경찰승진 13 / 법원9급 12] (여기서부터는 2015도17115만) 나아가 진술을 요하는 자가 외국에 거주하고 있어 공판정 출석을 거부하면서 공판정에 출석할 수 없는 사정을 밝히고 있다고 하더라도 증언 자체를 거부하는 의사가 분명한 경우가 아닌 한 거주하는 외국의 주소나 연락처 등이 파악되고, 해당 국가와 대한민국 간에 국제형사사법공조조약이 체결된 상태라면 우선 사법공조의 절차에 의하여 증인을 소환할 수 있는지 여부를 검토해 보아야 하고, 소환을 할 수 없는 경우라고 하더라도 외국의 법원에 사법공조로 증인신문을 실시하도록 요청하는 등의 절차를 거쳐야 한다고 할 것이고, 이러한 절차를 전혀 시도해 보지도 아니한 것은 가능하고 상당한 수단을 다하더라도 그 진술을 요하는 자를 법정에 출석하게 할 수 없는 사정이 있는 때에 해당한다고 보기 어렵다.

이 중 대법원 2008.2.28, 2007도10004 판례는 공소외 甲의 출입국 현황과 협의이혼 후 국내외 연락처 탐지불능 상황 등 여러 사정을 종합하여 공소외 甲에 대한 검찰 진술조서의 증거능력이 있다고 판단한 사례이다.

2 대법원 2013.10.17, 2013도5001 [법원9급 08]

법 제314조의 '증인이 소재불명이거나 그 밖에 이에 준하는 사유로 인하여 진술할 수 없는 때'의 거증책임은 검사에게 있다는 사례

직접주의와 전문법칙의 예외를 정한 형사소송법 제314조의 요건 충족 여부는 엄격히 심사하여야 하고, 전문증거의 증거능력을 갖추기 위한 요건에 관한 입증책임은 검사에게 있는 것이므로, 법원이 증인이 소재불명이거나 그 밖에 이에 준하는 사유로 인하여 진술할 수 없는 때에 해당한다고 인정할 수 있으려면 증인의 법정 출석을 위한 가능하고도 충분한 노력을 다하였음에도 부득이 증인의 법정 출석이 불가능하게 되었다는 사정을 검사가 입증한 경우이어야 한다(대법원 2013.4.11, 2013도1435 등 참조). 공소외인은 그에 대한 제1심 법원의 증인소환장이 송달되지 아니하던 때인 제1심 제4회 공판기일의 며칠 전에 제1심법원에 전화를 걸어 공판기일을 통지받으면서 증인으로 출석할 의사가 있음을 밝혔고 그와 같은 내용의 전화통화결과보고가 제1심 소송기록에 편철되었으며 한편 공소외인의 휴대전화번호들이 수사기록에 기재되어 있었음에도, 이후 검사는 직접 또는 경찰을 통하여 수사기록에 나타난 공소외인의 휴대전화번호들로 공소외인에게 연락하여 법정 출석의사가 있는지를 확인하는 등의 방법으로 공소외인의 법정 출석을 위하여 상당한 노력을 기울였다는 자료는 보이지 아니한다.

3 대법원 1973.10.31, 73도2124

1심에서 송달불능이 된 증인을 항소심에서 다시 증인으로 채택하여 소환함에 있어서 1심에서 송달불능된 주소로만 소환하고 기록상 용이하게 알 수 있는 다른 주소로 소환하지 아니함은 심리미진이다.

4 대법원 1979.12.11, 79도1002 [경찰승진 09·10]

증인의 주소지가 아닌 곳으로 소환장을 보내 송달불능이 되자 그 곳을 중심한 소재탐지 끝에 소재불능회보를 받은 경우에는 형사소송법 제314조에서 말하는 원진술자가 공판정에서 진술할 수 없는 때라고 할 수 없다.

5 대법원 1996.5.14, 96도575

형사소송법 제314조 소정의 "공판기일에 진술을 요할 자가 사망·질병 기타 사유로 인하여 진술할 수 없는 때"라고 함은 ① 소환장이 주소불명 등으로 송달불능이 되어 소재탐지촉탁까지 하여 소재수사를 하였는데도 그 소재를 확인할 수 없는 경우는 이에 해당하나, ② 단지 소환장이 주소불명 등으로 송달불능되었다거나 소재탐지촉탁을 하였으나 그 회보가 오지 않은 상태인 것만으로는 이에 해당한다고 보기에 부족하다.

6 대법원 2007.1.11, 2006도7228

법원이 증인에 대한 구인장 집행불능 상황을 형사소송법 제314조의 '기타 사유로 인하여 진술할 수 없는 때'에 해당한다고 인정할 수 있으려면, 형식적으로 구인장 집행이 불가능하다는 취지의 서면이 제출되었다는 것만으로는 부족하므로, 경찰이 증인과 가족의 실거주지를 방문하지 않은 상태에서 전화상으로 증인의 모(母)로부터 법정에 출석케 할 의사가 없다는 취지의 진술을 들었다는 내용의 구인장 집행불능 보고서를 제출하고 있을 뿐이고, 검사가 기록상 확인된 증인의 휴대전화번호로 연락하여 법정 출석의사가 있는지를 확인하는 등의 방법으로 출석을 적극적으로 권유·독려하는 등 증인의 법정 출석을 위하여 상당한 노력을 기울이지 않은 경우, 형사소송법 제314조의 '기타 사유로 인하여 진술할 수 없는 때'에 해당하지 않는다.

7 대법원 1999.4.23, 99도915 [경찰채용 14 2차 / 경찰간부 15 / 경찰승진 09 / 국가9급개론 15]

공판기일에 증인으로 소환받고도 출산을 앞두고 있다는 이유로 출석하지 아니한 것은 특별한 사정이 없는 한 사망, 질병, 외국거주 기타 사유로 인하여 진술을 할 수 없는 때에 해당한다고 할 수 없어 형사소송법 제314조에 의한 증거능력이 있다고 할 수 없다.

8 대법원 2006.5.25, 2004도3619 [경찰채용 14 2차 / 경찰승진 09 · 10 · 13 / 국가7급 10 / 법원9급 12]

만 5세 무렵에 당한 성추행으로 인하여 외상 후 스트레스 증후군을 앓고 있다는 등의 이유로 공판정에 출석하지 아니한 약 10세 남짓의 성추행 피해자에 대한 진술조서 사례

형사소송법 제314조에 의하면, 같은 법 제312조 소정의 조서나 같은 법 제313조 소정의 서류 등을 증거로 하기 위해서는, 첫째로 진술을 요할 자가 사망, 질병, 외국거주 기타 사유(현 소재불명 그 밖에 이에 준하는 사유)로 인하여 공판준비 또는 공판기일에 진술할 수 없는 경우이어야 하고('필요성의 요건'), 둘째로 그 진술 또는 서류의 작성이 특히 신빙할 수 있는 상태하에서 행하여진 것이어야 한다('신용성 정황적 보장의 요건'). 위 필요성의 요건 중 '질병'은 진술을 요할 자가 공판이 계속되는 동안 임상신문이나 출장신문도 불가능할 정도의 중병임을 요한다고 할 것이고, '기타 사유'는 사망 또는 질병에 준하여 증인으로 소환될 당시부터 기억력이나 분별력의 상실 상태에 있다거나, 증인소환장을 송달받고 출석하지 아니하여 구인을 명하였으나 끝내 구인의 집행이 되지 아니하는 등으로 진술을 요할 자가 공판준비 또는 공판기일에 진술할 수 없는 예외적인 사유가 있어야 한다. 한편, 위 신용성 정황적 보장의 요건인 '특히 신빙할 수 있는 상태하에서 행하여진 때'라고 함은 그 진술내용이나 조서 또는 서류의 작성에 허위개입의 여지가 거의 없고, 그 진술내용의 신빙성이나 임의성을 담보할 구체적이고 외부적인 정황이 있는 경우를 가리킨다. 따라서 만 5세 무렵에 당한 성추행으로 인하여 외상 후 스트레스 증후군을 앓고 있다는 등의 이유로 공판정에 출석하지 아니한 약 10세 남짓의 성추행 피해자에 대한 진술조서는 형사소송법 제314조에 정한 필요성의 요건과 신용성 정황적 보장의 요건을 모두 갖추지 못하여 증거능력이 없다.

9 대법원 2012.5.17, 2009도6788 전원합의체 [경찰채용 12 2차 / 경찰승진 13 / 국가9급개론 15 / 국가7급 17 / 법원9급 12 · 13 · 14 · 15 · 17]

증인이 형사소송법에서 정한 바에 따라 정당하게 증언거부권을 행사하여 증언을 거부한 사례

현행 형사소송법 제314조의 문언과 개정 취지(필요성 예외사유의 범위를 더욱 엄격하게 제한함), 증언거부권 관련 규정의 내용 등에 비추어 보면, 법정에 출석한 증인이 형사소송법 제148조, 제149조 등에서 정한 바에 따라 정당하게 증언거부권을 행사하여 증언을 거부한 경우는 형사소송법 제314조의 '그 밖에 이에 준하는 사유로 인하여 진술할 수 없는 때'에 해당하지 아니한다.

보충 甲 주식회사 및 그 직원인 피고인들이 정비사업전문관리업자의 임원에게 甲 회사가 주택재개발사업 시공사로 선정되게 해 달라는 청탁을 하면서 금원을 제공하였다고 하여 구 건설산업기본법 위반으로 기소되었는데, 변호사가 작성하여 甲 회사 측에 전송한 전자문서를 출력한 '법률의견서'에 대하여 피고인들이 증거로 함에 동의하지 아니하고, 변호사가 그에 관한 증언을 거부한 경우 위 의견서의 증거능력을 부정하고 무죄를 인정한 원심의 결론을 정당하다고 한 사례이다.

10 대법원 2013.6.13, 2012도16001 [국가9급 16 / 국가7급 15 · 16]

피고인이 증거서류의 진정성립을 묻는 검사의 질문에 대하여 진술거부권을 행사하여 진술을 거부한 사례

헌법은 모든 국민은 형사상 자기에게 불리한 진술을 강요당하지 아니한다고 선언하고(제12조 제2항), 형사소송법은 피고인은 진술하지 아니하거나 개개의 질문에 대하여 진술을 거부할 수 있다고 규정하여(제283조의2 제1항), 진술거부권을 피고인의 권리로서 보장하고 있다. 위와 같은 현행 형사소송법 제314조의 문언과 개정 취지, 진술거부권 관련 규정의 내용 등에 비추어 보면, 피고인이 증거서류의

진정성립을 묻는 검사의 질문에 대하여 진술거부권을 행사하여 진술을 거부한 경우는 형사소송법 제314조의 '그 밖에 이에 준하는 사유로 인하여 진술할 수 없는 때'에 해당하지 아니한다.

> **보충** 원심이, 피고인 1, 피고인 2가 '공소외 1 USB 문건', '피고인 3 컴퓨터 발견 문건', '피고인 2 이메일 첨부서류', '공소외 2 제출 서류'의 진정성립을 묻는 검사의 질문에 대하여 진술거부권을 행사한 경우를 형사소송법 제314조의 '공판준비 또는 공판기일에 진술을 요하는 자가 사망·질병·외국거주·소재불명 기타 그 밖에 이에 준하는 사유로 인하여 진술할 수 없는 때'에 해당한다고 해석하는 것은 진술거부권의 행사를 이유로 위 피고인들에게 불이익을 과하는 것으로서 허용되지 아니한다고 하여, 위 각 문서들이 형사소송법 제314조에 의하여 증거능력이 인정된다는 주장을 배척한 것은 정당하다.

11 대법원 2019.11.21, 2018도13945 전원합의체 [경찰간부 22]
증인이 정당한 이유 없이 증언을 거부한 경우 검찰 진술조서의 증거능력 유무
㉠ 수사기관에서 진술한 참고인이 법정에서 증언을 거부하여 피고인이 반대신문을 하지 못한 경우에는 정당하게 증언거부권을 행사한 것이 아니라도, 피고인이 증인의 증언거부 상황을 초래하였다는 등의 특별한 사정이 없는 한 형사소송법 제314조의 '그밖에 이에 준하는 사유로 인하여 진술할 수 없는 때'에 해당하지 않는다고 보아야 한다. 따라서 증인이 정당하게 증언거부권을 행사하여 증언을 거부한 경우와 마찬가지로 수사기관에서 그 증인의 진술을 기재한 서류는 증거능력이 없다. 다만 ㉡ 피고인이 증인의 증언거부 상황을 초래하였다는 등의 특별한 사정이 있는 경우에는 형사소송법 제314조의 적용을 배제할 이유가 없다. 이러한 경우까지 형사소송법 제314조의 '그밖에 이에 준하는 사유로 인하여 진술할 수 없는 때'에 해당하지 않는다고 보면 사건의 실체에 대한 심증 형성은 법관의 면전에서 본래증거에 대한 반대신문이 보장된 증거조사를 통하여 이루어져야 한다는 실질적 직접심리주의와 전문법칙에 대하여 예외를 정한 형사소송법 제314조의 취지에 반하고 정의의 관념에도 맞지 않기 때문이다.

> **보충 1** 피고인 A가 공소외 B에게 필로폰을 매도하였다는 혐의로 공소제기된 이 사건에서, 검사는 B에 대한 검사 작성의 진술조서와 피의자신문조서(이하 '검찰 조서')의 증거능력이 문제된 바, 위 필로폰 매수 혐의로 별도의 재판을 받고 있던 B는 A의 공판정에서 증언을 거부하였으며 이것이 형사소송법 제314조의 예외에 해당하는 가를 판시한 사건이다. B는 A의 공판정에 출석하여 총 3차례에 걸쳐 증언을 거부하였는데, 그 중 1차와 2차의 증언거부는 정당한 증언거부권의 행사에 해당하고, B에 대한 판결이 확정된 후에 증언거부사유도 소명하지 않고 이루어진 B의 3차 증언거부는 정당하지 않은 증언거부권 행사에 해당한다. 이 판례는 정당하지 않은 증언거부권 행사도 제314조의 '그밖에 이에 준하는 사유'에 해당되지 않는다고 판시한 것이다.

> **보충 2** 07년 개정된 제314조는 전문서류의 증거능력을 인정할 수 있는 예외사유로 '사망·질병·외국거주·소재불명 그밖에 이에 준하는 사유'를 규정하고 있다. 이는 종래의 '사망·질병·외국거주 기타 사유'보다 분명하고 제한된 규정이며, 이에 대법원은 2012년 정당하게 증언을 거부한 경우는 제314조의 예외사유에 해당하지 않는다고 판시한 것(대법원 2012.5.17, 2009도6788 전원합의체)과 일관된 흐름에서, 2020년 전원합의체 판례를 통하여 정당하지 않은 증언거부권 행사도 제314조의 예외사유에 해당하지 않는다고 판시한 것이다. 이는 공판중심주의, 직접심리주의, 반대신문권의 보장을 철저히 중시한 것으로 평가된다.

판례연구 **진술 또는 작성이 특히 신빙할 수 있는 상태하에서 행하여졌음**

1 대법원 1986.2.5, 85도2788
법원이 증인으로 채택, 소환하였으나 계속 불출석하여 3회에 걸쳐 구인영장을 발부하였으나 가출하여 소재불명이라는 이유로 집행되지 아니하였다면 이러한 경우는 형사소송법 제314조의 공판기일에 진술을 요할 자가 기타 사유로 인하여 진술할 수 없는 때에 해당한다(필요성 ○). 그러나 검사 및 사법경찰관 작성의 증인에 대한 진술조서의 진술내용이 상치되어 어느 진술이 진실인지 알 수 없을 뿐 아니라 동인이 제1심법정에서 증인으로 채택되어 소환장을 두번이나 받고도 소환에 불응하고 주소지

를 떠나 행방을 감춘 경우라면 동인의 위 진술이 특히 신빙할 수 있는 상태에서 행하여진 것으로 볼 수 없다(특신상태 ×).

2 대법원 1999.2.26, 98도2742; 2007.6.14, 2004도5561; 2011.11.10, 2010도12; 2014.8.26, 2011도6035

원진술자가 사망·질병·외국거주 기타 사유로 인하여 공판정에 출정하여 진술을 할 수 없을 때에는 그 진술 또는 서류의 작성이 특히 신빙할 수 있는 상태하에서 행하여진 경우에 한하여 형사소송법 제314조에 의하여 예외적으로 원진술자의 진술 없이도 증거능력을 가지는바, 여기서 특히 신빙할 수 있는 상태하에서 행하여진 때라 함은 그 진술내용이나 조서 또는 서류의 작성에 허위개입의 여지가 거의 없고 그 진술내용의 신빙성이나 임의성을 담보할 구체적이고 외부적인 정황이 있는 경우를 가리킨다. 따라서 법원이 법 제314조에 따라 증거능력을 인정하기 위하여는 단순히 그 진술이나 조서의 작성과정에 뚜렷한 절차적 위법이 보이지 않는다거나 진술의 임의성을 의심할 만한 구체적 사정이 없다는 것만으로는 부족하고, 이를 넘어 법정에서의 반대신문 등을 통한 검증을 굳이 거치지 않더라도 진술의 신빙성과 임의성을 충분히 담보할 수 있는 구체적이고 외부적인 정황이 있어 그에 기초하여 법원이 유죄의 심증을 형성하더라도 증거재판주의의 원칙에 어긋나지 않는다고 평가할 수 있는 정도에 이르러야 할 것이다.

3 대법원 2014.2.21, 2013도12652; 2014.4.30, 2012도725 [법원9급 17]

참고인의 소재불명 등의 경우 참고인 진술조서·진술서의 진술 또는 작성이 '특히 신빙할 수 있는 상태하에서 행하여졌음'에 대한 증명의 정도(＝합리적인 의심의 여지를 배제할 정도)

형사소송법이 원진술자 또는 작성자(이하 '참고인')의 소재불명 등의 경우에 참고인이 진술하거나 작성한 진술조서나 진술서에 대하여 증거능력을 인정하는 것은, 형사소송법이 제312조 또는 제313조에서 참고인 진술조서 등 서면증거에 대하여 피고인 또는 변호인의 반대신문권이 보장되는 등 엄격한 요건이 충족될 경우에 한하여 증거능력을 인정할 수 있도록 함으로써 직접심리주의 등 기본원칙에 대한 예외를 인정한 데 대하여 다시 중대한 예외를 인정하여 원진술자 등에 대한 반대신문의 기회조차 없이 증거능력을 부여할 수 있도록 한 것이므로, 그 경우 참고인의 진술 또는 작성이 '특히 신빙할 수 있는 상태하에서 행하여졌음에 대한 증명'은 단지 그러할 개연성이 있다는 정도로는 부족하고 합리적인 의심의 여지를 배제할 정도에 이르러야 한다.

보충1 전문증거의 특신상태는 소송법적 사실(증거능력 인정요건)로서 자유로운 증명의 대상이나, 그 증명의 정도는 엄격한 증명과 마찬가지로 법관으로 하여금 합리적 의심의 여지를 배제할 정도(확신)에 이르러야 한다는 점에서는 동일하다(증거재판주의 참조).

보충2 기록에 의하면, 검사의 상고이유 주장처럼 공소외인에 대한 검찰 피의자신문 과정에서 피고인과 대질이 이루어진 바 있기는 하나, 함께 들어간 모텔방에서 서로 다툼이 있어 피고인이 먼저 직접 112 신고를 하고 곧바로 공소외인과 함께 경찰에 가서 최초 조사를 받았고, 각 진술 내용을 보더라도 피고인의 진술은 인터넷 채팅으로 만난 공소외인이 합의하에 모텔방에 온 후에야 대가를 요구하길래 이를 신고하였다는 취지인 반면 공소외인의 진술은 인터넷 채팅으로 미리 행위의 내용과 대가를 정하였는데 피고인이 다른 행위를 요구하여 서로 다투었다는 취지로서, 대질을 포함한 각 진술 과정에서 공소사실과 같이 사전에 유사성교행위의 대가를 지급하기로 한 바가 있는지 등 공소사실의 핵심적인 사항에 관하여 두 사람의 진술이 시종일관 일치하지 않았던 사정을 알 수 있다. 더구나 원심에 이르러 피고인이 제출한 CD(을 제1호)에 수록된 동영상에서는 공소외인이 수사기관에서 한 자신의 진술이 허위라는 취지로 진술하고 있는 점도 기록상 드러나 있다. 이와 같은 여러 정황을 종합하여 보면 공소외인의 진술이 형사소송법 제314조가 의미하는 '특히 신빙할 수 있는 상태하에서' 이루어진 것이라는 점, 즉 진술 내용에 허위개입의 여지가 거의 없고 진술 내용의 신빙성을 담보할 구체적이고 외부적인 정황이 있다는 점이 합리적 의심을 배제할 수 있을 만큼 확실히 증명되어 법정에서 반대신문을 통한 확인과 검증을 거치지 않아도 될 정도에 이르렀다고 보기는 어렵다(대법원 2014.2.21, 2013도12652).

甲 주식회사 및 그 직원인 피고인들이 정비사업전문관리업자의 임원에게 甲 회사가 주택재개발사업 시공사로 선정되게 해 달라는 청탁을 하면서 금원을 제공하였다고 하여 구 건설산업기본법 위반으로 기소되었는데, 변호사가 법률자문과정에 작성하여 甲 회사 측에 전송한 전자문서를 출력한 '법률의견서'에 대하여 피고인들이 증거로 함에 동의하지 아니하고, 변호사가 원심 공판기일에 증인으로 출석하였으나 증언할 내용이 甲 회사로부터 업무상 위탁을 받은 관계로 알게 된 타인의 비밀에 관한 것임을 소명한 후 증언을 거부하였다. 그런데 위 법률의견서에 대해서 공판준비 또는 공판기일에서 작성자 또는 진술자인 변호사의 진술에 의하여 성립의 진정함이 증명되지 않았다.

문제 1 원심 공판기일에 출석한 변호사가 그 진정성립 등에 관하여 진술하지 아니하였으므로, 형사소송법 제314조에 의하여 증거능력을 인정할 수 있다.

→ (×) 원심 공판기일에 출석한 변호사가 그 진정성립 등에 관하여 진술하지 아니한 것은 법 제149조에서 정한 바에 따라 정당하게 증언거부권을 행사한 경우에 해당하므로 법 제314조에 의하여 증거능력을 인정할 수 없다(대법원 2012.5.17, 2009도6788 전원합의체).

문제 2 원심이 이른바 변호인·의뢰인 특권에 근거하여 위 의견서의 증거능력을 부정한 것은 적절하다.

→ (×) 헌법과 형사소송법 규정의 내용과 취지 등에 비추어 볼 때, 아직 수사나 공판 등 형사절차가 개시되지 아니하여 피의자 또는 피고인에 해당한다고 볼 수 없는 사람이 일상적 생활관계에서 변호사와 상담한 법률자문에 대하여도, 변호인의 조력을 받을 권리의 내용으로서 그 비밀의 공개를 거부할 수 있는 의뢰인의 특권을 도출할 수 있다거나, 위 특권에 의하여 의뢰인의 동의가 없는 관련 압수물은 압수절차의 위법 여부와 관계없이 형사재판의 증거로 사용할 수 없다는 견해는 받아들일 수 없다. 원심이 이 사건 법률의견서의 증거능력을 부정하는 이유를 설시함에 있어 위와 같은 이른바 변호인-의뢰인 특권을 근거로 내세운 것은 적절하다고 할 수 없다(대법원 2012.5.17, 2009도6788 전원합의체).

문제 3 판례에 의할 때 위 법률의견서의 증거능력은 인정된다.

→ (×) 이 사건 법률의견서는 압수된 디지털 저장매체로부터 출력한 문건으로서 ① 그 실질에 있어서 법 제313조 제1항에 규정된 '피고인 아닌 자가 작성한 진술서나 그 진술을 기재한 서류'에 해당한다고 할 것인데, 공판준비 또는 공판기일에서 그 작성자 또는 진술자인 위 변호사의 진술에 의하여 그 성립의 진정함이 증명되지 아니하였으므로 위 규정에 의하여 이 사건 법률의견서의 증거능력을 인정할 수는 없다. 나아가 ② 원심 공판기일에 출석한 위 변호사가 이 사건 법률의견서의 진정성립 등에 관하여 진술하지 아니한 것은 형사소송법 제149조에서 정한 바에 따라 정당하게 증언거부권을 행사한 경우에 해당하므로, 앞서 본 법리에 따라 법 제314조에 의하여 이 사건 법률의견서의 증거능력을 인정할 수도 없다(대법원 2012.5.17, 2009도6788 전원합의체).

Ⅷ 당연히 증거능력 있는 서류

제315조【당연히 증거능력이 있는 서류】 다음에 기재한 서류는 증거로 할 수 있다.
1. 가족관계기록사항에 관한 증명서, 공정증서등본 기타 공무원 또는 외국공무원의 직무상 증명할 수 있는 사항에 관하여 작성한 문서
2. 상업장부, 항해일지 기타 업무상 필요로 작성한 통상문서
3. 기타 특히 신용할 만한 정황에 의하여 작성된 문서

제315조 제1호의 공권적 증명문서에 해당하지 아니한다는 사례

1 대법원 2007.12.13, 2007도7257

대한민국 주중국 대사관 영사가 작성한 사실확인서 중 공인 부분을 제외한 나머지 부분이 비록 영사의 공무수행 과정 중 작성되었지만 공적인 증명보다는 상급자 등에 대한 보고를 목적으로 하는 것인 경우, 형사소송법 제315조 제1호의 '공무원의 직무상 증명할 수 있는 사항에 관하여 작성한 문서' 또는 제3호의 '기타 특히 신뢰할 만한 정황에 의하여 작성된 문서'라고 볼 수 없으므로 증거능력이 없다.

2 대법원 2006.1.13, 2003도6548

피고인이 수사 과정에서 범행을 자백하였다는 검사 아닌 수사기관의 진술이나 같은 내용의 수사보고서 역시 (현) 제312조 제3항의 적용대상이므로, 피고인이 공판 과정에서 앞서의 자백의 내용을 부인하는 이상 이를 증거로 할 수 없으며(대법원 1979.5.8, 79도493 등 참조), 여기서 말하는 검사 이외의 수사기관에는 달리 특별한 사정이 없는 한 외국의 권한 있는 수사기관도 포함된다고 봄이 상당하다(∴ 제315조 제1호 ×). 따라서 미국의 미군 범죄수사대(CID), 연방수사국(FBI)의 수사관들이 작성한 수사보고서 및 피고인이 위 수사관들에 의한 조사를 받는 과정에서 작성하여 제출한 진술서는 피고인이 그 내용을 부인하는 이상 증거로 쓸 수 없다.

표정리 제315조 제1호의 공권적 증명문서 정리

해당하는 문서	해당하지 않는 문서
① 가족관계기록사항에 관한 증명서(종전의 호적등 · 초본) [경찰채용 08 3차 / 경찰승진 14 · 15 / 법원9급 08] ② 공정증서등본(등기부등본) [법원9급 08] ③ 공무원 · 외국공무원의 직무상 작성문서 ④ 일본국 하관(下關) 세관원 작성의 히로뽕에 대한 범칙물건감정서 등본과 분석의뢰서 및 분석회답서(대법원 1984.2.28, 83도3145) [경찰채용 12 1차 / 국가9급 14] [기타] • 주민등록등 · 초본 [경찰간부 13] · 인감증명서 · 신원증명서 • 전과조회회보서 • 국립과학수사연구원장 작성 감정의뢰회보서 [경찰채용 11 1차 / 경찰채용 13 2차] • 세관공무원의 범칙물자에 대한 시가감정서(대법원 1985.4.9, 85도225) [교정9급특채 12 / 국가7급 20] • 군의관(의사 ×)이 작성한 진단서 [경찰채용 09 2차 / 경찰승진 14] • 보건사회부장관의 시가조사보고서 [경찰채용 08 3차]	① 검사의 공소장(대법원 1978.5.23, 78도575) [경찰채용 11 1차 / 경찰승진 15 / 국가4급 00] ② 수사기관 작성 피의자신문조서 · 검증조서 → 제312조 ○, 제315조 제1호 × ③ 외국수사기관(FBI)이 수사결과 얻은 정보를 회답하여 온 문서(대법원 1979.9.25, 79도1852) [경찰채용 09 · 13 2차 / 국가9급 09] ④ 주중대사관 영사가 작성한 사실확인서(공인을 제외한 부분)(대법원 2007.12.13, 2007도7257) [기타] • 수사보고서 • 육군과학수사연구소 실험분석관 작성 감정서(대법원 1976.10.12, 76도2960) [경찰채용 11 · 12 1차 / 경찰채용 08 3차] • 외국수사기관 작성 수사보고서(대법원 2006.1.13, 2003도6548) [경찰승진 14]

제315조 제2호의 업무상 통상문서 관련판례

1 대법원 2007.7.26, 2007도3219 [경찰채용 12 1차 / 경찰채용 09 · 10 · 13 · 22 2차 / 경찰채용 15 3차 / 경찰간부 12 / 해경간부 12 / 경찰승진 10 · 13 · 14 · 15 / 국가9급 09 · 14 / 국가7급 15]

성매매업소에 고용된 여성들이 성매매를 업으로 하면서 영업에 참고하기 위하여 성매매 상대방의 아이디와 전화번호 및 성매매방법 등을 메모지에 적어두었다가 직접 메모리카드에 입력하거나 업주가 고용한 다른 여직원이 그 내용을 입력한 경우, 위 메모리카드의 내용은 형사소송법 제315조 제2호의 '영업상 필요로 작성한 통상문서'로서 당연히 증거능력 있는 문서에 해당한다.

2 대법원 2015.7.16, 2015도2625 전원합의체 : 국정원 심리전단 대선댓글 사건

문서가 형사소송법 제315조 제2호에서 정한 '업무상 통상문서'에 해당하는지 판단하는 기준

어떠한 문서가 형사소송법 제315조 제2호가 정하는 업무상 통상문서에 해당하는지를 구체적으로 판단함에 있어서는, 위와 같은 형사소송법 제315조 제2호 및 제3호의 입법 취지를 참작하여 ① 당해 문서가 정규적·규칙적으로 이루어지는 업무활동으로부터 나온 것인지 여부, ② 당해 문서를 작성하는 것이 일상적인 업무 관행 또는 직무상 강제되는 것인지 여부, ③ 당해 문서에 기재된 정보가 그 취득된 즉시 또는 그 직후에 이루어져 정확성이 보장될 수 있는 것인지 여부, ④ 당해 문서의 기록이 비교적 기계적으로 행하여지는 것이어서 그 기록 과정에 기록자의 주관적 개입의 여지가 거의 없다고 볼 수 있는지 여부, ⑤ 당해 문서가 공시성이 있는 등으로 사후적으로 내용의 정확성을 확인·검증할 기회가 있어 신용성이 담보되어 있는지 여부 등을 종합적으로 고려하여야 한다.

보충 | 전 국가정보원장 A 등은 국정원 심리전단 직원들로 하여금 제18대 대통령선거와 관련 특정 정당 또는 정치인을 지지하거나 반대하는 의견을 표시하게 하여 국가정보원법위반 및 공직선거법위반으로 기소되었고, 검사는 국정원 심리전단 직원의 이메일 계정에서 이메일에 첨부된 425지논 파일과 시큐리티 파일을 증거로 제출하였는데, 1심은 국가정보원법위반은 유죄, 공직선거법위반은 무죄를 선고하였으나, 항소심은 공직선거법위반에 대하여도 일부 유죄를 선고한 데 대하여, 대법원 전원합의체는 작성자의 진술에 의한 성립의 진정이 증명되지 않아(2016.5.29. 개정 전 구법 제313조 제1항 ×) 제315조 제2호의 업무상 통상문서에 해당하는가를 따지면서, 425지논 파일의 상당 부분은 출처를 명확히 알기 어렵고(위 판례가 제시한 요건 ①), 시큐리티 파일 중 심리전단 직원들이 사용한 것으로 추정된다는 트위터 계정은 그 정보의 근원, 기재 경위, 정황이 불분명하고(요건 ①·②) 그 내용의 정확성·진실성을 확인할 방법이 없으며(요건 ③), 다른 심리전단 직원들의 이메일 계정에서는 두 파일과 같은 형태의 문서가 발견되지 않았으므로(요건 ②·④) 이 두 파일이 심리전단의 업무 활동을 위하여 관행적 또는 통상적으로 작성되는 문서가 아니라고 판단하여 그 증거능력을 부정하고, 원심(서울고법)으로 파기환송한 판례이다. 결국 서울고법의 파기환송심에서는 두 증거를 제외한 나머지 다른 증거들 혹은 새로 제출되는 증거를 가지고 국정원법과 공직선거법 위반의 유무죄를 처음부터 다시 다투게 된 것이다. 이후 2018년 서울고법 파기환송심에서 유죄판결이 선고되고 같은 해 대법원 재상고심에서 유죄로 확정되었다.

표정리 | 제315조 제2호의 업무상 통상문서 정리

해당하는 문서	해당하지 않는 문서
① 상업장부 [법원9급 08] ② 항해일지 [경찰간부 13/국가7급 00] ③ 금전출납부·전표·통계표 ④ 의사의 진료부(진료일지) [경찰채용 09 2차] ⑤ 성매매업소 성매수자정보 메모리카드(대법원 2007.7.26, 2007도3219)	사인인 의사가 작성한 진단서(대법원 1969.3.31, 69도179) [경찰간부 13] → 제313조 제1항·제2항 ○, 제315조 제2호 ×

판례연구 | **제315조 제3호의 기타 특신정황 작성 문서 관련판례**

1 대법원 2004.1.16, 2003도5693 [경찰채용 09·11·12 1차/경찰채용 13 2차/경찰승진 14·15/국가9급 14/교정9급특채 12]

구속적부심문조서는 제311조가 아니라 제315조 제3호에 의하여 당연 증거능력 인정 서류

구속적부심은 구속된 피의자 또는 그 변호인 등의 청구로 수사기관과는 별개 독립의 기관인 법원에 의하여 행하여지는 것으로서 구속된 피의자에 대하여 피의사실과 구속사유 등을 알려 그에 대한 자유로운 변명의 기회를 주어 구속의 적부를 심사함으로써 피의자의 권리보호에 이바지하는 제도인바, 법원 또는 합의부원, 검사, 변호인, 청구인이 구속된 피의자를 심문하고 그에 대한 피의자의 진술 등을 기재한 구속적부심문조서는 법 제311조가 규정한 문서에는 해당하지 않는다 할 것이나, 특히 신용할

만한 정황에 의하여 작성된 문서라고 할 것이므로 특별한 사정이 없는 한, 피고인이 증거로 함에 부동의하더라도 법 제315조 제3호에 의하여 당연히 그 증거능력이 인정된다.

> 보충 다만, 위 판례에서는 구속적부심문조서의 증명력은 다른 증거와 마찬가지로 법관의 자유판단에 맡겨져 있으나, 피의자는 구속적부심에서의 자백의 의미나 자백이 수사절차나 공판절차에서 가지는 중요성을 제대로 헤아리지 못한 나머지 허위자백을 하고라도 자유를 얻으려는 유혹을 받을 수가 있으므로, 법관은 구속적부심문조서의 자백의 기재에 관한 증명력을 평가함에 있어 이러한 점에 각별히 유의를 하여야 한다는 점도 판시하고 있다(구속적부심문조서의 증명력 평가시 유의점).

2 대법원 2017.12.5, 2017도12671 [국가9급 20 / 법원9급 18 · 22]
수사기관의 의뢰에 따라 건강보험심사평가원에서 작성한 입원진료 적정성 여부 등 검토의뢰에 대한 회신은 기타 특신문서가 아니라는 사례
사무처리 내역을 계속적, 기계적으로 기재한 문서가 아니라 범죄사실의 인정 여부와 관련 있는 어떠한 의견을 제시하는 내용을 담고 있는 문서는 형사소송법 제315조 제3호에서 규정하는 당연히 증거능력이 있는 서류에 해당한다고 볼 수 없으므로, 이른바 보험사기 사건에서 건강보험심사평가원이 수사기관의 의뢰에 따라 그 보내온 자료를 토대로 입원진료의 적정성에 대한 의견을 제시하는 내용의 '건강보험심사평가원의 입원진료 적정성 여부 등 검토의뢰에 대한 회신'은 형사소송법 제315조 제3호의 '기타 특히 신용할 만한 정황에 의하여 작성된 문서'에 해당하지 않는다.

표정리 제315조 제3호의 특신정황 작성문서 정리

해당하는 문서	해당하지 않는 문서
① 공공기록 · 역서 · 보고서	① 주민들의 진정서 사본(대법원 1983.12.13, 83도2613) [경찰채용 11 1차 / 국가9급 09]
② 정기간행물의 시장가격표, 스포츠기록	② 감정서 [법원9급 08] → 제313조 제3항 ○, 제315조 제3호 ×
③ 공무소작성 각종 통계 · 연감	③ 피의자 자술서 [경찰채용 07 2차] → 제312조 제5항 or 제313조 제1항 ○, 제315조 제3호 ×
④ 다른 사건에서 공범의 피고인으로서의 진술을 기재한 공판조서(대법원 1965.6.22, 65도372), 다른 사건의 공판조서(다른 피고인에 대한 형사사건의 공판조서 중 일부인 증인신문조서, 대법원 2005.4.28, 2004도4428) [경찰채용 08 3차] → 제311조(당해 사건) ×, 제315조 제3호 ○	④ 체포 · 구속인접견부(대법원 2012.10.25, 2011도5459)[24] [국가9급 16]
⑤ 구속전피의자심문조서(영장실질심사, 대법원 1999.9.3, 99도2317)	⑤ 건강보험심사평가원의 입원진료 적정성 여부 등 검토의뢰에 대한 회신(대법원 2017.12.5, 2017도12671)
⑥ 구속적부심문조서(대법원 2004.1.16, 2003도5693)(수임판사 ∴ 공판준비 or 기일 ×) [경찰채용 09 · 11 · 12 · 14 1차 / 경찰채용 13 2차 / 경찰간부 16 / 경찰승진 14 · 15 / 국가9급 14 / 교정9급특채 12 / 법원9급 11 · 12]	
⑦ 군법회의판결사본(교도소장이 교도소 보관 중 판결등본을 사본한 것)(대법원 1981.11.24, 81도2591) [경찰채용 11 1차 / 경찰간부 13 / 법원9급 08]	
[기타]	
• 사법경찰관 작성 새세대 16호(국가보안법상 이적표현물)에 대한 수사보고서(새세대 16호에 대한 복사물에 불과하므로)(대법원 1992.8.14, 92도1211) [경찰채용 08 3차]	

---

24 보충 : 체포 · 구속인접견부는 유치된 피의자가 죄증을 인멸하거나 도주를 기도하는 등 유치장의 안전과 질서를 위태롭게 하는 것을 방지하기 위한 목적으로 작성되는 서류로 보일 뿐이어서 법 제315조 제2, 3호에 규정된 당연히 증거능력이 있는 서류로 볼 수는

Ⅸ 전문진술

1. 의 의

2. 피고인의 진술을 내용으로 하는 제3자의 진술

> **제316조【전문의 진술】** ① 피고인이 아닌 자(공소제기 전에 피고인을 피의자로 조사하였거나 그 조사에 참여하였던 자를 포함한다. 이하 이 조에서 같다)의 공판준비 또는 공판기일에서의 진술이 피고인의 진술을 그 내용으로 하는 것인 때에는 그 진술이 특히 신빙할 수 있는 상태하에서 행하여졌음이 증명된 때에 한하여 이를 증거로 할 수 있다.

판례연구   피고인 진술을 원진술로 하는 전문진술의 증거능력 요건인 원진술의 특신상태

1 대법원 1980.8.12, 80도1289

피고인이 경찰에서 작성한 자술서와 수사경찰 아닌 경찰관의 증언을 유죄의 증거로 할 수 없다고 한 사례

피고인이 경찰에서 작성한 자술서가 진정성립을 인정할 자료가 없을 뿐만 아니라 피고인이 경찰에서 엄문을 당하면서 작성한 것이라고 보인다면 그 자술서에 임의성을 인정하기 어렵다 할 것이고, 증인 甲의 증언내용이 피고인이 경찰에서 피의자로서 조사받을 때 담당수사경찰이 없는 자리에서 자기에게 자백진술을 하였다는 내용이라면 이는 전문증거라고 할 것이므로 원 진술자의 진술이 특히 신빙할 수 있는 상태에서 이루어진 것이라고 보기 어렵다면 이러한 증거들을 유죄의 증거로 삼을 수 없다.

2 대법원 2012.10.25, 2011도5459 [경찰채용 20 1차]

피고인을 조사하였던 경찰관 공소외인의 원심 법정진술은 '피고인이 이 사건 공소사실 기재와 같은 범행을 저질렀다'는 피고인의 진술을 그 내용으로 하고 있는바, 이를 증거로 사용할 수 있기 위해서는 피고인의 위와 같은 진술이 특히 신빙할 수 있는 상태하에서 행하여졌음이 증명되어야 하는데, 피고인이 그 진술 경위나 과정에 관하여 치열하게 다투고 있는 점, 위와 같은 진술이 체포된 상태에서 변호인의 동석 없이 이루어진 점 등을 고려해 보면, 피고인의 위와 같은 진술이 특히 신빙할 수 있는 상태하에서 행하여졌다는 점이 증명되었다고 보기 어려우므로, 피고인의 위와 같은 진술을 내용으로 한 공소외인의 당심 법정에서의 진술은 그 증거능력이 없다고 해야 한다.

---

3. 피고인 아닌 자의 진술을 내용으로 하는 제3자의 진술

> **제316조【전문의 진술】** ② 피고인 아닌 자의 공판준비 또는 공판기일에서의 진술이 피고인 아닌 타인의 진술을 그 내용으로 하는 것인 때에는 원진술자가 사망, 질병, 외국거주, 소재불명 그 밖에 이에 준하는 사유로 인하여 진술할 수 없고, 그 진술이 특히 신빙할 수 있는 상태하에서 행하여졌음이 증명된 때에 한하여 이를 증거로 할 수 있다.

판례연구   피고인 아닌 자의 진술을 원진술로 하는 전문진술의 적용범위와 증거능력의 요건

1 대법원 1984.11.27, 84도2279; 2000.12.27, 99도5679; 2011.11.24, 2011도7173 [경찰채용 15 2차 / 경찰간부 15·16 / 해경간부 12 / 경찰승진 09·12·14 / 국가9급 11 / 국가7급 13]

법 제316조 제2항 소정의 '피고인 아닌 타인'의 의미

형사소송법 제316조 제2항에서 말하는 "피고인 아닌 타인"이라 함은 제3자는 말할 것도 없고 공동피고인이나 공범자를 모두 포함한다.

없다(대법원 2012.10.25, 2011도5459).

피고인이 아닌 상피고인도 피고인 아닌 자에 해당하므로, 상피고인이 법정에서 간통사실을 부인하였다면 원진술자인 상피고인이 사망, 질병 기타 사유로 인하여 진술할 수 없는 때에 해당되지 아니하므로 상피고인의 진술을 그 내용으로 하는 증인들의 진술은 전문증거로서 증거능력이 없다는 판례이다. [경찰승진 09 · 11]

2 대법원 2006.4.14, 2005도9561

전문의 진술을 증거로 함에 있어 전문진술자가 원진술자로부터 진술을 들을 당시 원진술자가 증언능력에 준하는 능력을 갖춘 상태에 있어야 하는지 여부(적극) 및 유아의 증언능력 유무의 판단기준

제316조 제2항에 의하여 전문의 진술을 증거로 함에 있어서는 전문진술자가 원진술자로부터 진술을 들을 당시 원진술자가 증언능력에 준하는 능력을 갖춘 상태에 있어야 할 것이다. 그런데 증인의 증언능력은 증인 자신이 과거에 경험한 사실을 그 기억에 따라 공술할 수 있는 정신적인 능력이라 할 것이므로, 유아의 증언능력에 관해서도 그 유무는 단지 공술자의 연령만에 의할 것이 아니라 그의 지적 수준에 따라 개별적이고 구체적으로 결정되어야 함은 물론 공술의 태도 및 내용 등을 구체적으로 검토하고, 경험한 과거의 사실이 공술자의 이해력, 판단력 등에 의하여 변식될 수 있는 범위 내에 속하는가의 여부도 충분히 고려하여 판단하여야 한다(대법원 1999.11.26, 99도3786; 2004.9.13, 2004도3161 등 참조). [경찰채용 22 2차]

사고 당시 만 3세 3개월 내지 만 3세 7개월 가량이던 피해자인 여아(원진술자)의 증언능력 및 그 진술의 신빙성이 인정되므로, 피해자 여아의 진술을 내용으로 한 피해자를 진료한 정신과 전문의 등의 법정증언(전문진술)은 증거능력이 인정된다는 사례이다.

3 대법원 2006.4.14, 2005도9561

제316조 제2항에서 말하는 '원진술자가 진술을 할 수 없는 때'에는 사망, 질병 등 명시적으로 열거된 사유 외에도 원진술자가 공판정에서 진술을 한 경우라도 증인신문 당시 일정한 사항에 관하여 기억이 나지 않는다는 취지로 진술하여 그 진술의 일부가 재현 불가능하게 된 경우도 포함하는 것이다.

4 대법원 2008.9.25, 2008도6985 [경찰승진 10 · 11 · 14 / 국가7급 13]

공소제기 전에 피고인 아닌 자를 조사한 자 등의 증언이 형사소송법 제316조 제2항에 따라 증거능력을 갖추기 위한 요건 : 원진술자가 진술할 수 없음이 증명된 때

형사소송법 제316조 제2항은 "피고인 아닌 자의 공판준비 또는 공판기일에서의 진술이 피고인 아닌 타인의 진술을 그 내용으로 하는 것인 때에는 원진술자가 사망, 질병, 외국거주, 소재불명, 그 밖에 이에 준하는 사유로 인하여 진술할 수 없고, 그 진술이 특히 신빙할 수 있는 상태하에서 행하여졌음이 증명된 때에 한하여 이를 증거로 할 수 있다"고 규정하고 있고, 같은 조 제1항에 따르면 위 '피고인 아닌 자'에는 공소제기 전에 피고인 아닌 타인을 조사하였거나 그 조사에 참여하였던 자(이하 '조사자')도 포함된다. 따라서 조사자의 증언에 증거능력이 인정되기 위해서는 원진술자가 사망, 질병, 외국거주, 소재불명, 그 밖에 이에 준하는 사유로 인하여 진술할 수 없어야 하는 것이라서, 원진술자가 법정에 출석하여 수사기관에서 한 진술을 부인하는 취지로 증언한 이상 원진술자의 진술을 내용으로 하는 조사자의 증언은 증거능력이 없다.

5 대법원 1976.10.12, 76도2781

증인 등의 진술내용이 주한미국대사관 경비근무 중이었던 미군인의 진술을 전문한 것이라고 하더라도 동인이 한국근무를 마치고 귀국하여 진술할 수가 없고 또 그 진술이 동인 작성의 근무일지 사본의 기재 등에 비추어 특히 신빙할 수 있는 상태하에서 행하여진 것으로 보고 이를 증거로 채택하였음에 잘못이 없다.

6 대법원 1982.10.26, 82도1957

전문진술의 원진술자가 특정되어 있지 않고 또 원진술이 신빙할 수 있는 상태에서 행해진 것으로 볼 수 없음

증인 甲(전문진술자)의 경찰 이래 제1심 법정에 이르기까지의 진술은 요컨대 사고지점 부근에서 놀다가 꿩하는 소리를 듣고 현장에 가보았더니 피해자와 오토바이가 길 위에 쓰러져 있었는데 행인들(원진술자)이 지금 지나간 버스에 부딪쳐 사고가 났다고 이야기하는 것을 들었다는 취지로 요약할 수 있어 결국 전문의 진술에 불과한바, 원진술자도 특정된 것이 아닐 뿐만 아니라 그 원진술자의 진술이 특히 신빙할 수 있는 상태에서 행하여진 것이라고도 볼 수 없으니 피고인에 대한 유죄의 증거로 삼을 수 없는 것이다.

7 대법원 2014.4.30, 2012도725

제314조의 특신상태 관련 법리가 제316조 제2항의 특신상태 해석에 그대로 적용된다는 사례

제314조가 참고인의 소재불명 등의 경우에 그 참고인이 진술하거나 작성한 진술조서나 진술서에 대하여 증거능력을 인정하는 것은, 형사소송법이 제312조 또는 제313조에서 참고인 진술조서 등 서면 증거에 대하여 피고인 또는 변호인의 반대신문권이 보장되는 등 엄격한 요건이 충족될 경우에 한하여 증거능력을 인정할 수 있도록 함으로써 직접심리주의 등 기본원칙에 대한 예외를 인정한 데 대하여 다시 중대한 예외를 인정하여 원진술자 등에 대한 반대신문의 기회조차 없이 증거능력을 부여할 수 있도록 한 것이므로, 그 경우 참고인의 진술 또는 작성이 특히 신빙할 수 있는 상태하에서 행하여졌음에 대한 증명은 단지 그러할 개연성이 있다는 정도로는 부족하고 합리적인 의심의 여지를 배제할 정도에 이르러야 한다. 이러한 제314조의 '특신상태'와 관련된 법리는 마찬가지로 원진술자의 소재불명 등을 전제로 하고 있는 법 제316조 제2항의 '특신상태'에 관한 해석에도 그대로 적용된다.

유사 대법원 2017.7.18, 2015도12981,2015전도21(대구 대학생 성폭행 사망 사건)[25]

사례연구

피고인 A는 새마을금고 이사장 선거와 관련하여 대의원 甲에게 자신을 지지해 달라고 부탁하면서 돈 50만원을 제공하였다고 하여 새마을금고법 위반으로 기소되었다. 검사는 ① 사법경찰관 작성의 공범 甲에 대한 피의자신문조서 및 진술조서를 증거로 제출하고, ② 검사가 신청한 증인 乙은 법정에 출석하여 '甲으로부터 A에게서 돈을 받았다는 취지의 말을 들었다'고 증언하였다. A는 공판기일에서 조서의 내용을 모두 부인하였고, 甲은 일관되게 A로부터 50만원을 받았다는 취지의 공소사실을 부인하였다.

---

25 보충 : 이 사건은 1998년 대구에서 발생한 여대생 성폭행 사망 사건의 범인으로 지목된 스리랑카인 K(51)에게 무죄판결을 확정한 대법원 판례이다. K는 1998년 10월 18일 새벽 다른 스리랑카인 2명과 함께 대학축제를 마치고 귀가하던 정모(당시 18세)씨를 대구 달서구 구마고속도로(현 중부내륙고속도로) 아래 굴다리로 데려가 성폭행하고 금품을 빼앗은 혐의로 기소됐다. 당시 정씨는 구마고속도로에서 25톤 트럭에 치여 숨진 채 발견됐다. 이 사건은 K가 다른 여성을 강제추행한 혐의로 유전자(DNA) 채취검사를 받은 뒤, K의 DNA가 정씨가 입었던 속옷에서 발견된 DNA와 일치한다는 감정결과가 2012년에 나오면서 수사가 재개된 것이다. 다만, 당시 이미 특수강간죄의 공소시효인 10년이 경과된 후이어서 검찰은 공소시효가 15년인 특수강도강간 혐의를 적용해 K씨를 기소할 수밖에 없었다. 그러나 1심은 K씨가 정씨 가방 속 금품 등을 훔쳤다는 증거가 부족하다며 특수강도강간의 공소사실에 대해 무죄를 선고하였다. 검찰은 국내 스리랑카인을 전수조사해 K의 공범으로부터 범행에 대한 이야기를 들었다는 증인을 발견해 법정에 세웠지만, 2심도 진술증거의 증거능력을 인정할 수 없다며 무죄를 선고할 수밖에 없었다. 한편, K에 대해서는 2013년 다른 여성을 성추행한 혐의와 2008~2009년 무면허 운전을 한 별도 혐의로 징역 1년 6개월에 집행유예 3년이 확정되어 국내에서 추방되었고, K의 공범으로 지목된 2명은 각각 2001년과 2005년에 이미 스리랑카로 돌아가 있는 상태이었다. [경찰채용 22 2차]

문제 ①과 ② 중 증거능력이 인정되는 것이 있는가? 있다면 어느 것인가?

→ [판례] 피고인이 새마을금고 이사장 선거와 관련하여 대의원 甲에게 자신을 지지해 달라고 부탁하면서 현금 50만 원을 제공하였다고 하여 새마을금고법 위반으로 기소되었는데, 검사는 사법경찰관 작성의 공범 甲에 대한 피의자신문조서 및 진술조서를 증거로 제출하고, 검사가 신청한 증인 乙은 법정에 출석하여 '甲으로부터 피고인에게서 50만 원을 받았다는 취지의 말을 들었'고 증언한 사안에서, ① 甲이 법정에 출석하여 위 피의자신문조서 및 진술조서(내용적으로 공범에 관한 조서이므로 피의자신문조서와 동일함)의 성립의 진정을 인정하였더라도 피고인이 공판기일에서 그 조서의 내용을 모두 부인한 이상 이는 증거능력이 없고, ② 한편 제1심 및 원심 공동피고인인 甲은 원심에 이르기까지 일관되게 피고인으로부터 50만 원을 받았다는 취지의 공소사실을 부인한 사실에 비추어 원진술자 甲이 사망, 질병, 외국거주, 소재불명 그 밖에 이에 준하는 사유로 인하여 진술할 수 없는 때에 해당하지 아니하여 甲의 진술을 내용으로 하는 乙의 법정증언은 전문증거로서 증거능력이 없으며, 나아가 피고인은 일관되게 甲에게 50만 원 자체를 교부한 적이 없다고 주장하면서 적극적으로 다툰 점, 이에 따라 사법경찰관 작성의 甲에 대한 피의자신문조서 및 진술조서의 내용을 모두 부인한 점, 乙의 법정증언이 전문증거로서 증거능력이 없다는 사정에 대하여 피고인 또는 변호인에게 의견을 묻는 등의 적절한 방법으로 고지가 이루어지지 않은 채 증인신문이 진행된 다음 증거조사 결과에 대한 의견진술이 이루어진 점, 乙이 위와 같이 증언하기에 앞서 원진술자 甲이 피고인으로부터 50만 원을 제공받은 적이 없다고 이미 진술한 점 등을 종합하면 피고인이 乙의 법정증언을 증거로 삼는 데에 동의하였다고 볼 여지는 없고, 乙의 증언에 따른 증거조사 결과에 대하여 별 의견이 없다고 진술하였더라도 달리 볼 수 없으므로, 결국 사법경찰관 작성의 甲에 대한 피의자신문조서 및 진술조서와 乙의 전문진술은 증거능력이 없다. 따라서 위 각 증거의 증거능력을 인정하여 공소사실에 대한 유죄의 증거로 삼은 원심의 조치에 형사소송법 제312조, 제316조 등에서 정한 증거능력에 관한 법리 등을 오해한 잘못이 있다(대법원 2019.11.14, 2019도11552).

→ [해결] 증거능력이 인정되는 것이 없다.

X 재전문

> **판례연구** **재전문서류와 재전문진술**
>
> **1** 대법원 2005.11.25, 2005도5831
> 피고인의 진술을 내용으로 하는 전문진술을 기재한 서류(재전문서류)의 증거능력을 인정하기 위한 요건
> 피고인 아닌 자의 공판기일에서의 진술이 피고인의 진술을 그 내용으로 하는 것인 때에는 형사소송법 제316조 제1항의 규정에 따라 피고인의 진술이 특히 신빙할 수 있는 상태하에서 행하여진 때에는 이를 증거로 할 수 있고, [경찰간부 14] 그 전문진술이 기재된 조서는 형사소송법 제312조 내지 제314조의 규정에 의하여 증거능력이 인정되어야 할 뿐만 아니라, 형사소송법 제316조 제1항의 규정에 따른 위와 같은 조건을 갖추고 있는 때에 한하여 증거능력이 있다. 피고인을 검거한 경찰관의, 검거 당시 또는 조사 당시 피고인이 범행사실을 순순히 자백하였다는 취지의 법정증언이나 위 경찰관의 진술을 기재한 서류는, 피고인이 그 경찰관 앞에서의 진술과는 달리 범행을 부인하는 이상 형사소송법 제312조 제2항(현 제3항)의 취지에 비추어 증거능력이 없다고 보아야 한다.
>
> **2** 대법원 2012.5.24, 2010도5948 [경찰채용 14 1차 / 경찰채용 15 2차 / 경찰간부 12·14·16 / 해경간부 12 / 경찰승진 09·10·13·14 / 국가9급 11 / 법원9급 12]
> 피고인이 증거로 하는 데 동의하지 아니한 재전문진술 또는 재전문진술을 기재한 조서의 증거능력은 인정되지 아니한다는 사례
> 형사소송법은 전문진술에 대하여 제316조에서 실질상 단순한 전문의 형태를 취하는 경우에 한하여

예외적으로 그 증거능력을 인정하는 규정을 두고 있을 뿐, 재전문진술이나 재전문진술을 기재한 조서에 대하여는 달리 그 증거능력을 인정하는 규정을 두고 있지 아니하고 있으므로, 피고인이 증거로 하는 데 동의하지 아니하는 한 형사소송법 제310조의2의 규정에 의하여 이를 증거로 할 수 없다(대법원 2004.3.11, 2003도171 참조).

> 보충   예컨대, 피해자가 어머니에게 진술한 내용을 전해들은 아버지가 법정에서 그 내용을 진술(재전문진술)하였다면, 피고인의 증거동의가 없는 한 피해자와 어머니의 진술불능과 원진술의 특신상태가 증명되었다 하더라도 이를 유죄의 증거로 할 수 없다(대법원 2000.3.10, 2000도159). [경찰간부 14 / 경찰승진 22]

03 진술의 임의성

04 관련문제

I 사진의 증거능력

> **판례연구**   **사본으로서의 사진의 증거능력**
>
> **1** 대법원 1981.11.24, 81도2591
> 판결 사본의 증거능력 : 전문법칙 ○
> 군법회의판결사본(교도소장이 교도소에 보관 중인 판결등본을 사본한 것)은 특히 신용할 만한 정황에 의하여 작성된 문서(법 제315조 제3호)라고 볼 여지가 있으므로 피고인이 증거로 함에 부동의하거나 그 진정성립의 증명이 없다는 이유로 그 증거능력을 부인할 수 없다.
>
> **2** 대법원 1983.12.13, 83도2613
> 진정서 사본의 증거능력 : 전문법칙 ○
> 주민들의 진정서 사본은 피고인이 증거로 함에 동의하지 않고 기록상 원본의 존재나 그 진정성립을 인정할 아무런 자료도 없을 뿐 아니라 형사소송법 제315조 제3호의 규정사유도 없으므로 이를 증거로 할 수 없다.
>
> **3** 대법원 2002.10.22, 2000도5461
> 검사 작성의 피의자신문조서의 일부를 발췌한 초본의 증거능력 유무(한정 적극) : 최량증거법칙도 적용
> 피고인에 대한 검사 작성의 피의자신문조서가 그 내용 중 일부를 가린 채 복사를 한 다음 원본과 상위없다는 인증을 하여 초본의 형식으로 제출된 경우에, 위와 같은 피의자신문조서초본은 그 피의자신문조서의 원본이 존재하거나 존재하였을 것, 피의자신문조서의 원본 제출이 불능 또는 곤란한 사정이 있을 것, 원본을 정확하게 전사하였을 것 등 3가지 요건(최량증거법칙의 표현임)을 전제로 피고인에 대한 검사 작성의 피의자신문조서원본과 동일하게 취급할 수 있다.
>
> > 보충   위 판례는 원본의 내용 중 일부를 가린 채 복사를 한 초본이 제출된 경우, 초본의 증거능력을 인정하기 위해서는 최량증거법칙 외에도 가려진 부분의 내용이 가려지지 않은 부분과 분리 가능하고 당해 공소사실과 관련성이 없어야 한다는 분리가능성 요건을 판시한 사례이기도 하다.

4 대법원 2008.11.13, 2006도2556 : 휴대전화 사이버스토킹 문자정보 촬영사진 사례

[1] 정보통신망을 통하여 공포심·불안감을 유발하는 글을 반복적으로 상대방에게 도달하게 하는 정보통신망법위반행위와 관련하여 휴대전화기에 저장된 문자정보를 촬영한 사진의 증거능력
정보통신망법위반죄의 증거로 검사가 문자정보가 저장되어 있는 휴대전화기를 법정에 제출하는 경우, 휴대전화기에 저장된 문자정보 그 자체가 범행의 직접적인 수단으로서 증거로 사용될 수 있다. 또한, 검사는 휴대전화기 이용자가 그 문자정보를 읽을 수 있도록 한 휴대전화기의 화면을 촬영한 사진을 증거로 제출할 수도 있는데, 이를 증거로 사용하려면 ① 문자정보가 저장된 휴대전화기를 법정에 제출할 수 없거나 그 제출이 곤란한 사정이 있고, ② 그 사진의 영상이 휴대전화기의 화면에 표시된 문자정보와 정확하게 같다는 사실이 증명되어야 한다(대법원 2002.10.22, 2000도5461 참조)(최량증거법칙만 적용).

[2] 정보통신망법상 위 범죄와 관련하여 휴대전화기에 저장된 문자정보가 증거로 제출된 경우 : 전문법칙 ×
정보통신망을 통하여 공포심이나 불안감을 유발하는 글을 반복적으로 상대방에게 도달하게 하는 행위를 하였다는 공소사실에 대하여 휴대전화기에 저장된 문자정보가 그 증거가 되는 경우, 그 문자정보는 범행의 직접적인 수단이고 경험자의 진술에 갈음하는 대체물에 해당하지 않으므로, 법 제310조의2에서 정한 전문법칙이 적용되지 않는다. [경찰채용 14 1차 / 경찰채용 10·21 2차 / 경찰간부 22 / 해경간부 12 / 경찰승진 13 / 법원9급 12·22]

> **보충** 정보통신망법위반죄와 관련하여 문자메시지로 전송된 문자정보를 휴대전화기 화면에 띄워 촬영한 사진에 대하여, 피고인이 성립 및 내용의 진정을 부인한다는 이유로 증거능력을 부정한 것은 위법하다는 사례이다.
> [해경간부 12 / 경찰승진 10·13·14] 왜냐하면, 위 사진은 그 안에 촬영된 원진술의 내용이 요증사실이 아니라 원진술의 존재 자체가 요증사실이라는 점에서 전문증거에 해당하지 아니하기 때문이다.

5 대법원 2015.4.23, 2015도2275 [경찰간부 22 / 국가7급 17 / 법원9급 17]

수표발행 후 예금부족으로 부도가 난 부정수표법위반사실을 증명하기 위하여 제출되는 수표 : 전문법칙 ×
① 피고인이 수표를 발행하였으나 예금부족 또는 거래정지처분으로 지급되지 아니하게 하였다는 부정수표단속법위반의 공소사실을 증명하기 위하여 제출되는 수표는 그 서류의 존재 또는 상태 자체가 증거가 되는 것이어서 증거물인 서면에 해당하고 어떠한 사실을 직접 경험한 사람의 진술에 갈음하는 대체물이 아니므로, 증거능력은 증거물의 예에 의하여 판단하여야 하고, 이에 대하여는 법 제310조의2에서 정한 전문법칙이 적용될 여지가 없다. ② 이때 수표 원본이 아니라 전자복사기를 사용하여 복사한 사본이 증거로 제출되었고 피고인이 이를 증거로 하는 데 부동의한 경우 위 수표 사본을 증거로 사용하기 위해서는 ㉠ 수표 원본을 법정에 제출할 수 없거나 제출이 곤란한 사정이 있고 ㉡ 수표 원본이 존재하거나 존재하였으며 ㉢ 증거로 제출된 수표 사본이 이를 정확하게 전사한 것이라는 사실이 증명되어야 한다(최량증거법칙만 적용).

사례연구

연습 甲은 A의 집에 들어가 금품을 절취하려다 A에게 발각되자 A를 강간한 후에 도주하였다. 甲은 양심에 가책을 느꼈지만 처벌이 두려워 자수하지 못하고 친구인 乙에게 자신의 범행을 이야기하였는데, 乙은 다시 이 사실을 여자친구 丙에게 이야기하였다. 이에 관한 설명 중 옳지 않은 것을 모두 고른 것은? [변호사시험 17]
　ㄱ. 甲이 자필로 작성한 범행을 인정하는 내용의 메모지가 甲의 집에서 발견되어 증거로 제출된 경우, 甲이 공판기일에서 그 성립의 진정을 부인하면 필적감정에 의하여 성립의 진정함이 증명되더라도 증거로 사용할 수 없다.

ㄴ. 乙이 甲과의 대화를 녹음한 녹음테이프의 원본이 증거로 제출된 경우, 공판기일에서 甲이 녹음내용을 부인하여도 乙의 진술에 의하여 녹음테이프에 녹음된 甲의 진술내용이 甲이 진술한 대로 녹음된 것이 증명되고 그 진술이 특히 신빙할 수 있는 상태하에서 행하여진 것이 인정되는 때에는 증거로 사용할 수 있다.

ㄷ. 丙이 乙로부터 들은 甲의 진술내용을 사법경찰관에게 진술하였고 그러한 진술이 기재된 진술조서가 증거로 제출된 경우, 해당 진술조서 중 甲의 진술기재 부분은 형사소송법 제316조 제1항 및 제312조 제4항의 규정에 따른 요건을 갖춘 때에 한하여 증거로 사용할 수 있다.

ㄹ. 피해자 A는 피해내용을 아버지 B에게 문자메시지로 보냈고 B가 그 문자메시지를 촬영한 사진이 증거로 제출된 경우, A와 B가 법정에 출석하여 A는 사진 속 문자메시지의 내용이 자신이 작성해 보낸 것과 동일함을 확인하고, B는 A가 보낸 문자메시지를 촬영한 사진이 맞다고 확인한 때에는 증거로 사용할 수 있다.

→ ㄱ (×) 형사소송법 제313조(진술서 등) ② 제1항 본문에도 불구하고 진술서의 작성자가 공판준비나 공판기일에서 그 성립의 진정을 부인하는 경우에는 과학적 분석결과에 기초한 디지털포렌식 자료, 감정 등 객관적 방법으로 성립의 진정함이 증명되는 때에는 증거로 할 수 있다. 다만, 피고인 아닌 자가 작성한 진술서는 피고인 또는 변호인이 공판준비 또는 공판기일에 그 기재 내용에 관하여 작성자를 신문할 수 있었을 것을 요한다.

ㄴ (○) 피고인과 상대방 사이의 대화 내용에 관한 녹취서가 공소사실의 증거로 제출되어 녹취서의 기재 내용과 녹음테이프의 녹음 내용이 동일한지에 대하여 법원이 검증을 실시한 경우에, 증거자료가 되는 것은 녹음테이프에 녹음된 대화 내용 자체이고, 그 중 피고인의 진술 내용은 실질적으로 형사소송법 제311조, 제312조의 규정 이외에 피고인의 진술을 기재한 서류와 다름없어, 피고인이 녹음테이프를 증거로 할 수 있음에 동의하지 않은 이상 녹음테이프에 녹음된 피고인의 진술 내용을 증거로 사용하기 위해서는 형사소송법 제313조 제1항 단서에 따라 공판준비 또는 공판기일에서 작성자인 상대방의 진술에 의하여 녹음테이프에 녹음된 피고인의 진술 내용이 피고인이 진술한 대로 녹음된 것임이 증명되고 나아가 그 진술이 특히 신빙할 수 있는 상태하에서 행하여진 것임이 인정되어야 한다. 또한 대화 내용을 녹음한 파일 등 전자매체는 성질상 작성자나 진술자의 서명 또는 날인이 없을 뿐만 아니라, 녹음자의 의도나 특정한 기술에 의하여 내용이 편집·조작될 위험성이 있음을 고려하여, 대화 내용을 녹음한 원본이거나 원본으로부터 복사한 사본일 경우에는 복사과정에서 편집되는 등의 인위적 개작 없이 원본의 내용 그대로 복사된 사본임이 증명되어야 한다(대법원 2012.9.13, 2012도7461). [경찰채용 20 1차]

ㄷ (×) 판례는 재전문진술이나 재전문진술을 기재한 조서(재재전문서류)에 대하여는 피고인 측의 증거동의가 없는 이상 원칙적으로 증거능력을 부정한다(대법원 2000.3.10, 2000도159).

ㄹ (○) 문자메시지의 내용을 촬영한 사진은 피해자의 진술서에 준하는 것으로 취급함이 상당할 것인 바, 진술서에 관한 형사소송법 제313조에 따라 문자메시지의 작성자인 A가 법정에 출석하여 자신이 문자메시지를 작성하여 동생에게 보낸 것과 같음을 확인하고, 동생인 B도 법정에 출석하여 A가 보낸 문자메시지를 촬영한 사진이 맞다고 확인한 이상, 문자메시지를 촬영한 사진은 그 성립의 진정함이 증명되었다고 볼 수 있으므로 이를 증거로 할 수 있다(대법원 2010.11.25, 2010도8735).

Ⅱ 녹음테이프의 증거능력

판례연구 **진술녹음 녹음테이프의 증거능력의 요건인 최량증거법칙(원본동일성)**

1 대법원 2007.3.15, 2006도8869; 2014.8.26, 2011도6035 [경찰채용 14 1차 / 국가9급 15 · 16 / 법원9급 16]
디지털녹음기 녹음내용이 콤팩트디스크에 복사되어 그 내용을 담은 녹취록이 증거로 제출된 경우,
원본동일성이 증명되지 않은 콤팩트디스크의 내용이나 이를 녹취한 녹취록의 기재는 증거능력이 없음
대화내용을 녹음한 테이프 등의 전자매체는 그 성질상 작성자나 진술자의 서명 혹은 날인이 없을
뿐만 아니라, 녹음자의 의도나 특정한 기술에 의하여 그 내용이 편집, 조작될 위험성이 있음을 고려하
여, 그 대화내용을 녹음한 원본이거나 혹은 원본으로부터 복사한 사본일 경우에는 복사과정에서 편집되
는 등의 인위적 개작 없이 원본의 내용 그대로 복사된 사본임이 입증되어야만 하고, 그러한 입증이
없는 경우에는 쉽게 그 증거능력을 인정할 수 없다(대법원 2005.12.23, 2005도2945). 따라서 디지털녹
음기로 녹음한 내용이 콤팩트디스크에 다시 복사되어 그 콤팩트디스크에 녹음된 내용을 담은 녹취록
이 증거로 제출된 경우, 위 콤팩트디스크가 현장에서 녹음하는 데 사용된 디지털녹음기의 녹음내용
원본을 그대로 복사한 것이라는 입증이 없는 이상, 그 콤팩트디스크의 내용이나 이를 녹취한 녹취록의
기재는 증거능력이 없다.

> **보충** 디지털녹음기(보이스펜)(원본)＝콤팩트디스크＝녹취록.

2 대법원 2010.3.11, 2009도14525
피고인과 甲, 乙의 대화에 관한 녹취록에 대하여, 피고인이 부동의하였고, 甲이 그 대화를 자신이
녹음하였고 녹취록의 내용이 다 맞다고 1심 법정에서 진술하였을 뿐 녹취록에 그 작성자가 기재되어
있지 않을 뿐만 아니라 녹취록 작성의 토대가 된 대화 내용을 녹음한 원본 녹음테이프 등을 증거로
제출하지도 아니하는 상황이라면 녹취록의 기재는 증거능력이 없다.

판례연구 **타인 간의 대화에 대한 비밀녹음과 위법수집증거배제법칙**

1 대법원 2010.10.14, 2010도9016 [경찰승진 12 / 국가7급 14 · 20]
수사기관이 구속 수감된 자에게 휴대전화기를 제공하고 그로 하여금 피고인과 범행에 관하여 통화하고
그 내용을 녹음하게 한 행위는 수사기관 스스로가 주체가 되어 구속 수감된 자의 동의만을 받고 상대방
인 피고인의 동의가 없는 상태에서 그들의 통화 내용을 녹음한 것과 마찬가지여서 범죄수사를 위한
통신제한조치의 허가 등을 받지 아니한 불법감청에 해당한다.

2 대법원 2003.11.13, 2001도6213 [경찰채용 14 1차 / 경찰승진 10 · 12]
렉카 회사가 무전기를 이용하여 한국도로공사의 상황실과 순찰차간의 무선전화통화를 청취한 경우
무전기를 설치함에 있어 한국도로공사의 정당한 계통을 밟은 결재가 있었던 것이 아닌 이상 전기통신
의 당사자인 한국도로공사의 동의가 있었다고는 볼 수 없으므로 통신비밀보호법상의 감청에 해당한다.

판례연구 **자기와의 대화에 대한 비밀녹음과 전문법칙**(대체로 수사과정 외 진술기재서류)

1 대법원 2008.3.13, 2007도10804
수사기관 아닌 사인이 피고인과의 대화내용을 녹음한 녹음테이프의 증거능력 : 최량증거법칙＋전문
법칙
[1] 피고인과 피해자 사이의 대화내용에 관한 녹취서가 공소사실의 증거로 제출되어 그 녹취서의

기재내용과 녹음테이프의 녹음내용이 동일한지 여부에 관하여 법원이 검증을 실시한 경우에 증거 자료가 되는 것은 녹음테이프에 녹음된 대화내용 그 자체이고, 그 중 피고인의 진술내용은 실질적으로 형사소송법 제311조, 제312조의 규정 이외에 피고인의 진술을 기재한 서류와 다름없어 피고인이 그 녹음테이프를 증거로 할 수 있음에 동의하지 않은 이상 그 녹음테이프 검증조서의 기재 중 피고인의 진술내용을 증거로 사용하기 위해서는 ① 형사소송법 제313조 제1항 단서에 따라 공판준비 또는 공판기일에서 그 작성자인 피해자의 진술에 의하여 녹음테이프에 녹음된 피고인의 진술내용이 피고인이 진술한 대로 녹음된 것임이 증명되고 나아가 그 진술이 특히 신빙할 수 있는 상태하에서 행하여진 것임이 인정되어야 하고(대법원 2001.10.9, 2001도3106; 2004.5.27, 2004도 1449 등 참조), 녹음테이프는 그 성질상 작성자나 진술자의 서명 혹은 날인이 없을 뿐만 아니라, 녹음자의 의도나 특정한 기술에 의하여 그 내용이 편집, 조작될 위험성이 있음을 고려하여, 그 대화내용을 녹음한 원본이거나 혹은 원본으로부터 복사한 사본일 경우에는 복사과정에서 편집되는 등의 인위적 개작 없이 원본의 내용 그대로 복사된 사본임이 입증되어야만 하고, 그러한 입증이 없는 경우에는 쉽게 그 증거능력을 인정할 수 없다(대법원 2002.6.28, 2001도6355; 2005.2.18, 2004 도6323; 2005.12.23, 2005도2945 등 참조). [경찰승진 10]

[2] 피고인과의 대화내용을 녹음한 보이스펜 자체의 청취 결과 피고인의 변호인이 피고인의 음성임을 인정하고 이를 증거로 함에 동의하였고, 보이스펜의 녹음내용을 재녹음한 녹음테이프, 녹음테이프의 음질을 개선한 후 재녹음한 CD 및 녹음테이프의 녹음내용을 풀어쓴 녹취록 등에 대하여는 증거로 함에 부동의하였으나, 극히 일부의 청취가 불가능한 부분을 제외하고는 보이스펜, 녹음테이프 등에 녹음된 대화내용과 녹취록의 기재가 일치하는 것으로 확인된 경우, 원본인 보이스펜이나 복제본인 녹음테이프 등에 대한 검증조서(녹취록)에 기재된 진술은 그 성립의 진정을 인정하는 작성자의 법정진술은 없었으나, 피고인의 변호인이 보이스펜을 증거로 함에 동의하였고, 보이스펜, 녹음테이프 등에 녹음된 대화내용과 녹취록의 기재가 일치함을 확인하였으므로, 결국 그 진정성립이 인정된다고 할 것이고, 나아가 녹음의 경위 및 대화내용에 비추어 그 진술이 특히 신빙할 수 있는 상태하에서 행하여진 것으로 인정되므로 이를 증거로 사용할 수 있다.

> 보충 대법원 2008.3.13, 2007도10804 판례는, 녹취록에 대해서는 증거로 함에 부동의하였으나 피고인과의 대화내용을 녹음한 보이스펜 자체에 대하여는 증거동의가 있었고(∴ 전문증거 ○) 보이스펜, 녹음테이프 등에 녹음된 대화내용과 녹취록의 기재가 일치하는 것으로 확인되고(∴ 최량증거 ○) 그 진술이 특히 신빙할 수 있는 상태하에서 행하여진 것으로 인정되어(증거동의의 효과로서 진정성의 인정의 의미) 증거능력이 있다는 사례이다.

2 대법원 1999.3.9, 98도3169 [경찰채용 14 1차]

수사기관 아닌 사인이 피고인 아닌 자와의 대화내용을 비밀녹음한 녹음테이프의 증거능력

수사기관이 아닌 사인이 피고인 아닌 사람과의 대화내용을 녹음한 녹음테이프는 형사소송법 제311조, 제312조 규정 이외의 피고인 아닌 자의 진술을 기재한 서류와는 다를 바 없으므로, 피고인이 그 녹음테이프를 증거로 할 수 있음에 동의하지 아니하는 이상 그 증거능력을 인정하기 위하여는 첫째, 녹음테이프가 원본이거나 원본으로부터 복사한 사본일 경우에는 복사과정에서 편집되는 등의 인위적 개작 없이 원본의 내용 그대로 복사된 사본일 것(원본동일성증명원칙, 최량증거법칙), 둘째 형사소송법 제313조 제1항에 따라 공판준비나 공판기일에서 원진술자의 진술에 의하여 그 녹음테이프에 녹음된 각자의 진술내용이 자신이 진술한 대로 녹음된 것이라는 점이 인정되어야 할 것이고(피고인 아닌 자의 진술 기재서류 : 원진술자 진술에 의한 성립의 진정의 증명), 사인이 피고인 아닌 사람과의 대화내용을 대화 상대방 몰래 녹음하였다고 하더라도 위와 같은 조건이 갖추어진 이상 그것만으로는 그 녹음테이프가 위법하게 수집된 증거로서 증거능력이 없다고 할 수 없으며, 사인이 피고인 아닌 사람과의 대화내용을 상대방 몰래 비디오로 촬영·녹음한 경우에도 그 비디오테이프의 진술부분에 대하여도 위와 마찬가지로 취급하여야 할 것이다.

3 대법원 2001.10.9, 2001도3106 [국가9급 12]

사인이 비밀녹음한 녹음테이프에 대한 검증조서 중 피고인과의 대화를 녹음한 부분의 증거능력

녹음테이프 검증조서의 기재 중 고소인이 피고인과의 대화를 녹음한 부분은 타인간의 대화를 녹음한 것이 아니므로 통비법 제14조의 적용을 받지는 않지만, 그 녹음테이프에 대하여 실시한 검증의 내용은 녹음테이프에 녹음된 대화의 내용이 검증조서에 첨부된 녹취서에 기재된 내용과 같다는 것에 불과하여 증거자료가 되는 것은 여전히 녹음테이프에 녹음된 대화의 내용이라 할 것인바, 그 중 피고인의 진술내용은 실질적으로 형사소송법 제311조, 제312조 규정 이외에 피고인의 진술을 기재한 서류와 다를 바 없으므로, 피고인이 그 녹음테이프를 증거로 할 수 있음에 동의하지 않은 이상 그 녹음테이프 검증조서의 기재 중 피고인의 진술내용을 증거로 사용하기 위해서는 형사소송법 제313조 제1항 단서에 따라 ① 공판준비 또는 공판기일에서 그 작성자인 고소인의 진술에 의하여 녹음테이프에 녹음된 피고인의 진술내용이 피고인이 진술한 대로 녹음된 것이라는 점이 증명되고 ② 그 진술이 특히 신빙할 수 있는 상태하에서 행하여진 것으로 인정되어야 한다.

보충 피고인의 진술을 기재한 서류 : 작성자의 진술에 의한 성립의 진정+특신상태(제313조 제1항 단서)

4 대법원 2017.3.15, 2016도19843 [경찰승진 22]

'악', '우당탕' 사건

통신비밀보호법 제1조, 제3조 제1항 본문, 제4조, 제14조 제1항, 제2항의 문언, 내용, 체계와 입법 취지 등에 비추어 보면, 통신비밀보호법에서 보호하는 타인 간의 '대화'는 원칙적으로 현장에 있는 당사자들이 육성으로 말을 주고받는 의사소통행위를 가리킨다. 따라서 사람의 육성이 아닌 사물에서 발생하는 음향은 타인 간의 '대화'에 해당하지 않는다. 또한 사람의 목소리라고 하더라도 상대방에게 의사를 전달하는 말이 아닌 단순한 비명소리나 탄식 등은 타인과 의사소통을 하기 위한 것이 아니라면 특별한 사정이 없는 한 타인 간의 '대화'에 해당한다고 볼 수 없다. … (한편) 대화에 속하지 않는 사람의 목소리를 녹음하거나 청취하는 행위가 개인의 사생활의 비밀과 자유 또는 인격권을 중대하게 침해하여 사회통념상 허용되는 한도를 벗어난 것이라면, 단지 형사소추에 필요한 증거라는 사정만을 들어 곧바로 형사소송에서 진실발견이라는 공익이 개인의 인격적 이익 등 보호이익보다 우월한 것으로 섣불리 단정해서는 안 된다. 그러나 그러한 한도를 벗어난 것이 아니라면 위와 같은 목소리를 들었다는 진술을 형사절차에서 증거로 사용할 수 있다.

Ⅲ 기타 특수매체의 증거능력

판례연구 **비디오테이프 등 영상녹화물의 증거능력**

1 대법원 2004.9.13, 2004도3161 [경찰채용 14 1차 / 국가9급 12]

사인이 피고인 아닌 사람과의 대화 내용을 촬영한 비디오테이프의 증거능력

수사기관이 아닌 사인이 피고인 아닌 사람과의 대화 내용을 촬영한 비디오테이프는 형사소송법 제311조, 제312조의 규정 이외에 피고인 아닌 자의 진술을 기재한 서류와 다를 바 없으므로, 피고인이 그 비디오테이프를 증거로 함에 동의하지 아니하는 이상 그 진술 부분에 대하여 증거능력을 부여하기 위하여는, 첫째 비디오테이프가 원본이거나 원본으로부터 복사한 사본일 경우에는 복사과정에서 편집되는 등 인위적 개작 없이 원본의 내용 그대로 복사된 사본일 것(최량증거법칙), 둘째 형사소송법 제313조 제1항에 따라 공판준비나 공판기일에서 원진술자의 진술에 의하여 그 비디오테이프에 녹음된 각자의 진술내용이 자신이 진술한 대로 녹음된 것이라는 점이 인정되어야 할 것인바(전문법칙), 비디오테이프는 촬영대상의 상황과 피촬영자의 동태 및 대화가 녹화된 것으로서, 녹음테이프와는 달리 피촬영자의 동태를

그대로 재현할 수 있기 때문에 비디오테이프의 내용에 인위적인 조작이 가해지지 않은 것이 전제된다면, 비디오테이프에 촬영, 녹음된 내용을 재생기에 의해 시청을 마친 원진술자가 비디오테이프의 피촬영자의 모습과 음성을 확인하고 자신과 동일인이라고 진술한 것은 비디오테이프에 녹음된 진술내용이 자신이 진술한 대로 녹음된 것이라는 취지의 진술을 한 것으로 보아야 한다.

2 대법원 2009.12.24, 2009도11575
성폭법에 따라 촬영한 영상에 피해자가 피해상황을 진술하면서 보충적으로 작성한 메모도 함께 촬영되어 있는 경우, 그 증거능력을 인정하기 위한 요건
성폭법에 따라 촬영한 영상물에 수록된 성폭력 범죄 피해자의 진술은 조사 과정에 동석하였던 신뢰관계 있는 자(현 진술조력인 포함)의 진술에 의하여 성립의 진정함이 인정된 때에는 증거로 할 수 있다. 그리고 위와 같이 촬영한 영상에 피해자가 피해상황을 진술하면서 보충적으로 작성한 메모도 함께 촬영되어 있는 경우, 이는 영상물에 수록된 피해자 진술의 일부와 다름없으므로, 위 법률에 따라 조사과정에 동석하였던 신뢰관계 있는 자의 진술에 의하여 성립의 진정함이 인정된 때에는 증거로 할 수 있다.

보충1 다만, 위 조항들에 의하여 증거능력이 인정될 수 있는 것은 '촬영된 영상물에 수록된 피해자의 진술' 그 자체일 뿐이고, 피해자에 대한 경찰 진술조서나 조사과정에 동석하였던 신뢰관계 있는 자의 공판기일에서의 진술(피해자의 진술을 그 내용으로 하는 전문진술)은 위 성폭법 조항에 의하여 증거능력을 취득할 수 없다(대법원 2010.1.28, 2009도12048)(별도로 제316조 제2항의 요건 −필요성＋특신상태− 을 검토해야 함).

보충2 또한 위 판례는 19세 미만의 피해자 진술에 대해서는 적용될 수 없다(헌법재판소 2021.12.23, 2018헌바524).

판례연구 **정보저장매체에 저장된 전자기록(전자파일) 및 그 출력물의 증거능력**(대체로 진술서)

1 대법원 1999.9.3, 99도2317 −영남위원회 사건−; 2013.2.15, 2010도3504 [국가7급 15·16 / 법원9급 17]
피고인 또는 피고인 아닌 사람이 컴퓨터용디스크 그 밖에 이와 비슷한 정보저장매체에 입력하여 기억된 문자정보 또는 그 출력물을 증거로 사용하는 경우, 이는 실질에 있어서 피고인 또는 피고인 아닌 사람이 작성한 진술서나 그 진술을 기재한 서류와 크게 다를 바 없고, 압수 후의 보관 및 출력과정에 조작의 가능성이 있으며, 기본적으로 반대신문의 기회가 보장되지 않는 점 등에 비추어 그 내용의 진실성에 관하여는 전문법칙이 적용되고, 따라서 원칙적으로 형사소송법 제313조 제1항에 의하여 그 작성자 또는 진술자의 진술에 의하여 성립의 진정함이 증명된 때에 한하여 이를 증거로 사용할 수 있다. 다만, 정보저장매체에 기억된 문자정보의 내용의 진실성이 아닌 그와 같은 내용의 문자정보의 존재 그 자체가 직접 증거로 되는 경우에는 전문법칙이 적용되지 아니한다고 할 것이다.

2 대법원 2007.12.13, 2007도7257 : 일심회 사건 [경찰채용 15 1차 / 경찰채용 14 2차 / 경찰승진 10]
디지털 저장매체로부터 출력한 문건의 증거능력 : 최량증거법칙＋전문법칙
압수물인 디지털 저장매체로부터 출력한 문건을 증거로 사용하기 위해서는 ① 디지털 저장매체 원본에 저장된 내용과 출력한 문건의 동일성이 인정되어야 하고, 이를 위해서는 디지털 저장매체 원본이 압수시부터 문건 출력시까지 변경되지 않았음이 담보되어야 한다(최량증거법칙). 특히 디지털 저장매체 원본을 대신하여 저장매체에 저장된 자료를 '하드카피' 또는 '이미징'한 매체로부터 출력한 문건의 경우에는 디지털 저장매체 원본과 '하드카피' 또는 '이미징'한 매체 사이에 자료의 동일성도 인정되어야 할 뿐만 아니라, 이를 확인하는 과정에서 이용한 컴퓨터의 기계적 정확성, 프로그램의 신뢰성, 입력·처리·출력의 각 단계에서 조작자의 전문적인 기술능력과 정확성이 담보되어야 한다(그 증명방법에 대해서는 아래 3번 판례 참조). 그리고 ② 압수된 디지털 저장매체로부터 출력한 문건을 진술증거로 사용하는 경우,

그 기재 내용의 진실성에 관하여는 전문법칙이 적용되므로 형사소송법 제313조 제1항에 따라 그 작성자 또는 진술자의 진술에 의하여 그 성립의 진정함이 증명된 때에 한하여 이를 증거로 사용할 수 있다(전문법칙).

3 대법원 2013.7.26, 2013도2511 : 왕재산 간첩단 사건

정보저장매체 원본을 대신하여 저장매체에 저장된 자료를 하드카피 또는 이미징한 매체로부터 출력한 문건의 경우, 원본과의 동일성 내지 무결성의 증명방법

압수물인 컴퓨터용 디스크 그 밖에 이와 비슷한 정보저장매체(이하 '정보저장매체')에 입력하여 기억된 문자정보 또는 그 출력물(이하 '출력 문건')을 증거로 사용하기 위해서는 정보저장매체 원본에 저장된 내용과 출력 문건의 동일성이 인정되어야 하고, 이를 위해서는 정보저장매체 원본이 압수시부터 문건 출력시까지 변경되지 않았다는 사정, 즉 무결성이 담보되어야 한다. 특히 정보저장매체 원본을 대신하여 저장매체에 저장된 자료를 '하드카피' 또는 '이미징'한 매체로부터 출력한 문건의 경우에는 정보저장매체 원본과 '하드카피' 또는 '이미징'한 매체 사이에 자료의 동일성도 인정되어야 할 뿐만 아니라, 이를 확인하는 과정에서 이용한 컴퓨터의 기계적 정확성, 프로그램의 신뢰성, 입력·처리·출력의 각 단계에서 조작자의 전문적인 기술능력과 정확성이 담보되어야 한다. 이 경우 출력 문건과 정보저장매체에 저장된 자료가 동일하고 정보저장매체 원본이 문건 출력시까지 변경되지 않았다는 점은, ① 피압수·수색 당사자가 정보저장매체 원본과 '하드카피' 또는 '이미징'한 매체의 해쉬(Hash) 값이 동일하다는 취지로 서명한 확인서면을 교부받아 법원에 제출하는 방법에 의하여 증명하는 것이 원칙이나, ② 그와 같은 방법에 의한 증명이 불가능하거나 현저히 곤란한 경우에는, 정보저장매체 원본에 대한 압수, 봉인, 봉인해제, '하드카피' 또는 '이미징' 등 일련의 절차에 참여한 수사관이나 전문가 등의 증언에 의해 정보저장매체 원본과 '하드카피' 또는 '이미징'한 매체 사이의 해쉬 값이 동일하다거나 정보저장매체 원본이 최초 압수시부터 밀봉되어 증거 제출시까지 전혀 변경되지 않았다는 등의 사정을 증명하는 방법 또는 법원이 그 원본에 저장된 자료와 증거로 제출된 출력 문건을 대조하는 방법 등으로도 그와 같은 무결성·동일성을 인정할 수 있으며, 반드시 압수·수색 과정을 촬영한 영상녹화물 재생 등의 방법으로만 증명하여야 한다고 볼 것은 아니다.

4 대법원 2015.8.27, 2015도3467 [국가7급 17 / 법원9급 18]

디지털 저장매체에 저장된 로그파일 복사본의 일부 내용을 요약·정리하는 방식으로 새로운 문서파일이 작성된 경우, 원본과의 동일성의 증명 및 진술증거 사용시 전문법칙의 적용

디지털 저장매체에 저장된 로그파일의 원본이 아니라 그 복사본의 일부 내용을 요약·정리하는 방식으로 새로운 문서파일이 작성된 경우 그 문서파일 또는 거기에서 출력한 문서를 로그파일 원본의 내용을 증명하는 증거로 사용하기 위하여는 피고인이 이를 증거로 하는 데 동의하지 아니하는 이상 그 문서파일의 기초가 된 로그파일 복사본과 로그파일 원본의 동일성도 인정되어야 한다. 나아가 이때 새로운 문서파일 또는 거기에서 출력한 문서를 진술증거로 사용하는 경우 그 기재 내용의 진실성에 관하여는 전문법칙이 적용되므로 형사소송법 제313조 제1항에 따라 공판준비기일이나 공판기일에서 그 작성자 또는 진술자의 진술에 의하여 성립의 진정함이 증명된 때에 한하여 이를 증거로 사용할 수 있다(대법원 2013.6.13, 2012도16001 등 참조).

> 보충 다만, 위 1·2·4번 판례와 관련하여, 2016.5.29. 개정법 제313조 제2항에 의하여 진술서에 대해서는 그 작성자가 공판준비나 공판기일에서 그 성립의 진정을 부인하는 경우에는 과학적 분석결과에 기초한 디지털 포렌식 자료, 감정 등 객관적 방법으로 성립의 진정함이 증명되는 때에는 증거로 할 수 있도록 하였다(나아가, 피고인 아닌 자의 진술서에 대해서는 제2항 단서에 의하여 피고인·변호인에게 반대신문 기회 보장 要). 따라서 위 판례 중 '진술'에 의하여 성립의 진정함이 증명된 때에 한하여 이를 증거로 사용할 수 있다는 부분은 향후 변화가 예상되나, 아직 판례가 나오지 않았으므로 객관식 수험에서는 위 판례 그대로 학습해두면 된다.

5 대법원 2018.2.8, 2017도13263 [경찰채용 22 2차]
원본 동일성의 거증책임은 검사에게 있다는 사례
전자문서를 수록한 파일 등의 경우에는, 성질상 작성자의 서명 혹은 날인이 없을 뿐만 아니라 작성자·관리자의 의도나 특정한 기술에 의하여 내용이 편집·조작될 위험성이 있음을 고려하여, 원본 임이 증명되거나 혹은 원본으로부터 복사한 사본일 경우에는 복사 과정에서 편집되는 등 인위적 개작 없이 원본의 내용 그대로 복사된 사본임이 증명되어야만 하고, 그러한 증명이 없는 경우에는 쉽게 증거능 력을 인정할 수 없다. 그리고 증거로 제출된 전자문서 파일의 사본이나 출력물이 복사·출력 과정에서 편집되는 등 인위적 개작 없이 원본 내용을 그대로 복사·출력한 것이라는 사실은 전자문서 파일의 사본이나 출력물의 생성과 전달 및 보관 등의 절차에 관여한 사람의 증언이나 진술, 원본이나 사본 파일 생성 직후의 해시(Hash)값 비교, 전자문서 파일에 대한 검증·감정 결과 등 제반 사정을 종합하여 판단할 수 있다. 이러한 원본 동일성은 증거능력의 요건에 해당하므로 검사가 그 존재에 대하여 구체적으 로 주장·증명해야 한다.

판례연구 **거짓말탐지기 검사결과의 증거능력 : 원칙적 부정, 정황증거에 불과**

1 대법원 1986.11.25, 85도2208; 2005.5.26, 2005도130
거짓말탐지기 검사결과에 대하여 증거능력을 인정하기 위한 요건
거짓말탐지기의 검사결과에 대하여 사실적 관련성을 가진 증거로서 증거능력을 인정할 수 있으려면 첫째로, 거짓말을 하면 반드시 일정한 심리 상태의 변동이 일어나고, 둘째로, 그 심리상태의 변동은 반드시 일정한 생리적 반응을 일으키며, 셋째로, 그 생리적 반응에 의하여 피검사자의 말이 거짓인지 아닌지가 정확히 판정될 수 있다는 세 가지 전제요건이 충족되어야 할 것이며, 특히 마지막 생리적 반응에 대한 거짓 여부 판정은 거짓말탐지기가 검사에 동의한 피검사자의 생리적 반응을 정확히 측정 할 수 있는 장치이어야 하고, 질문사항의 작성과 검사의 기술 및 방법이 합리적이어야 하며, 검사자가 탐지기의 측정내용을 객관성 있고 정확하게 판독할 능력을 갖춘 경우라야만 그 정확성을 확보할 수 있는 것이므로 이상과 같은 여러 가지 요건이 충족되지 않는 한 거짓말탐지기 검사결과에 대하여 형사소 송법상 증거능력을 부여할 수는 없다.

2 대법원 1987.7.21, 87도968 [경찰채용 09·14 2차 / 법원9급 13]
전제조건이 모두 충족되어도 정황증거에 그친다는 판례
거짓말탐지기의 검사는 그 기기의 성능, 조작기술 등에 있어 신뢰도가 극히 높다고 인정되고 그 검사자 가 적격자이며, 검사를 받은 사람이 검사를 받음에 동의하였으며, 검사가 검사자 자신이 실시한 검사의 방법, 경과 및 그 결과를 충실하게 기재하였다는 등의 전제조건이 증거에 의하여 확인되었을 경우에만 형사소송법 제313조 제2항(현 제313조 제3항, 감정서)에 의하여 이를 증거로 할 수 있는 것이고, 위와 같은 조건이 모두 충족되어 증거능력이 있는 경우에도 그 검사결과는 검사를 받는 사람의 진술의 신빙성을 가늠하는 정황증거로서의 기능을 하는 데 그치는 것이다.

01 증거동의의 의의와 성질

제318조【당사자의 동의와 증거능력】① 검사와 피고인이 증거로 할 수 있음을 동의한 서류 또는 물건은 진정한 것으로 인정한 때에는 증거로 할 수 있다.

판례연구　증거동의의 본질 및 전문법칙과의 관계

대법원 1983.3.8, 82도2873 [경찰채용 20 1차]
법 제318조 제1항 소정의 증거동의는 전문법칙의 예외라는 사례
형사소송법 제318조 제1항은 전문증거금지의 원칙에 대한 예외로서 반대신문권을 포기하겠다는 피고인의 의사표시에 의하여 서류 또는 물건의 증거능력을 부여하려는 규정이므로 피고인의 의사표시가 위와 같은 내용을 적극적으로 표시하는 것이라고 인정되는 경우이면 증거동의로서의 효력이 있다.

보충1　증거동의의 본질에 대해서는 ① 증거동의는 증거능력에 관한 당사자의 처분권 행사로 이해하여 전문증거뿐만 아니라 증거물이나 위법수집증거에 대해서도 증거동의가 가능하다는 입장(처분권설, 신현주), ② 증거동의는 반대신문권의 포기이자 직접심리주의의 예외의 성격을 가지므로 위법수집증거에 대해서는 증거동의가 불가하나 증거물에 대해서는 직접주의의 관점에서 증거동의가 가능하다는 입장(이원설, 신동운, 정웅석/백승민), ③ 증거동의의 본질은 반대신문권의 포기에 있으므로 반대신문권과 관계없는 임의성 없는 자백, 물건, 위법수집증거 등은 증거동의의 대상이 될 수 없다는 입장(반대신문권포기설, 다수설·판례)이 대립한다.

보충2　증거동의와 전문법칙과의 관계에 관해서는 ① 제318조 제1항의 진정성은 신용성의 정황적 보장과 동일한 의미를 가지므로 제318조도 제311조 내지 제316조와 같이 전문법칙의 예외를 규정한 것으로 보는 견해와 ② 제318조는 제311조 내지 제316조의 요건을 구비하였는가를 묻지 않고(전문증거가 제311조 내지 제316조에 해당하지 않아 증거능력이 없다 하더라도) 당사자의 동의에 의해 증거능력을 부여하는 규정이므로 전문법칙의 적용이 없는 경우로 보아야 한다는 견해(전문법칙부적용설, 전문법칙배제설, 통설)가 대립한다. ③ 판례는 전자의 전문법칙예외설의 입장이다.

---

02 동의의 방법

판례연구　증거동의에 대한 변호인의 권한

1 대법원 1999.8.20, 99도2029; 1988.11.8, 88도1628 [경찰채용 14 1차 / 경찰채용 15·16 2차 / 경찰간부 12·22 / 경찰승진 10·11·13 / 국가9급 09·13 / 국가7급 12·16 / 법원9급 11]
변호인이 증거로 함에 동의한 것에 대하여 피고인이 즉시 이의하지 아니한 경우, 증거능력 유무(적극)
증거로 함에 대한 동의의 주체는 소송주체인 당사자라 할 것이지만 변호인은 피고인의 명시한 의사에 반하지 아니하는 한 피고인을 대리하여 이를 할 수 있음은 물론이므로 피고인이 증거로 함에 동의하지 아니한다고 명시적인 의사표시를 한 경우 이외에는 변호인은 서류나 물건에 대하여 증거로 함에 동의할 수 있고 이 경우 변호인의 동의에 대하여 피고인이 즉시 이의하지 아니하는 경우에는 변호인의 동의로 증거능력이 인정된다.

2 대법원 2013.3.28, 2013도3 [경찰채용 14·22 1차 / 국가9급개론 15 / 법원9급 20]

변호인의 증거동의 대리권은 피고인의 명시적 의사에 반해서는 행사할 수 없다는 사례

피고인이 출석한 공판기일에서 증거로 함에 부동의한다는 의견이 진술된 경우에는 그 후 피고인이 출석하지 아니한 공판기일에 변호인만이 출석하여 종전 의견을 번복하여 증거로 함에 동의하였다 하더라도 이는 특별한 사정이 없는 한 효력이 없다고 보아야 한다.

> 보충 변호인의 증거동의 대리권에 관한 학설·판례의 대립을 정리하면 다음과 같다. ① 통설 − 종속대리권설 : 통설은 제318조 제1항에서는 검사와 피고인만을 규정하고 있고, 기피신청권(제18조 제2항)이나 상소제기권(제341조 제2항)과는 달리 피고인의 명시적 의사에 반하지 못한다는 규정을 두고 있지 않으며, 증거동의는 피고인에 대한 유죄의 인정에 결정적인 영향을 준다는 점에서, 변호인의 증거동의권은 종속대리권으로 이해되어야 한다는 입장이다. 종속대리권설에 의하면, 증거동의가 피고인의 명시적·묵시적 의사에 반하거나 동의에 대해서 피고인이 즉시 이의·취소한 때에는 그 동의는 효력이 없다. ② 판례 − 독립대리권설 : 판례는, 변호인에 대하여는 제318조 제2항 단서 외에는 명문으로 규정되어 있지 않으나 포괄대리인이므로 피고인이 명시적으로 부동의한 경우 이외에는 변호인은 증거동의를 할 수 있다는 입장이다. 따라서 피고인이 즉시 이의를 제기하지 아니하면 변호인의 동의로 증거능력이 인정된다. 다만, 독립대리권설에 의하더라도, 변호인은 피고인을 대리하여 증거동의에 관한 의견을 낼 수 있을 뿐이므로 피고인의 명시한 의사에 반하여 증거로 함에 동의할 수는 없다.

판례연구 **증거동의의 대상으로서의 서류와 물건**

1 대법원 1986.7.8, 86도893; 1996.1.26, 95도2568

법 제318조 제1항 소정의 동의의 대상이 될 서류에 사본이 포함된다는 사례

피고인이 증거로 할 수 있음을 동의한 서류 또는 물건은 진정한 것으로 인정한 때에는 증거로 할 수 있는 것이고, 여기에서 말하는 동의의 대상이 될 서류는 원본에 한하는 것이 아니라 그 사본도 포함된다.

2 대법원 2007.7.26, 2007도3906 [경찰간부 22]

비진술증거인 증거물에 대해서도 증거동의를 인정한 사례

공소외인의 상해부위를 촬영한 사진은 비진술증거로서 전문법칙이 적용되지 않으므로, 위 사진이 진술증거임을 전제로 전문법칙이 적용되어야 한다는 취지의 상고이유의 주장 또한 받아들일 수 없다. … 형사소송법 제318조에 규정된 증거동의의 의사표시는 증거조사가 완료되기 전까지 취소 또는 철회할 수 있으나, 일단 증거조사가 완료된 뒤에는 취소 또는 철회가 인정되지 아니하므로 취소 또는 철회 이전에 이미 취득한 증거능력은 상실되지 않는바(대법원 2004.6.25, 2004도2611 참조), 피고인은 제1심 제1회 공판기일에 위 사진을 증거로 함에 동의하였고, 이에 따라 제1심법원이 위 사진에 대한 증거조사를 완료하였음을 알 수 있으므로, 상고이유의 주장과 같이 피고인이 원심에 이르러 위 사진에 대한 증거동의의 의사표시를 취소 또는 철회하였다 하여, 위 사진의 증거능력이 상실되지 않는다.

> 보충 ① 다수설은, 증거물은 반대신문과 관계가 없고 전문법칙도 적용되지 않으므로 동의의 대상이 되지 않는다고 하나, ② 소수설·판례는 제318조에 서류뿐 아니라 물건도 규정되어 있는 점 등을 근거로 동의의 대상으로 본다.

위법수집증거에 대해서는 증거동의가 적용되지 않는다는 사례

1 대법원 2009.12.24, 2009도11401 [경찰채용 14 1차 / 경찰승진 12 · 13 / 법원9급 11]
긴급체포시 압수한 물건에 관하여 사후영장을 받지 아니한 경우와 증거동의
긴급체포시 압수한 물건에 관하여 형사소송법 제217조 제2항, 제3항에 위반하여 압수수색영장을 청구하여 이를 발부받지 아니하고도 즉시 반환하지 아니한 압수물은 이를 유죄 인정의 증거로 사용할 수 없는 것이고, 헌법과 형사소송법이 선언한 영장주의의 중요성에 비추어 볼 때 피고인이나 변호인이 이를 증거로 함에 동의하였다고 하더라도 달리 볼 것은 아니다.

2 대법원 2010.1.28, 2009도10092 [경찰채용 12 3차 / 경찰간부 15 / 경찰승진 12 / 국가9급 13 / 국가7급 10]
소유자, 소지자 또는 보관자가 아닌 자로부터 제출받은 물건을 영장 없이 압수한 경우와 증거동의
형사소송법 제218조는 "사법경찰관은 소유자, 소지자 또는 보관자가 임의로 제출한 물건을 영장 없이 압수할 수 있다."라고 규정하고 있는바, 위 규정을 위반하여 소유자, 소지자 또는 보관자가 아닌 자로부터 제출받은 물건을 영장 없이 압수한 경우 그 '압수물' 및 '압수물을 찍은 사진'은 이를 유죄 인정의 증거로 사용할 수 없는 것이고, 헌법과 형사소송법이 선언한 영장주의의 중요성에 비추어 볼 때 피고인이나 변호인이 이를 증거로 함에 동의하였다고 하더라도 달리 볼 것은 아니다.

> 보충 다만, 위법수집증거배제법칙이 명문화(법 제308조의2)되기 이전 판례는 당사자의 참여권이 배제된 증거보전 절차의 증인신문조서(대법원 1988.11.8, 86도1646) [경찰채용 12 3차] 와 공판정 증언을 마친 증인을 검사가 소환하여 이를 번복시키는 방식으로 작성한 진술조서(대법원 2000.6.15, 99도1108 전원합의체) [경찰채용 14 2차 / 법원9급 14 · 15]에 대해서 증거동의가 된다는 판시를 한 바 있다.

유죄증거(무죄증거)에 대한 반대증거와 증거동의

1 대법원 1981.12.22, 80도1547 [경찰승진 10 · 12 · 13 / 법원9급 12]
유죄의 자료가 되는 것으로 제출된 증거의 반대증거서류에 대하여는 그것이 유죄사실을 인정하는 증거가 되는 것이 아닌 이상 반드시 그 진정성립이 증명되지 아니하거나 이를 증거로 함에 있어서의 상대방의 동의가 없다고 하더라도 증거판단의 자료로 할 수 있다.

2 대법원 1994.11.11, 94도1159 [경찰채용 13 1차 / 국가9급 09]
검사가 유죄의 자료로 제출한 증거를 공소사실과 양립할 수 없는 사실을 인정함에는 증거동의 필요 ✕
검사가 유죄의 자료로 제출한 증거들이 그 진정성립이 인정되지 아니하고 이를 증거로 함에 상대방의 동의가 없더라도, 이는 유죄사실을 인정하는 증거로 사용하는 것이 아닌 이상 공소사실과 양립할 수 없는 사실을 인정하는 자료로 쓸 수 있다고 보아야 한다.

> 보충 위 1번과 2번 판례는 공소사실을 부정하는 데에는 증거공통의 원칙이 활용됨을 보여준 사례이다.

3 비교 대법원 1989.10.10, 87도966
증거공통의 원칙에도 불구하고 유죄의 증명을 위해서는 증거능력 심사를 요한다는 사례 : 피고인이 무죄에 관한 자료로 제출한 증거를 유죄인정의 증거로 쓸 경우의 증거조사 절차
증거공통의 원칙이란 증거의 증명력은 그 제출자나 신청자의 입증취지에 구속되지 않는다는 것을 의미하는 개념적 용어에 불과할 뿐이지 형사소송법에 의하여 서증에 필요하게 되어 있는 증거능력이나 증거에 관한 조사절차를 불필요하게 할 수 있는 힘은 없다. 형사재판에 있어서는 유죄의 자료로 쓸 수 있는 서류는 그 진정성립이 인정되거나 피고인과 검사가 증거로 함에 동의해야만 하게 되어 있으며

이 동의는 법원이 직권으로 증거조사를 할 때에는 양 당사자의 동의가 필요함은 물론이라 하겠으나 당해 서류를 제출한 당사자는 그것을 증거로 함에 동의하고 있음은 명백한 것이므로 상대방의 동의만 얻으면 충분하다. 그리고 피고인이나 변호인이 피고인의 무죄에 관한 자료로 제출한 서증 가운데 도리어 유죄임을 뒷받침하는 내용이 있다 하여도 (그렇다면 증거동의가 있거나 전문법칙의 예외요건을 갖추어야 하므로) 법원은 상대방(검사)의 원용(동의)이 없는 한 당해 서류의 진정성립 여부 등을 조사하고 아울러 당해 서류에 대한 피고인이나 변호인의 의견과 변명의 기회를 준 다음이 아니면 당해 서증을 유죄인정의 증거로 쓸 수 없다. [경찰채용 13 1차] 이렇게 보아야만 범죄사실의 인정은 증거능력이 있고 적법한 증거조사를 거친 증거에 의한 증명(이른바 엄격한 증명)에 의하여야 한다는 증거재판주의가 실현된다 할 것이므로 무죄의 자료가 유죄로 쓰여질 수 있음을 피고인이나 변호인이 예기하였거나 할 수 있었을 것이라는 구실만으로 위와 같은 절차가 불필요하다고 보아서는 안 된다.

> 보충 증거공통의 원칙에 의해 검사제출증거의 경우 피고인을 위해 사용할 수 있는 동시에 피고인제출증거라 하더라도 검사의 유죄의 증명을 위해 사용할 수 있지만, 이 경우 유죄의 입증을 위해서는 엄격한 증명의 원칙에 의해 당해 증거의 증거능력이 인정되어야 하므로 증거동의 또는 전문법칙의 예외요건을 갖추지 않으면 안 된다는 판례이다.

판례연구   증거동의의 방식

1 대법원 1983.3.8, 82도2873
증거동의의 의사표시는 적극적이어야 한다는 사례
형사소송법 제318조 제1항은 전문증거금지의 원칙에 대한 예외로서 반대신문권을 포기하겠다는 피고인의 의사표시에 의하여 서류 또는 물건의 증거능력을 부여하려는 규정이므로 피고인의 의사표시가 위와 같은 내용을 적극적으로 표시하는 것이라고 인정되는 경우이면 증거동의로서의 효력이 있다.

2 대법원 1983.9.27, 83도516
증거동의의 의사표시는 묵시적이어도 된다는 사례
피고인이 신청한 증인의 증언이 피고인 아닌 타인의 진술을 그 내용으로 하는 전문진술이라고 하더라도 피고인이 그 증언에 대하여 별 의견이 없다고 진술하였다면 그 증언을 증거로 함에 동의한 것으로 볼 수 있으므로 이는 증거능력 있다.

3 대법원 1983.3.8, 82도2873 [경찰승진 10 / 국가9급 09 / 국가7급 13 · 16]
증거동의의 의사표시는 포괄적이어도 된다는 사례
개개의 증거에 대하여 개별적인 증거조사방식을 거치지 아니하고 검사가 제시한 모든 증거에 대하여 피고인이 증거로 함에 동의한다는 방식으로 이루어진 것이라 하여도 증거동의로서의 효력을 부정할 이유가 되지 못한다.

03 동의의 의제

대법원 1991.6.28, 91도865 [경찰채용 14 1차/경찰채용 15 2차/국가9급 14]

필요적 변호사건에 피고인이 재판거부의 의사표시 후 재판장의 허가 없이 퇴정하고 변호인마저 이에 동조하여 퇴정해 버린 것은 모두 피고인 측의 방어권의 남용 내지 변호권의 포기로 볼 수밖에 없는 것이므로 수소법원으로서는 법 제330조에 의하여 피고인이나 변호인의 재정 없이도 심리판결할 수 있고, 이 경우 법 제318조 제2항의 규정상 피고인의 진의와는 관계없이 법 제318조 제1항의 동의가 있는 것으로 간주하게 되어 있다.

> **보충** 법 제318조(당사자의 동의와 증거능력) ② 피고인의 출정없이 증거조사를 할 수 있는 경우에 피고인이 출정하지 아니한 때에는 전항의 동의가 있는 것으로 간주한다. 단, 대리인 또는 변호인이 출정한 때에는 예외로 한다.
> 법 제318조의3(간이공판절차에서의 증거능력에 관한 특례) 제286조의2의 결정이 있는 사건의 증거에 관하여는 제310조의2, 제312조 내지 제314조 및 제316조의 규정에 의한 증거에 대하여 제318조 제1항의 동의가 있는 것으로 간주한다. 단, 검사, 피고인 또는 변호인이 증거로 함에 이의가 있는 때에는 그러하지 아니하다.

04 동의의 효과

1 대법원 1982.3.9, 82도63

진술조서 말미에 진술자의 날인이 없는 경우에 그 조서를 진정한 것으로 인정한 예

진술조서 말미의 진술자란의 서명 옆에 날인이 없고 진술자란의 서명이 그의 필적이라고 단정하기는 분명하지 않다 하더라도 위 조서에는 진술자의 간인이 되어 있고 그 인영이 압수물가환부청구서와 압수물영수증 중의 인영과 동일한 것으로 인정되는 등의 정황에 비추어 위 날인이 없는 것은 단순한 착오에 의한 누락이라고 보여질 뿐 위 조서는 진정한 것으로 인정된다.

> **보충** 피고인이 위 조서를 증거로 함에 동의함이 분명하니 이를 증거로 삼았다 하여 위법이라 할 수 없다.

2 대법원 1990.10.26, 90도1229

피고인이 진정성립을 인정하고 증거로 함에 동의하나 그 내용을 부인한 피고인 작성의 진술서 : 증거 ○

피고인이 작성한 진술서에 관하여 피고인과 변호인이 공판기일에서 증거로 함에 동의하였고 그 진술서에 피고인의 서명과 무인이 있는 것으로 보아 진정한 것으로도 인정된다면, 그 진술서는 증거로 할 수 있는 것임에도 불구하고 원심이 피고인이 그 내용을 부인하기 때문에 증거로 할 수 없다고 판단한 것은 잘못이다.

판례연구   증거동의의 효력범위 – 일부동의 관련판례

1 대법원 1984.10.10, 84도1552
검사 작성의 피고인 아닌 자에 대한 진술조서에 관하여 피고인이 공판정 진술과 배치되는 부분은 부동의한다고 진술한 것은 조서내용의 특정부분에 대하여 증거로 함에 동의한다는 특별한 사정이 있는 때와는 달리 그 조서를 증거로 함에 동의하지 아니한다는 취지로 해석하여야 한다(일부동의가 인정되지 않는 경우).

2 대법원 1990.7.24, 90도1303
피고인들이 제1심 법정에서 경찰의 검증조서 가운데 범행부분만 부동의하고 현장상황 부분에 대해서는 모두 증거로 함에 동의하였다면, 위 검증조서 중 범행상황 부분만을 증거로 채용한 제1심판결에 잘못이 없다.

> 보충   현장지시는 검증조서에 해당하므로 제312조 제6항이, 현장진술은 피의자신문조서에 해당하므로 제312조 제3항이 적용되는바, 피고인이 현장지시만 증거동의한 사례이다(가분적이니 일부동의 ○).

3 대법원 2011.7.14, 2011도3809 [경찰채용 22 1차 / 국가7급 18]
대질신문이 기재된 진술조서 중 특정인의 진술 부분에 대하여만 부동의할 수도 있고, 이때 증거목록에 동의 부분과 부동의 부분을 특정하여 기재하여야 한다(일부동의 가능하므로 동의 부분 특정을 요함). 또한 수사기관이 작성한 수사보고서에 여러 문서가 첨부되어 있는 경우, 동의 대상을 정확하게 확인하여야 한다. 따라서 변호인이 검사가 공판기일에 제출한 증거 중 뇌물공여자가 작성한 고발장에 대하여는 증거 부동의 의견을 밝히고, 같은 고발장을 첨부문서로 포함하고 있는 검찰주사보 작성의 수사보고에 대하여는 증거에 동의하여 증거조사가 행하여진 경우, 수사보고에 대한 증거동의의 효력은 첨부된 고발장에도 당연히 미치는 것은 아니다.

> 보충   수사기관이 수사과정에서 수집한 자료를 기록에 현출시키는 방법으로 자료의 의미, 성격, 혐의사실과의 관련성 등을 수사보고의 형태로 요약·설명하고 해당 자료를 수사보고에 첨부하는 경우, '수사보고에 기재된 내용'은 수사기관이 첨부한 자료를 통하여 얻은 인식·판단·추론이거나 자료의 단순한 요약에 불과하여 원 자료로부터 독립하여 공소사실에 대한 증명력을 가질 수 없고, 피고인이나 변호인도 수사보고의 증명력을 위와 같은 취지로 이해하여 공소사실을 부인하면서도 수사보고의 증거능력을 다투지 않은 것으로 보이는 등의 제반 사정에 비추어, 위 고발장은 군사법원법에 따른 적법한 증거신청·증거결정·증거조사 절차를 거쳤다고 볼 수 없거나 공소사실을 뒷받침하는 증명력을 가진 증거가 아니므로 이를 유죄의 증거로 삼을 수 없다.

판례연구   증거동의의 효력범위 – 시간적 계속성

1 대법원 1965.6.29, 65도346 [경찰채용 14 1차]
피고인이 원심에서 참고인에 대한 수사기관의 진술조서를 증거로 함에 동의하였다면 항소심에서 부동의한다는 취지로 진술하더라도 일단 적법하게 부여된 조서의 증거능력은 유지된다.

2 대법원 2010.7.15, 2007도5776 [경찰채용 14 1차 / 경찰채용 15 2차 / 경찰채용 12 3차 / 경찰승진 13 / 국가9급 13·17 / 국가7급 13 / 법원9급 12·19]
약식명령에 불복하여 정식재판을 청구한 피고인이 정식재판절차에서 2회 불출석하여 법원이 피고인의 출석 없이 증거조사를 하는 경우에는 형사소송법 제318조 제2항에 의해 증거동의로 간주되고 그 후 증거조사가 완료된 이상, 피고인이 항소심에 출석하여 공소사실을 부인하면서 간주된 증거동의를 철회 또는 취소한다는 의사표시를 하더라도 적법하게 부여된 증거능력이 상실되는 것은 아니다.

③ 대법원 2011.3.10, 2010도15977 [경찰간부 16 / 경찰승진 13 / 국가9급 15 / 법원9급 16]

1심이 피고인 소재불명으로 소촉법 제23조에 의한 공시송달 및 증거동의 간주조항에 근거하여 증거조사가 완료된 경우, 피고인이 항소심에 출석하여 공소사실을 부인하면서 간주된 증거동의를 철회 또는 취소한다는 의사표시를 하더라도 그로 인하여 적법하게 부여된 증거능력이 상실되는 것은 아니다.

> **비교** 제1심의 공시송달에 의한 피고인 불출석 재판이 위법하다면 항소심으로서는 제1심의 증거동의 간주를 그대로 활용할 수 없다(대법원 2012.4.26, 2012도986).

05 동의의 철회 및 취소

판례연구 **증거동의의 철회**

대법원 1983.4.26, 83도267; 1988.11.8, 88도1628; 1990.2.13, 89도2366; 1991.1.11, 90도2525; 1996.12.10, 96도2507; 1999.8.20, 99도2029 [경찰간부 22]

증거동의의 의사표시를 취소 또는 철회할 수 있는 시한(=증거조사 완료시)

증거동의의 의사표시는 증거조사가 완료되기 전까지 취소 또는 철회할 수 있으나, 일단 증거조사가 완료된 뒤에는 취소 또는 철회가 인정되지 아니하므로 1심의 증거동의를 2심에서 취소할 수 없고, 일단 증거조사가 종료된 후에 증거동의의 의사표시를 취소 또는 철회하더라도 취소 또는 철회 이전에 이미 취득한 증거능력이 상실되지 않는다.

제7절 탄핵증거

01 의의와 성질

제318조의2 【증명력을 다투기 위한 증거】 ① 제312조부터 제316조까지의 규정에 따라 증거로 할 수 없는 서류나 진술이라도 공판준비 또는 공판기일에서의 피고인 또는 피고인이 아닌 자(공소제기 전에 피고인을 피의자로 조사하였거나 그 조사에 참여하였던 자를 포함한다. 이하 이 조에서 같다)의 진술의 증명력을 다투기 위하여 증거로 할 수 있다.

판례연구 **탄핵증거의 자격 및 제한**

1 대법원 1981.12.8, 81도370

유죄의 자료가 되는 것으로 제출된 증거의 반대증거인 서류 및 진술에 대하여는 그것이 유죄사실을 인정하는 증거가 아니므로 그 진정 성립의 증명이 되어 있지 않거나 전문증거로서 상대방이 증거로 함에 동의를 한 바 없었다고 하여도 증거능력을 다투기 위한 자료로 삼을 수는 있다.

2 대법원 1998.2.27, 97도1770; 2005.8.19, 2005도2617 [경찰채용 10·21 1차 / 경찰채용 13·14 2차 / 경찰간부 14 / 국가9급 08·13 / 국가7급 09 / 법원9급 10]

피고인이 내용을 부인하여 증거능력이 없는 사법경찰리 작성의 피의자신문조서 등도 탄핵증거 ○ (∴ 피고인의 공판정 진술도 탄핵의 대상이 된다는 사례)

사법경찰리 작성의 피고인에 대한 피의자신문조서와 피고인이 작성한 자술서들은 모두 검사가 유죄의 자료로 제출한 증거들로서 피고인이 각 그 내용을 부인하는 이상 증거능력이 없으나 그러한 증거라 하더라도 그것이 임의로 작성된 것이 아니라고 의심할 만한 사정이 없는 한 피고인의 법정에서의 진술을 탄핵하기 위한 반대증거로 사용할 수 있다(피고인의 진술도 탄핵의 대상이라고 본 판례이기도 함).

> **보충1** 피고인의 공판정 진술이 탄핵의 대상인가에 대해서는 다음과 같은 학설의 대립이 있다. ① 부정설 : 피고인의 공판정 진술을 공판정 외 진술로 탄핵하는 것은 자백조서 중심의 수사를 촉진케 함으로써 공판중심주의에 반하는 결과를 야기하여 결국 피고인 보호에 반하게 된다는 입장이다(배종대 등, 신양균, 정웅석/백승민 등). ② 긍정설 : 제318조의2가 명문으로 피고인 진술의 증명력을 다툴 수 있다고 규정하고 있으므로 이를 부정할 수는 없다는 입장이다(신동운, 이재상/조균석/이창온, 임동규, 차용석/최용성 등 및 판례). ③ 판례는 긍정설이다.

> **보충2** 피고인의 공판정 진술을 피고인이 내용을 부인한 사법경찰관 작성 피의자신문조서로 탄핵할 수 있다는 것이 판례의 입장이나(대법원 1998.2.27, 97도1770), 법원실무에서는 이 경우, 피고인의 수사기관에서의 자백 진술을 탄핵증거로 받아들일 수 있다는 견해를 취하더라도 알리바이의 진술 등 새로운 사실을 적극적으로 주장하는 경우에 한하여 그 증명력을 다투기 위한 범위 내에서 탄핵증거로 제출할 수 있다고 보아야 하고, 피의자신문조서의 임의성에 대해서는 검사로 하여금 적극적으로 입증을 하도록 하여야 함을 지적하고 있다 (임의성 없는 진술은 탄핵증거가 될 수 없음). 법원실무Ⅱ 149면.

3 대법원 2012.10.25, 2011도5459

탄핵증거는 진술의 증명력을 감쇄하기 위하여 인정되는 것이고 범죄사실 또는 그 간접사실의 인정의 증거로서는 허용되지 않는다(대법원 1996.9.6, 95도2945 참조). [경찰채용 11 1차 / 경찰승진 09 / 국가9급개론 17 / 교정9급특채 10 / 국가7급 09·15·16 / 법원9급 16 / 법원승진 10] 검사가 탄핵증거로 신청한 체포·구속인접견부 사본은 피고인의 부인진술을 탄핵한다는 것이므로 결국 검사에게 입증책임이 있는 공소사실 자체를 입증하기 위한 것에 불과하므로 형사소송법 제318조의2 제1항 소정의 피고인의 진술의 증명력을 다투기 위한 탄핵증거로 볼 수 없다(증거신청 기각).

> **보충** 탄핵사실은 자유로운 증명의 대상이므로 탄핵증거는 증거능력 없는 전문증거도 포함된다. 다만, 임의성 없는 자백, 위법수집증거, 공판정 진술 후 자기모순진술, 수사기관 진술내용 영상녹화물은 탄핵증거가 될 수 없다.

04 탄핵증거의 조사방법

판례연구	탄핵증거의 증거조사

1 대법원 2005.8.19, 2005도2617 [경찰채용 15 1차 / 경찰승진 11 · 15]

피고인 내용 부인 사경 작성 피의자신문조서에 대한 탄핵증거로서의 증거조사

탄핵증거는 범죄사실을 인정하는 증거가 아니므로 엄격한 증거조사를 거쳐야 할 필요가 없음은 제318조의2의 규정에 따라 명백하나 [경찰채용 11 1차 / 경찰채용 14 2차 / 경찰승진 09 / 교정9급특채 10 / 법원9급 10] 법정에서 이에 대한 탄핵증거로서의 증거조사는 필요한 것이고(공개재판의 원칙상 당연한 요청), [경찰채용 13 1차 / 국가9급 13 / 국가7급 09 · 15] 한편 증거신청의 방식에 관하여 규정한 규칙 제132조 제1항의 취지에 비추어 보면 탄핵증거의 제출에 있어서도 상대방에게 이에 대한 공격방어의 수단을 강구할 기회를 사전에 부여하여야 한다 [경찰채용 10 1차] 는 점에서 그 증거와 증명하고자 하는 사실과의 관계 및 입증취지 등을 미리 구체적으로 명시하여야 할 것이므로, 증명력을 다투고자 하는 증거의 어느 부분에 의하여 진술의 어느 부분을 다투려고 한다는 것을 사전에 상대방에게 알려야 한다(탄핵증거라는 입증취지의 구체적 명시). [경찰채용 11 · 13 · 16 1차 / 경찰채용 14 · 15 2차 / 경찰채용 15 3차 / 해경간부 12 / 경찰승진 15 / 국가9급 13 / 국가9급개론 17 / 국가7급 15 · 16 / 법원9급 10 / 법원승진 10] 다만, 피고인이 내용을 부인하여 증거능력이 없는 사법경찰리 작성의 피의자신문조서에 대하여 비록 당초 증거제출 당시 탄핵증거라는 입증취지를 명시하지 아니하였지만, 피고인의 법정 진술에 대한 탄핵증거로서의 증거조사절차가 대부분 이루어졌다고 볼 수 있는 점 [경찰승진 11 · 15] 등의 사정에 비추어 위 피의자신문조서는 피고인의 법정 진술에 대한 탄핵증거로 사용할 수 있다고 해야 한다.

> 보충 검사가 사법경찰관 작성 피의자신문조서를 피고인에 대한 유죄의 증거로 신청 · 제출하였는데, 피고인 · 변호인이 증거동의를 하지 않고 그 내용을 부인하는 경우, 전문법칙에 의하여 증거로 할 수 없다(제312조 제3항). 다만, 피고인의 공판정 진술에 대한 탄핵증거로는 사용할 수 있다.

2 대법원 2006.5.26, 2005도6271 [경찰채용 21 1차 / 해경간부 12 / 국가9급 13]

증거목록에 기재되지 않고 증거결정이 있지 아니한 서증들이 공판과정에서 그 입증취지가 구체적으로 명시되고 제시까지 된 경우, 탄핵증거로서의 증거조사는 이루어졌다고 볼 수 있다.

제8절	자백의 보강법칙

01 의 의

제310조【불이익한 자백의 증거능력】 피고인의 자백이 그 피고인에게 불이익한 유일의 증거인 때에는 이를 유죄의 증거로 하지 못한다.

판례연구 **자백보강법칙이 적용되지 않는 절차**

대법원 1982.10.15, 82모36
소년보호사건에 있어서 자백만에 의한 비행사실 인정의 적부
형사소송절차가 아닌 소년보호사건에 있어서는 비행사실의 일부에 관하여 자백 이외의 다른 증거가 없다 하더라도 법령적용의 착오나 소송절차의 법령위반이 있다고 할 수 없다.

보충1 즉결심판절차법의 적용을 받는 즉결심판(즉심법 제10조)과 소년법의 적용을 받는 소년보호사건(위 판례)은 정식의 재판절차가 아니므로, 자백의 보강법칙이 적용되지 아니한다. [국가9급 10 / 법원9급 10 · 12]

보충2 헌법 제12조 ⑦ 피고인의 자백이 고문 · 폭행 · 협박 · 구속의 부당한 장기화 또는 기망 기타의 방법에 의하여 자의로 진술된 것이 아니라고 인정될 때 또는 정식재판에 있어서 피고인의 자백이 그에게 불리한 유일한 증거일 때에는 이를 유죄의 증거로 삼거나 이를 이유로 처벌할 수 없다.

판례연구 **자백보강법칙에 있어서 보강을 필요로 하는 자백**

1 대법원 1985.2.26, 82도2413; 1998.3.13, 98도159; 1999.1.15, 98도2605; 2001.9.28, 2001도4091; 2003.2.11, 2002도6110; 2012.1.27, 2011도6497; 2013.11.14, 2013도10277
피고인의 자백이 증거능력이 있고 신빙성이 있어야 함 – 자백의 신빙성 판단기준
자백의 신빙성 유무를 판단함에 있어서는 자백의 진술내용 자체가 객관적으로 합리성을 띠고 있는지, 자백의 동기나 이유는 무엇이며, 자백에 이르게 된 경위는 어떠한지, 그리고 자백 외의 정황증거 중 자백과 저촉되거나 모순되는 것은 없는지 등 제반 사정을 고려하여 판단하여야 한다.

2 대법원 1960.6.22, 4292형상1043 [국가7급 08 / 법원9급 15 / 법원행시 02]
피고인의 공판정 자백도 보강을 필요로 하는 자백이라는 사례
피고인이 공판정에서 법관의 면전에서 행하는 자백에도 허위개입으로 인한 오판의 위험성은 존재하므로 자백보강법칙이 적용된다.

3 대법원 1992.7.28, 92도917 [경찰채용 22 2차]
공범인 공동피고인의 공판정 자백의 증거능력이 인정된다는 사례
형사소송법 제310조의 피고인의 자백에는 공범인 공동피고인의 진술은 포함되지 않으며, 이러한 공동피고인의 진술에 대하여는 피고인의 반대신문권이 보장되어 있어 독립한 증거능력이 있다(대법원 1985.3.9, 85도951; 1985.6.25, 85도691; 1987.7.7, 87도973 참조).

판례연구 **자백보강법칙에 있어서 보강을 필요로 하지 않는 자백**

대법원 1992.7.28, 92도917 [경찰채용 14 · 15 · 16 1차 / 경찰채용 16 2차 / 경찰간부 12 · 13 · 14 · 16 / 경찰승진 10 · 15 · 16 / 국가9급 08 · 11 · 12 · 13 · 16 / 교정9급특채 10 / 국가7급 08 · 13 · 15 / 법원9급 08 · 12 · 14 · 15]
공범자의 자백은 보강을 요하지 않는다는 사례
형사소송법 제310조의 피고인의 자백에는 공범인 공동피고인의 진술은 포함되지 않으며, 이러한 공동피고인의 진술에 대하여는 피고인의 반대신문이 보장되어 있어 독립한 증거능력이 있다.

보충 형공범자의 자백에 대한 보강법칙 적용 여부(보강증거 요부)에 대해서는 다음과 같은 학설의 대립이 있다.
① 적극설(필요설) : 공범자의 자백도 피고인의 자백에 포함되므로, 공범자의 자백이 있더라도 그 자백에 보강증거가 없으면 피고인을 유죄로 인정할 수 없다는 입장이다(배종대 등. 손동권, 신양균 등). 공범자 A는 범행을 부인하고 공범자 B는 범행을 자백한 경우, 소극설에 의하면 자백을 하지 않은 A는 유죄가 되고 자백을 한 B는 무죄가 되는데, 이는 불합리하다는 것을 근거로 주장하는 입장이다.
② 절충설 : 공동피고인인 공범자의 자백(공판정 자백)에는 보강증거가 필요 없지만, 공동피고인 아닌 공범자 자백(공판정 외 자백)에는 보강증거가 필요하다는 입장이다(신동운).
③ 소극설(불요설) : 공범자의 자백은 법 제310조의 피고인의 자백이라 볼 수 없으므로, 공범자의 자백이 있으면 그 자백에 대한 보강증거가 없어도 피고인을 유죄로 인정할 수 있다는 입장이다(이재상/조균석/이창온, 이주원, 임동규, 정웅석/백승민, 차용석/최용성 등). 판례도 소극설이다.[26]

03 보강증거의 자격

판례연구 **자백의 보강증거의 자격 – 피고인의 자백과는 다른 증거능력 있는 증거**

1 대법원 1966.7.26, 66도634 전원합의체
피고인의 자백은 보강증거가 될 수 없다는 사례
피고인의 자백이 그에게 불리한 유일한 증거인 때에는 그 자백이 공판정에서의 자백이든 피의자로서의 조사관에 대한 진술이든 그 자백의 증거능력이 제한되어 있고 그 어느 것이나 독립하여 유죄의 증거가 될 수 없으므로 위 자백을 아무리 합쳐 보더라도 그것만으로는 유죄의 판결을 할 수 없다.

2 대법원 1981.7.7, 81도1314 [경찰채용 13 2차 / 경찰채용 12 3차 / 경찰간부 12·14 / 경찰승진 10·11·13 / 국가9급 12·14 / 국가7급 16 / 법원9급 10·14·15]
피고인의 자백을 내용으로 하는 피고인 아닌 자의 진술은 피고인의 자백은 아니나 보강증거는 될 수 없다는 사례
피고인이 범행을 자인하는 것을 들었다는 피고인 아닌 자의 진술내용은 법 제310조의 피고인의 자백에는 해당되지 아니하나 결국 피고인의 자백을 내용으로 하고 있는 진술기재내용에 불과하므로, 이를 피고인의 자백의 보강증거로 삼는다면 피고인의 자백을 피고인의 자백으로서 보강하는 결과가 되어 아무런 보강도 하는 바 없는 것이다.

3 대법원 1996.10.17, 94도2865 전원합의체 [국가7급 18]
[1] 상업장부·항해일지·진료일지·금전출납부 등 사무 내역을 기재한 문서
상업장부나 항해일지, 진료일지 또는 이와 유사한 금전출납부 등과 같이 범죄사실의 인정 여부와는 관계없이 자기에게 맡겨진 사무를 처리한 사무 내역을 그때그때 계속적, 기계적으로 기재한 문서 등의 경우는 사무처리 내역을 증명하기 위하여 존재하는 문서로서 그 존재 자체 및 기재가 그러한 내용의 사무가 처리되었음의 여부를 판단할 수 있는 별개의 독립된 증거자료이고, 설사 그 문서가

---

26 **보충** : 법 제310조의 피고인의 자백에 공범자의 자백을 포함시키는 것은 해석상 무리가 있다는 점에서 소극설이 타당하다. 공범자의 자백에 대해서는 피고인의 반대신문권이 보장되어 있으며, 공범자(B)의 자백과 이에 대한 피고인(A)의 부인 중 어느 증거에 증명력을 부여할 것인가는 법관의 자유판단에 의하는 것이므로 A만 유죄가 되었다 하여도 이를 불합리하다고 볼 수는 없다. 물론 공범자의 자백의 증명력 판단에 신중을 기해야 함은 당연한 요청이다.

우연히 피고인이 작성하였고 그 문서의 내용 중 피고인의 범죄사실의 존재를 추론해 낼 수 있는, 즉 공소사실에 일부 부합되는 사실의 기재가 있다고 하더라도, 이를 일컬어 피고인이 범죄사실을 자백하는 문서라고 볼 수는 없다.

[2] 피고인이 업무추진 과정에서 지출한 자금 내역을 기록한 수첩의 기재 내용은 자백에 대한 독립적인 보강증거 [경찰채용 11 1차 / 경찰간부 14 / 해경간부 12 / 경찰승진 10 · 13 · 15 / 국가9급 11 · 12 · 16 / 국가7급 14 / 법원9급 12]
피고인이 뇌물공여 혐의를 받기 전에 이와는 관계없이 준설공사에 필요한 각종 인 · 허가 등의 업무를 위임받아 이를 추진하는 과정에서 그 업무수행에 필요한 자금을 지출하면서, 스스로 그 지출한 자금내역을 자료로 남겨두기 위하여 뇌물자금과 기타 자금을 구별하지 아니하고 그 지출 일시, 금액, 상대방 등 내역을 그때그때 계속적, 기계적으로 기입한 수첩의 기재 내용은, 피고인이 자신의 범죄사실을 시인하는 자백이라고 볼 수 없으므로, 증거능력이 있는 한 피고인의 금전출납을 증명할 수 있는 별개의 증거라고 할 것인즉, 피고인의 검찰에서의 자백에 대한 보강증거가 될 수 있다.

> **보충** 피고인의 자백이 기재된 수첩 · 장부 등의 보강증거의 자격 여부에 대해서는 다음과 같은 학설의 대립이 있다.
> ① 부정설 : 수첩 등도 피고인의 자백을 내용으로 하고 있다면 보강증거가 될 수 없다는 입장이다(다수설). 부정설은 자신의 범행을 시인하는 자백과 자신의 사무처리내역을 평소 기재한 수첩 등 내용은 그 구별이 모호하다는 점을 논거로 삼는다.
> ② 긍정설 : 범죄의 혐의를 받기 전에 이와 관계없이 사무처리내역을 기재한 수첩 등은 피고인의 범죄사실을 자백하는 문서라 할 수 없으므로, 보강증거가 될 수 있다는 입장이다(판례). 학설 중에서도 ㉠ 피고인이 자신의 범행만을 기록한 일기장 등은 보강증거가 될 수 없으나, ㉡ 사무처리나 거래의 내용을 그때그때 기계적으로 기재한 수첩 · 장부 · 일기장 등은 보강증거가 될 수 있다는 입장이 있다(신동운, 신양균, 임동규 등).

4 대법원 1990.10.30, 90도1939 [경찰채용 15 1차 / 경찰채용 16 2차 / 경찰간부 12 · 14 / 경찰승진 10 · 11 · 12 / 국가9급 10 · 12 · 13 / 국가7급 07 / 법원9급 10 · 12 · 14 · 15]
공범자의 자백은 보강증거가 된다는 사례 → 공동피고인의 자백은 상호 보강증거 ○
형사소송법 제310조 소정의 '피고인의 자백'에 공범인 공동피고인의 진술은 포함되지 아니하므로 공범인 공동피고인의 진술은 다른 공동피고인에 대한 범죄사실을 인정하는 증거로 할 수 있는 것일 뿐만 아니라 공범인 공동피고인들의 각 진술은 상호 간에 서로 보강증거가 될 수 있다.

판례연구 **자백의 보강증거가 되는 간접증거(정황증거)**

1 대법원 1960.3.18, 4292형상880 [경찰승진 15]
과거 낙태를 시키려 했다는 정황적 사실은 피고인이 가정불화로 유아를 살해했다는 자백에 대하여 보강증거가 될 수 있다.

2 대법원 1983.2.22, 82도3107 [경찰승진 15 / 국가7급 14]
위조신분증의 현존이 동 신분증의 제시 · 행사 사실의 자백에 대한 보강증거능력이 있다는 사례
자백에 대한 보강증거는 피고인의 임의적인 자백사실이 가공적인 것이 아니고 진실하다고 인정될 정도의 증거이면 직접증거이거나 간접증거이거나 보강증거능력이 있다 할 것이고, 반드시 그 증거만으로 객관적 구성요건에 해당하는 사실을 인정할 수 있는 정도의 것임을 요하는 것이 아니라 할 것이므로, 피고인이 위조신분증을 제시행사한 사실을 자백하고 있고, 위 제시행사한 신분증이 현존한다면 그 자백이 임의성이 없는 것이 아닌 한 위 신분증은 피고인의 위 자백사실의 진실성을 인정할 간접증거가 된다고 보아야 한다.

3 대법원 1983.5.10, 83도686 [경찰채용 11·12 3차 / 국가7급 14]

피고인이 간통사실을 자인하는 것을 들었고 공소사실 기재의 간통범행 일시경에 피고인의 가출과 외박이 잦아 의심을 하게 되었다는 취지의 피고인의 남편에 대한 진술조서 기재는 피고인의 간통사실 자백에 대한 보강증거가 될 수 있다(간통죄가 폐지되었으므로 참고만 해도 좋은 판례임).

4 대법원 1995.6.30, 94도993 [경찰채용 16 2차 / 경찰승진 10]

뇌물공여 상대방인 공무원의 진술과 뇌물공여자의 자백의 보강증거

뇌물공여의 상대방인 공무원이 뇌물을 수수한 사실을 부인하면서도 그 일시경에 뇌물공여자를 만났던 사실 및 공무에 관한 청탁을 받기도 한 사실 자체는 시인하였다면, 이는 뇌물을 공여하였다는 뇌물공여자의 자백에 대한 보강증거가 될 수 있다.

5 유사 대법원 1998.12.22, 98도2890

뇌물수수자가 무자격자인 뇌물공여자로 하여금 건축공사를 하도급 받도록 알선하고 그 하도급계약을 승인받을 수 있도록 하였으며 공사와 관련된 각종의 편의를 제공한 사실을 인정할 수 있는 증거들이 뇌물공여자의 자백에 대한 보강증거가 될 수 있다.

6 대법원 1994.9.30, 94도1146

오토바이에 대한 압수조서 기재가 무면허운전 자백의 보강증거가 된다는 사례

오토바이를 절취당한 피해자로부터 오토바이가 세워져 있다는 신고를 받고 그 곳에 출동한 경찰관이 잠복근무하다가 피고인이 오토바이의 시동을 걸려는 것을 보고 그를 즉시 체포하면서 그로부터 오토바이를 압수하였다는 사법경찰리 작성의 압수조서의 기재는 피고인이 운전면허가 없다는 사실에 대한 직접적인 보강증거는 아니지만 오토바이를 운전하였다는 사실의 자백 부분에 대한 보강증거는 되는 것이므로 결과적으로 피고인이 운전면허 없이 운전하였다는 전체 범죄사실의 보강증거로 충분하다.

7 유사 대법원 2000.9.26, 2000도2365 [경찰채용 16 2차 / 경찰간부 12 / 경찰승진 10 / 교정9급특채 10 / 국가7급 19]

자동차등록증에 차량의 소유자가 피고인으로 등록·기재된 것은 피고인이 그 차량을 운전하였다는 사실의 자백 부분에 대한 보강증거가 될 수 있고, 피고인의 무면허운전이라는 전체 범죄사실의 보강증거로 충분하다.

8 대법원 2002.1.8, 2001도1897

소변검사 결과가 2차에 걸친 향정신성의약품 투약행위 모두에 대한 보강증거가 될 수 있다고 한 사례

2000.10.19. 채취한 소변에 대한 검사결과 메스암페타민 성분이 검출된 경우, 위 소변검사결과는 2000.10.17. 메스암페타민을 투약하였다는 자백에 대한 보강증거가 될 수 있음은 물론 같은 달 13. 메스암페타민을 투약하였다는 자백에 대한 보강증거도 될 수 있다(소변검사결과 : 검사 이전 2회의 투약에 대한 보강증거).

9 유사 대법원 2007.9.20, 2007도5845

기소된 대마 흡연일자로부터 한 달 후 피고인의 주거지에서 압수된 대마 잎이 피고인의 자백에 대한 보강증거가 된다.

10 대법원 2008.5.29, 2008도2343 [경찰채용 12 1차 / 경찰간부 12 / 경찰승진 10]

피고인의 집에서 피해품을 압수한 압수조서와 압수물 사진은 절도 자백의 보강증거가 된다는 사례

피고인이 자신이 거주하던 다세대주택의 여러 세대에서 7건의 절도행위를 한 것으로 기소되었는데 그 중 4건은 범행장소인 구체적 호수가 특정되지 않은 경우, 위 4건에 관한 피고인의 범행 관련 진술이

매우 사실적·구체적·합리적이고 진술의 신빙성을 의심할 만한 사유도 없어 자백의 진실성이 인정되므로, 피고인의 집에서 해당 피해품을 압수한 압수조서와 압수물 사진은 위 자백에 대한 보강증거가 된다.

11 유사 대법원 1985.6.25, 85도848
압수된 피해품의 현존사실은 (절도)자백의 보강증거가 될 수 있다.

12 유사 대법원 1985.11.12, 85도1838 [국가7급 14]
검사의 피고인에 대한 피의자신문조서 기재에 피고인이 성명불상자로부터 반지 1개를 편취한 후 이 반지를 1984.4.20경 소송외 甲에게 매도하였다는 취지로 진술하고 있고 한편 甲에 대한 진술조서 기재에 위 일시경 피고인으로부터 금반지 1개를 매입하였다고 진술하고 있다면 위 甲의 진술은 피고인이 자백하고 있는 편취물품의 소재 내지 행방에 부합하는 진술로서 피고인의 (사기)자백의 진실성을 보강하는 증거가 될 수 있다.

13 유사 대법원 2011.9.29, 2011도8015 [경찰간부 22 / 국가7급 16]
피고인이 甲과 합동하여 乙의 재물을 절취하려다가 미수에 그쳤다는 내용의 공소사실을 자백한 경우, 피고인을 현행범으로 체포한 乙의 수사기관에서의 진술과 (범행에 사용된 노루발못뽑이와 손괴된 쇠창살 모습이 촬영된) 현장사진이 첨부된 수사보고서는 피고인 자백의 진실성을 담보하기에 충분한 보강증거가 된다.

14 대법원 2008.9.25, 2008도6045
자신이 운영하는 게임장에서 미등급 게임기를 판매·유통시켰다는 공소사실에 대하여 경찰 및 제1심 법정에서 자백한 후 이를 다시 번복한 경우, 미등급 게임기가 설치된 게임장 내부 사진 및 피고인 명의의 게임제공업자등록증 등의 증거가 자백의 진실성을 담보하기에 충분한 보강증거가 된다.

15 대법원 2010.12.23, 2010도11272 [경찰채용 12 1차]
운전해 온 피고인으로부터 필로폰을 건네받았다는 진술 및 필로폰 양성반응과 약물운전죄 자백보강증거
2010.2.18. 01 : 35경 자동차를 타고 온 피고인으로부터 필로폰을 건네받은 후 피고인이 위 차량을 운전해 갔다고 한 甲의 진술과 2010.2.20. 피고인으로부터 채취한 소변에서 나온 필로폰 양성 반응은, 피고인이 2010.2.18. 02 : 00경의 필로폰 투약으로 정상적으로 운전하지 못할 우려가 있는 상태에 있었다는 공소사실 부분에 대한 자백을 보강하는 증거가 되기에 충분하다.

16 대법원 2018.3.15, 2017도20247
乙은 피고인의 최초 러미라 투약행위가 있었던 시점에 피고인에게 50만 원 상당의 채무변제에 갈음하여 러미라 약 1,000정이 들어있는 플라스틱통 1개를 건네주었다고 하고 있고, 甲은 乙에게 피고인으로부터 러미라를 건네받았다는 취지의 카카오톡 메시지를 보낸 사실을 알 수 있어, 이러한 乙에 대한 검찰 진술조서 및 수사보고는 피고인이 乙로부터 수수한 러미라를 투약하고 甲에게 제공하였다는 자백의 진실성을 담보하기에 충분하다.

자백의 보강증거가 되지 않는 간접증거(정황증거)

1 대법원 1986.2.25, 85도2656
피고인의 범행도구(차량)를 도난당하였다는 자의 진술은 피고인의 소매치기범행 자백에 대한 보강증거가 될 수 없다는 사례
성남시 태평동 자기집 앞에 세워둔 봉고화물차 1대를 도난당하였다는 공소외인의 진술은 피고인이 위 차를 타고 그 무렵 충주까지 가서 소매치기 범행을 하였다고 자백하고 있는 경우, 위 피고인의 자백이 그 차량을 범행의 수단, 방법으로 사용하였다는 취지가 아니고 피고인이 범행장소인 충주까지 가기 위한 교통수단으로 이용하였다는 취지에 불과하여 위 소매치기범행과는 직접적으로나 간접적으로 아무런 관계가 없어 이는 위 피고인의 자백에 대한 보강증거가 될 수 없다.

2 대법원 1990.12.7, 90도2010 [국가7급 14]
범행동기에 관한 정황증거는 공소사실의 객관적 부분과 관련이 없는 것이어서 자백에 대한 보강증거가 될 수 없다는 사례
검사가 보강증거로서 제출한 증거의 내용이 피고인과 공소외 甲이 현대자동차 춘천영업소를 점거했다가 甲이 처벌받았다는 것이고, 피고인의 자백내용은 현대자동차 점거로 甲이 처벌받은 것은 학교 측의 제보 때문이라 하여 피고인이 그 보복으로 학교총장실을 침입점거했다는 것이라면, 위 증거는 공소사실의 객관적 부분인 주거침입, 점거사실과는 관련이 없는 범행의 침입동기에 관한 정황증거에 지나지 않으므로 위 증거와 피고인의 자백을 합쳐 보아도 자백사실이 가공적인 것이 아니고 진실한 것이라 인정하기에 족하다고 볼 수 없으므로 검사 제출의 위 증거는 자백에 대한 보강증거가 될 수 없다.

3 대법원 1996.2.13, 95도1794
공소사실 기재 범행 후의 투약에 관한 증거가 되는 소변검사 결과와 압수된 약물은 습성에 관한 범행증거에 불과하므로 마약사범의 이전 각 투약행위 자백에 대한 보강증거가 될 수 없다는 사례
소변검사 결과는 1995.1.17.자 투약행위로 인한 것일 뿐 그 이전(94년 6~11월)의 4회에 걸친 투약행위와는 무관하고, 압수된 약물도 이전의 투약행위에 사용되고 남은 것이 아니므로, 위 소변검사 결과와 압수된 약물은 결국 피고인이 투약습성이 있다는 점에 관한 정황증거에 불과하다(95.1.17. 투약에 대한 소변결과 = 투약습성에 관한 정황증거 → 94.6.~11. 4회 투약 보강증거 ×)(실체적 경합범 및 상습범은 각 행위 보강증거 要).

자백의 보강증거의 증명력 – 진실성담보설

대법원 2008.5.29, 2008도2343 [경찰채용 12·15 1차/경찰채용 13·15 2차/경찰채용 12 3차/경찰간부 13·14/경찰승진 10·13·16/국가9급 11·16/국가7급 16/법원9급 09·10·11·15·21]
자백에 대한 보강증거는 범죄사실의 전부 또는 중요부분을 인정할 수 있는 정도가 되지 아니하더라도(죄체설 ×) [해경간부 12/경찰승진 13/경찰채용 11 1차] 피고인의 자백이 가공적인 것이 아닌 진실한 것임을 인정할 수 있는 정도만 되면 족한 것으로서(진실성담보설, 통설·판례), [법원9급 11·14] 자백과 서로 어울려서 전체로서 범죄사실을 인정할 수 있으면 유죄의 증거로 충분하고, 나아가 사람의 기억에는 한계가 있는 만큼 자백과 보강증거 사이에 어느 정도의 차이가 있어도 중요부분이 일치하고 그로써 진실성이 담보되면 보강증거로서의 자격이 있다.

> 보충 진실성담보설을 기준으로 하여 보강증거의 필요범위를 정리하면 다음과 같다.
> ① 보강증거가 필요한 것 : 자백한 범죄의 객관적 구성요건에 해당하는 사실
> ② 보강증거가 필요하지 않은 것 : 고의, 목적 등의 주관적 요소, [경찰채용 10 1차/경찰승진 11] 처벌조건, 누범가

중사유인 전과(대법원 1979.8.21, 79도1528; 1981.6.9, 81도1353), 확정판결의 존부, 정상관계사실 [경찰채용 11 1차 / 경찰채용 13 2차 / 경찰간부 13·15 / 해경간부 12 / 경찰승진 13 / 교정9급특채 10 / 법원9급 14]

04 보강증거의 필요범위

> **판례연구**   **죄수와 자백의 보강증거가 필요한 범위**
>
> **1** 대법원 2008.2.14, 2007도10937 [경찰간부 13 / 경찰승진 10 / 국가9급 12]
> 실체적 경합범은 실질적으로 수죄이므로 각 범죄사실에 관하여 자백에 대한 보강증거가 있어야 한다. 따라서 필로폰 매수 대금을 송금한 사실에 대한 증거가 필로폰 매수죄와 실체적 경합범 관계에 있는 필로폰 투약행위에 대한 보강증거가 될 수 없다.
>
> **2** 대법원 1996.2.13, 95도1794 [경찰채용 12 3차 / 경찰간부 13·15 / 경찰승진 11·13 / 법원9급 11]
> 포괄일죄 중 상습범에 있어서는 각 행위에 대한 보강증거가 있어야 한다는 사례
> 소변검사 결과는 1995. 1. 17.자 투약행위로 인한 것일 뿐 그 이전의 4회에 걸친 투약행위와는 무관하고, 압수된 약물도 이전의 투약행위에 사용되고 남은 것이 아니므로, 위 소변검사 결과와 압수된 약물은 결국 피고인이 투약습성이 있다는 점에 관한 정황증거에 불과하다 할 것인바(앞서 보강증거의 자격에서 전술함), 피고인의 습벽을 범죄구성요건으로 하며 포괄1죄인 상습범에 있어서도 이를 구성하는 각 행위에 관하여 개별적으로 보강증거를 요구하고 있는 점에 비추어 보면 투약습성에 관한 정황증거만으로 향정신성의약품관리법 위반죄의 객관적 구성요건인 각 투약행위가 있었다는 점에 관한 보강증거로 삼을 수는 없다.

05 자백보강법칙 위반의 효과

> **판례연구**   **자백보강법칙 위반의 효과 관련판례**
>
> 대법원 2007.11.29, 2007도7835 [경찰채용 15 1차 / 경찰승진 10]
> 자백보강법칙 위반은 그 자체로 판결결과에 영향을 미친 위법이 있다는 사례
> 피고인의 자백이 그 피고인에게 불이익한 유일의 증거인 때에는 이를 유죄의 증거로 하지 못하는 것이므로, 보강증거가 없이 피고인의 자백만을 근거로 공소사실을 유죄로 판단한 경우에는 그 자체로 판결결과에 영향을 미친 위법이 있는 것으로 보아야 한다.
>
> **보충**   제1심법원이 증거의 요지에서 피고인의 자백을 뒷받침할 만한 보강증거를 거시하지 않았음에도, 원심이 적법하게 증거조사를 마쳐 채택한 증거들로 피고인의 자백을 뒷받침하기에 충분하므로 제1심법원의 잘못이 판결결과에 아무런 영향을 미치지 않았다고 본 원심판결에 대하여, 형사소송법 제310조, 제361조의5 제1호 위반을 이유로 파기하고 자판한 사례이다.

유흥업소를 운영하는 甲은 경찰관 乙에게 단속정보를 제공해 주는 대가로 2009.5.20. 200만원의 뇌물을 공여하였다는 혐의로 조사를 받았다. 하지만 甲은 "돈을 가져오지 않으면 구속수사하겠다는 乙의 협박 때문에 200만원을 주었을 뿐이고, 乙로부터 단속정보를 제공받은 사실이 없으며, 그 대가로 준 것도 아니다."라고 강하게 부인하였다. 그 후 甲이 잠적해 버리자, 고민을 거듭하던 검사는 甲의 부인 A로부터 "구속수사를 피하기 위해 乙에게 200만원을 주었다는 얘기를 甲으로부터 들었다."라는 진술을 확보하여 2016.5.21. 乙을 공갈죄로 기소하였다. 乙의 공판이 진행되던 2016.7.10. 검찰에 자진출석한 甲은 "乙로부터 경찰의 단속정보를 제공받는 대가로 200만원을 제공한 것이 맞다."라고 진술하였다. [변호사시험 17]

문제 1 공소장변경을 통해 乙에 대한 공소사실이 공갈에서 뇌물수수로 변경될 경우, 乙에 대해 적용될 공소시효의 기간은 공갈죄를 기준으로 한다.

→ (×) 공소장변경절차에 의하여 공소사실이 변경됨에 따라 그 법정형에 차이가 있는 경우에는 변경된 공소사실에 대한 법정형이 공소시효기간의 기준이 된다(대법원 2013.7.26. 2013도6182).

문제 2 乙에게 뇌물수수죄가 인정되고 甲에게 뇌물공여죄가 인정될 경우, 乙에 대해 공소가 제기되더라도 甲의 뇌물공여죄에 관한 공소시효가 정지되지 않는다.

→ (○) 대향범 관계에 있는 자 사이에서는 각자 상대방의 범행에 대하여 형법총칙의 공범규정이 적용되지 아니하므로 형사소송법 제253조 제2항에서 말하는 '공범'에는 뇌물공여죄와 뇌물수수죄 사이와 같은 대향범 관계에 있는 자는 포함되지 않는다(대법원 2015.2.12. 2012도4842).

문제 3 "乙에게 200만원을 뇌물로 주었다."라는 甲의 진술이 유일한 증거인 경우, "甲으로부터 그런 얘기를 들었다."라는 A의 법정증언을 보강증거로 하여 甲의 뇌물공여를 유죄로 인정할 수 있다.

→ (×) "피고인이 범행을 자인하는 것을 들었다"는 피고인 아닌 자의 진술 내용은 형사소송법 제310조의 피고인의 자백에는 포함되지 아니하나, 이는 피고인의 자백의 보강증거로 될 수 없다(대법원 2008.2.14. 2007도10937). [경찰승진 22 / 법원9급 22]

아래 문제들은 대법원 2019.11.14. 2019도13290 판례를 사례문제로 만든 것이다. 이 사건은 피고인이 휴대전화기의 카메라로 피해자를 몰래 촬영한 현장에서 현행범으로 체포되면서 위 휴대전화기를 수사기관에 임의제출한 사안에서, 피고인의 자백을 보강할 증거가 있는지 여부가 쟁점이 된 사건이다.

문제 1 피고인 A는 지하철역 에스컬레이터에서 휴대전화기의 카메라를 이용하여 성명불상 여성 피해자의 치마 속을 몰래 촬영하다가 현행범으로 체포되어 성폭력범죄의 처벌 등에 관한 특례법 위반(카메라등이용촬영)으로 기소되었다. 검사가 제출한 증거 중 체포 당시 임의제출 방식으로 압수된 A 소유 휴대전화기에 대한 압수조서가 있다. 이 압수조서 중 '압수경위'란에 기재된 내용은 A가 범행을 저지르는 현장을 직접 목격한 사법경찰관 B의 진술이 담긴 것이다. 이는 전문증거에 해당하는데, 그렇다면 그 증거능력을 인정하기 위한 전문법칙의 예외규정 중 제 몇 조 제 몇 항에 해당하는가?

→ 피고인은 공소사실에 대해 자백하고 검사가 제출한 모든 서류에 대하여 증거로 함에 동의하였는데, 그 서류들 중 체포 당시 임의제출 방식으로 압수된 피고인 소유 휴대전화기(이하 '휴대전화기'라고 한다)에 대한 압수조서의 '압수경위'란에 '지하철역 승강장 및 게이트 앞에서 경찰관이 지하철범죄 예방·검거를 위한 비노출 잠복근무 중 검정 재킷, 검정 바지, 흰색 운동화를 착용한 20대가량 남성이

짧은 치마를 입고 에스컬레이터를 올라가는 여성을 쫓아가 뒤에 밀착하여 치마 속으로 휴대폰을 집어넣는 등 해당 여성의 신체를 몰래 촬영하는 행동을 하였다'는 내용이 포함되어 있고, 그 하단에 피고인의 범행을 직접 목격하면서 위 압수조서를 작성한 사법경찰관 및 사법경찰리의 각 기명날인이 들어가 있으므로, 위 압수조서 중 '압수경위'란에 기재된 내용은 피고인이 범행을 저지르는 현장을 직접 목격한 사람의 진술이 담긴 것으로서 형사소송법 제312조 제5항에서 정한 '피고인이 아닌 자가 수사과정에서 작성한 진술서'에 준하는 것으로 볼 수 있다.

해결 제312조 제5항

문제 2 (현행범 체포현장에서 형사소송법 제218조에 따른 임의제출물 압수가 가능하다고 하더라도, 제출의 임의성이 있어야만 압수물에 대한 증거능력이 인정될 수 있는 것인데, 이 사건에서 만약 임의제출에 의한 압수절차와 그 효과에 대한 피고인의 인식 또는 경찰관의 고지가 없었다고 보이는 등 피고인이 현행범으로 체포될 당시 임의제출 방식으로 압수된 피고인 소유의 휴대전화기 -제1호증, 이하 '이 사건 휴대전화기' - 에 대하여 경찰관의 강제수사 또는 피고인의 임의적 제출의사 부재가 의심되는 반면 이를 배제할 검사의 증명이 전혀 이루어지지 않아 이 사건 휴대전화기의 증거능력은 인정되지 않는다고 하여도) 위 제1문의 목격자 B의 진술이 담긴 압수조서는 이 사건 휴대전화기에 대한 임의제출절차가 적법하였는지에 따라 그 증거능력에 영향을 받지 않는 별개의 독립적인 증거에 해당하는가?

→ (문제 1의 판례에 이어서) 이에 따라 휴대전화기에 대한 임의제출절차가 적법하였는지에 영향을 받지 않는 별개의 독립적인 증거에 해당한다.

해결 별개의 독립적인 증거에 해당한다.

문제 3 A가 공소사실에 대하여 자백하고 검사가 제출한 모든 서류에 대하여 증거로 함에 동의하였을 경우, 위 제1문의 목격자 B의 진술이 담긴 압수조서는 자백을 보강하는 증거가 될 수 있는가?

→ 피고인이 증거로 함에 동의한 이상 유죄를 인정하기 위한 증거로 사용할 수 있을 뿐 아니라 피고인의 자백을 보강하는 증거가 된다고 볼 여지가 많다. 따라서 이와 달리 피고인의 자백을 뒷받침할 보강증거가 없다고 보아 무죄를 선고한 원심판결에 자백의 보강증거 등에 관한 법리를 오해하거나 필요한 심리를 다하지 아니한 잘못이 있다.

해결 자백을 보강하는 증거가 될 수 있다.

제9절 공판조서의 배타적 증명력

01 총 설

제56조 【공판조서의 증명력】 공판기일의 소송절차로서 공판조서에 기재된 것은 그 조서만으로써 증명한다.

판례연구 공판조서의 배타적 증명력이 인정된 사례 – 기재된 공판기일의 소송절차

1 대법원 2012.6.14, 2011도12571; 2015.8.27, 2015도3467 [경찰채용 10 2차 / 경찰간부 12 / 국가9급 11 / 법원9급 11]
증거에 관한 피고인의 의견이 기재된 증거목록의 증명력
공판조서의 기재가 명백한 오기인 경우를 제외하고는 공판기일의 소송절차로서 공판조서에 기재된
것은 조서만으로써 증명하여야 하고 그 증명력은 공판조서 이외의 자료에 의한 반증이 허용되지
아니하는 절대적인 것이므로, 검사가 제출한 증거에 관하여 동의 또는 진정성립 여부 등에 관한 피고인의
의견이 증거목록에 기재된 경우에는 그 증거목록의 기재는 공판조서의 일부로서 명백한 오기가 아닌
이상 절대적인 증명력을 가지게 된다.

2 대법원 2013.7.26, 2013도2511 [경찰간부 14]
1심 공판조서에 기재된 공개금지결정
제1심 공판조서에 제1심법원이 공개금지결정을 선고한 후 위 수사관들에 대하여 비공개 상태에서
증인신문절차를 진행한 것으로 기재된 이상 그 공개금지결정 선고 여부에 대하여 공판조서 이외의
다른 방법에 의한 증명이나 반증은 허용되지 않는다.

3 대법원 2016.3.10, 2015도19139 [경찰간부 22 / 국가7급 16·17·20]
공판기일의 공판조서에 검사 제출 증거에 대해 피고인이 동의한다는 기재의 증명력
법 제318조에 규정된 증거동의는 소송주체인 검사와 피고인이 하는 것이고, 변호인은 피고인을 대리하
여 증거동의에 관한 의견을 낼 수 있을 뿐이므로, 피고인이 변호인과 함께 출석한 공판기일의 공판조서
에 검사가 제출한 증거에 대하여 동의한다는 기재가 되어 있다면 이는 피고인이 증거동의를 한 것으로
보아야 하고, 그 기재는 절대적인 증명력을 가진다.

판례연구 공판조서의 배타적 증명력이 인정되지 않은 사례 – 자유심증주의

1 대법원 1972.12.26, 72도2421
인정신문이 있었던 사실이 추정되고, 다만 조서의 기재에 이 점에 관한 누락이 있었을 따름인 사례
공판조서에 피고인에 대하여 인정신문을 한 기재가 없다 하여도(기재되지 않은 소송절차) 같은 조서에
피고인이 공판기일에 출석하여 공소사실신문에 대하여 이를 시정하고 있는 기재가 있으니 인정신문이
있었던 사실이 추정된다 할 것이고, 다만 조서의 기재에 이 점에 관한 누락이 있었을 따름인 것이
인정된다.

2 대법원 1988.11.8, 86도1646 [경찰채용 10 2차]
기재내용이 서로 다른 공판조서(기재의 불분명·모순)에 대한 증명력 : 자유심증주의
동일한 사항에 관하여 두 개의 서로 다른 내용이 기재된 공판조서가 병존하는 경우 양자는 동일한
증명력을 가지는 것으로서 그 증명력에 우열이 있을 수 없다고 보아야 할 것이므로 그 중 어느 쪽이
진실한 것으로 볼 것인지는 공판조서의 증명력을 판단하는 문제로서 법관의 자유로운 심증에 따를
수밖에 없다.

3 대법원 1995.4.14, 95도110 [경찰간부 14]

공판조서의 공판기일의 소송절차 기재가 소송기록상 명백한 오기인 경우

형사소송법 제56조는 "공판기일의 소송절차로서 공판조서에 기재된 것은 그 조서만으로써 증명한다"고 규정하고 있으므로 소송절차에 관한 사실은 공판조서에 기재된 대로 공판절차가 진행된 것으로 증명되고 다른 자료에 의한 반증은 허용되지 아니하나, 공판조서의 기재가 소송기록상 명백한 오기인 경우에는 공판조서는 그 올바른 내용에 따라 증명력을 가진다(법관의 자유심증에 의함).

4 대법원 2014.3.27, 2014도1200; 2012.6.14, 2011도15653

다른 사건의 공판조서 : 형사재판에서 관련 형사사건의 확정판결에서 인정된 사실의 증명력

형사재판에서 이와 관련된 다른 형사사건의 확정판결에서 인정된 사실은 특별한 사정이 없는 한 유력한 증거자료가 되는 것이나, 당해 형사재판에서 제출된 다른 증거 내용에 비추어 관련 형사사건의 확정판결에서의 사실판단을 그대로 채택하기 어렵다고 인정될 경우에는 이를 배척할 수 있다.

5 대법원 1983.2.8, 82도2940 [경찰승진 10 / 국가7급 09 / 법원9급 08]

유효하지 않은 공판조서 : 당해 공판기일에 열석하지 아니한 판사가 재판장으로서 서명 날인한 공판조서의 증명력

공판조서에 서명날인할 재판장은 당해 공판기일에 열석한 재판장이어야 하므로 당해 공판기일에 열석하지 아니한 판사가 재판장으로서 서명날인한 공판조서는 적식의 공판조서라고 할 수 없어 이와 같은 공판조서는 소송법상 무효라 할 것이므로 공판기일에 있어서의 소송절차를 증명할 공판조서로서의 증명력이 없다.

03 배타적 증명력 있는 공판조서

MEMO

APPENDIX

부 록

APPENDIX

MEMO

MEMO

MEMO

MEMO

MEMO

MEMO